Donald McCown, Diane Reibel, Marc S. Micozzi

Achtsamkeit lehren

Die Originalausgabe erschien unter dem Titel:
Teaching Mindfulness; A Practical Guide for Clinicians and Educators

2. Auflage 2016

Titelfoto: © 2011 Yoshiko Funakoshi
Lektorat: Lothar Scholl-Röse
Gestaltung Buchcover: Anke Brodersen
Gestaltung Buchinnenseiten: Susanne Jäger
Druck und Bindung: Kösel, Krugzell

Dieses Buch wurde auf 100 % Altpapier gedruckt und ist alterungsbeständig.
Weitere Informationen über unser Umweltengagement
finden Sie unter www.arbor-verlag.de/umwelt.

www.arbor-verlag.de

ISBN 978-3-86781-046-3

Wichtiger Hinweis
Die Ratschläge zur Selbstbehandlung in diesem Buch sind von den Autoren und vom Verlag sorgfältig erwogen und geprüft worden. Dennoch kann eine Garantie nicht übernommen werden. Sie brauchen psychotherapeutische Hilfe, wenn Sie sich durch die Übungen von Emotionen und Erinnerungen überwältigt fühlen. Bei ernsthafteren und/oder länger anhaltenden Beschwerden sollten Sie auf jeden Fall einen Arzt oder einen Heilpraktiker Ihres Vertrauens zu Rate ziehen. Eine Haftung der Autoren und des Verlages für Personen-, Sach-, und Vermögensschäden ist ausgeschlossen.

Donald McCown • Diane Reibel • Marc S. Micozzi

Achtsamkeit lehren

Ein Praxisleitfaden für Therapeuten, Ärzte und Kursleiter

Aus dem amerikanischen Englisch von Mike Kauschke
Vorwort von Jon Kabat-Zinn

arbor

Arbor Verlag
Freiburg im Breisgau

Inhalt

Für Gail, das Licht und die Liebe meines Lebens.
Donald McCown

In Liebe für meine wunderbaren Töchter Rachel und Lauren.
Diane Reibel

In Dankbarkeit für meinen lieben verstorbenen Vater Edio.
Marc S. Micozzi

Vorwort

Was Sie in Händen halten, ist ein wichtiges und sorgsam zusammengestelltes Buch, und so weit ich weiß, das erste seiner Art – ein Leitfaden, der aus gelebter Erfahrung und mit konkreten Anleitungen zeigt, was nötig ist, um in säkularen Zusammenhängen im Mainstream der Gesellschaft Achtsamkeit zu lehren. Das ist Pionierarbeit und ein mutiger Schritt in unerforschtes Gebiet, weil hier verschiedene Wege des Lernens und Wissens in der Welt der menschlichen Erfahrung aus der Perspektive der wissenschaftlichen, meditativen und philosophischen Traditionen ausdrücklich miteinander verbunden werden. Die Autoren geben einen umfassenden Kontext und vermitteln die Grundlagen, um den fruchtbaren inneren Raum zu entwickeln, aus dem jede gute Lehrtätigkeit entsteht. Sie erläutern zudem den Hintergrund und die geschichtlichen Bezüge, die für das Aufkommen des verstärkten Interesses an der Achtsamkeitspädagogik im Gesundheitswesen, in verschiedenen Bildungseinrichtungen und anderen Bereichen relevant sind. Sie bieten eine genaue Untersuchung der Fähigkeiten, die für die Lehrtätigkeit Voraussetzung sind, und beschreiben die positiven Effekte dieser Pädagogik, die sich der Kultivierung von Achtsamkeit in der Gemeinschaft eines Seminarraumes widmet. Was ich hoffe dem hinzufügen zu können, sind eine Reihe von Perspektiven und Überlegungen, die zumindest meiner Ansicht nach wichtig sind, um die große Verantwortung und die großen Herausforderungen zu verstehen, die mit dem Lehren von Achtsamkeit einhergehen. Gleichzeitig möchte ich die vielen positiven Wirkungen aufzeigen, die für andere und uns selbst entstehen können, wenn wir uns an bestimmten Prinzipien und Zusammenhängen orientieren, während wir uns dieser potenziell lebensverändernden Arbeit widmen.

Viele Flüsse, ein Ozean

Im Jahre 2000 nahm ich an einem Treffen in Dharamsala in Indien teil, das vom Mind and Life Institute organisiert wurde und bei dem der Dalai Lama und eine Gruppe von Psychologen, Neurowissenschaftlern, Gelehrten und Meditationsübenden gemeinsam den Umgang mit destruktiven Emotionen untersuchten. Dabei ging es auch darum, was getan werden könnte, um den enormen persönlichen und sozialen Schaden, den diese Emotionen oft auslösen, zu verringern. Während des Treffens forderte der Dalai Lama erstaunlicherweise, aber gleichzeitig auch typisch für ihn, die Wissenschaftler dazu auf, säkulare, nicht-buddhistische Methoden zu entwickeln, um mit den besagten Emotionen umzugehen und sie zu transformieren.[1] Er erklärte, dass der Buddhismus hier mit seinem verfeinerten und detaillierten Verständnis dessen, was er als *schmerzhafte Emotionen* bezeichnete, viel anzubieten habe. Dazu gehört zum Beispiel eine ganze Bandbreite meditativer Praktiken, die über Jahrhunderte und Jahrtausende in Klöstern entwickelt und geübt wurden, um mit diesen Emotionen angemessen umgehen zu können. Aber gleichzeitig sagte er, dass die wirkliche Hoffnung in einem nicht-buddhistischen, wahrhaft universellen und säkularen Ansatz liegen würde, der die Elemente des buddhistischen Wissens und der buddhistischen Methoden nutzt, die als hilfreich empfunden werden, sie aber mit der westlichen Kultur verbindet und darin integriert. Hierbei hob er vor allem das westliche Verständnis der Psyche und besonders die wissenschaftlichen Erkenntnisse über die Emotionen, den emotionalen Ausdruck und die Regulation von Emotionen hervor.[2]

Es war wirklich beeindruckend, dass der Dalai Lama solch einen säkularen Ansatz propagierte. Dies bestätigte die Sichtweise, dass man die Menschen in den nicht-buddhistischen Ländern nur dann erreichen kann,

1 Goleman, Daniel, *Destructive Emotions: How Can We Overcome Them?* Bantam Books, NY, 2003, [in dt. Sprache erschienen als *Dialog mit dem Dalai Lama: Wie wir destruktive Gefühle überwinden können*, Deutscher Taschenbuch Verlag, München, 2005].

2 Dazu würde die Unterstützung neuer Forschungsvorhaben gehören, die unser Verständnis der Emotionen, einschließlich Glück und anderer Eigenschaften, die im Westen normalerweise nicht untersucht werden und oft gar nicht als Emotionen verstanden werden, wie zum Beispiel Güte und Mitgefühl, erforschen würden.

wenn man die Epistemologien und Praktiken der verschiedenen Kulturen, die an der Entwicklung des Dialoges beteiligt sind, berücksichtigt. Dieses Treffen war der Beginn einer intensiven und kontinuierlichen Suche nach Antworten auf diese Herausforderung des Dalai Lama. Daraus entstanden eine ganze Reihe neuer Ansätze, Innovationen mit neuen Lehrmethoden, Büchern und Studien, die jetzt in der wissenschaftlichen Literatur veröffentlicht werden und über die großen Anstrengungen berichten, um dieser Aufgabe gerecht zu werden und die Ergebnisse dieser Entwicklungen in der Neurowissenschaft, Psychologie und Medizin anzuwenden.

Bei diesem Treffen wurde auch darauf hingewiesen, dass es einen Ansatz gibt, der schon seit 21 Jahren viel von dem, wozu der Dalai Lama anregte, umsetzt, vor allem in klinischen Einrichtungen, und dabei besonders in Krankenhäusern: die Mindfulness-Based Stress Reduction (MBSR) oder Achtsamkeitsbasierte Stressreduktion und die ganze Gruppe der achtsamkeitsbasierten Interventionen, die daraus entstanden sind. Es wurde auch darauf hingewiesen und recht ausführlich diskutiert, dass es eine wachsende Zahl von Nachweisen in wissenschaftlichen Studien dafür gibt, dass MBSR-Training bei Patienten zu tief greifenden Effekten in der Linderung von Schmerz und Leiden, in der Immunabwehr und bei bestimmten Veränderungen im Gehirn, die mit einer effektiveren Regulation der Emotionen einhergehen, führt. Natürlich wussten viele der Teilnehmer/innen an diesem Treffen, dass MBSR und andere achtsamkeitsbasierte Ansätze tief in einer universellen Interpretation des Buddha-Dharma[3] verwurzelt sind – und dass es bei diesen Methoden um die Kultivierung von Achtsamkeit in Bezug auf körperliche und emotionale Zustände geht, besonders die Achtsamkeit auf reaktive Emotionen und die Anwendung bestimmter Strategien, um achtsam zu antworten, anstatt reflexartig zu reagieren, wenn diese Emotionen angestoßen werden. Dies ist besonders dann wichtig, wenn diese Emotionen wirksam bleiben und unsere Erfahrungen, Handlungen und Beziehungen über längere Zeit bestimmen, was immer wieder vorkommt.

Wenn neue und spannende Forschungsfelder und Wissensgebiete entstehen, wie zum Beispiel die verschiedenen möglichen Anwendungen der

---

3 · Die grundlegenden Lehren des Buddha.

Achtsamkeit im gesellschaftlichen Mainstream, gibt es meist viele verschiedene Denkströmungen und Anwendungsversuche, die mehr oder weniger gleichzeitig auftreten. Manchmal verlaufen diese Wege parallel, manchmal gehen sie in ganz unterschiedliche Richtungen, aber alle münden in den einen Ozean des Seins und der Gegenwart. Alle Standpunkte können zum Ausdruck gebracht werden, um in der einen oder anderen Weise zur allgemeinen Entwicklung und Vermittlung dieser Arbeit beizutragen, weil die entsprechenden Erfahrungen und Entdeckungen unser Verständnis darüber, was unter bestimmten Umständen funktioniert oder nicht funktioniert, bereichern – besonders, wenn die Anstrengungen des Forschenden Integrität besitzen. Aber früher oder später werden diese verschiedenen Strömungen einander anerkennen und die Stärken und Begrenzungen der anderen Ansätze thematisieren, um schließlich in der Schaffung einer neuen einschließenden Synthese zusammenzukommen, die dem, was vorher war, tatsächlich einen neuen Wert hinzufügt.

Im Kontext dieses Buches wäre diese Synthese heute die Entstehung eines neuen Verständnisses der Natur unseres Geistes, wie er funktioniert, wächst und ständig lernt, und seine Beziehung zur neu entdeckten Plastizität des Gehirns und den Selbstheilungskräften des Körpers. Im Hinblick auf praktische Anwendungen gehören dazu auch die Möglichkeiten in verschiedenen Bereichen der Gesellschaft und der entsprechenden Einrichtungen, wie zum Beispiel Medizin und Gesundheitswesen, Bildung, Wirtschaft, Sport, Ökonomie und Politik. Hierbei können wir individuell und kollektiv die Tiefen dieser neuen Entdeckungen nutzen, die neues Licht auf Kerndimensionen unserer menschlichen Natur werfen.

Motivation und Integrität

Achtsamkeit lehren kommt genau zur richtigen Zeit und ist eine willkommene Antwort auf das exponentielle Wachstum des professionellen Interesses an Achtsamkeit und seiner Anwendung in der Gesellschaft. Dieses Buch reagiert auch auf die Notwendigkeit, nun von unserer Seite das Lehren von Achtsamkeit in den verschiedenen schon genannten Institutionen auf eine neue Ebene zu bringen, um auf dieses schnell wachsende Interesse und Bedürfnis zu antworten. Und dazu brauchen wir natürlich viele gut ausgebildete, kompetente und fähige Achtsamkeitslehrer/innen. Eine wichtige Herausforderung, derer sich die Autoren sehr bewusst sind, besteht darin, die höchsten Ebenen der Meisterschaft und Integrität zu erreichen, die notwendig sind, damit beim Lehren von Achtsamkeit eine tiefe Authentizität und Glaubwürdigkeit vermittelt wird. Sonst wäre es keine Achtsamkeit und es wäre kein Dharma, und die Lehranstrengungen selbst wären nicht von Achtsamkeit getragen, und würden auch nicht den Schatz potenzieller Energien zugänglich machen, die am Grunde dessen liegen, warum Menschen überhaupt von Achtsamkeit angezogen werden. Denn Achtsamkeit ist nicht einfach nur eine neue Methode oder Technik, mit anderen bekannten Techniken und Strategien vergleichbar, die wir in dem einen oder anderen Bereich vielleicht hilfreich finden. Es ist eine Weise des Seins, des Sehens, des Einlassens auf die vielen Dimensionen unseres Menschseins und deshalb liegt darin eine Essenz, die nicht durch Techniken vermittelbar ist. Beginnend mit dem ersten Kapitel beschreiben die Autoren einen Prozess und eine Pädagogik, die die Tiefe dieser Arbeit hervorheben, und sie erklären, was von den Menschen verlangt wird, die Achtsamkeit lehren wollen, und welche Herausforderungen auf diejenigen warten, die sich auf solch einen Weg begeben möchten.

Eine dieser Herausforderungen besteht darin, die eigene Motivation zu untersuchen, mit der wir uns auf solch einen ungewöhnlichen Weg begeben. Motivation ist ein andauernder und entscheidender Faktor beim Lehren von Achtsamkeit, und, was noch wichtiger ist, um die eigene Praxis kontinuierlich zu üben und zu vertiefen. Sie erfordert eine ständige Untersuchung und Reflexion, weil die Motivation wachsen und sich verändern kann und mit der Zeit und mit zunehmender Erfahrung immer reifer werden kann.

In Bezug auf die anfänglichen Motivationen sind sich die Autoren bewusst, dass das wachsende professionelle Interesse an Achtsamkeit das unvermeidliche Risiko birgt, dass es für einige nun eine kluge Karrierestrategie darstellt, wenn sie Achtsamkeitslehrer/in werden. Das muss nicht unbedingt schlecht sein. In der Tat ist es ein Zeichen des Erfolges, dass so viele junge Menschen, Studenten, angehende Mediziner/innen oder

Lehrer/innen in diesem neuen Bereich arbeiten wollen und manchmal Achtsamkeit ihren Mentoren und Lehrern als professionellen Forschungsgegenstand vorschlagen. Also auch wenn Achtsamkeit für einige zunächst einen klugen Karriereschritt darstellt, ist das einfach der Ausgangspunkt einer längeren Reise, ein Beginn und eine tief greifende Möglichkeit, um der eigenen Intuition und Ambition zu folgen, die schließlich in einen viel tieferen Bereich führt, als man zunächst erwartet hatte. Es ist fast unvermeidlich, dass man erkennen wird, dass die Reise, auf die man sich begeben hat, weit über ein Konzept von Achtsamkeit hinausgeht, dass sie als eine Technik versteht, die man bei einem Workshop oder professionellem Training lernen kann, um sie dann in das bisherige Repertoire von Methoden zu integrieren. Diese Herausforderung wird für diejenigen, die sich von dieser Arbeit angezogen fühlen, ein zentrales Merkmal ihrer Effektivität als Lehrer/in sein – ob sie diese Herausforderung nun erwartet haben oder nicht.

Die ersten Jahre von MBSR und der Entwicklung anderer achtsamkeitsbasierter therapeutischer Interventionen spielten sich in kleinen Gruppen ab, die sich der Praxis und Lehre der Achtsamkeit im Grunde aus Liebe und Leidenschaft für die Praxis widmeten. Wissentlich und bereitwillig setzten sie für diese Liebe ihre Karriere und ihren finanziellen Wohlstand aufs Spiel, und oft taten sie das aufgrund einer tiefen eigenen Begegnung mit dem Dharma und den dazugehörigen meditativen Übungen, wie sie von buddhistischen Lehrern und anerkannten Meistern einiger klar definierter Traditionen vermittelt wurden. Zum Guten wie zum Schlechten wird die nächste Generation von Achtsamkeitslehrern nicht die gleiche Möglichkeit oder das gleiche Interesse daran haben, bei buddhistischen Meistern aus Asien zu studieren, oder bei anderen asiatischen Lehrern, die den Wert der Achtsamkeit betonen, wie zum Beispiel Sūfismus, Yoga oder Taoismus. Glücklicherweise gibt es viele Möglichkeiten, um mit buddhistischen Meistern aus dem Osten und erfahrenen Dharma-Lehrern aus dem Westen, die selbst ihrerseits in Asien mit anerkannten Lehrern geübt haben, zu studieren und zu praktizieren, und in westlichen Dharma-Zentren an langen Meditations-Retreats teilzunehmen. Ich persönlich halte es für absolut notwendig von Zeit zu Zeit an längeren Meditations-Retreats teilzunehmen, die von einem Lehrer/einer Lehrerin geleitet werden, um die eigene Meditationspraxis, das eigene Verständnis und die Effektivität als Lehrer/in weiter zu entwickeln. Aber selbst, wenn wir erkennen, dass längere Meditations-Retreats notwendig sind, so sind sie doch nicht ausreichend. Achtsamkeit im Alltag ist die ultimative Herausforderung und Praxis.

Die Praxis der Achtsamkeit ist eine lebenslange Aufgabe. Wachstum, Entwicklung und Reife desjenigen, der Achtsamkeit übt und lehrt, sind ein entscheidender Teil des Prozesses. Und das geschieht nicht immer ohne Schmerzen. Selbsterkenntnis kann sehr ernüchternd sein, deshalb muss im Laufe des Prozesses auch die Motivation reifen, damit wir ständig weiterüben und uns mit dem auseinanderzusetzen, was innerlich auftaucht.

Möglichkeit und Berufung

Warum ist Achtsamkeit momentan so beliebt und so notwendig? Ich würde sagen, dass es zum Teil daran liegt, dass die Welt und ihre Institutionen und Bewohner wortwörtlich und metaphorisch gesprochen nach authentischen Ansätzen verlangen, um in der Welt zu leben, zu sein und zu handeln. Wir sehnen uns nach einem Maß effektiver Balance und Weisheit, die sinnvolle, verkörperte und bedeutsame Arbeit unterstützen – die Arbeit, die in der Welt einen Unterschied macht, die Wert und Schönheit vermehrt, die dazu beiträgt, dass wir individuell und kollektiv zum vollen Potenzial unserer gemeinsamen menschlichen Intelligenzen und Fähigkeiten für Weisheit, inneren Frieden und Freundlichkeit erwachen. Diese Fähigkeiten und Intelligenzen umfassen auch eine Liebe zum Lernen, den Drang, im Laufe des Lebens ständig zu wachsen, und uns zum vollen Potenzial unseres Seins zu entwickeln. Darin kultivieren wir auch die Fähigkeit, uns selbst und die Gesellschaft zu heilen und aus der mitfühlenden Antwort unseres Herzens zu Botschaftern der Heilung zu werden. Es ist die Absicht, die tief aus unseren Knochen, Zellen und unserer DNA kommt und die uns veranlasst, zur Entfaltung dessen beizutragen, was in uns allen als Menschen das Tiefste und Beste ist, damit wir dem Namen unserer Spezies, Homo sapiens sapiens [die Spezies, die weiß und weiß, dass sie weiß], gerecht werden können. Ohne dieses Erwachen aus der endemischen Unachtsamkeit und Selbstbezogenheit, an der wir auch teilhaben, wird die Neigung unserer Spezies, das Wichtigste zu ignorieren, zusammen mit unserer Arroganz und Tendenz von unseren eigenen unbeständigen Emotionen und Leidenschaften geblendet zu werden, unseren kleinen und immer voller werdenden Planeten in noch größere Schwierigkeiten bringen, als er heute schon ist.

Wenn wir einige der heute neu entstehenden Strömungen, die für das Thema *Achtsamkeit lehren* relevant sind, aufzählen wollen, dann würde die Liste folgende Bereiche beinhalten: psychosomatische Medizin, integrative Medizin, achtsamkeitsbasierte klinische Interventionen in allen Bereichen der Gesundheitspflege, Medizin, Psychologie und Psychotherapie. Im Konkreten gehören dazu unter anderem folgende Ansätze: Achtsamkeitsbasierte Stressreduktion (MBSR), Achtsamkeitstraining für Depression (MBCT, Mindfulness-Based Cognitive Therapy), Achtsamkeitstraining in der Vorbeugung von Rückfällen bei Alkoholikern (MBRP, Mindfulness-Based Relapse Prevention for Binge Drinking), Achtsamkeitstraining für die Geburt und Kindererziehung (MBCP, Mindfulness-Based Childbirth and Parenting), Achtsamkeitsbasierte Kunsttherapie für Krebskranke (MBAT, Mindfulness-Based Art Therapy for Cancer Patients), Achtsamkeitstraining bei Essstörungen (MB-EAT, Mindfulness-Based Eating Awareness Training), Achtsamkeitsbasierte Traumatherapie (MBTT, Mindfulness-Based Trauma Therapy), Achtsamkeitstraining in der Vorbeugung von Rückfällen bei Alkoholikerinnen (MBRP-W, Mindfulness-Based Relapse Prevention – Woman), Achtsamkeitsbasierte Altenpflege (MBEC, Mindfulness-Based Elder Care), Dialektische Verhaltenstherapie (DBT, Dialectical Behavior Therapy), Akzeptanz- und Commitmenttherapie (ACT), achtsamkeitsbasierte Psychotherapie, achtsamkeitsbeeinflusste Methoden in der Psychotherapie, Achtsamkeitsbasiertes intellektuelles Fitness-Training beim Militär (MMFT, Mindfulness-Based Mind Fitness Training), das Shamatha Projekt, die Organisation Contemplative Mind in Society, das Mitarbeiter-Programm in achtsamkeitsbasierter emotionaler Intelligenz am Hauptsitz von Google (Search Inside Yourself, SIY), die neu entstehenden Forschungsgebiete der kontemplativen Neurowissenschaft und Neurophänomenologie und – vielleicht die größte Herausforderung von allen – die neue Bewegung, um

Achtsamkeit in der Erziehung anzuwenden, besonders in der K-12-Erziehung (vom Kindergarten bis zur 12. Klasse), aber auch in Gymnasien und Universitäten. Das sind viele Methoden, die sich auf Achtsamkeit beziehen. Natürlich geht von diesem Trend ein großer Bedarf an Achtsamkeitslehrern und -lehrerinnen aus, viel mehr als es momentan gibt. Und wir brauchen gute Lehrer/innen. Und es ist unsere Aufgabe, individuell und gemeinsam herauszufinden, was das bedeuten könnte.

Dieses bemerkenswerte und ambitionierte Buch ist ein besonders willkommener Beitrag zum wachsenden Interesse an Achtsamkeit in professionellen Kreisen des Mainstreams im Westen. Bis heute hat noch kein Buch auch nur versucht, die verschiedenen Elemente des MBSR-Modells so zu synthetisieren, dass eine zusammenhängende und klar formulierte Pädagogik entstehen kann, die als Grundlage für die wirksame Entwicklung neuer Lehrer/innen fungiert. Dies würde auch ermöglichen, dass erfahrene Achtsamkeitslehrer/innen sich immer weiter entwickeln können – in dieser vollkommen säkularen Ausdrucksform, die aber vollkommen auf dem universellen nondualen Dharma basiert, von dem der Buddhismus ein Ausdruck ist und worauf darin immer hingedeutet wurde: eine allem zugrunde liegende Gesetzmäßigkeit im Universum und die Natur dessen, was wir „Geist" und seine Funktionen nennen. In diesem Kontext, der ziemlich einschüchternd wirken kann, ist es wichtig, sich daran zu erinnern, dass der Buddha selbst kein Buddhist war und dass selbst der Begriff *Buddhismus* einige Hundert Jahre später von Westlern geprägt wurde.[4]

Dieses Buch hat viele positive Aspekte. Ein herausragendes Beispiel ist die ausdrückliche Betonung und ausführliche Analyse der Pädagogik des Seminarraums und der Prozesse der Reflexion und des Dialogs, die im Zentrum jeder guten Vermittlung des Dharma stehen. Die Betonung der Gruppenerfahrung ist entscheidend, weil fast alle achtsamkeitsbasierten Ansätze in gemeinschaftlichen Situationen mit verschieden großen Gruppen von Menschen arbeiten, seien es nun Patienten im Krankenhaus, Kinder im Kindergarten oder Studenten im Hörsaal. Die Autoren sprechen viele Bereiche im Feld der achtsamkeitsbasierten Interventionen an,

---

4 Batchelor, Stephen, *The Awakening of the West: The Encounter of Buddhism and Western Culture*, Parallax Press, Berkeley CA, 1994, 14. Kapitel.

die bisher eher implizit als explizit behandelt wurden. Einer davon ist ein Überblick über die historischen Wurzeln des Interesses an der Meditation im Westen und besonders in Nordamerika. Ein anderer Bereich umfasst die Kunst, Wissenschaft und Fähigkeiten bei der Achtsamkeitspädagogik in einem professionellen, klinischen Kontext.

Jedes Element der Pädagogik, das hier angeboten wird, ist auch nach Meinung der Autoren offen für Debatte und Reflexion und muss in der Praxis angewendet werden. Was einen „ausreichend guten" Achtsamkeitslehrer ausmacht, ist eine Art lebenslanges Kōan.[5]

Zumindest erging es mir so in meinem eigenen Leben, und dieses Kōan erinnert mich immer daran, wie kühn dieses Unterfangen ist (und wie ungenügend wir uns alle dabei fühlen mögen), aber wie wichtig und unbezahlbar es gleichzeitig ist (mehr dazu im 8. Abschnitt des Vorworts).

Genauigkeit und Innovation im Curriculum

Ein Merkmal des MBSR-Curriculums, auf das die Autoren besonders hinweisen, ist das, was sie als „Integrität" bezeichnen. Was MBSR selbst betrifft – und andere Ansätze, die sich daran orientieren –, muss diese Integrität geschützt werden, besonders angesichts des unvermeidbaren Impulses neuer Lehrer/innen, das Curriculum zu verbessern oder neue „Module" hinzuzufügen, oder es in ihren bisherigen pädagogischen Ansatz zu integrieren, um das Programm zu bereichern und ihren Bedürfnissen anzupassen. Das sind verständliche und in manchen Fällen hilfreiche kreative

5 Ein Kōan ist eine Lehrmethode des Zen, wie ein Rätsel in der Form einer Frage, einer Aussage oder eines Dialoges, worauf man sich in der Meditation zu konzentrieren versucht, um es zu verstehen und in einer Weise darauf zu reagieren, die nicht aus dem diskursiven Denken kommt, denn keine Antwort aus dem Denken wir authentisch und den Umständen des jeweiligen Augenblicks angemessen sein. Ein Beispiel dafür wäre, „Wer bin ich?" oder „Hat ein Hund die Buddha-Natur?" oder „Was ist Buddha?". Fast jede Lebenssituation kann als Kōan gesehen werden. Fragen, wie „Was ist das?" oder „Was jetzt?", können wir in diesem Sinne auf unser Leben anwenden. In jedem Augenblick ist die Antwort vielleicht eine andere. Die einzige Voraussetzung besteht darin, dass sie authentisch und angemessen ist, und nicht aus dem dualistischen Denken kommt. Diese Antworten können nonverbal sein.

Impulse. Und in manchen Fällen funktionierten sie auch und funktionieren sogar gut und sind ein notwendiges Element, damit Sie sich die Lehrtätigkeit selbst aneignen können.

Wenn wir über Achtsamkeit sprechen, besteht die Grundlage auch in innerer Stille, Weite und Grenzenlosigkeit. Aus diesem Grund müssen wir aufmerksam sein gegenüber unserem Impuls, den leeren Raum bei der Arbeit mit MBSR mit zusätzlichem „Zeug" zu füllen, besonders wenn uns längere Zeiten der Stille unangenehm sind oder wir uns unsicher sind, ob die Teilnehmer/innen „verstehen", was sie nach unserer Ansicht verstehen sollten. Die Stille und „Spärlichkeit" des Curriculums sind sinnvoll. Ohne die Stille und Weite, die über alle Konzepte hinausgehen, wäre es nur noch eine kognitive Übung und würde nicht länger die Praxis, das Herz der Achtsamkeit, berühren und entwickeln.

Viele MBSR-Lehrer/innen haben mir im Laufe der Jahre davon erzählt, dass sie in der einen oder anderen Weise versucht haben, das Curriculum zu verändern, sie haben etwas hinzugefügt oder weggelassen, teilweise sogar die Kernübungen. Aber letztendlich kamen sie alle wieder zur Kernstruktur von MBSR zurück, weil sie festgestellt haben, dass ihre Veränderungen nicht so gut funktionierten, wie sie es sich erhofft hatten. Einer der Grunde, warum sie zum Kerncurriculum zurückkehrten, war die Entdeckung, dass sie ohne Absicht die Weite und die Empfindungen von Stille und Offenheit zugedeckt haben.

Wenn wir also MBSR lehren, ist es wichtig, dass es auch wirklich MBSR ist, und wir nicht einfach das, was wir für unwesentlich halten, weglassen oder nach unserem Gefühl von Unvollständigkeit und unseren Vorlieben modifizieren, um es unter der Bezeichnung MBSR zu lehren. Wenn wir uns nicht kompetent fühlen, achtsamen Yoga zu lehren, dann würden wir diese Kompetenz durch das Studium und die Praxis von Yoga mit guten Yogalehrern entwickeln. Wir ziehen keinen Yogaexperten hinzu, um Yoga zu lehren, und auch keinen Atemtherapeuten, um das Atmen zu lehren. Und wir lassen auch nicht den Körper-Scan weg, weil wir denken, er sei zu langsam oder würde bei manchen Menschen Angst auslösen. Stattdessen lernen wir geschickt mit dem Körper-Scan zu arbeiten, im Wissen, dass dabei die Möglichkeit besteht, dass es Reaktionen in Menschen auslöst, in deren Vergangenheit es Missbrauch etc. gegeben hat.

Eine der Erkenntnisse, die die Wissenschaftler aus der Erforschung der Evolution gewonnen haben, besteht darin, dass sich bestimmte molekulare Strukturen in unseren Zellen erhalten und über längere Zeitabschnitte und zwischen Spezies nicht verändert haben. Ein Beispiel dafür ist die Struktur der Actin- und Myosin-Moleküle, die zusammenarbeiten, um Muskeln zu formen, die sich, wenn notwendig, zusammenziehen oder entspannen können. Ein weiteres elementares Beispiel ist die Struktur der Ribosomen und anderer zellulärer Organellen. Weil Prozesse und Strukturen, die sich über unvorstellbar lange Zeiträume als die Funktionstüchtigsten herausgestellt haben, immer weiter verfeinert wurden, führt fast jede Veränderung der Struktur unweigerlich zu einer Abnahme der Funktionsfähigkeit. Manche sagen, dass das vielleicht auch auf MBSR zutrifft. Es ist wichtig, innovativ zu sein und dort, wo es angemessen ist, die Kenntnisse und Vorlieben des Lehrers zu berücksichtigen. Im MBSR-Curriculum gibt es viel Spielraum und Freiheit, damit der Lehrer oder die Lehrerin sich einbringen kann, und wo es angemessen ist, auch mit neuen Informationen und Übungen. Der kreative Spielraum ist wichtig, damit das Curriculum lebendig bleibt. Gleichzeitig gibt es aber in dem achtwöchigen MBSR-Curriculum wenig Raum, um noch mehr hineinzupacken, wie interessant oder relevant es auch sein mag, ohne etwas vielleicht noch Wichtigeres wegzulassen.

Meist werden mehr Raum und Weite benötigt, anstatt mehr Informationen, Methoden oder Lerneinheiten. Das Wichtige ist, dass die Struktur die Tiefe der Möglichkeit reflektiert, die Achtsamkeit dem Einzelnen sowie der ganzen Gruppe eröffnet. Für den Lehrer kommt diese Haltung aus der vollkommenen Hingabe an die Praxis und dem Vertrauen, dass die Praxis und das Leben selbst die wahren Lehrer sind.

So wie die Autoren hoffen und vorschlagen, wird deshalb die Gestaltung der Pädagogik, die in diesem Buch ausgeführt wird, selbst eine eigenständige Kontemplation werden, die sich damit beschäftig, worum es im Lehren von Achtsamkeit eigentlich geht. Das achtwöchige Format und Curriculum von MBSR im klinischen Kontext hat seine eigene innere Logik, die voraussetzt, dass dieses Format berücksichtigt wird, ohne alle möglichen anderen Konzepte mit hineinzunehmen, die aus dem eigenen Interesse des Lehrers kommen. Aber andere Formen der Achtsamkeitspädagogik in anderen Kontexten *erfordern* vielleicht genau diese Art von kreativer Spontaneität. Bei der Entwicklung neuer und innovativer Achtsamkeitsprogramme für neue Einrichtungen, seien es nun die Hauptniederlassung von Google, Arbeitsorte mit hoher Stressbelastung, Gefängnisse, Innenstädte, Sportteams oder bei der Einführung von Achtsamkeit in Grund- und Hauptschulen, müssen wir immer bedenken, dass Modifikationen und Innovationen absolut notwendig sind. Gleichzeitig wollen wir die Essenz nicht verlieren. Damit das nicht geschieht, müssen wir selbst in der Essenz leben. Wir müssen wissen, mit wem wir arbeiten, was die vorherrschende Kultur und Sprache ist, was die bestimmten Bedürfnisse der Kultur und der dazugehörigen Gruppen sind, mit einem Wort, das ganze Spektrum dessen, was uns eine bestimmte Lehrsituation bietet. Allein schon die Tatsache, dass es in manchen Einrichtungen einen hohen Anteil von Menschen mit einer bekannten oder unbekannten traumatischen Vergangenheit gibt, erfordert eine Sensibilität und Flexibilität, die möglicherweise die Anwendung des Curriculums sowohl quantitativ als auch qualitativ beeinflussen. Natürlich werden Sie oft die Kultur, in die Sie eintreten, nicht besonders gut kennen, deshalb beruht Ihre Fähigkeit zur Innovation – wieder einmal – auf Vertrauen, Ihrer Intuition, Sensibilität und Ihrer eigenen gutwilligen Absicht, Klarheit und natürlich Ihrer eigenen Praxis.

Sprache und Vergegenständlichung

In meiner eigenen Praxis und Lehrtätigkeit versuche ich genau auf die verschiedenen Formen der Sprache achtzugeben, so dass das Sprechen selbst das Nonduale erkennt, verkörpert und darauf hindeutet. Ohne Offenheit für diese Dimension unserer Erfahrung gibt es keinen Grund, Achtsamkeit zu lehren oder zu praktizieren. Deshalb ist auch der Present Participle in der englischen Sprache solch ein Geschenk, das der buddhistische Gelehrte John Dunne als „geheimes Herz der englischen Grammatik" bezeichnete, weil er sah, welche Bedeutung es bei MBSR einnimmt. Und der Grund dafür ist, dass darin die Dualität überwunden wird. Das trifft nicht für alle

Sprachen zu, aber im Englischen sind wir mit dieser Zeitform der Sprache gesegnet und sie kann bei der Lehre des Dharma und von Achtsamkeit sehr effektiv sein. Zum einen bewahrt es uns davor in die Falle des Imperativs zu fallen, wenn wir eine Meditation leiten, wie zum Beispiel „Atmen Sie ein" oder „Atmen Sie aus", was voraussetzt, dass es eine Autorität gibt (mich), die jemandem sagt, und zwar *Ihnen*, was ich von Ihnen erwarte, wenn Sie meiner Anweisung Folge leisten und machen, was ich sage. Aber wenn wir „Einatmen" [breathing in] sagen, dann geben Sie als der Lehrer/die Lehrerin keine Anweisung mehr, mit einer privilegierten Position dem Schüler gegenüber.[6]

Stattdessen sind wir darin zusammen und das Atmen geschieht von allein. Die einzige Frage besteht dann darin, ob wir dafür offen sind. Haben wir Gewahrsein dafür? Denn die Objekte der Aufmerksamkeit sind niemals der Schlüssel zur Achtsamkeitspraxis. Es ist das *Aufmerksamsein* selbst. Im Aufmerksamsein muss es kein Subjekt mehr geben, das „aufmerksam ist" oder „meditiert".

Mit einem Minimum an Gewahrsein müssen wir nicht in eine sehr starke Gewohnheit verfallen, die Teil unserer Sprache ist, und in der wir uns als der Sehende, der Hörende, der Riechende, der Schmeckende, der Berührende, der Tuende, der Wissende verstehen, der vollkommen von dem getrennt ist, was er sieht, hört, riecht, schmeckt, berührt, tut, weiß – im Unterschied zu einer ko-kreativen, zusammen entstehenden, aufeinander bezogenen Einheit. Das mag zunächst extrem künstlich erscheinen und man kann die Verwendung solcher sprachlichen Wendungen sicher übertreiben oder unachtsam missbrauchen, so wie alles andere auch. Aber wie die Autoren immer wieder betonen, gibt es in jedem Augenblick eine tief greifende Möglichkeit, im Gewahrsein zu ruhen, ohne in Trennung und Gegenständlichkeit zwischen dem Selbst und allem anderen zu verharren und die Beziehungsfülle und Verbundenheit zu missachten, die für unsere Erfahrung so grundle-

---

6 Anm. d. Ü.: In der deutschen Sprache gibt es keine Verlaufsform in diesem Sinne, aber es gibt verschiedene Wege, um den Imperativ („Atmen Sie ein") zu vermeiden: (1) Manchmal kann das Verb allein stehen: „Einatmen"; (2) bei Meditationsanleitungen wird oft auch die Wir-Form benutzt:„Wir atmen ein"; (3) eine Möglichkeit, um den Imperativ abzuschwächen und die Freiheit des Teilnehmers anzusprechen, ist die Höflichkeitsform: „Atmen Sie bitte ein".

gend sind. Wenn wir also zum Beispiel etwas beobachten, müssen wir uns keinen „Beobachter“ schaffen oder vorstellen; und wenn wir atmen, auch keinen „Atmenden“; wenn wir denken, keinen „Denkenden“; oder wenn wir meditieren, keinen „Meditierenden“.

Natürlich kann man aus einer relativen Sichtweise sagen, dass wir es sind, die atmen. Es ist nicht der Atem von jemand anderem, der aus unserem Körper kommt. Es ist nicht die Kontoverbindung von jemand anderem, die unter Ihrem Namen läuft. Sicher sehen wir, hören wir usw. Aber das Geheimnis liegt darin, wie wir dieses „wir“, „Ich“ oder „mein“ verstehen. Das Geheimnis liegt in den Personalpronomen und wie sehr wir uns damit identifizieren, ohne uns der Wechselseitigkeit der Beziehungen, der Allverbundenheit und dessen, was Thich Nhat Hanh als *Intersein* [interbeing] bezeichnet, bewusst zu sein. Das mag der Grund dafür sein, dass der Buddha einst sagte, dass all die Jahre seines Lehrens in einem einzigen Satz zusammengefasst werden können: „An nichts sollte als ein Ich, mich oder mein angehaftet werden.“[7, 8]

Ein Vorteil der Verlaufsform besteht darin, dass ich Subjekt und Objekt unbestimmt und nicht ausgedrückt lassen kann. Das ist eine neue (und sehr alte) Weise des Erfahrens, noch vor den Gedanken, im Bereich des Seins, im Bereich des Zeitlosen, des Wissens ohne Wissenden, des reinen Gewahrseins. Dieses Verständnis steht im Zentrum der Pädagogik, die hier formuliert wird.

Vertrauen

Donald McCown und Diane Reibel sind sehr erfahrene Achtsamkeitslehrer/innen in verschiedenen Zusammenhängen, besonders von MBSR

7 Buddhadasa Bhikkhu, *The Heartwood of the Bodhi Tree: The Buddha's Teachings on Voidness*, Wisdom, Boston, 1994, S. 15–17 [in deutscher Sprache erschienen als *Kernholz des Bodhibaums*, Buddhistische Gesellschaft München, o. J.].

8 Goldstein, Joseph, *One Dharma: The Emerging Western Buddhism*, HarperSanFrancisco, 2002, S. 134 [in dt. Sprache erschienen als *Ein Dharma: Buddhismus im Alltag*, Goldmann, München, 2004].

und dessen Anwendung im Gesundheitswesen und in der Wirtschaft. Sie machen ganz klar, dass die Pädagogik, die hier vorgestellt wird, ein Anfang ist und eher ein Mittel als ein Ziel. Sie ist forschend, vorläufig und einladend gemeint, Ton auf der Drehscheibe, der von ihren eigenen Erfahrungen und Hintergründen geformt wurde. Sie zielt darauf ab, uns als Leser/innen und Lehrer/innen oder zukünftige Achtsamkeitslehrer/innen in säkularen Settings anzuregen, darüber nachzudenken und uns darüber auszutauschen, wie wir die Herausforderungen, denen wir begegnen, wenn wir Achtsamkeit auf unterschiedliche Weisen in verschiedene Kontexte und Einrichtungen bringen, erkennen und damit arbeiten können. Dieses Buch ist eine Einladung, an einem Gespräch teilzunehmen, Ansätze und Perspektiven miteinander zu teilen und zusammen über angemessene Methoden zu reflektieren, um in den Menschen ein leidenschaftliches Engagement zu erwecken, damit sie, in welchem Kontext auch immer, in ihrem Leben gegenwärtiger sind und den Wert kontinuierlicher Praxis und der Kultivierung verkörperter Achtsamkeit verstehen. Sie betonen, dass das eine gemeinsame Untersuchung ist, ein geteilter Dialog in der Gemeinschaft der Achtsamkeitslehrer/innen. Aber es ist auch eine Möglichkeit, um in sich selbst tief darüber zu reflektieren, warum wir diese Arbeit tun oder uns von ihr angezogen fühlen und wie unsere eigene Achtsamkeitspraxis beschaffen ist, einschließlich der nie endenden Lernkurve, die sie beinhaltet. Das Buch ermöglicht es uns auch, unser eigenes Verständnis in einer viel weiteren historischen und sozialen Perspektive zu verorten, die wir manchmal vermeiden oder einfach ignorieren. Wir werden auch dazu angeregt, über die Synergien zu reflektieren, die mit der Praxis und Lehre von Achtsamkeit mit einer Gruppe von Menschen einhergehen. Besonders im Seminarraum, wo das Potenzial für die Maximierung der Einstimmung in einem selbst und in der Gruppe, die von den Autoren – basierend auf der Arbeit von Ed Tornick, Daniel Siegel und anderen im Bereich der Bindungstheorie und interpersoneller Neurobiologie[9] – als „intersubjektive Resonanz" beschrieben wird, tief greifend und enorm wertvoll ist.

---

9 Siegel, Daniel, *The Mindful Brain: Reflection and Attunement in the Cultivation of Well-Being*, WW Norton, NY, 2007 [in dt. Sprache erschienen als *Das achtsame Gehirn*, Arbor, Freiburg, 2007].

Wichtig dabei ist, dass man nicht versucht, solche Resonanzen zu erschaffen. Das wäre gleichbedeutend damit, einen bestimmten Effekt zu suchen oder der Gruppe aufzudrängen, und das würde bedeuten, dass wir an einem bestimmten Ergebnis anhaften. Der Wunsch, einen bestimmten Effekt zu erzeugen, ist eine Falle, die, wenn wir dort hineintappen, unser Verständnis von Achtsamkeit und der Arbeit damit trübt. Zumindest in diesem Moment werden wir dann dieser Arbeit nicht gerecht, und auch nicht uns selbst und unseren Schülern. Und natürlich sind wir alle in der einen oder anderen Situation genau in diese Falle getappt und hoffentlich lernen wir von solchen Momenten auf unserem Weg, ausreichend gute Lehrer/innen zu werden. Aber wenn wir das Auftauchen solcher Impulse voraussehen und anerkennen können, sollten wir darauf achten, wenn sie erscheinen, und der Versuchung widerstehen, den Raum zwischen unseren eigenen Gedanken, unserer Angst und zielbestimmten Ideen zu füllen. Denn allein schon diese Aufmerksamkeit selbst schafft die Voraussetzung für das letztendlich geheimnisvolle Entstehen solcher intra- und intersubjektiven Resonanzen im Feld von Stille und Gewahrsein im Raum.

Damit es auch nur die Möglichkeit zu dieser Entfaltung gibt, ist Vertrauen absolut notwendig. Vertrauen in die Praxis, Vertrauen in die Stille, in die Weite des Gewahrseins, die mit nichts gefüllt werden muss, Vertrauen in den Augenblick, der nichts anderes hervorbringen muss und nicht beschrieben werden muss, Vertrauen in die Schönheit jedes Menschen im Raum, so wie er oder sie ist. Das ist einer der vielen Gründe, warum wir immer wieder sagen, dass es das Wichtigste ist, dass *das Lehren aus der eigenen Praxis entsteht.* Es gibt einfach keinen anderen Weg. Deshalb ist eine verfeinerte Wahrnehmung der eigenen Geisteszustände so wichtig, einschließlich der unvermeidlichen Impulse, die den leeren Raum füllen *wollen* und die *sehr* an vorgestellten Ergebnissen anhaften und den eigenen Zielen, der eigenen Philosophie und dem eigenen Ego entsprechen.

Und Sie, als der- oder diejenige, die diese Herausforderung annehmen, angenommen haben oder annehmen werden, werden erkennen, dass Sie selbst wahrscheinlich am meisten von Ihrer Lehrtätigkeit, Ihrer Praxis und Ihrem Studium profitieren – mehr als jeder, den Sie lehren, egal, wie sehr dieser Mensch davon profitiert. Und Sie werden erkennen, dass Ihre Schüler – egal, wer diese sind, in welchem Kontext sie arbeiten und welche achtsamkeitsbasierte Methode sie verwenden – Sie mindestens genauso viel lehren, wie Sie sie lehren. Und Sie werden schließlich erkennen, dass das Leben der allem zugrunde liegende Lehrer ist, den wir hier anerkennen sollten. Das Leben selbst ist das Curriculum, der Weg und das Ende jedes Weges – genau hier, im gegenwärtigen Augenblick, in den Umständen und in dem Kontext, für die wir uns entschieden haben, um dort hineinzugehen und darin zu wirken, wo und wie das auch immer geschehen mag.

Traditionslinie

Um für solch ein menschliches Potenzial für Lernen, Wachsen, Verbinden, Heilen, Transformation, Verwirklichung, Befreiung – wie immer wir es auch nennen – einzustehen, brauchen wir normalerweise die Unterstützung einer Traditionslinie. Wie sind Sie hierher gekommen, in diesen Moment, um die Botschaft des Gewahrseins, der Achtsamkeit, der Gegenwärtigkeit in die Welt zu tragen und ein Katalysator zu sein, damit sie sich immer weiter ausbreitet? Vermutlich sind Sie nicht allein an diesen Punkt gekommen. Wahrscheinlich ist der Grund ein Weg, vielleicht eine innere Reise, die möglicherweise schon in der Kindheit begann, vielleicht wurde sie von jemand anderem inspiriert, sozusagen als Geschenk, als eine Struktur, ein Curriculum oder die Möglichkeit und Notwendigkeit aus manchmal sehr schwierigen und oft unbekannten Umständen ein eigenes Curriculum zu gestalten. Deshalb ist die Anerkennung unseres persönlichen Weges, unserer Reise, unserer Lehrer, was Yeats als „unbekannte Lehrmeister“ bezeichnet, so wichtig. Manchmal wird uns die Frage gestellt: „In welcher Tradition lehren Sie?“, und wir müssen antworten.

Mir selbst geschah das in einem unerwarteten Moment im Jahre 2004 in Shenzhen in China, als ich zusammen mit meinen Freunden Nelen Ma und Rosalie Kwong, die in Hongkong MBSR lehren, einen Chan-Tempel besuchte.

Der Ehrwürdige Ben Huan, ein 98-jähriger chinesischer Chan-Meister mit wunderbar leuchtenden Augen, gab folgenden Kommentar, nachdem ihm einer seiner erfahrenen Mönche und Dharma-Nachfolger MBSR erklärt hatte [der Ehrwürdige Hin Hung, der Texte über achtsamkeitsbasierte Anwendungsformen in der Medizin und im Gesundheitswesen gelesen und studierte hatte und ähnliche Ansätze in die Psychotherapie und Kindererziehung brachte]: „Die Menschen leiden auf unzählig viele Weisen; deshalb muss es auch unzählige Wege geben, auf denen ihnen der Dharma zugänglich gemacht wird."

Während er das sagte, sah er mir direkt in die Augen. Als es von Hin Hung übersetzt wurde, verstand ich, dass dieser alte Chan-Meister mir und den anderen Lehrern im Raum ein unglaublich großes Geschenk machte, indem er das sagte und einem anderen Dharma-Werkzeug solch tiefe Anerkennung zusprach. Eine Methode, die von der anderen Seite der Erde zu ihm kam und die ihm auch suspekt hätte vorkommen können, oder die er als unauthentisch hätte empfinden können.

Dann fragte er mich völlig unerwartet: „In welcher Tradition lehren Sie?" Offensichtlich wollte er diesen Fremden etwas herausfordern und in freundlicher Weise „sein Verständnis testen", so wie es im Weg des Chan und Zen üblich ist, indem man einen Dialog führt, der manchmal als *Dharma-Duell* bezeichnet wird. Bei diesen Gesprächen ist das Wichtige nicht so sehr die bestimmte wörtliche Antwort auf eine Frage, sondern *wie* wir auf die Herausforderung reagieren.

Ich antwortete: „Ich lehre in der Tradition des Buddha und Hui Nengs[10]." Es war der Versuch, authentisch zu sein und ihm gleichzeitig eine Referenz zu geben, die er erkennen und verstehen konnte. Er erwiderte mir sofort: „Was ist der wichtigste Punkt?" Ich lächelte und sagte: „Natürlich das Nicht-Anhaften." Worauf er sagte: „Möchten Sie mein Schüler werden?" Ich lächelte wieder, beugte mich ganz nah zu ihm hin und sagte: „Bin ich nicht schon Ihr Schüler?" Er lachte und sagte „Lassen Sie uns gemeinsam Mittag essen."

All das sage ich, weil wir uns nicht darum kümmern können, ob wir „erleuchtet" oder ein „verwirklichtes Wesen" sind, wenn wir MBSR-Lehrer/in,

10 Der sechste Patriarch des chinesischen Chan-Buddhismus (635–713).

MBCT-Lehrer/in oder irgendeine andere Art von Achtsamkeits-Lehrer/in werden wollen. Aber worum wir uns ganz sicher kümmern müssen – ohne uns darum zu sorgen –, ist die Absicht, unsere eigene Meditationspraxis zu vertiefen und in jeder möglichen Weise zu nähren, wovon viele unkonventionell und außerhalb der Tradition sein mögen. Dazu gehört vielleicht auch die Begegnung und das Studium mit großen Lehrern der verschiedenen buddhistischen Traditionen und Linien *Theravāda*, *Mahāyāna* und *Vajrayāna*, wo immer es uns möglich ist. Denn wenn achtsamkeitsbasierte Interventionen der Welt irgendetwas Tiefes, Heilendes und Transformierendes zu geben haben, dann kommt es nur daher, dass sie fest im Dharma verwurzelt sind – nicht so sehr in dem Sinne, wie sich der Buddha-Dharma in den bestimmten kulturellen und religiösen Formen ausdrückt –, sondern als universeller Dharma, den wir verstehen und erkennen müssen (was sicher ein lebenslanges Unterfangen ist) und dem wir eine Sprache geben müssen, um ihn authentisch mit anderen zu teilen, ohne ihn zu idealisieren. Wenn wir konkret bleiben, sind wir auf dem richtigen Weg.

Ich habe Ben Huan in diesem Augenblick so geantwortet. An einem anderen Ort oder zu einer anderen Zeit oder unter anderen Umständen hätte ich vielleicht ganz anders geantwortet. Die Antwort ist nicht so wichtig, aber das offene Gewahrsein für die Frage und woher sie kommt, *ist* sehr wichtig. Es gibt nicht die eine richtige Antwort, so wie es auch nicht den einen richtigen Weg der Praxis gibt. Das ist eine der Möglichkeiten, durch die wir die Verantwortung für unsere eigene Arbeit übernehmen müssen und sie ehrlich in unserer eigenen Praxis, in unserem eigenen Verständnis, unserer eigenen Tradition verwurzeln müssen. Wir können von allem, was in unserem Leben geschieht, lernen und uns in unserer Berufung und unseren Arbeitsfeldern und besonders in unserem Wunsch, Achtsamkeit zu lehren, immer weiter entwickeln. Die Haltung des Nicht-Wissens ist besser, als zu viel zu wissen. Aber wenn wir gefragt werden – wo auch immer –, müssen wir antworten, und wir müssen authentisch antworten. Wir sind es unseren Schülern schuldig. Wir sind es dem Curriculum schuldig. Wir sind es unserer eigenen Integrität schuldig.

Gleichzeitig ist der Dharma sehr versöhnlich. Wenn du einen Fehler machst, was uns allen schon unzählige Male passiert ist, wenn du etwas, das du getan oder gesagt hast, oder vergessen hast zu tun oder nicht gesagt hast, bereust, dann gibt es schon im nächsten Augenblick, in der nächsten Woche viele Möglichkeiten, das zu korrigieren, zu verändern, sich zu entschuldigen, je nachdem, was angemessen erscheint. Bei dieser Arbeit geht es nicht darum, perfekt zu sein, was immer das bedeuten mag. Es geht vor allem darum, Mensch zu sein und zu lernen, wie wir, so wie jeder andere auch, uns in unserer Unachtsamkeit, unseren Ängsten, unseren Minderwertigkeitsgefühlen verfangen. Das kann unterschiedlichste Formen annehmen, wenn wir in einem bestimmten Moment das Gefühl haben, dass wir unseren eigenen Ansprüchen und Erwartungen, oder denjenigen von Menschen, die wir schätzen, nicht gerecht werden. Auch das sind wertvolle Gelegenheiten: für Achtsamkeit, um das zu praktizieren, was wir oft anderen als gut für sie nahelegen, und dabei vergessen, dass wir immer selbst am meisten von unserer eigenen Lehrtätigkeit und den damit verbundenen Erfahrungen profitieren werden, weil es in Wirklichkeit nicht *unsere* sind, sondern nur das, was ist. Es ist schwer, die Dinge nicht persönlich zu nehmen, besonders wenn wir das Gefühl haben, wir hätten einen schwerwiegenden Fehler gemacht, aber das, was nicht persönlich ist, persönlich zu nehmen, ist vielleicht der größte und hartnäckigste Fehler.

„Was ist ausreichend-gutes Lehren?“ als Kōan

Niemand hat gesagt, dass es leicht sei, Achtsamkeit zu lehren oder zu praktizieren. In vielerlei Hinsicht ist es die schwerste Arbeit, die es gibt, nur im Augenblick mit offenem Herzen ganz gegenwärtig zu sein. Deshalb ist es unserer Energie und unseres ständigen Engagements wert. Wir müssen in unserer eigenen Praxis verwurzelt sein und darauf vertrauen, dass wir angemessen reagieren werden, wenn wir es am meisten brauchen und, *ohne nachzudenken*, daraus handeln müssen. Dabei steht uns eine andere Fähigkeit zur Verfügung, die einzige, die fähig ist, Gedanken und Emotionen zu umfassen und zu zähmen: *Gewahrsein.*

Die Kompetenz der Achtsamkeitspädagogik in säkularen achtsamkeitsbasierten Zusammenhängen ist eine Kombination von Wissen und

Nicht-Wissen. Es hilft uns, wenn wir von innen und auch ganz körperlich den allgemeinen Kontext des Dharma kennen, einschließlich der Vier Edlen (Veredelnden) Wahrheiten, den Achtfachen Pfad, Aspekte aus dem Abhidharma, Geschichten von bestimmten Lehrern und Lehrgeschichten und vielleicht die Lehrlinie von zumindest einer buddhistischen Tradition. Aber *nicht* aus dem Grund, um irgendetwas davon zu lehren oder irgendeine dieser Geschichten zu erzählen. Nur dazu, um sie in einer wortlosen Weise zu benutzen, um Sie selbst zu inspirieren und Sie an die Bedeutung der Praxis und an Kernelemente Ihrer eigenen Erfahrung zu erinnern, wie zum Beispiel Anicca (Vergänglichkeit), Anattā (Nicht-Selbst), Dukkha (Unzulänglichkeit, Leidhaftigkeit), die Kilesas (Befleckungen), die vier Grundlagen der Achtsamkeit (Satipatthāna), die vier Unermesslichen (Brahmavihāra – Güte, Mitgefühl, Mitfreude und Gleichmut) usw.

Möglicherweise ist es für Sie auch wichtig, dass Sie an verschiedenen professionellen Trainings über Achtsamkeit und ihre unzähligen Anwendungsformen teilnehmen, die von verschiedenen Zentren weltweit angeboten werden. Diese Zentren sind im Anhang dieses Buches aufgelistet. Und alle sind das Ergebnis einer intensiven Hingabe an die Praxis durch die Gründer und Mitarbeiter, verbunden mit einzigartigen Sichtweisen von Professionalität und geschickten Mitteln, um Menschen darin zu trainieren, Achtsamkeit in verschiedenen professionellen Settings und Feldern zu lehren. Diejenigen, die ich am besten kenne, werden vom Oasis Institute for Mindfulness-Based Professional Education and Innovation im Center for Mindfulness in Medicine, Health Care und Society (CFM) an der University of Massachusetts Medical School (wo MBSR entstanden ist) angeboten. Oasis bietet Zertifikate als MBSR-Lehrer/in, eine ganze Bandbreite von professionellen Trainingsprogrammen in Achtsamkeit und viele Anwendungsformen in verschiedenen Teilen der Welt.[11]

Hoffentlich werden Sie mit der Zeit viele Augenblicke im Seminarraum erfahren, in denen Sie nicht wissen, was Sie tun sollen, was Sie sagen sollen, wer Ihre Schüler sind und was oder wer Sie sind, und dabei bereit sein, im Nicht-Wissen zu sitzen/stehen/sein/gehen und im gegenwärtigen Augenblick mit vollem Gewahrsein zu verweilen – mit einem Ziel

---

11 siehe http://www.umassmed.edu/cfm/oasis/index./aspx

(denn Sie sind der Lehrer/die Lehrerin) und *ohne* Ziel (denn Sie sind der Lehrer/die Lehrerin), und ohne Anhaftung an ein bestimmtes Ergebnis, aber mit der Absicht, zu dienen, und der Intention, dass das Leiden jedes Menschen im Raum anerkannt und im Gewahrsein gehalten wird, ohne zu versuchen, irgendetwas in Ordnung zu bringen, das Ihrer Meinung nach nicht heil ist. Die Einladung an Sie besteht darin, dass Sie im Seminarraum zusammen mit allen Teilnehmern (die genauso weise, schön und wertvoll sind wie Sie) das achtsamkeitsbasierte Curriculum ko- kreieren, leben oder entstehen lassen. Und dabei vertrauen Sie von Moment zu Moment dieser Emergenz und ruhen im Gewahrsein – ein Gewahrsein, das in sich ungebunden, weit, leuchtend, leer und offen ist.

Eine Frage, die wir uns selbst vielleicht stellen, und bei deren Erforschung uns *Achtsamkeit lehren* helfen wird, können wir so formulieren: „Was ist gut genug?" Was ist gut genug im Hinblick auf die Vorbereitung auf das Lehren, jenseits all der wichtigen Planungen und Gedanken, die im Vorfeld eines Kurses notwendig sind? Was ist gut genug im Hinblick auf die Qualität unserer Achtsamkeitspraxis? Was ist gut genug im Hinblick auf die Lehrer/innen, bei denen wir gelernt haben, und die Bücher, die wir gelesen oder nicht gelesen haben, und die Retreats, an denen wir teilgenommen oder nicht teilgenommen haben? Was ist gut genug im Hinblick auf Ihre Präsenz im Seminarraum? Im Hinblick auf Ihre Leichtigkeit in der Stille? Oder dem Mangel davon?

Hier sind einige Angebote aus meiner Erfahrung, obwohl die einzigen authentischen Antworten aus Ihrem eigenen Herzen kommen:

Es ist *zunächst* „gut genug", wenn Sie den Schmerz und das Leiden, die andere Menschen erfahren, nicht verstärken, oder sich bewusst werden, wenn Sie es tun, und Ihren Ansatz dementsprechend verändern oder sich entschuldigen, wenn es unachtsam war.

Es ist *zunächst* „gut genug", wenn Sie wissen, dass Sie nicht wirklich wissen, was Sie da tun, und irgendwie einen Weg finden, um im Gefäß des MBSR-Curriculums oder eines anderen Curriculums, mit dem sie zur Vermittlung von Achtsamkeit arbeiten, echt und authentisch zu sein, und es lebendig werden zu lassen, immer der Tatsache bewusst, dass sich das Leben selbst in den Menschen, mit denen Sie arbeiten – und natürlich in Ihnen selbst –, entfaltet und ausdrückt.

Es ist *zunächst* „gut genug", wenn Sie sorgsam aufnehmen, was in diesem Buch angeboten wird, und es sich zu Herzen nehmen, während Sie als Meditationslehrer/in und Achtsamkeitslehrer/in Ihre einzigartigen Stärken, Fähigkeiten und Fragen entwickeln.

Es ist *zunächst* „gut genug", wenn Sie sich dessen bewusst sind, dass das Leben zu jeder Zeit der wirkliche Meditationslehrer ist und dass das Leben die wirkliche Meditationspraxis ist.

Es ist *zunächst* „gut genug", wenn Sie sich von Zeit zu Zeit – und besonders, wenn Sie es vergessen haben – daran erinnern können, dass nichts von dem, was Sie für persönlich halten, wirklich persönlich ist. Deshalb ist es also am besten, wenn Sie nichts persönlich nehmen, einschließlich Ihrer eigenen Leistung, weil es keine Leistung, sondern ein Austausch, ein Geschenk, eine Liebesbeziehung ist.

Dann können Sie vielleicht eine sehr große und positive Veränderung in das Leben einiger Menschen – und in Ihr eigenes Leben – bringen.

Jon Kabat-Zinn
18. September 2009

Einleitung

Warum wir dieses Buch geschrieben haben

Es wäre einfach, zu sagen, dass es bei diesem Buch darum geht, das Geschenk der Achtsamkeit weiterzugeben. Das wäre aber etwas zu glatt und würde einen subtilen und wichtigen Punkt nicht berücksichtigen. Achtsamkeit, die Fähigkeit mit und im ständigen Fluss des Gewahrseins zu sein, ist eine Fähigkeit, die wir alle miteinander teilen: Es ist nicht so sehr ein Geschenk, sondern etwas, das uns von Anfang an mitgegeben wurde. Das wahre Geschenk ist also das Lehren von Achtsamkeit, es ist das Aufzeigen und Unterstützen der Entwicklung dessen, was im anderen schon anwesend ist.

Das Geschenk des Lehrens von Achtsamkeit fließt in zwei Richtungen. Deshalb eröffnet es die Möglichkeit der gemeinsamen Transformation. Der Lernende wird unermesslich bereichert, weil die Praxis der Achtsamkeit ihm sein einzigartiges, authentisches Wesen offenbart und verwirklichen lässt. Dadurch beteiligt er sich mit mehr Tiefe und größerer Freiheit an seinem eigenen inneren Leben und dem Leben mit anderen Menschen. Der Lehrende erhält durch diesen Prozess eine kraftvolle Ausrichtung. Im Suchen nach Wegen, um den anderen Menschen in seiner Verschiedenheit zu erreichen, kommt ein Lehrer ständig an seine Grenzen und wird in jedem Moment dazu gezwungen, sein eigenes Verständnis und seine Ideen über die Praxis, über das Lehren und über sich selbst zu hinterfragen, anzupassen oder sogar ganz umzustürzen. Der Wert solch einer Destabilisierung – und die damit einhergehenden Möglichkeiten für Wachstum – sind grenzenlos.

Dieses Buch ist unser Beitrag dazu, um das Geschenk der Achtsamkeit weiter zu verbreiten. Es wurzelt in der Dankbarkeit für die Praxis, die Großzügigkeit unserer eigenen Lehrer/innen während all der Jahre und die Kraft der Herausforderungen, vor die uns die Einzigartigkeit und Authentizität unserer Schüler/innen – und zukünftigen Lehrer/innen, die wir ausgebildet haben – gestellt hat.

Wer sollte dieses Buch lesen?

Wenn die Praxis der Achtsamkeit Ihr Leben in großer oder kleiner Weise (oder beides!) verändert hat, dann ist dieses Buch für Sie. Wir können unsere Dankbarkeit für das Gelernte am besten dadurch zum Ausdruck bringen, das wir es mit anderen teilen. Wie groß oder klein dieses Unterfangen für Sie auch sein wird, hier finden Sie Anregungen und Hilfe.

Wir schreiben aus einem Bezugsrahmen, der durch einen Komplex von Einflüssen bestimmt ist, deren wichtigste dabei unsere jahrelange Lehrtätigkeit im Curriculum der Achtsamkeitsbasierten Stressreduktion, die Anforderungen der Arbeit in Krankenhäusern und akademischen Settings und die Nachfrage nach Ausbildungsmöglichkeiten für professionell Interessierte aus verschiedenen Bereichen sind. Als Folge dessen scheint das Buch auf den ersten Blick vor allem für Menschen, die im klinischen Bereich arbeiten, relevant zu sein, wie zum Beispiel Ärzte, Psychologen, Sozialarbeiter, Ehe- und Familientherapeuten, professionelle Berater, Krankenpflegepersonal, Ergotherapeuten, Krankengymnasten sowie Pfarrer und Lehrer.

Aber die Relevanz dieses Buches ist tatsächlich viel umfassender. Wenn Sie die positiven Ergebnisse der Achtsamkeitspraxis erfahren haben, dann können Ihnen die in diesem Buch enthaltenen Informationen dabei helfen, Ihre eigene Praxis besser zu verstehen. Und wir zeigen Wege auf, wie Sie Ihre Achtsamkeitspraxis vertiefen und diesen Ansatz in Klarheit anderen Menschen mitteilen können.

Zur Verwendung dieses Buches

Die dreiteilige Struktur dieses Buches gibt Ihnen mehrere Einstiegsmöglichkeiten. Wenn Sie nur wenig Voraussetzungen haben, um die Möglichkeiten der Achtsamkeitspädagogik zu untersuchen, dann ist wohl der erste Teil (1., 2. und 3. Kapitel) der beste Anfang. Das 1. Kapitel gibt einen Überblick über die gegenwärtigen achtsamkeitsbasierten Interventionen in der Medizin und Psychologie. Das 2. Kapitel lokalisiert diese Interventionen im größeren historischen und kulturellen Kontext der Begegnung von Ost und West in der westlichen, insbesondere US-amerikanischen Kultur und geht davon aus, dass es die Folgen dieser Begegnung sind, die heute eine zunehmende Offenheit gegenüber kontemplativen Praktiken im Allgemeinen und Achtsamkeit im Besonderen erkennen lassen. Das 3. Kapitel versucht eine pragmatische Definition und ein inneres Verständnis von Achtsamkeit zu entwickeln, das für einen Lehrer hilfreich sein wird, wenn er über seine eigene Praxis oder die Praxis derjenigen, die er lehrt, nachdenkt.

Für diejenigen, die eine kontinuierliche persönliche Praxis der Achtsamkeitsmeditation üben und schon lehren oder darüber nachdenken, sich in dieser Weise zu engagieren, ist der zweite Teil (4. und 5. Kapitel) wohl der beste Einstieg. Das 4. Kapitel wird Ihnen vermitteln, was im Prozess des Lehrens notwendig ist und was Sie möglicherweise in Ihrer Praxis und Lehrtätigkeit noch tiefer untersuchen oder entwickeln möchten. Das 5. Kapitel beschreibt die Kompetenzen des Lehrens und erklärt, wie und wann sie eingesetzt werden können, und bietet einige Beispiele, wie diese Kompetenzen mit Kursteilnehmern angewendet werden können.

Der dritte Teil (6., 7. und 8. Kapitel) ist der direkteste Zugang für diejenigen, die vor allem an Fragen zum Curriculum und der Pädagogik interessiert sind. Die letzten drei Kapitel konzentrieren sich auf die Entfaltung der Pädagogik der Achtsamkeit (so wie wir sie momentan verstehen) und ihren konkreten Ausdruck im Curriculum und in der angeleiteten Praxis. Das 6. Kapitel gibt einen schematischen Überblick über den Prozess des Lehrens und Lernens innerhalb der achtsamkeitsbasierten Interventionen, sowohl mit Gruppen als auch in der Einzelarbeit. Das 7. Kapitel ist unsere Identifikation und Beschreibung einer Abfolge von

„Gesten“ im Prozess des Lehrens und Lernens, illustriert mit Gesprächen zwischen Lehrern und Kursteilnehmern. Das 8. Kapitel ist als Ressource für die Lehrtätigkeit gedacht, es enthält Skripte für Audioaufnahmen und schrittweise Beschreibungen der Aktivitäten und Praktiken, die als Ausgangspunkt dienen können, damit jeder Lehrer und jede Lehrerin daraus eine eigene Präsentation entwickeln kann.

Wo immer Sie in Ihrer Entwicklung als Lehrer/in momentan stehen, wo immer Sie in diesem Buch mit dem Lesen beginnen, wir vertrauen darauf, dass Sie etwas finden werden, das Sie sofort anwenden können, etwas, das Ihre Vorstellungen herausfordert und Sie direkt in den Atem des gegenwärtigen Augenblicks bringt – eine Inspiration, um das Geschenk der Weitergabe der Achtsamkeit mit anderen zu teilen.

TEIL 1

Klinischer und kultureller Kontext

1 Wurzeln finden (in unserer eigenen Unsicherheit)

Die Anwendungen und die Nutzung von achtsamkeitsbasierten Interventionen (MBIs, Mindfulness-Based Interventions) in Medizin und Psychotherapie haben ebenso stark zugenommen, wie die empirischen Nachweise, die ihre Wirkung bestätigen und ihre Anwendung empfehlen. Dieses Wachstum führte zu einem großen Bedarf an Experten, die diese Interventionen anwenden können, und an Lehrern, die neue Experten heranbilden können.

Allein schon die Idee, das Lehren von Achtsamkeit zum Beruf zu machen, ist ein Widerspruch in sich. Unverzüglich tauchen die Fragen *warum*, *wer* und *wie* auf, und überlassen uns einer ganzen Spirale verschiedener Definitionen und möglicher Zweifel. Der Boden unserer kulturellen Umgebung ist instabil, und darauf müssen diejenigen von uns, die sich dieser Arbeit widmen, stehen können.

Eine mögliche Antwort auf die Frage, warum wir das Lehren von Achtsamkeit zum Beruf machen sollten, ist einfach und kalt: aufgrund der Nachfrage des Marktes. Eine gleichzeitige und ebenfalls einfache Antwort könnte etwas Wärme hinzufügen: weil Achtsamkeit wirklich dabei zu helfen scheint, Leiden zu lindern.

In diesem Ansatz orientiert sich die *Wer*-Frage zu sehr an den *Warum*-Antworten und wir sind mitten in der Spirale. Die Person des Achtsamkeitslehrers wird in der wissenschaftlichen Literatur selten thematisiert und wenn, dann wird sie unklar definiert. Abhängig von der Intervention wird ein „professioneller Achtsamkeitslehrer“ irgendwo auf einem Kontinuum zu finden sein, das von einem Lehrer, der bei einem Workshop ausgebildet wurde und eine Einführung in einige nützliche Methoden bietet, bis zu einem erfahrenen Meditierenden reicht, der jahrzehntelange intensive Praxis und Studium mit traditionellen Meistern erfahren hat, die zum großen Teil Achtsamkeit als Seinsweise verkörpern.

Hier nun gibt die *Wie*-Frage dem Ganzen einen weiteren Impuls und die Spirale dreht sich immer schneller. Die Kunst, das Handwerk oder die Wissenschaft der Achtsamkeitspädagogik wird in öffentlichen Foren zu selten diskutiert. Viele Achtsamkeitslehrer/innen arbeiten in relativer Isolation und folgen ihren pädagogischen Launen und Intuitionen. Das führt sie in einer Richtung zum Erfolg, in der anderen Richtung zur Frustration und an jeder Biegung der Spirale wartet die Unsicherheit. Sogar dort, wo sich lokale Praxisgemeinschaften gebildet haben, sind die Vermittlung und die Entwicklung pädagogischer Theorien und erprobter Techniken immer noch die Ausnahme.

Der erste Schritt zur Lösung dieses Widerspruchs, dem wir beim professionellen Lehren von Achtsamkeit gegenüberstehen, besteht vielleicht darin, in unserer eigenen Unsicherheit verwurzelt zu sein, um die Fragen des *Warum*, *Wer* und *Wie* näher untersuchen zu können. Schauen wir uns jeden Punkt der Reihe nach an.

Warum? Antwort auf die Nachfrage

Sicher können wir sagen, dass implizite oder explizite Methoden, die wir als „Achtsamkeit" identifizieren können, schon seit Langem Teil der Medizin und klinischen Psychologie im Westen sind. Seit der Mitte des 19. Jahrhunderts und verstärkt seit der Mitte des 20. Jahrhunderts haben Einflüsse aus den Philosophien und verschiedenen Ansätzen der Spiritualität professionelle Methoden in bedeutsamer Art und Weise beeinflusst. Diese Einflüsse zeigen sich in der Entwicklung von Bereichen wie der komplementären und alternativen Medizin (CAM, Complementary and Alternative Medicine) und der ganzheitlichen Medizin (Integrative Medicine, IM), und sind in den psychodynamischen und humanistischen Traditionen der Psychotherapie und verwandter Ansätze schon seit ihren Anfängen zu finden. Wir werden uns im 2. Kapitel diesem historischen Kontext noch intensiver widmen.

Die heutige Nachfrage nach Fachkräften, die Achtsamkeit lehren können, ist ein neueres Phänomen. Laut Beobachtern war das Jahr 1990 eine Schwelle, nach der „Achtsamkeit" sich als ein bestimmter Ausdruck in der Diskussion der akademischen Medizin und Psychologie etablierte (Dryden und Still, 2006). Das ist das Veröffentlichungsdatum von Jon Kabat-Zinns Buch *Full Catastrophe Living*, welches das Programm der achtsamkeitsbasierten Stressreduktion beschreibt, das er 1979 am University of Massachusetts Medical Center entwickelt hatte. Das Buch machte die Konzepte und den Inhalt des Programms und die positiven Ergebnisse von Achtsamkeit einem größeren Publikum zugänglich. Die Bewegung erhielt starken Rückenwind als 1993 Bill Moyers die Arbeit von Kabat-Zinn mit dem MBSR-Programm zum Thema seiner Fernsehserie *Healing and the Mind* machte. Seit diesem Zeitpunkt wuchs das Interesse an Achtsamkeit bei Menschen, die in der Medizin oder klinischen Psychologie arbeiteten, und bei Menschen, die diese medizinischen und psychologischen Angebote in Anspruch nahmen, ständig. In einer Zählung, die fünf Jahre nach Moyers Fernsehserie vorgenommen wurde, gab es MBSR-Programme schon an über 240 Krankenhäusern und Kliniken in den Vereinigten Staaten und in anderen Ländern (Salmon et al., 1998). Zehn Jahre nach der Fernsehserie gab es Titelgeschichten über Meditation und Achtsamkeit in *Time* und *Newsweek* (Kalb, 2003; Stein, 2003). Die professionelle und öffentliche Akzeptanz von MBSR ging einher mit einer größeren kulturellen Veränderung, in der kontemplative Philosophien und Praktiken – wie zum Beispiel Yoga, Tai Chi, Meditation und Gebet – nicht nur in den Mainstream der Medizin und Wissenschaft gelangten, sondern sich auch in den Seminarräumen von Kirchen, in Einkaufszentren, in Talkshows und Fernsehserien zeigten.

Wie Dryden und Still (2006) nahelegen, entstanden das epochale Wachstum und der Einfluss von MBSR aus der Lokalisation am Treffpunkt bestimmter sozialer und institutioneller Faktoren. Wahrscheinlich am bedeutsamsten ist der neue Status als „Erfahrungsmedizin" (Evidence-Based Treatment), der einen theoretischen Anknüpfungspunkt für die

Wissenschaft und die Arbeit von Regierungsbehörden bietet und die Gewährung finanzieller Zuschüsse aus öffentlichen Geldern ermöglicht. Von Anfang an stand MBSR im Fokus von ergebnisorientierten Studien bei spezifischen medizinischen oder psychiatrischen Erkrankungen und in der allgemeinen Bevölkerung. Obwohl die frühen Studien die methodologische Strenge vermissen ließen, wurden mit zunehmendem Interesse und immer mehr Nachweisen der Wirksamkeit von MBSR Ressourcen und finanzielle Mittel zugänglich, die es erlaubten, stichprobenartige und kontrollierte klinische Studien durchzuführen, die immer mehr unterstützende Argumente für die Effektivität von MBSR und anderen achtsamkeitsbasierten und achtsamkeitsbeeinflussten Interventionen sammeln konnten. Heute, wo wir dies schreiben, finden klinische Studien statt (oder werden gerade geprüft), welche die Effektivität von achtsamkeitsbasierten Interventionen bei folgenden Erkrankungen oder Konstitutionen untersuchen: Asthma, Knochenmarkstransplantationen, Brustkrebs, chronischem Schmerz, chronisch obstruktiver Lungenerkrankung (COPD), Fibromyalgie, Humanem Immundefizienz-Virus/erworbenem Immundefektsyndrom (HIV/AIDS), Hitzewallungen, Bluthochdruck, Immunreaktion auf den menschlichen Papillomavirus, Reizdarmsyndrom, Lupus, myokardiale Ischämie, Fettleibigkeit, Prostatakrebs, rheumatischer Arthritis, Organtransplantationen, Typ-2-Diabetes und anderen klinischen Symptomen sowie psychiatrischen Erkrankungen, einschließlich Angststörungen, wahnhaften Störungen, Depression, Drogenmissbrauch und -abhängigkeit, Essstörungen, Persönlichkeitsstörungen, posttraumatischem Stresssyndrom, Schizophrenie, Suizidalität und anderen (Clinical Trials, 2008). Es scheint, dass MBSR und andere achtsamkeitsbasierte Interventionen einem dringenden Bedürfnis in der akademischen Medizin und Psychologie für neue Forschungswege entgegenkommen. In dem Moment, wo wir dieses Buch schreiben, beschäftigen sich zum Beispiel in einem akademischen Psychologieprogramm, mit dem wir sehr vertraut sind, elf von zwölf Dissertationen mit Themen, die mit Achtsamkeit zu tun haben.

Achtsamkeitsbasierte Interventionen und gesundheitliche Vorteile: Meta-Analysen

Die zwei Meta-Analysen, die in den Tabellen unten wiedergegeben werden, sind ein Schnappschuss auf den Stand der empirischen Forschung zu einem Zeitpunkt, wo das Interesse an MBSR und anderen MBIs stark anzusteigen begann. In beiden Meta-Analysen gab es strenge Kriterien dafür, welche Studien analysiert wurden. Die Ergebnisse können im folgenden Statement von Grossmann et al. (2004) zusammengefasst werden: „Bisher scheint die Literatur klar dazu zu tendieren, die grundlegenden Hypothesen zu unterstützen, die sich mit den Effekten von Achtsamkeit auf mentales und körperliches Wohlbefinden beschäftigen."

Grossmann u. a. (2004)

Variable	**N**	**Haupteffektrate**[a]
Variablen in der mentalen Gesundheit		
Vorher-nachher	18	0,50
Zwischen den Gruppen	10	0,54
Variablen in der körperlichen Gesundheit		
Vorher-nachher	9	0,42
Zwischen den Gruppen	5	0,53

a nach der Behandlung

N = Anzahl der Studien, die in der Meta-Analyse enthalten sind.
Zwischen den Gruppen (Kontrollstudien), dazu gehören kontrollierte Wartelisten (WLC) und aktive Kontrolle (AC). Kein Unterschied in der Haupteffektliste zwischen WLC und AC bemerkbar.

Baer (2003)

Variable	N	Effektrate[a]
Nach dem Design der Studien		
Vorher-nachher	8	0,71
Zwischen den Gruppen	10	0,69
Nach Population		
Chronischer Schmerz	4	0,37
Axis 1 (Angst, Depression)	4	0,96
Medizinisch (Fibromyalgie, Krebs, Psoriasis)	4	0,55
Nichtklinisch (Medizinstudenten, gesunde Freiwillige)	4	0,92
Nach Erfassung der Ergebnisse		
Schmerz	17	0,31
Angst	8	0,70
Depression	5	0,86
Medizinische Symptome (Selbstreport)	11	0,44
Umfassend psychologisch[b]	18	0,64
Medizinische Symptome (objektiv)[c]	2	0,80

a nach der Behandlung

b POMS (Profile of Mood States) – totale Stimmungsschwankungen; SCL-90 R global severity index.

c Urin und Haut.

N = Anzahl der Studien, die in der Meta-Analyse enthalten sind. Von den Studien, die in der Analyse berücksichtigt wurden, verwendeten zwei Studien MBCT als Intervention, eine verwendete das Anhören von Achtsamkeits-Tapes und die anderen benutzen MBSR oder eine Variante von MBSR als Behandlungsintervention.

Beim Erfolg von MBSR gibt es auch eine menschliche Dimension, eine Reihe von Faktoren, die mit Gefühl und Beziehung zu tun haben. Die persönliche Energie und das Charisma von Jon Kabat-Zinn müssen mit berücksichtigt werden. Die pure Begeisterung und die Chuzpe, mit denen er sich für Achtsamkeit ausspricht, hat er an verschiedenen Orten unter Beweis gestellt: eine ständig zunehmende Wirksamkeit in der professionellen Literatur, in der Forschung und in Kommentaren; eine wachsende Liste von Bestsellern, einschließlich *Full Catastrophe Living* (1990), *Wherever You Go There You Are* (1994) und *Coming to Our Senses* (2005), dazu noch populäre Audio- und Videoaufnahmen; Auftritte in den öffentlichen Medien, allein und zusammen mit anderen bekannten Persönlichkeiten, wie dem Dalai Lama, dem Autor Daniel Goleman und dem ganzheitlichen Mediziner Andrew Weil; viele Vortragsreisen, Workshops und Retreats; und das Training von Menschen verschiedener Berufe, die MBSR oder andere MBIs lehren wollen. Bei der letzten Zählung haben Kabat-Zinn und seine Mitarbeiter am Center for Mindfulness (CFM) an der University of Massachusetts Medical School mehr als 9000 Achtsamkeitsforschern und -lehrern geholfen, ihr Verständnis des Curriculums und der pädagogischen Theorie von MBSR zu erweitern. Was hier auch erwähnt werden muss, ist Kabat-Zinns durch und durch einladende Haltung gegenüber denjenigen, die Achtsamkeit in den Mainstream bringen wollen. Seine Gabe des Enthusiasmus und der Bestärkung wird am besten mit einer Aussage über die Freiheit beschrieben, die denen zuteilwird, die MBSR lehren: „Anstatt ein ‚Klon‘ oder ein ‚Franchise‘ der immer gleichen Herangehensweise zu sein, erfordert Achtsamkeit letztendlich die effektive Nutzung des gegenwärtigen Augenblicks, als den wichtigsten Hinweis auf die Angemessenheit bestimmter Entscheidungen“ (Kabat-Zinn, 1996).

Neben Kabat-Zinns persönlicher Anziehung gibt es eine kraftvolle Anziehung in der Methode selbst. MBSR hat viele Facetten, aber sie wird vielleicht von drei Merkmalen bestimmt. Sie ist säkular, fokussiert sich nicht auf die Pathologie und ist für Lehrer/innen und Lernende gleichermaßen transformierend.

Kabat-Zinn spricht direkt und offen über die buddhistischen Wurzeln der Achtsamkeitsübungen in MBSR, er holt aber auch weit aus, um seinem Publikum zu erklären, dass Achtsamkeit nichts exklusiv Östliches,

Buddhistisches oder auch nur im Allgemeinen Religiöses ist. Dem, was im gegenwärtigen Augenblick auftaucht, mit Aufmerksamkeit zu begegnen, ist eine menschliche Fähigkeit. Das bedeutet natürlich, dass das MBSR-Programm selbst als rein säkular gesehen werden kann, und keine konfessionelle Ladung oder Last trägt. Diese säkulare Identität, zusammen mit der intuitiven Erkenntnis vieler Kursteilnehmer/innen, dass Achtsamkeitspraxis sich in der Tat mit ihren eigenen spirituellen Traditionen – oder der Abwesenheit einer solchen – verbinden lässt, erhöht die Anziehungskraft von MBSR und verringert Hürden zur Teilnahme am Programm.

MBSR bezieht sich prinzipiell nicht auf Pathologie. Sie wurde für eine heterogene Bevölkerung aller gesellschaftlichen Bereiche geschaffen, mit fast jeder medizinischen und/oder psychologischen Diagnose – oder ohne eine solche. Niemand muss seine spezielle Diagnose mit in den Kurs bringen; im Grunde teilen alle die gleiche Diagnose: den „Stress" oder das Leiden der menschlichen Natur. Wahrscheinlich ist die klarste Aussage, die sich gegen die Pathologiefixierung richtet, Kabat-Zinns Beharren darauf, dass „… solange Sie atmen an Ihnen mehr richtig als falsch ist …". Zudem positioniert sich MBSR in keiner Weise als klinische Intervention, sondern als Bildungsprogramm. Es geht nicht darum, dass wir trainieren, etwas Ungewolltes aus unserer Erfahrung zu verbannen, sondern stattdessen zu lernen, uns von Augenblick zu Augenblick allem, was wir sind, zu öffnen, um das Leben in seiner ganzen Fülle zu leben.

Innerhalb der säkularen und nicht auf Pathologie fixierten Umgebung eines MBSR-Kurses entsteht eine Demokratie der Teilnehmer/innen und Lehrer/innen. Es gibt keine Hierarchie. Im jetzt entstehenden Augenblick ist niemand (oder jeder!) etwas Besonderes. Die Teilnehmer/innen und der Lehrer/die Lehrerin praktizieren von Beginn an *zusammen* Achtsamkeit. Sie untersuchen ihre eigenen Erfahrungen und tauschen manchmal die tieferen Reflexionen über diese Erfahrungen miteinander aus. Neue Einsichten und ein neues Verstehen zeigen sich und können jeden berühren und transformieren. Diese Empfindung gemeinsamer Möglichkeiten, einer Gemeinschaft von Wachstum und Heilung, ist, so glauben wir, ein Hauptgrund für die Anziehungskraft von MBSR. Zudem wird diese Empfindung für den Lehrer in jedem Kurs erneuert und bestärkt uns in der Berufung, für die wir uns entschieden haben.

Die vielen Nachweise für die Wirkung von Achtsamkeit, das Charisma des Begründers und die Menschlichkeit des MBSR-Programms ergeben zusammengenommen schon eine Antwort auf die Frage, warum es solch eine Nachfrage – und Begeisterung – bei Menschen gibt, die Achtsamkeit professionell unterrichten möchten. Das Curriculum und der pädagogische Ansatz von MBSR sind zu einem Bezugsrahmen geworden, zu einer Grundlage, auf der andere Programme aufgebaut werden, die weitere Kreise erreichen und bestimmte Menschen und Zielgruppen ansprechen. Die Liste dieser Interventionen wächst ständig. Hier nur einige Beispiele: Achtsamkeitsbasierte Kunsttherapie (MBAT, Mindfulness-Based Art Therapy) fügt der medizinischen Behandlung von Patienten (vor allem bei Krebs) ein Ausdrucksmittel hinzu (Moni et al., 2006); Achtsamkeitstraining zur Verbesserung von Beziehungen (MBRE, Mindfulness-Based Relationship Enhancement) bietet zusätzlich interpersonelle Praktiken für Paare (Carson et al., 2004) und Achtsamkeitstraining bei Essstörungen (MB-EAT, Mindfulness-Based Eating Awareness Training) fügt Elemente der Kognitiven Verhaltenstherapie und bestimmte Praktiken in Bezug auf das Essen und das Körperbild für Patienten mit Essstörungen hinzu (Kristeller und Hallett, 1999). Zusätzlich dazu sind natürlich in den 90er Jahren viele Ansätze entstanden, die die positiven Ergebnisse der Achtsamkeit verschiedenen Bevölkerungsgruppen zugänglich machen. Viele haben ihre Wurzeln in der auf konkreten Tatsachen basierenden Welt der kognitiven und verhaltenstherapeutischen Ansätze in der Psychotherapie. Diese Methoden haben wichtige Einzelheiten zu den Wirkungsnachweisen für Achtsamkeit und zur Legitimierung achtsamkeitsbasierter Interventionen in den Augen der Öffentlichkeit und anderer Berufsgruppen beigetragen.

Wahrscheinlich ist es hilfreich, hier einen kurzen Überblick über die einflussreichsten Strömungen der MBIs zu geben. Das würde natürlich MBSR umfassen, das wir hier aber nicht näher erklären müssen. Weitere Methoden sind also: die Achtsamkeitsbasierte Kognitive Therapie (MBCT, Mindfulness-Based Cognitive Therapy), eine Integration von MBSR und Kognitiver Therapie, die entwickelt wurde, um Rückfälle in der Behandlung von Depression zu vermeiden; die Dialektisch-Behaviorale Verhaltenstherapie (DBT, Dialectical Behavior Therapy), die unabhängig von

MBSR entwickelt wurde und neben anderen Ansätzen auch Achtsamkeitsübungen integriert, um Borderline-Patienten zu behandeln; die Akzeptanz- und Commitmenttherapie (ACT, Acceptance and Commitment Therapy), die sich unabhängig als „dritte Welle" in der Tradition der kognitiven Verhaltenstherapie entwickelt hat und bei einer großen Breite von Störungen angewendet wird, und die vertiefte Nutzung der kontemplativen Traditionen in der therapeutischen Beziehung in den psychodynamischen und humanistischen Traditionen der Psychotherapie. Wenn wir die Parallelen und gegenseitigen Verbindungen dieser Ansätze verstehen, werden sowohl die Notwendigkeit als auch die Komplexität des Achtsamkeitsunterrichts im beruflichen Kontext klarer.

Achtsamkeitsbasierte Stressreduktion

Die Struktur des MBSR-Programms wurde von Kabat-Zinn zusammen mit seinen Mitarbeitern der Stress Reduction Clinic am University of Massachusetts Medical Center entwickelt und ist ein achtwöchiger, in neun Sessions aufgeteilter Gruppenkurs mit theoretischen und erfahrungsorientierten Inhalten. Die Teilnehmer/innen treffen sich über einen Zeitraum von acht Wochen jede Woche zu einer Kurseinheit, die zweieinhalb Stunden dauert, und zwischen der sechsten und siebten Kurseinheit findet ein (siebenstündiges) Tagesseminar statt. Die Zeit in den Kursen wird neben kurzen didaktischen Präsentationen des Lehrers über Stress in formale Meditationspraxis, Diskussion in kleinen und größeren Gruppen und vertiefende Gespräche mit einzelnen Teilnehmern über ihre momentane Erfahrung aufgeteilt.

Die formale Meditationspraxis besteht unter anderem aus der Achtsamkeit auf den Körper (Körper-Scan), Sitzmeditation (mit der Konzentration auf den Atem), achtsamer Hatha-Yoga, Sitzmeditation (wobei die Aufmerksamkeit vom Fokus auf den Atem zu einem erweiterten Gewahrsein anderer Objekte der Aufmerksamkeit gelenkt wird, wie zum Beispiel Körperempfindungen, Hören, Gedanken, Gefühle, bis es letztendlich zu einem offenen Gewahrsein für alles, was im gegenwärtigen Moment auftaucht, führt), Gehmeditation und Essmeditation. Die Diskussionen innerhalb des Kurses orientieren sich an den Erfahrungen der Gruppenmitglieder in der formalen Meditationspraxis und der Anwendung von Achtsamkeit im Alltag. Die häusliche Praxis ist ein integraler Bestandteil von MBSR. Die Teilnehmer/innen werden gebeten, sich an sechs Tagen der Woche einmal am Tag zu einer formalen Praxis zu verpflichten, wobei sie von Audioaufnahmen unterstützt werden, die die Meditation anleiten.

Achtsamkeitsbasierte Kognitive Therapie

Segal et al. (2002) nutzten die achtwöchige Grundstruktur und die wichtigsten Achtsamkeitsübungen des MBSR-Curriculums als Basis, um es durch eine Integration der kognitiven Therapie zu erweitern und damit Menschen mit schweren depressiven Episoden vor Rückfällen zu bewahren. Ihre Methode basiert auf der Parallele zwischen den Interventionen der kognitiven Therapie, die den Patienten hilft, sich von ihren negativen Gedanken und Emotionen *abzuwenden* oder *zu distanzieren,* und der Achtsamkeitspraxis, in der ein nicht urteilendes Gewahrsein und die Annahme aller Erfahrungen, einschließlich der Gedanken, kultiviert werden. Basierend auf einer Unterscheidung in *Full Catastrophe Living* in Bezug auf MBSR, kann man über MBCT sagen, dass sie zwei Geisteszustände unterscheidet: das *Tun* und das *Sein.* Im Zustand des Tuns vergleichen wir die gewünschte mit der tatsächlichen (vergleichsweise unzufriedenstellenden) Situation und der Kampf oder das Leiden beginnt. Im Zustand des Seins verweilen wir in der tatsächlichen Situation und machen sie zu einem Fokus der tieferen Untersuchung, wodurch sich ihre unbeständige Natur zeigt. Durch die Kultivierung der Fähigkeit des Seins ermöglicht die MBCT den Teilnehmern, ihre Auslöser für depressive Rückfälle zu erkennen, in einer Weise, die ihnen zusätzliche Zeit und affektive Distanz gibt, um angemessene Entscheidungen zu treffen. MBCT bewegt sich weg von den traditionellen Konzeptualisierungen der kognitiven Therapie, weil die Gedanken angenommen werden, anstatt sie zu beurteilen, ihnen zu widersprechen und sie (theoretisch) zu verändern.

MBCT unterscheidet sich in einigen bedeutsamen Punkten von MBSR, wodurch allgemeine Merkmale sichtbar werden und ein Präzedenzfall für andere Integrationen von kognitiven/behavioralen Therapien und Achtsamkeitstraining gesetzt wird. Zum einen richtet die MBCT den Fokus auf eine bestimmte Bevölkerungsgruppe. Das ermöglicht die Berücksichtigung ganz spezifischer didaktischer Materialien und einer Feinabstimmung der Übungen und der Anleitung, um die wichtigsten Erfahrungen und noch verborgenes Wissen aufzudecken. Zum anderen wird dadurch das Curriculum klarer definiert. Das ermöglicht eine größere Unterstützung für angehende Lehrer/innen und sichert natürlich die Wiederholbarkeit der Intervention in Forschungsstudien. Diese zwei Merkmale bestimmen das Muster für die Ausarbeitung von Curricula, die auf MBCT basieren, für eine sehr schnell wachsende Liste von Bevölkerungsgruppen und Störungen, einschließlich Kindern, alten Menschen, Schlaganfallpatienten, Menschen mit bipolaren affektiven Störungen, Kontaktstörungen, Essstörungen, generalisierter Angststörung, suizidalem Verhalten und begleitenden Abhängigkeiten oder Stimmungsstörungen.

Dialektisch-Behaviorale Therapie

Linehan (1993a, b) entwickelte die DBT ursprünglich, um chronisch suizidale Patienten zu behandeln, die Symptome einer Borderline-Persönlichkeitsstörung zeigten. Die DBT führt dabei Strategien der Veränderung aus der Tradition der kognitiven-behavioralen Therapie und Methoden der Akzeptanz aus den kontemplativen Traditionen des Ostens und Westens zusammen. Das Programm umfasst ein Jahr und beinhaltet verschiedene Module, die wöchentliche individuelle Therapie und Fertigkeitstraining (skills training) in Gruppen umfasst, zudem noch individuelles Fertigkeitscoaching über Telefon, wenn dies notwendig ist. Der Schlüssel dabei ist Achtsamkeit: „Es ist sowohl die Praxis des Therapeuten als auch die Kernkompetenz, die den Klienten vermittelt wird" (Robins et al., 2004, S. 37).

Weil diese Klientengruppe Schwierigkeiten hat, sich auf ein umfassendes formales Achtsamkeitstraining einzulassen, wird Achtsamkeit in der DBT durch strukturierte Übungen als ein miteinander verbundenes System von Fertigkeiten gelehrt. Die erste Fertigkeit (skill) ist der *„wise mind"* oder das *„intuitive Wissen und Verstehen"*, welches das Ergebnis der Integration von zwei allgemein zugänglichen Geisteszuständen ist, dem *Gefühl* und dem *Verstand.* Im Gefühl wird der Klient von emotionaler Reaktivität kontrolliert, wohingegen er im Verstand rationales Denken und

Logik anwenden kann. Das intuitive Wissen und Verstehen zeigt sich also dann, wenn die Klienten wissen, was sie fühlen, und klar darüber nachdenken können – die DBT vertraut darauf, dass das eine Fähigkeit ist, die in jedem vorhanden ist. Es gibt sechs weitere Fertigkeiten, die zu einer praktischen Definition der Achtsamkeit beitragen. Die drei „Was"-Fertigkeiten bezeichnen das, was man tut, um achtsam zu sein. *Beobachten*: die Erfahrung des gegenwärtigen Augenblicks spüren und sich ihr öffnen, ohne darin gefangen zu werden oder zu versuchen, sie zu verändern oder daraus zu flüchten. *Beschreiben:* die Erfahrung des gegenwärtigen Augenblicks einfach mit Worten benennen; und dabei Gedanken, Emotionen, Antriebe erkennen – ohne danach zu handeln. *Teilnehmen:* vollkommen an der Entfaltung der Erfahrung des gegenwärtigen Augenblicks mitwirken; spontanes und unbefangenes Handeln. Und die drei „Wie"-Fertigkeiten beschreiben, wie die „Was"-Fertigkeiten umgesetzt werden. *Nicht-urteilend:* die Erfahrung nicht einfach nur gutheißen; sondern sowohl die Erfahrung als auch jedes Urteil, das entsteht, als weder gut noch schlecht akzeptieren. *Einsgerichtet-achtsam:* sich einer Sache nach der anderen widmen, nur eine Handlung voll konzentriert tun, Monotasking statt Multitasking. *Effektiv:* statt darin gefangen zu sein, wie die Dinge *sein sollten,* die Freiheit haben, das zu tun, was im gegenwärtigen Augenblick funktioniert.

Die Wirkungsnachweise für die Effizienz der DBT als eigenständige Intervention sind sehr stark, ähnlich wie die Nachweise für die Effizienz der Achtsamkeit. Die DBT war eine der ersten definierten Behandlungsformen, die Achtsamkeit in ihrem Zentrum haben. Und Linehans imaginative und effektive Übersetzung von formalen Meditationsübungen in Kompetenzen des Alltags erweitert in bedeutsamer Weise die Anwendbarkeit von Achtsamkeit bei besonders schwierigen Bevölkerungsgruppen.

Akzeptanz- und Commitmenttherapie

Hayes et al. (1999), Hayes und Strohsal (2004) entwickelten die ACT ursprünglich als einen allgemeinen Ansatz individueller Therapie, der kurze, gezielte Interventionen für besondere Probleme ermöglicht. Sie definierten eine theoretische Voraussetzung, die sie als Bezugsrahmentheorie (RFT, Relational Frame Theory) bezeichneten, um eine empirisch untersuchbare Erklärungsgrundlage zu schaffen, auf der sie die ACT aufbauen und erweitern konnten. Die RFT ist der Ansicht, dass Menschen leiden, weil sie in der Sprache ihrer Probleme gefangen sind und dadurch eine psychologische Starrheit schaffen. Das zeigt sich in zwei pathologischen Haltungen: kognitive Verschmelzung und Vermeidung von Erfahrungen. In der kognitiven Verschmelzung werden eine Situation und das Denken über die Situation durch die Sprache untrennbar miteinander verbunden. Ein Beispiel: Die logische Konstruktion des Gedankens „Ich kann meinen Beruf nicht wechseln, weil ich die Miete zahlen muss" blockiert jedes Handeln. In der Vermeidung von Erfahrungen entwickelt man unangemessene Strategien und wendet sie ständig an, um inneren und äußeren Ereignissen zu entfliehen, die Unbehagen hervorrufen. So trinkt man zum Beispiel Alkohol, um schmerzhafte Erinnerungen zu unterdrücken, oder isoliert sich, um soziale Ängste zu vermeiden.

Das Ziel der ACT ist also psychologische Flexibilität, die wir als eine Haltung bezeichnen können, in der wir das, was jede Situation oder jeder Moment uns bringen, akzeptieren können und an einer Veränderung arbeiten, die unseren tiefsten Werten entspricht. Das Therapiemodell der ACT hat sechs Kernprozesse, die zu gleichen Teilen auf die Prozesse der Achtsamkeit und des Akzeptierens und der Prozesse des Commitments und der Verhaltensänderung aufgeteilt werden können (mit Überschneidungen). Die Prozesse von Achtsamkeit und Akzeptieren umfassen *Akzeptanz* und *Entschärfung (Defusion)*, zudem *Kontakt mit dem gegenwärtigen Augenblick* und *Selbst als Kontext.* Die Prozesse des Commitments und der Verhaltensänderung umfassen *Werte* und *engagiertes Handeln (Commited Action),* und auch hier wiederum *Kontakt mit dem gegenwärtigen Augenblick* und *Selbst als Kontext.* Ein kurzer Einblick in diese Methode zeigt, dass die Einsichten, die durch Achtsamkeit entstehen, die wichtigste Rolle einnehmen, um die Klienten bei der Entwicklung von psychologischer Flexibilität zu unterstützen. *Akzeptanz:* Interventionen, um die Nutzlosigkeit der Vermeidung und der Kontrollstrategien zu zeigen und Entscheidung und Handeln zu unterstützen, wenn Veränderungen möglich sind. *Entschärfung (Defusion):* um die Gedanken und den Denkenden voneinander zu trennen. *Kontakt mit dem gegenwärtigen Augenblick:* um zu zeigen, dass wir im „Jetzt" mit dem Leben verbunden sind, dem Schmerz, der Vitalität und den unendlichen Möglichkeiten. *Selbst als Kontext:* um zu zeigen, dass unser Gewahrsein größer ist, als irgendein Selbstkonzept, das heißt, dass wir mehr sind als die gute, schlechte oder leidende Version des Selbst. *Werte:* um Werte und Ziele zu klären und zu wählen, und zu verstehen, was wir tun können und was wir überwinden müssen, um uns in diese Richtung zu bewegen. *Engagiertes Handeln (Commited Action):* um ein Muster und ein Verhalten zu schaffen, das von Werten angetrieben wird und im gegenwärtigen Augenblick wirksam ist.

Die ACT beinhaltet absichtlich keine explizite Meditationspraxis. Aber Prinzipien und Facetten wurden aus der meditativen Erfahrung herausgelöst und werden als Erfahrungsübungen, Metaphern, paradoxe Formulierungen, Geschichten und Ähnliches präsentiert. Und viele davon werden von den Lehrern anderer Ansätze intuitiv übernommen oder angepasst. Dadurch entsteht ein Gefühl der Nähe zu anderen Achtsamkeitstrainings und führt dazu, dass die ACT als eine MBI anerkannt wird. Die zunehmenden empirischen Wirkungsnachweise der ACT und ihre wachsende Spannbreite von Anwendungen, einschließlich Gruppenarbeit, unterstützen das allgemeine Interesse in den MBIs und ihrer weiteren Verbreitung.

Psychodynamische und andere Psychotherapien

Wie wir im 2. Kapitel sehen werden, ist die Geschichte der Begegnung von kontemplativen Traditionen des Ostens und Westens mit den psychotherapeutischen Ansätzen außerhalb der kognitiven-behavioralen Tradition schon viel länger. Dabei war vor allem der Einfluss der buddhistischen Philosophie, Psychologie und Praxis wichtig, in denen Achtsamkeit eine große Rolle spielt. Dieser Einfluss war in der Entwicklung und Ausarbeitung der Psychotherapie nach dem Zweiten Weltkrieg wirksam, und neuere Entwicklungen tragen zu der Tatsache bei, dass es eine große Nachfrage an professionellen Achtsamkeitslehrern gibt.

Die psychodynamischen Therapien waren von Anfang an mit den kontemplativen Traditionen im Austausch – implizit oder explizit. Obwohl Freud behauptete, dass er konstitutionell nicht zu meditativen/mystischen, „ozeanischen Gefühlen" fähig sei (1930/1961, S. 65), ist seine Empfehlung einer „gleichmäßig-zurückhaltenden Aufmerksamkeit" für den Analysierenden

(1912/1953, S. 111) eine wunderbare Intuition des fast unschätzbaren Wertes der Achtsamkeit in der therapeutischen Begegnung, die erst heute zum Gegenstand empirischer Forschung wird (z. B. Grepmair et al., 2007). Jung dagegen fiel die Auseinandersetzung mit kontemplativen Übungen konstitutionell leichter. Er nutzte jahrzehntelang „Yogaübungen", die ihm halfen seine emotionale Reaktivität soweit zu beruhigen, dass er mit dem Material arbeiten konnte, das in seinem Unbewussten auftauchte (1965, S. 177). Er kannte verschiedene östliche Traditionen und war im Dialog mit den damals aktiven Zen-buddhistischen Denkern und Lehrern D. T. Suzuki und Shin'ichi Hisamatsu (z. B. Meckel und Moore, 1992). Als die Diskussion über Meditation und Achtsamkeit in den 1990er Jahren immer intensiver wurde, veröffentlichte Mark Epstein das Buch *Thoughts without a Thinker* (1995), zu dessen Inhalt der Dalai Lama mit einem Vorwort sein Einverständnis erklärte. Das Buch machte die Idee kulturell populär, dass Psychotherapie und Meditationspraxis komplementär sind und dass beide Ansätze Methoden und Einsichten bereitstellen können, welche die andere fruchtbarer werden lassen. Achtsamkeit wurde dabei besonders hervorgehoben:

> ***Besonders durch die Achtsamkeitsübungen ist der Buddhismus ganz klar mit der Psychotherapie kompatibel. Die Veränderung von einem lustgesteuerten, räumlich wahrgenommenen Selbst, das von einem Mangel bestimmt wird, zu einem atemgesteuerten, zeitlich wahrgenommenen Selbst, das zu Spontaneität und Lebendigkeit fähig ist, ist natürlicherweise eines der Ziele der Meditation. Es ist einer der wichtigsten Paradigmenwechsel in der psychoanalytischen Theorie der letzten Jahre und ist einer der Gründe, warum die Botschaft des Buddha nun von Therapeuten gehört wird. (S. 147)***

Zudem zeigt die Praktikabilität und Bereitschaft, sich den Stärken und Schwächen beider Wege zu stellen, dass es sich hier um eine Zusammenarbeit handelt, die mehr ist als eine Laune oder eine Mode – Beispiele für diese Auseinandersetzung sind Bücher wie *Psychotherapy and Buddhism:*

Toward an Integration von Jeffrey Rubin (1996) oder *Psychoanalysis and Buddhism: An Unfolding Dialog* von Jeremy Safran et al. (2003).

Bindungstheorie und -forschung haben viel dazu beigetragen, die beziehungsorientierten und intersubjektiven Ansätze der Psychotherapie und das Interesse an der Achtsamkeitspraxis zu beschleunigen. So wie die Bindung des Kindes an seine Bezugsperson – eine ko-kreierte und andauernde Beziehung – eine physisch und emotional sichere Grundlage werden kann, auf der das Kind seine inneren und äußeren Welten entdeckt, um zu lernen und zu wachsen, so können auch der Therapeut und der Klient eine Beziehung ko-kreieren, die neues Lernen und Wachstum zu Freiheit und Gesundheit ermöglicht. Auf der Suche nach mehr als einer Interpretation als Nachweis von Veränderungen in der Psychotherapie schlug die Boston Change Process Study Group (Lyons-Ruth and BCPSG, 1998) ein „implizites beziehungsorientiertes Wissen" vor, das sich daran orientiert, wie die beiden Teile der Dyade Bezugsperson-Kind oder Therapeut-Klient jedes Mal einander begegnen. Ein Fokus der Forschung und des klinischen Interesses sind deshalb diese Momente der Begegnung, die immer im gegenwärtigen Moment stattfinden und der das BCPSG-Mitglied Daniel Stern ein ganzes Buch gewidmet hat (2004). Für diesen gegenwärtigen Moment kann die Achtsamkeitspraxis natürlich als Forschungsinstrument dienen, was den nach der Bindungstheorie arbeitenden Psychotherapeuten David Wallin (2007) dazu veranlasste, zu behaupten, dass Achtsamkeitstraining für den Therapeuten und für einige Klienten sehr wichtig ist. Nur am Rande sei hier angemerkt, dass Wallins Ansatz den Eindruck verstärkt, dass es eine wachsende Nachfrage nach professionellen Achtsamkeitslehrern gibt, weil er darauf hinweist, dass die Klienten, denen er Achtsamkeitstraining empfiehlt, die Struktur und Unterstützung einer Gruppe oder eines Kurses sehr schätzen.

Zusätzlich zu diesen Methoden ist Achtsamkeit historisch Teil von vielen verschiedenen Ansätzen der Psychotherapie, besonders von jenen, die in der Zeit des ersten wachsenden Interesses an meditativen Praktiken in den 1950ern und 1960ern entstanden sind oder entwickelt wurden. Die Hervorhebung der Erfahrung des gegenwärtigen Moments und des verkörperten Wissens in den heutigen achtsamkeitsbasierten Ansätzen resoniert mit den Praxistraditionen der existenziellen, Gestalt-, transpersonalen, humanistischen und systemischen Therapien. Möglicherweise werden all diese Ansätze von den vielgestaltigen Formen profitieren, in denen die empirische Evidenz der Wirksamkeit von Achtsamkeit wächst. Ganz sicher haben diese Ansätze viel zur Entwicklung einer reifen Pädagogik der Achtsamkeit und zur Zunahme der professionellen Achtsamkeitslehrer/innen beigetragen.

Neurowissenschaft

Die steigende öffentliche Anerkennung der Neurowissenschaft, wie sie sich zum Beispiel darin zeigt, dass die US-Regierung die 1990er Jahre als „Jahrzehnt des Gehirns" bezeichnet hat, führte dazu, dass zwischen verschiedenen medizinischen und psychologischen Disziplinen des Gesundheitswesens Brücken gemeinsamer Forschung und Praxis entstanden sind. Zudem hat sich die Neurowissenschaft in weiteren Bereichen der Kultur ausgewirkt – die Künste, die Religion, die Sozialwissenschaften und die Bildung profitieren alle von den Einsichten dieser neuen Perspektive und ihrem neuen Vokabular für die Art und Weise, wie wir uns und unsere Welt verstehen. Gleichermaßen könnten die Neurowissenschaften von der Aufnahme von Erkenntnissen aus den Künsten, der Religion und den Sozialwissenschaften profitieren. Die neuen Perspektiven darauf, wie Beziehungen die Gehirnentwicklung bei Kleinkindern, Kindern und Erwachsenen beeinflussen (z. B. Siegel, 1999; Cozolino, 2006), fügen der Psychotherapie neue Dimensionen hinzu, besonders bei den beziehungsorientierten und systemischen Ansätzen. Und die Entdeckung der Spiegelneuronen (Gallese et al., 1996; Rizzolatti, 2008; Iacoboni, 2008), die für unsere Fähigkeit, die subjektiven Erfahrungen anderer Menschen zu simulieren, verantwortlich sind, erhellt unser Verständnis der Intelligenz des Körpers, der Sprache, Empathie und Gruppendynamik – und, wie wir noch sehen werden, auch viele der Anliegen dieses Buches.

Es ist nur logisch, dass eine Hauptströmung der neurowissenschaftlichen Forschung aus der Verbindung der neuesten Technologien der Bildgebung und Messung und der althergebrachten Methoden der Introspektion und Transformation entstehen würde. Und das ist ganz sicher geschehen. Viel von der Aufmerksamkeit für die Verbindung von kontemplativen Praktiken und der Neurowissenschaft in der breiteren Kultur entsteht durch das wunderbare Flaggschiff des wissenschaftlich-kontemplativen Dialogs: das Mind and Life Institute, durch dessen Vermittlung sich der Dalai Lama und führende internationale Wissenschaftler zu treffen begannen, um die Berührungspunkte der buddhistischen Philosophie und Praxis mit zeitgenössischer wissenschaftlicher Theorie und experimenteller Forschung zu untersuchen. Seit den Anfängen in den späten 1980ern und mit zweijährigen Treffen hat diese Gruppe bis zum Jahre 1990 mehrere Projekte der Zusammenarbeit von kontemplativer Neurowissenschaft gefördert, an denen sehr erfahrene Meditierende als Testpersonen mitwirkten. In diesem Zusammenhang arbeiten nun Mönche mit Wissenschaftlern zusammen und das Curriculum im Kloster des Dalai Lama beinhaltet mittlerweile auch die Ausbildung in westlicher Wissenschaft. Wahrscheinlich hat die Forschung des Neurowissenschaftlers Richard Davidson über Emotionen die stärkste Wirkung unter allen Beispielen dieser Zusammenarbeit entfaltet, weil die öffentlichen Treffen des Mind and Life Institute mit dem Dalai Lama als Teilnehmer ein öffentliches Interesse auslösten, das dabei half, diese Ideen in der Kultur wirksam werden zu lassen und das Interesse der Medien zu wecken [wodurch unter anderem Titelbeiträge in anerkannten Magazinen wie *Newsweek* und *Time* veröffentlicht wurden (Goleman, 2003; Kalb, 2003; Stein, 2003)].

Davidsons Arbeit mit Mönchen gab dem Konzept der Neuroplastizität weitere empirische Unterstützung, der Idee, dass das erwachsene Gehirn, im Gegensatz zum lange aufrechterhaltenen wissenschaftlichen Dogma, neue funktionsfähige Neuronen schaffen und sich wirklich verändern kann. Weiterhin wurde dadurch gezeigt, dass die dramatischen Unterschiede, die durch jahrelange Meditationspraxis entstehen – vor allem bei Meditationen über Mitgefühl –, zu viel größerer Aktivierung von Bereichen des präfrontalen Kortex führen, die mit „positiven“ und „verbindenden“ Emotionen assoziiert werden. Dies legt nahe, dass es in der Tat möglich ist, durch Meditationspraxis das eigene Gehirn und sogar die eigene Veranlagung zu verändern.

Es gibt eine einzigartige, kontrollierte Studie – eine Zusammenarbeit von Davidson et al. 2003 –, die viel von dem, was Sie bisher gelesen haben, reflektiert und unterstützt. Die Studie, die als Testpersonen mit Mitarbeitern einer Biotechnologie-Firma arbeitete, wurde entworfen, um längerfristige Veränderungen der Physiologie zu untersuchen, die durch ein Achtsamkeitstraining hervorgerufen werden könnten. Dazu wurde das achtwöchige MBSR-Programm verwendet. Im Besonderen wurde angenommen, dass die Testpersonen, die Achtsamkeitstraining erhalten hatten, weniger ängstliches Verhalten (also weniger Nervosität und Sorgen) und eine größere Neigung zu positiven Emotionen (also Glücksgefühle) zeigen würden. Dies wurde gleich nach dem achtwöchigen Kurs und vier Wochen später mit einem Angst-Fragebogen und Messungen der elektrischen Aktivität in den linken vorderen Bereichen des präfrontalen Kortex, die mit positiven Emotionen und einem positiven „Sollwert" für emotionale Reaktionen verbunden werden, untersucht. Zudem gingen die Forscher davon aus, dass das Immunsystem der achtsamen Testpersonen stärker auf eine Herausforderung reagieren würde. Dies wurde untersucht, indem den Testpersonen am Ende des achtwöchigen Kurses eine Influenzaimpfung verabreicht wurde, um damit die Anzahl der Antikörper zu messen, die einen Monat und zwei Monate nach dem Kurs als Immunantwort gebildet wurden.

Die Ergebnisse stimmten in großem Maße mit den Erwartungen überein (Bild 1.1a–c). Verglichen mit der Kontrollgruppe (die dann den Kurs später noch absolvierte) zeigten die Testpersonen, die durch MBSR Achtsamkeit gelernt hatten, nach dem Kurs (2. Zeit) und nach vier Monaten (3. Zeit) signifikant weniger Angstsymptome. Sie zeigten bei den zwei Zeitpunkten der Messung nach dem Kurs auch eine signifikant stärkere Aktivierung der linken Hirnhemisphäre. Und auch die Immunantwort auf die Grippeimpfung zeigte signifikante Unterschiede zwischen diesen Gruppen.

Die Frage, die sich daraus ergibt, ist eine glückliche: Wer würde nicht gern weniger Angst haben, mehr Glück erfahren und eine größere Kapazität für Gesundheit entwickeln wollen? Der mögliche Bedarf an Achtsamkeitstraining ist enorm, was eine präzise Antwort auf die ursprüngliche Frage ist, *warum* man Achtsamkeit professionell lehren sollte. Und zudem führt dies zur nächsten Frage: *Wer* würde, könnte und sollte Achtsamkeit lehren?

Achtsamkeitstraining reduziert Angst, führt zu einer positiveren emotionalen Einstellung und verbessert die Immunfunktion.

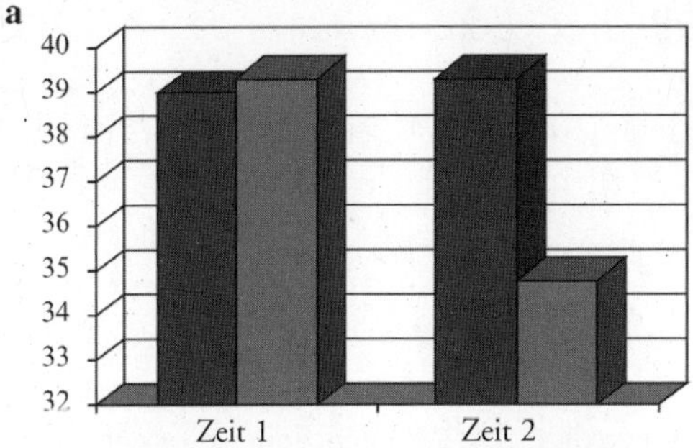

Diagramm 1a
Verringerung der mittleren Angstsymptomatik

■ Kontrollgruppe
■ Behandlung

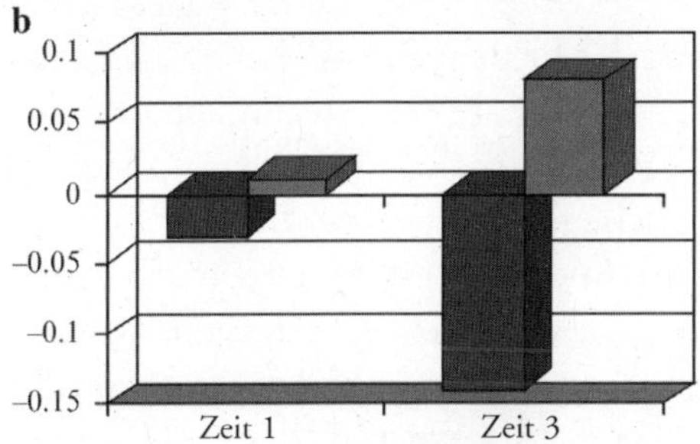

Diagramm 1b
Mittlerer Wert der asymmetrischen Gehirnaktivierung

■ Kontrollgruppe
■ Behandlung

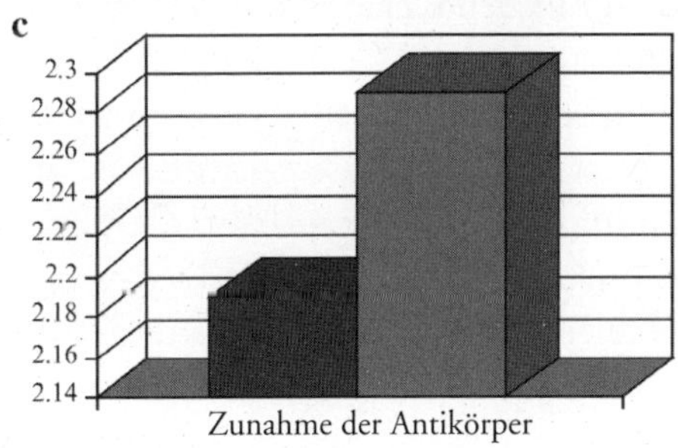

Diagramm 1c
Mittlerer Wert in der Zunahme der Antikörper

■ Kontrollgruppe
■ Behandlung

Die Ergebnisse einer Studie von Davidson, Kabat-Zinn und Kollegen (2003) zeigen, dass gesunde Testpersonen, die einen achtwöchigen MBSR-Kurs abgeschossen haben, berichteten, dass sie mit der Zeit weniger nervös und besorgt waren (Diagramm 1a). Die elektrische Aktivität in ihrem Gehirn zeigte, dass sie ihren emotionalen „Ausgangspunkt“ mehr in Richtung des Positiven verschoben haben (Diagramm 1b). Und ihre Immunsysteme antworteten stärker auf die Gefahr einer Infektion als die der Kontrollgruppe (Diagramm 1c).

Wer? Umgang mit verständlicher Unklarheit

Wenn wir uns die vier MBIs anschauen, die momentan die größte professionelle und kulturelle Aufmerksamkeit auf sich ziehen – MBSR, MBCT, DBT, ACT –, sehen wir in der Charakterisierung und den Erwartungen professioneller Achtsamkeitslehrer/innen große Unterschiede. Basierend auf den abstrakten theoretischen Positionen, die in der Literatur für jede Intervention vertreten werden, scheint es ein Kontinuum des *Wer* zu geben – es reicht von einem Lehrer mit tiefer existenzieller Verpflichtung gegenüber der Verkörperung von Achtsamkeit in der Welt bis zu einer Fachkraft mit einem grundlegenden Verständnis der Prinzipien von Achtsamkeit und einem erfahrungsgemäßen Wissen über bestimmte Techniken, das dem Klienten einen Schritt voraus ist. Aber trotz der „offiziellen" Positionen scheint die unvermeidliche persönliche Begegnung mit dem transformativen Potenzial der Achtsamkeitspraxis, die allen Interventionen innewohnt, die Erwartungen und Handlungen der Gestalter und Anwender der verschiedenen Ansätze näher zusammenzubringen. Unter den professionellen Achtsamkeitstrainern gibt es gegenüber der Definierung des Lehrers ein gewisses Unbehagen – sicher aufgrund verschiedener Fragen und Widerstände.

In MBSR werden die minimalen Erwartungen für das *Wer* des Lehrers durch die Richtlinien für die Anfängerebene der Lehrerausbildung am Center for Mindfulness an der University of Massachusetts Medical School formuliert (Santorelli, 2001a). Die minimale akademische Anforderung ist ein Masterabschluss in den Sozialwissenschaften, im Gesundheitswesen, Bildungswesen oder verwandten Gebieten, was nahelegt, dass die Fähigkeit zu kritischem Denken, die in der höheren Bildung geschult wird, von Wert ist. Genauso wertvoll ist ein Wissen, das verschiedene Perspektiven auf die individuelle Arbeit und die Arbeit in Gruppen ermöglicht. Zudem würde eine spezifische Ausbildung in MBSR ein siebentägiges Professional Training in Mindfulness Based Stress Reduction in Mind-Body Medicine (Professionelles Training in Achtsamkeitsbasierter Stressreduktion in der ganzheitlichen Medizin) mit Jon Kabat-Zinn und Saki Santorelli beinhalten. Die Erwartungen in Bezug auf Achtsamkeitstraining und Verbindlichkeit sind hoch: eine drei Jahre lange tägliche Meditationspraxis; die Teilnahme an einem fünftägigen oder längeren Achtsamkeits-Retreat in der

Theravāda- oder Zen-Tradition; dreijährige Praxis einer Körperübung, wie zum Beispiel Hatha-Yoga. Die existenzielle Verbindlichkeit im Umgang mit Achtsamkeit als Lebensweise kommt in diesen Kriterien sehr klar zum Ausdruck. Santorelli (2001b) erklärt explizit, dass es bei der Forderung nach einer kontinuierlichen Praxis nicht so sehr darum geht, zu lernen, *wie man lehrt,* sondern vor allem um die *Präsenz* des Lehrers – „... eine authentische Verkörperung der Entscheidung, im Leben wach zu sein, egal was geschieht“ (S. 11–8:1). Die Bereitschaft, achtsam zu leben, ermöglicht es den Lehrern, sich tief, empathisch und mitfühlend mit ihren Schülern zu verbinden. Santorelli sagt dazu (2001b, S. 11–8:4): „Wenn Patienten diese unausgesprochene Verbundenheit mit ihrem Therapeuten spüren, gibt ihnen das die Möglichkeit, die gleiche Art warmer Verbundenheit mit sich selbst zu spüren.“ Deshalb entspringt in MBSR das Lehren aus der Person und dem Sein des Lehrers. Santorellis (2001b, S. 11–85) Zusammenfassung dieser Erkenntnis ist eine erleuchtende Erkenntnis: „Für mich und alle hier in der Klinik ist das nichts weniger als eine lebenslange Aufgabe.“

Bei der MBCT (Segal et al., 2002) besteht die Erwartungshaltung in Bezug auf die Ausbildung in einem professionellen Abschluss/Erlaubnis in einer Beratertätigkeit oder in der Psychotherapie, plus einem Training in kognitiver Therapie und Gruppendynamik, und ist geformt von der spezifisch therapeutischen Ausrichtung dieser Methode. Die außergewöhnliche Voraussetzung für die Therapeuten, dass sie „ihre eigene Praxis ausüben“ (S. 83), kommt sowohl direkt aus den fehlgeschlagenen Versuchen der Begründer der Methode, ohne diese Art der Praxis zu lehren, als auch aus ihren positiven Erfahrungen mit MBSR-Lehrern. Die Voraussetzung, „eine eigene Praxis zu haben“, hat in der MBCT wahrscheinlich eine pragmatischere Rechtfertigung als in MBSR, weil der Hauptgrund darin besteht, das, was gelehrt wird, auch zu erfahren – also ein Schwimmer zu sein, der schwimmen lehrt, um eine Analogie aus der MBCT zu verwenden. Aber darüber hinaus gibt es auch die Betonung des Ideals des Lehrers, der die Seinsweise „verkörpert“, die er seinen Patienten vermitteln möchte. Die darin enthaltene existenzielle Verbindlichkeit ist immer noch sehr hoch.

In der DBT (Linehan, 1993 a, b) werden die Voraussetzungen für die Lehrtätigkeit von der Identität der DBT als klar definierte Therapie, die in einem bestimmten Kontext angewendet wird, bestimmt. In Bezug auf die Achtsamkeitspraxis des Therapeuten unterscheiden sich hier die „Empfehlungen“ von denen in MBSR und MBCT. Es ist keine Voraussetzung, dass die Therapeuten eine eigene Praxis haben, wobei aber erwartet wird, dass sie das Fertigkeitstraining von Achtsamkeit in der DBT praktizieren und aus eigener Erfahrung verstehen. Zudem ist eine gelegentliche formale Praxis Teil des Programms. Die wöchentlichen Treffen des Beratungsteams beginnen mit einer Achtsamkeitspraxis, die von einem der Therapeuten angeleitet wird. Es scheint auch einen philosophischen Widerstand dagegen zu geben, vom Therapeuten die Art von Verbindlichkeit zu fordern, die in MBSR vorausgesetzt wird. In der DBT besteht die Annahme, dass Achtsamkeitspraxis den Therapeuten helfen kann, eine ausgeglichene Position zwischen Veränderung und Akzeptanz, Unterstützung und gütiger Herausforderung, unerschütterlicher Zentriertheit und mitfühlender Flexibilität aufrechtzuerhalten, die die DBT erst effektiv machen. Aber weil Linehan (Dimidjian und Linehan, 2003) die spirituellen (religiösen) Wurzeln der Achtsamkeit hervorhebt, hat sie das Gefühl, dass es für einen Therapeuten „die Grenzen der Möglichkeiten des therapeutischen Modells überschreitet“, wenn man die persönliche Verbindlichkeit einer täglichen Praxis und regelmäßiger Retreats verlangen würde. Aber Linehan hat an anderer Stelle auch geäußert (2001, zitiert in Welch et al., 2006), dass sowohl die Verbindung zu einem Achtsamkeitslehrer, sei es persönlich oder durch Bücher, und mit einer Praxisgemeinschaft „das wichtigste Element in der Ausbildung des Therapeuten sein könnte“ (S. 123).

In der ACT wiederum ist die Voraussetzung für die Lehrtätigkeit in Übereinstimmung mit der Definierung als therapeutische Intervention. Worin aber die Achtsamkeitspraxis des Therapeuten besteht, ist nicht vorgeschrieben. Wie die Melbourne Academic Mindfulness Interest Group (2006, S. 291) in Bezug auf die ACT angemerkt hat, „ist Achtsamkeit aus dieser Perspektive ein in sich stimmiges theoretisches Modell, und die Ideen können dem „Schüler“ leicht von einem Praktizierenden vermittelt werden, der selbst wenig oder gar nicht praktiziert“. Aber Strosahl et al. (2004) merken auch an, dass die Kernkompetenz des ACT-Therapeuten in der Fähigkeit besteht, mit dem ACT-“Raum“ der Achtsamkeit verbunden zu sein und in der Lage zu sein, die Fertigkeiten und positiven Ergebnisse zu unterstützen, die sich aus einer Verbindung mit dem gegenwärtigen Augenblick ergeben.

Um bei der Entwicklung dieser Fertigkeiten zu helfen, empfehlen Strosahl et al. (2004) ein kontinuierliches Studium und eine kontinuierliche Praxis der ACT-Techniken, einschließlich intensiver ACT-Retreats und der Teilnahme an Achtsamkeits-Retreats, die sich dadurch auszeichnen, dass sie „gut sind, um sich mit dem ACT-‚Raum' zu verbinden, aber weniger gut, um die ACT-Techniken zu erlernen" (S. 57). Auch hier zeigt sich die implizite Anerkennung der Kraft und des Wertes der Seinsweise des Lehrers.

In der psychodynamischen Therapie und anderen Psychotherapien zeigt sich bei der Identität des Achtsamkeitslehrers das ganze Spektrum der Möglichkeiten, mit den entsprechenden Auswirkungen auf die existenzielle Verbindlichkeit und den daraus resultierenden Verpflichtungen in Bezug auf eine kontinuierliche Praxis. Am einen Ende des Spektrums können wir Jeffrey Martins (1999) Konzept der Achtsamkeit als allgemeinen Faktor aller Psychotherapien sehen. Für Martin entspricht Achtsamkeit der psychologischen Freiheit, in der die potenziell problematische unveränderliche Selbstempfindung etwas gelockert wird und es dadurch möglich wird, Erfahrungen in frischer und nicht gewohnheitsmäßiger Weise zu erforschen. Das wird durch die Zusammenarbeit mit dem Klienten möglich und unterstützt Einsicht, Selbstakzeptanz und Veränderung. In dieser Sichtweise, die vollkommen säkular, nicht historisch begründet und integrativ ist, ist jeder Therapeut, der sich entscheidet, Achtsamkeit in seiner Arbeit mehr oder weniger Bedeutung zu geben, als informeller Lehrer tätig. Wie Martin selbst formuliert: „In gewisser Weise ist Achtsamkeit direkt unter unseren Füßen, wenn wir und unsere Patienten am besten zusammenarbeiten" (S. 310). Am anderen Ende des Spektrums sehen wir Achtsamkeitslehrer/innen, die in spirituellen Traditionen ausgebildet wurden und die gleichzeitig Psychotherapeuten sind, wie Jack Kornfield, Sylvia Boorstein oder Tara Brach in der westlichen Form der buddhistischen Vipassanā-Tradition. In ihnen scheinen beide Identitäten (Achtsamkeitslehrer/in und Psychotherapeut/in) verschmolzen zu sein. An diesem Ende des Spektrums können wir auch andere Menschen aus dem Westen sehen, die nicht notwendigerweise Therapeuten sind, aber ausgebildet und autorisiert wurden, um in einer bestimmten Tradition zu lehren. Viele dieser Menschen aus dem Westen studierten mit asiatischen Lehrern, oft in Asien, wobei diese Generation nun von jüngeren, „heimischen" Lehrern, die im Westen ausgebildet wurden, abgelöst wird.

Die Entscheidung, zu lehren. Jeder, der sich überlegt, Achtsamkeit professionell zu lehren, wird diese Entscheidung also aufgrund einer Reihe von Erwartungen und einer Identität treffen, die irgendwo auf dem Kontinuum im Bild 1.1. zu finden sind. Für jeden, der über diese Arbeit nachdenkt, gibt es einen natürlichen Ort zwischen der totalen existenziellen Verbindlichkeit eines MBSR-Lehrers oder der besonderen Position eines Lehrers in einer bestimmten Traditionslinie auf der einen Seite und der trainierten Fachkraft oder dem von vornherein achtsamen Therapeuten auf der anderen. Die genaue Lokalisation auf diesem Kontinuum reflektiert potenziell sowohl den Grund, warum sich jemand zu Achtsamkeit hingezogen fühlt, als auch, wie schwer die Entscheidung sein wird, dann auch wirklich zu lehren.

	←	→
Die Person	Existenzielle Verbindlichkeit transformiert das Selbst und andere	Fachkräfte mit allgemeiner Achtsamkeit
Das Training	Sehr gut trainiert und praxiserfahren in Achtsamkeit	Sehr gut trainiert in der Theorie, in Fertigkeiten und Interventionstechniken
Die Frage	Ist meine Praxis tief genug?	Ist mein Verständnis richtig?

Bild 1.1. *Kontinuum des* Wer *des professionellen Achtsamkeitslehrers.* Die Sichtweise oder das Konzept des Achtsamkeitslehrers in verschiedenen Anwendungsgebieten oder Ansätzen könnte auf diesem Kontinuum liegen zwischen existenzieller Verbindlichkeit im eigenen Leben mit ständiger Vertiefung und Transformation, um anderen zu helfen, dasselbe zu tun, bis hin zur gebildeten Professionalität, die klinische Perfektion fordert. In beiden Fällen, und überall dazwischen, könnte die Frage *Wer bin ich?* und *Was weiß ich?* zu Enthusiasmus oder Widerstand in Bezug auf die Möglichkeit des Lehrens führen.

Menschen, die näher zur existenziellen Verbindlichkeit auf dem Kontinuum tendieren, werden sich wahrscheinlich von der Resonanz der Achtsamkeitspraxis mit ihrer eigenen Lebenserfahrung angezogen fühlen.

Das umfasst vielleicht auch diejenigen, die eine Geschichte mit körperlichem und/oder psychologischem Leiden haben, das sich sowohl durch spirituelle Praktiken als auch durch medizinische und psychotherapeutische Interventionen lindern ließ. Solch ein Mensch empfindet die Rolle des Achtsamkeitslehrers vielleicht als *außer*-gewöhnlich; sieht den Lehrer vielleicht verantwortlich für eine kraftvolle bleibende Transformation beim anderen Menschen – eine Metanoia, eine Bekehrung, eine Heilung. Derjenige weiß vielleicht durch seine eigenen Begegnungen mit Achtsamkeit, dass Schüler ihren Lehrer verinnerlichen und dass eine wirkungsvolle Verbindung geschaffen werden kann, die weder von Zeit oder Entfernung unterbrochen wird. Für diesen Menschen ist die Entscheidung, die Rolle des Lehrers zu übernehmen, von Beginn an mit innerem Aufruhr verbunden, ein Ringen mit Gefühlen überwältigender Verantwortung und ständigen Ungenügens. Die Entscheidung ist mit Annahmen darüber belastet, was ein Lehrer mit einem großen „L" wirklich ist: mit grundlegenden Fragen bezüglich Ausbildung, Traditionslinie, Autorisierung zum Lehren und Treue zu angenommenen Sichtweisen und Praktiken, die immer drängender werden.

Wie kann ich es wagen, die Rolle des Lehrers übernehmen zu wollen? und *Könnte ich dem – könnte ich dem jemals – genügen?* zu *Ist meine Praxis stark genug?* und *Wer sagt das?* bis zu *Wie viel steht wirklich auf dem Spiel, wenn ich mit anderen Menschen arbeite – die Verbesserung von Symptomen oder das Schicksal einer ewigen Seele?*

Professionelle Interessenten an der allgemeinen Seite des Kontinuums werden zunächst vielleicht von der Neuheit, der interessanten Methodik und der nachgewiesenen Wirkung der MBIs angezogen. Die Entscheidung, ein Lehrer/eine Lehrerin zu werden, kommt möglicherweise zunächst aus einem professionellen Anliegen und Selbstbild. Deshalb wird das Abwägen von Zeit und der finanziellen Investition, die Strategien einer möglichen Etablierung am Markt und die Bedürfnisse der Zielgruppe, an die sich das Angebot richtet, ein Übergewicht haben gegenüber mehr existenziellen Überlegungen zur persönlichen Transformation und Berufung. Die Frage, die sich zuerst stellt, ist:

Was weiß ich? und Weiß ich es gut genug, um es zu lehren?

Das heißt nicht, dass die Dimension der existenziellen Verbindlichkeit nicht in jeder Entscheidungsfindung eine Rolle spielt. Sobald jemand eine der Methoden auf einer tieferen Ebene erfahren hat, zeigen sich sicher Fragen bezüglich der persönlichen Fähigkeit, zu lehren, und spielen in der Auseinandersetzung mit Ausbildung und Erfahrung eine wichtige Rolle – und führen oft zur Begegnung mit einem Widerstand gegen den Beginn des Lehrens. Es mag hier informativ sein, wenn wir uns anschauen, wie die verschiedenen Hintergründe und geschichtlichen Entwicklungen der MBIs bestimmte Definitionen und Einstellungen in Bezug auf die Person des Achtsamkeitslehrers hervorgebracht haben. MBSR und DBT könnten auf dem Bild 1.1. an ganz verschiedenen Orten des Kontinuums lokalisiert werden, aber beide haben ein gewisses Unbehagen, wenn es um das *Wer* des Lehrens geht. Wie wir noch sehen werden, kommt dieses Unbehagen aus den bestimmten Traditionen des Achtsamkeitstrainings, die von den Begründern dieser Methoden favorisiert wurden.

Das Ausmaß an Verbindlichkeit, dass von einem MBSR-Lehrer erwartet wird, hat Jon Kabat-Zinn (2002) mit einem Zitat aus T. S. Eliots *Vier Quartetten* zusammengefasst:

> ***„Ein Zustand vollkommener Einfachheit/***
> ***(Der nichts weniger als alles kostet)“***

Die Ansichten über die Persönlichkeit des Lehrers in MBSR können als eine Variante der *zweckgerichteten* Auswahlprozesse für westliche Vipassanā-Übende gesehen werden. Rawlinson (1999) spricht hier das Wesentliche an, wenn er anmerkt, dass Jack Kornfield, der in einer traditionellen asiatischen Überlieferungslinie des Vipassanā ausgebildet und ordiniert wurde, und Joseph Goldstein, der als Laie meist von nicht ordinierten Lehrern ausgebildet wurde, als gleichgestellt angesehen werden. „Die Menschen denken nicht, dass einer der beiden dem anderen überlegen ist, weil er Mitglied eines traditionellen *Bhikkhu Sangha* war. Was zählt, ist die Tiefe der Vipassanā-Praxis, nicht wie jemand dort hingekommen ist, oder woher er oder sie kommt" (S. 590). Noch pointierter bemerkt Rawlinson (1999, S. 590) ein Prinzip: „Die einzigen Empfehlungen, die irgendeinen Wert haben, sind Praxis und Erfahrung". Kabat-Zinns Praxis im Zen und in Vipassanā hatten einen tief greifenden Einfluss auf die geformten und ungeformten Elemente von MBSR. Die Verbindung von MBSR zum westlichen *Vipassanā-Sangha* sind eng. Vipassanā-Retreats (und auch Zen-Retreats) werden für das Training von Achtsamkeitslehrern empfohlen (Santorelli, 2001b). In der Tat wurde im Jahre 2008 in einer Zusammenarbeit des UMASS Center for Mindfulness (CFM) und der Insight Meditation Society (IMS) – das Flaggschiff unter den Retreat-Zentren des Vipassanā-Sangha, das von Joseph Goldstein, Sharon Salzberg und Jack Kornfield gegründet wurde – ein Schweige-Retreat speziell für professionelle MBSR- und MBCT-Lehrer/innen veranstaltet. Daran nahmen als Repräsentanten der MBSR und MBCT Jon Kabat-Zinn und John Teasdale teil, und Cristina Feldman, eine leitende Lehrerin am IMS, repräsentierte das IMS. Deshalb ist es nicht überraschend, dass die Betonung der nötigen Reife des Lehrers aus dem Vertrauen in die Tiefe der Praxis und Erfahrung kommt. Das wurde von einem weltlichen Pragmatismus etwas gemäßigt. In MBSR gibt es die sehr bewusste und betonte Erkenntnis, dass mehr nicht immer besser sein muss: „Wir hatten Lehrer/innen mit fünf oder sechs Jahren Meditationserfahrung, die im Seminarraum sehr gute Arbeit leisten. Aber wir haben auch Menschen getroffen, die auf der Suche nach einem Job waren, und als Hintergrund zwanzig oder mehr Jahre Meditationspraxis hatten, bei denen wir aber das Gefühl hatten, dass sie nicht dazu in der Lage waren, im Seminarraum zu bestehen" (Santorelli, 2001b). Das Vertrauen in die Praxis ist also groß, deshalb überrascht es nicht, dass das individuelle Zögern, MBSR zu unterrichten, vor allem aus der Frage kommt:

Habe ich ausreichend praktiziert, um zu lehren?

Die Entwicklung der DBT wurde von verschiedenen Traditionen der Achtsamkeitspraxis beeinflusst. Für Marsha Linehan (2008) kam dieser Einfluss aus ihrer langjährigen Zen-Praxis und ihrem Training als spirituelle Leiterin in einer christlichen Tradition, bevor sie sich der Therapie widmete. Und wir können sehen, dass diese zwei Einflüsse die ganz verschiedenen

Fragen und Widerstande geformt haben, die aus dem *Wer* des Achtsamkeitslehrers in der DBT entstehen. Zen im Westen gibt der Traditionslinie viel größere Bedeutung als der *Vipassanā-Sangha.* Im Zen – und hier riskieren wir die Vereinfachung eines sehr ausgefeilten Prozesses – kann ein Schüler, je nach der Reife seiner Praxis, die vom Lehrer beurteilt wird, eine bestimmte Ebene von Autorität erlangen, die ihn dazu befähigt, andere zu lehren. Die höchste Ebene von Autorität, die man erreichen kann, ist die Ernennung zum *Dharma*-Nachfolger durch einen Meister, womit man selbst in der Lage ist, Lehrer/innen zu autorisieren und selbst Dharma-Nachfolger/innen zu ernennen. Diese Methode der anerkannten Nachfolge verstehen einige als eine direkte Verbindung durch die Generationen hindurch bis hin zum historischen *Buddha Shākyamuni*, womit eine ununterbrochene Weitergabe der Lehre verbunden ist. In dieser Sicht wäre jede Veränderung, Verfremdung oder Verringerung des Gelehrten, und wie es gelehrt wird, problematisch. Es würde die Autorität und Integrität der Gemeinschaft bedrohen – sowohl für die Lehrer/innen als auch für die Schüler/innen.

Mit einer solchen Sicht als Hintergrund konzentrieren sich Linehans Widerstand und ihre Fragen über professionelle Achtsamkeitslehrer/innen zunächst auf die Richtigkeit und Kompetenz bei der Anwendung der Methode. Der auf bestimmten Fertigkeiten beruhende Ansatz beim Lehren und Lernen von Achtsamkeit, den Linehan in Zusammenarbeit mit ihren Zen-Lehrern entwickelt hat, ist eine Möglichkeit, auf diese Bedenken zu reagieren. Eine andere Reaktion darauf zeigt sich darin, dass sich die DBT-Lehrer/innen regelmäßig in einer „Gemeinschaft" treffen, die nicht nur der gegenseitigen Unterstützung dient, sondern auch eine Kontrolle und Bekräftigung der Standards ermöglicht. Es ist auch interessant zu erwähnen, dass Dimidjian und Linehan (2003) der Ansicht sind, dass die Arbeit mit spirituellen Achtsamkeitslehrern, die in einer der Traditionen anerkannt sind, sehr hilfreich sein kann, um von ihren Lehrmethoden zu lernen und zu sehen, wie sie die Kompetenz zum Lehren bei ihren Schülern bewerten. Und daraus könnten sich ihrer Ansicht nach auch Richtlinien für achtsamkeitsbasierte klinische Interventionen ergeben. Den zweiten Fokus der Fragen und Vorbehalte können wir in Linehans römisch-katholischem religiösen Hintergrund und ihrer frühen Ausbildung zur spirituellen Leiterin sehen. Sie nahm an dem Programm des Shalem Institute teil, das, obwohl es ökumenisch ist, in der katholischen christlichen Tradition steht, in der Fragen der Autorität, der Traditionslinie und der „Wahrheit" der Lehre wichtig sind. In der Tat ist die „apostolische Nachfolge", in der Bischöfe von anderen Bischöfen ernannt werden, eine ungebrochen verbundene Kette, die bis zu den 12 Aposteln zurückreicht, und damit dem Modell der Traditionslinien im Zen ähnelt. Auch hier stellen sich die Fragen der Richtigkeit und Kompetenz, aber in dieser Tradition ist der Charakter des spirituellen Leiters noch wichtiger – die Persönlichkeit des Lehrers. Der Gründer von Shalem, Tilden Edwards (1980) hat sich mit dieser Frage eingehend beschäftigt. Er befragte 29 spirituelle Lehrer/innen, um einen ersten Konsens über die Qualifikationen eines spirituellen Leiters zu schaffen. Dieser Konsens zeigte zwei Bereiche von Eigenschaften (S. 126):

1. *„Persönliches spirituelles Engagement, Erfahrung, Wissen und Demut und eine aktive Disziplin von Gebet/Meditation."*

2. *„Die Fähigkeit, fürsorglich, sensibel, offen und flexibel mit einem Menschen zu sein, und nicht seine eigenen Bedürfnisse projizieren oder lang anhaltende Abhängigkeit zwischen Lehrer/in und Schüler/in unterstützen."*

In einer solchen Beschreibung sehen wir die innewohnenden Erwartungen für ein grenzenloses, unaufhörliches Engagement in der Vertiefung und Transformation des eigenen Lebens und des Lebens anderer Menschen. Deshalb können wir sehen, wie diese Aufgabe aus Sicht der DBT für die meisten klinisch arbeitenden Fachkräfte zu intim, zu persönlich, zu spirituell sein kann.

Wo immer wir uns als Lehrer/in oder potenzielle Lehrer/in wiederfinden und wer immer wir als Lehrer/in sind oder sein möchten, am Anfang, und vielleicht für immer, sind wir mit dem Druck und dem Zug der Fragen *Wer bin ich?* und *Was weiß ich?* konfrontiert. Wie wir im zweiten Teil sehen werden, sind das die Fragen unserer Authentizität und Autorität.

Wie Sie mit diesen Fragen umgehen, wie Sie letztendlich entscheiden, ob Sie mit dem Lehren beginnen, ist Ihnen überlassen! Es mag aber hilfreich sein, zu erfahren, wie andere zu dem Punkt gekommen sind, mit dieser Arbeit zu beginnen.

Wer wird Lehrer? Professionelle Achtsamkeitslehrer/innen kommen heute aus einer überraschenden Breite von Hintergründen in Bezug auf ihre Ausbildung und ihre Karriere. Sie kommen aus den Naturwissenschaften oder dem religiösen Leben, aus der Krankenpflege oder der Wirtschaft, aus der Bildung oder der Therapie. Und sie sind auf ganz unterschiedlichen Wegen zu der Entscheidung gekommen, mit dem Lehren zu beginnen. Für den einen war es vielleicht eine persönliche Krise, die diesen Prozess ausgelöst hat, für jemand anderen eine professionelle Einsicht. Das Gefühl einer Berufung könnte alles zwischen einem leisen Flüstern und einem lauten Ruf gewesen sein. In den kurzen Biografien weiter unten finden Sie einige Beispiele. Vielleicht finden Sie darin Inspirationen, um ihre eigene Reise zu beginnen, oder eine Bestätigung für die Richtung, für die Sie sich bereits entschieden haben.

Diane Reibel, Koautorin dieses Buches:
Von der Erforschung des Herzens zu dessen Heilung

Mitte der 80er Jahre war ich Privatdozentin in der Abteilung für Physiologie am Jefferson Medical College und untersuchte den Metabolismus und die Funktionsweise des Herzens. Meine Forschungsarbeit wurde von den National Institutes of Health (NIH) finanziert. Ich sprach regelmäßig auf wissenschaftlichen Konferenzen, veröffentliche wissenschaftliche Arbeiten und unterrichtete kardiovaskuläre Physiologie für Medizinstudenten. Diese Zeit meines Lebens war sehr erfolgreich und beruflich anstrengend. Ich erkrankte an einer Immunstörung und hatte chronische Schmerzen. Ich litt auch emotional unter den Unsicherheiten, ob meine Erkrankung fortschreiten würde, ob ich in der Lage sein würde, mich um mein Kind zu kümmern, weitere Kinder zu bekommen und meine Karriere fortzusetzen.

Nach Unmengen medizinischer Tests, wiederholten Besuchen bei Spezialisten und einer erschöpfenden Reihe konventioneller medizinischer Behandlungen sagte man mir, dass ich „lernen müsse, mit dem Schmerz zu leben". Ungeachtet all meiner Jahre akademischer Bildung war das eine Form des Lernens, mit der ich mich nie beschäftigt hatte. Aber ich fing damit an. Obwohl ich als Wissenschaftlerin skeptisch war, beschäftigte ich mich mit alternativer Medizin, ich versuchte Biofeedback, Hypnose und Meditation, um mit meinen Schmerzen klarzukommen. Nachdem ich mehrere Monate lang Meditation praktiziert hatte, stellte ich fest, dass ich emotional weniger kämpfen musste und ein allgemeines Wohlbefinden erlebte, selbst inmitten meines chronischen Schmerzes. Zwei Jahre lang meditierte ich regelmäßig.

Durch meine eigene Erfahrung der positiven Ergebnisse der Meditation und anderer Körper/Geisttechniken interessierte ich mich dafür, mehr über die Verwendung dieser Methoden bei der Behandlung von Krankheiten zu lernen. In wahrhaft wissenschaftlicher Manier suchte ich nach mehr Informationen dazu auf wissenschaftlichen Konferenzen. Auf einer Konferenz über behaviorale Medizin wurde der Workshop über Biofeedback, für den ich mich ursprünglich angemeldet hatte, abgesagt, und aus einem spontanen Impuls heraus wechselte ich zu etwas, das neu für mich war – ein Workshop mit Jon Kabat-Zinn über Achtsamkeitsbasierte Stressreduktion. Diese Erfahrung bewegte mich zutiefst. Es inspirierte meine eigene Meditationspraxis. Es gab mir auch einige handfeste Hinweise, dass Achtsamkeit langsam in die Mainstream-Medizin integriert wurde.

Mit kontinuierlicher Praxis über mehrere Jahre wurde Achtsamkeit zu einem Lebensstil. Das Leben wurde reicher und voller. Meine Gesundheit verbesserte sich. Und meine Leidenschaft, Achtsamkeitsmeditation mit anderen zu teilen, wuchs. Ich gab meine akademische Position auf, um mich einer neuen Karriere zu widmen. Ich nahm an professionellen Trainings mit Jon Kabat-Zinn teil und begann MBSR an kardiologischen Rehabilitationszentren in örtlichen Krankenhäusern zu lehren – dadurch erhielt sich eine gewisse Kontinuität mit meiner bisherigen beruflichen Lebenserfahrung. Nachdem ich viele Jahre lang MBSR vor allem für kardiologische Patienten gelehrt hatte, fragte mich ein früherer Kollege an der Jefferson University, ob ich ein Stressreduktionsprogramm für Medizinstudenten leiten würde. Somit schloss sich der Kreis und ich ging wieder zu Jefferson, um erneut Medizinstudenten zu unterrichten. Aber dieses Mal unterrichtete ich Meditation. Nach dem Erfolg des Pilotkurses wurde MBSR bald in das Curriculum der medizinischen Fakultät integriert. Ich erhielt eine Stellung an der Fakultät und wurde wieder Mitarbeiterin bei Jefferson als Direktorin des Programms für Stressreduktion am Center for Integrative Medicine und entwickelte und lehrte MBSR-Programme für Patienten. Mein Hintergrund in der Forschung war hier ein Vorteil, weil wir die Wirkungen von MBSR auf unsere Medizinstudenten und unsere Patientengruppe untersuchten.

Das Programm für Stressreduktion ist über die Jahre gewachsen und beinhaltet Programme für Patienten, Mitarbeiter des Gesundheitswesens, Firmen und Non-Profit-Organisationen, Studenten und Obdachlose. Auch unsere Forschungsaktivitäten sind gewachsen und werden zurzeit vom NIH (National Institutes of Health) finanziert, um die Auswirkungen von MBSR auf die Immunfunktion zu untersuchen.

Meine Begeisterung für die Praxis und Lehre von Achtsamkeit ist zu einem zentralen Teil meines Lebens geworden, und beides hat mich in einer Weise erfüllt, wie ich es mir nie hätte vorstellen können. Ich möchte mich an dieser Stelle besonders bei Saki Santorelli vom UMASS Center for Mindfulness für seine kraftvolle und liebende Präsenz bedanken. Vor vielen Jahren saß Saki neben mir auf dem Gang während eines professionellen Trainings-Retreats, während ich versuchte, unkontrollierbare Tränen zu kontrollieren. Ich werde nie seine Einladung vergessen, mich in dieser Situation offen zu zeigen und nichts zurückzuhalten. Ich habe seitdem neben vielen Menschen gesessen und die gleiche Einladung ausgesprochen und ihnen eine heilende Präsenz angeboten, während sie in den Fluss der Trauer eintauchten. Jedes Mal spüre ich Sakis Gegenwart und seine bestärkenden Worte, dass meine persönliche Sehnsucht nach den „Augen des Mitgefühls“ sich erfüllen wird, wenn ich auf diesem Weg des Erwachens weitergehe.

Als ich einer meiner Kolleginnen über die Veränderungen meiner beruflichen Karriere berichtete, sagte sie, dass ich von einer Erforscherin des Herzens zu einer Heilerin des Herzens geworden bin. Sei es in der Praxis oder beim Lehren von Achtsamkeit, dabei geht es vor allem um die Heilung des Herzens.

Tom: Anstoß zur Verbesserung der ärztlichen Arbeit

Mein Interesse an MBSR entstand aus meinen Sorgen um meine eigene Gesundheit. In beiden Seiten meiner Familie gibt es eine sehr starke Tendenz zu Herz- und Gefäßerkrankungen. Meine Eltern starben beide vor ihrem 60. Lebensjahr. Als Arzt schenkte ich Informationen über die Vorbeugung kardiovaskulärer Erkrankungen große Aufmerksamkeit und wendete diese vorbeugenden Maßnahmen auch an. Ich las das Buch von Dr. Dean Ornish *(Revolution in der Herztherapie)* über die positiven Wirkungen von Meditation und Yoga bei der Behandlung kardiovaskulärer Erkrankungen und suchte nach Möglichkeiten, um diese Methoden zu praktizieren. Yoga ist für mich zu einer sehr freudvollen Praxis geworden, viel mehr als ein herkömmliches Work-out.

Vor ungefähr 10 Jahren, nachdem mein älterer Bruder mit 54 eine koronare Bypass-OP hatte, suchte ich Rat bei MBSR. Meine Erfahrung bei einem siebentägigen MBSR-Programm mit Jon Kabat-Zinn und Saki Santorelli war tief. Das Programm gab mir die Möglichkeit, mich in den gegenwärtigen Augenblick zu vertiefen, mich auf den Atem im Körper zu fokussieren – und das in einem vollen Raum mit anderen Suchern. (Und zudem war das Programm als erweiterte medizinische Ausbildung zugelassen, entsprach also dem Goldstandard für die Anerkennung als Arzt!)

In der Arbeit in meiner ärztlichen Praxis, in der ich mich auf neurale Entwicklungsstörungen spezialisiert habe, wuchs die Bedeutung von Achtsamkeit immer mehr. Sie verringert meinen Stress und ermöglicht es mir, auf meine Patienten und ihre Eltern während unserer Interaktionen und Gespräche in der Praxis eine Stress reduzierende Wirkung zu haben. Das erfuhr ich oft auf überraschende Weise. Ich überwand mein gewöhnlich reserviertes, leicht ironisches, „professionelles" Verhalten und wurde direkter. Es fiel mir leichter, innezuhalten, um eine passende Antwort zu finden. Ich begann in meiner Arbeit eine neue Freiheit zu erfahren, und konnte festgesetzte Gesprächsziele loslassen, um zusammen mit den Eltern und Patienten das zu besprechen, was ihnen am meisten Sorgen machte. In Situationen mit Patienten und deren Familien, in denen es unausgesprochene Spannungen oder Wutgefühle zu geben schien, fiel es mir leichter, diese Wahrnehmung anzusprechen. Dies führte oft zu offenen fruchtbaren Gesprächen über Probleme, die andererseits unangesprochen geblieben wären.

Ich habe mit der Zeit erkannt, dass die Reaktion auf Stress bei neuralen Entwicklungsstörungen ein sehr wichtiges Thema ist. Diese Erkenntnis veranlasste mich dazu, einen verfeinerten praktischen Bezugsrahmen zu schaffen, um den Therapieplan für Kinder und Erwachsene zu erstellen. Ich habe auch einigen Familien Einführungen in formale Achtsamkeitsübungen gegeben. Immer wieder spreche ich Achtsamkeit und Atemübungen aus dem Yoga für das Stressmanagement an und lehre sie auch. Aber der größere Effekt auf meine ärztliche Arbeit besteht im Gewahrsein für den gegenwärtigen Moment.

Während ich diesen Text schreibe, erinnere ich mich an meinen letzten Patienten, einen sieben Jahre alten Jungen. Er wollte gern, dass seine Mutter während unseres Gesprächs mit im Raum war. Das war mir etwas unangenehm, aber ich entsprach seinem Wunsch. Als wir sprachen, bemerkte ich seine zögerliche Ausdrucksweise und seine verkrampfte Körperhaltung. Ich schlug also vor, dass wir in einen anderen Raum gehen und unter vier Augen sprechen. Als wir nun beide zusammensaßen, ohne seine Mutter und seine zwei jüngeren Schwestern, sah ich, wie sich seine Schultern lockerten, sein Gesicht sich entspannte, und ich hörte ihm aufmerksam zu, während er viel ausführlicher und flüssiger sprach. Und auch ich fühlte mich in dieser Gesprächssituation erleichtert. Der Wert des Gewahrseins im gegenwärtigen Augenblick hatte sich wieder einmal bestätigt. So beeinflusst Achtsamkeit mein Leben, sowohl innerhalb als auch außerhalb meiner Arztpraxis.

Julie: Achtsamkeit für Schüler/innen mit Lernschwierigkeiten

Ich bin diplomierte Sozialarbeiterin und Schulpsychologin. Seit mehr als 20 Jahren bin ich im psychologischen Bereich tätig und habe mit Erwachsenen, Kindern, Jugendlichen und Familien in verschiedenen Settings klinisch gearbeitet. Vor fünf Jahren nahm ich an meinem ersten MBSR-Kurs teil und fand es sehr hilfreich, um mit meinem eigenen chronischen Schmerz und dem allgemeinen Stress in meinem Leben umzugehen. Meine persönliche Beschäftigung mit Achtsamkeitstraining hat sich seitdem weiter vertieft, und damit auch mein Wunsch, Achtsamkeitsübungen in meine Arbeit mit anderen Menschen zu integrieren.

Ich arbeite momentan in einer Grund- und Hauptschule und leite Gruppen zur Förderung von Kindern, die als „schwer erziehbar" gelten. Des Weiteren arbeite ich mit Lehrern und anderen Mitarbeitern daran, das allgemeine Lernklima der Schule zu verbessern. Diese Schulen befinden sich Stadtgebieten, die durch Armut und Bandengewalt gekennzeichnet sind. Viele Kinder spielen nicht draußen, weil sie sich nicht sicher fühlen. Mindestens einmal im Monat müssen die Verantwortlichen an der Grundschule Aktivitäten außerhalb der Schule absagen, weil es Gewalt in der Nachbarschaft gibt. Kein Wunder, dass viele Kinder und Lehrer sich in der Schule nicht sicher fühlen.

Es wurde mir klar, dass die Kinder versuchten, in der Schule zu funktionieren, während sie gleichzeitig mit den chronischen und oft starken Stressauslösern umgehen mussten, ohne die erforderlichen Bewältigungsstrategien zu haben. Es zeigte sich auch, dass viele Lehrer/innen mit der Frage rangen, wie sie die Schüler/innen am besten unterstützen und lehren könnten. In dem Wissen darum, wie nützlich Achtsamkeitsübungen in meinem Leben waren, begann ich, Achtsamkeitsaktivitäten und -praktiken in die Gruppen, die ich leite, zu integrieren. Ich begann, auch Achtsamkeitsübungen bei der Fortbildung der Lehrer/innen vorzustellen. Die Rückmeldungen, die ich von beiden Gruppen erhielt, waren überwältigend positiv.

Yaacov: Die Verbindung von jüdischer Spiritualität mit Psychologie und Achtsamkeit

Mein Interesse an Meditation begann in meiner Zeit am College. Ich kannte niemanden, der meditierte, deshalb versuchte ich, es durch Bücher zu lernen. Die schriftlichen Anleitungen schienen mich nirgendwohin zu bringen, ich gab also auf. Später begann ich mit einer Reihe spiritueller Meditationen, die ich kraftvoll und sinnvoll fand. Diese Meditationen sind weiterhin Teil meiner spirituellen Praxis. Als ich an der Universität psychologische Prozesse in der Pädagogik studierte, engagierte ich mich in der „Human Potential"-Bewegung. Ich lernte Achtsamkeit in sehr informeller Weise kennen und übte sie auch so – keine Sitzmeditation, sondern nur die Konzentration auf den gegenwärtigen Moment, so oft ich es im Laufe des Tages konnte. Walken und Joggen wurden die wichtigsten Aktivitäten, bei denen ich Achtsamkeit praktizierte.

Nachdem ich meinen Doktortitel erhielt und die rabbinische Ausbildung abgeschlossen hatte, hatte ich mehr mit Beratung und Therapie zu tun. Auf persönlicher Ebene arbeitete ich daran, das, was ich aus der Psychologie, Achtsamkeit und Spiritualität kannte, miteinander zu verbinden. Als Therapeut war ich ständig herausgefordert mich selbst in den gegenwärtigen Augenblick zu bringen und alles zu tun, um meinen Klienten das Gleiche zu vermitteln. Vor zehn Jahren begann ich schließlich eine formale Achtsamkeitspraxis und wurde in MBSR und ACT ausgebildet. Diese Ansätze waren grundlegend für mich, um Achtsamkeit in meine Therapiearbeit zu integrieren. Ein großer Teil der Therapie, die ich nun anbiete, basiert auf Achtsamkeit, und ich leite pro Jahr zwei oder drei MBCT-Gruppen.

Meine Achtsamkeitspraxis hat auch mein Verständnis von Spiritualität beeinflusst. Das Verständnis psychologischer Prozesse der Meditation in der ACT war für mich eine wunderbare Inspiration und hat mein Verständnis der Prozesse in einem Programm, das ich zur Integration von Psychologie, Achtsamkeit und Spiritualität entwickelt habe, vertieft.

Don McCown, Koautor dieses Buches: Vom Business zur „Wholeness“

Meine Beschäftigung mit den kontemplativen Traditionen begann in meiner ziemlich unglücklichen Jugend im Klima der späten 60er und frühen 70er Jahre. Als mittleres Kind zwischen zwei behinderten Geschwistern in einer Familie, die sich mühte mit den Herausforderungen zurechtzukommen, beherrschten Traurigkeit und Leiden meine Erfahrung. Depression war ein enger Begleiter.

Um das, was mit mir geschah, zu verstehen und (irgendwie) eine Erleichterung zu finden, wandte ich mich den Traditionen zu, die sich mir durch meine Herkunft, durch Freunde und durch das zwanghafte Lesen, das einen unruhigen Geist besänftigen kann, vermittelten. Die ästhetische Erhabenheit der Liturgie in der episkopalen Tradition, in die ich hineingeboren war, wurde jahrzehntelang zum Fokus meines Lebens. Und meine persönlichen Gebete, die in der mir sehr vertrauten englischen Spiritualität des 14. Jahrhunderts (Juliana von Norwich, Margery Kempe, *Die Wolke des Nicht-Wissens)* verwurzelt waren, vermischten und verbanden sich durch den Einfluss der Bücher von Alan Watts und Thomas Merton mit den östlichen Traditionen. Auch die Psychotherapie verschiedener Richtungen war ein ständiger Begleiter im Hintergrund, einschließlich der Arbeit mit einem Therapeuten, der Meditation mit in unsere Sitzungen brachte und mich dazu aufforderte, in meiner eigenen Praxis beständig und fokussiert zu sein. Das hat mir unermesslich geholfen.

Das war ein Strom meines Lebens. Im anderen Strom arbeitete ich in der Anzeigenabteilung eines Fortune-100-Unternehmens und später als Kreativer Direktor in einer Werbeagentur. Die 1980er und 1990er waren voller Karrierestress und mit Spannungen in der Kindererziehung und einer lange bestehenden Ehe. Als ich bei der Arbeit und zu Hause um mein Gleichgewicht kämpfte, vertraute ich mehr und mehr meinen spirituellen Übungen. Aber ich fand keine Möglichkeit, die beiden Ströme in sinnvoller Weise zusammenzubringen.

Mehr aus Bequemlichkeit als aus Absicht zog es mich von der kleinen Meditationsgruppe in meiner lokalen Kirche in das Shambhala Center, nur ein paar Häuser von meinem Büro entfernt. Ich nahm dort an Workshops, Trainings und Retreats teil. Aber meistens saß ich in Meditation. Im leeren Raum mit dem Schrein. Jeden Tag, an dem es mir möglich war, verbrachte ich meine Mittagspause so. Dann fand ich eines Tages auf dem Tisch mit den Broschüren den Katalog für ein Masters Programm in angewandten Meditationsstudien am Won Institute, eine ganz neue Initiative einer Ausbildungsstätte des Wŏn-Buddhismus (eine neobuddhistische Bewegung aus Südkorea, Anm. d. Ü.). Das fühlte sich richtig an. Ich dachte, ich könnte meine Karriere ändern und Unternehmen in ihrer Kommunikation beraten und dabei Meditation benutzen! Das würde schließlich meine beiden Lebensströme zusammenführen. Ich begann das sehr stark erfahrungsorientierte Programm, das eine Sequenz Meditationspraxis und eine Sequenz Meditation in Bewegung vor jeder akademischen Einheit vorsah, zudem noch zwei zehntägige Retreats.

Für das Praktikum über zwei Semester, dass wir im zweiten Jahr zu absolvieren hatten, arbeitete ich im MBSR-Programm am Jefferson-Myrna Brind Center for Integrative Medicine. Dort traf ich Diane Reibel. Ich entwickelte ein Programm mit dem Titel *Achtsamkeit am Arbeitsplatz* und konnte schnell einige Workshops füllen, die Diane und ich zusammen leiteten, später lehrte ich auch allein. In den achtwöchigen Kursen für Patienten war ich ein beobachtender Teilnehmer. Ich war zutiefst beeindruckt davon, dass sich viele Patienten – nach der dritten Woche! – anders verhielten.

Etwas wandelte sich in mir. Ich fühlte mich zu der Arbeit mit den Patienten hingezogen, zögerte aber, es wirklich zu tun. Es hatte mir selbst in meinem Leiden sehr geholfen, aber konnte ich auch anderen damit helfen? Ich nahm am siebentägigen professionellen MBSR-Training mit Kabat-Zinn und Santorelli teil und kam mit der noch stärkeren Überzeugung zurück, dass ich einfach nicht dazu in der Lage sein würde, mit Patienten zu arbeiten. Ich schloss mein Masters am Won Institute ab und begann ein einjähriges Praktikum im Programm der Jefferson University. Dabei leitete ich Workshops und Kurse am Arbeitsplatz und war Koleiter in Kursen mit Patienten und lehrte schließlich allein. MBSR-Training für Fortgeschrittene und Supervision verstärkten mein Selbstvertrauen. Aber einfach mit meiner Praxis in Verbindung zu bleiben und meinem eigenen Lehrstil zu finden, bestärkten es noch mehr.

Meine Kurse an der Universität und am Arbeitsplatz sind erfolgreich. Aber was mich wirklich transformiert hat, ist die Arbeit mit den Patienten. Um also damit weiter und tiefer gehen zu können, schloss ich eine Ausbildung in klinischer Sozialarbeit ab, um Familien mit behinderten Kindern zu helfen. Mit Achtsamkeit. In meinem Leben gibt es nun eine Ganzheit (Wholeness) und durch die Praxis erfahre ich sie auch manchmal selbst.

Paradox

Je mehr wir über achtsamkeitsbasierte Interventionen wissen, desto weniger wissen wir über den Achtsamkeitslehrer

Der öffentliche Dialog über das *Wer* und *Wie* der Achtsamkeitspädagogik wird von den gleichen Kräften verstärkt, die auch die Achtsamkeit selbst immer mehr in den Mainstream bringen und dadurch die Nachfrage nach neuen Lehrern schaffen. Weltweit hat die klinische Forschung eine solide Grundlage von Nachweisen für die Wirkung der MBIs zusammengetragen. Und die Achtsamkeitsmethoden sind zu einem Segen für uns alle geworden, Forscher, Lehrer und Patienten gleichermaßen. Aber die Sache ist die: Das alles geschah im modernen wissenschaftlichen Paradigma, dem Land des *Entweder-oder*, in dem jeder grenzüberschreitende Einfluss neutralisiert und kontrolliert werden muss. Achtsamkeitslehrer/innen aber haben außerhalb dieses Paradigmas gearbeitet, im Land des *Sowohl als auch*, wo in jedem Moment neue Möglichkeiten auftauchen und der Placeboeffekt ein willkommener Gast – oder sogar Gastgeber – ist.

Der „Goldstandard" unter den Forschungsmodellen, die klinische Blindstudie, hat in der westlichen biomedizinischen Kultur den Siegeszug angetreten. Es gibt eine Endlosschleife, einen sich selbst antreibenden Kreislauf, eine Einbettung in das System, das von den Geldgebern der Forschungsprojekte und den Erwartungen der Gesundheitskunden geformt und aufrechterhalten wird. Kritik wird innerhalb des Systems selten geäußert (z. B. Beutler et al., 2004; Blow et al. 2007; Lebow, 2006; Wampold, 2001), aber wenn, dann werden genau die Punkte angesprochen, die auch für Achtsamkeitslehrer/innen in ihrer weiteren Entwicklung und ihrem Wachstum relevant sind. Als Erstes geht das vorherrschende Paradigma davon aus, dass die *Inhalte* einer Intervention ungleich wichtiger sind, als die *Person*, die diese Inhalte vermittelt. Aus dieser Annahme folgt, dass genau definierte Modelle und Nachweise für die Genauigkeit die „Therapieeffekte" oder „Effekte des Behandelnden" kontrollieren und die Effizienz der Inhalte zeigen werden.

Dadurch haben die zweitrangigen Bedürfnisse der Forscher die wichtigeren Bedürfnisse der Lehrer/innen und Schüler/innen überschattet. Die Erforschung der MBIs ist die sonnige Seite des Berges – warm, einladend und ein Thema lebendiger Diskussionen. Aber die Pädagogik der Achtsamkeit ist die Schattenseite – gemieden, kaum erforscht und gesprochen wird darüber nur in kleinen Gruppen und selten lauter als mit einem Flüstern. Es wurde angemerkt (McCown & Wiley, 2008, 2009), dass in der Öffentlichkeit ein stabiler engagierter Dialog zwischen diesen beiden „Seiten" stattfinden muss, die einander nicht widersprechen, sondern voneinander abhängig sind. Zu solch einem Dialog würde gehören, dass sowohl die Anforderungen der Forscher auf Genauigkeit – die strikte Reproduktion eines spezifischen Curriculums und einer spezifischen Struktur der Intervention – und der Wunsch des Lehrers nach Integrität – die authentische Antwort auf den Kontext jedes Augenblicks bei der Vermittlung einer Intervention – berücksichtigt werden. Wir vertrauen darauf, dass die Gemeinschaft der Forscher/innen und Lehrer/innen dieses Buch als einen Beitrag zu diesem Dialog versteht.

Wie? Der Eintritt in ein Geheimnis

Für jemanden, der sich die Gemeinschaft der MBI-Praktizierenden anschaut, wäre das *Wie* des Lehrens eine Blackbox. Die öffentliche Diskussion über die Pädagogik der Achtsamkeit ist entweder hinter sehr stark erfahrungsorientierten Trainingsprogrammen verborgen oder wird in speziellen Texten und konkreten Anleitungen in Leitfäden und Handbüchern dargelegt. Zudem ist die einzigartige Umgebung der Gruppensituation, die für die meisten Interventionen von zentraler Bedeutung ist, mehr oder weniger in der Anforderung an den Lehrer verborgen, dass er ein allgemeines Wissen und eine allgemeine Erfahrung der Entwicklung und Dynamik von Gruppen haben sollte. Die Themen, die hiermit angesprochen werden, haben ihre Ursache in einer Kombination von Faktoren, die in der Gestaltung der neuesten MBIs inhärent sind. Drei dieser Faktoren sind besonders wichtig und könnten den professionellen Dialog weitertragen, wozu, wie wir hoffen, dieses Buch beitragen wird: (1) die verschiedenen Konzepte über die Person des Lehrers innerhalb der unterschiedlichen Methoden; (2) die institutionellen und finanziellen Einflüsse, die empirisch bestätigte und zumeist klar definierte Ansätze der Psychotherapie bevorzugen; (3) die Überschattung der Gruppenerfahrung durch den Fokus auf die Messung der individuellen Veränderungen.

Erfahrungsorientiertes Training

Die Entwicklung der MBSR- und MBCT-Lehrer/innen legt zum Beispiel ein besonderes Gewicht auf die persönliche Praxis des Lehrers und die Transformation seiner eigenen Seinsweise, denn die Gegenwart des Lehrers gilt als entscheidend für den Lerneffekt bei den Teilnehmern. Die Autoren dieses Buches kommen aus dem MBSR-Training und können die kraftvolle Wirkung bestätigen, die die Kurse auf ihr Leben hatten. Der pädagogische Ansatz, der in diesem Programm vermittelt wird, zeigt einen auswählenden Pragmatismus, der aus einer großen Breite von medizinischen, psychotherapeutischen, pädagogischen, anthropologisch-soziologischen Einsichten und Techniken schöpft. Die Integration dieser Ansätze erfolgt nicht theoretisch, sondern vielmehr praktisch und persönlich. Es wird erwartet, dass jeder Lehrer die Ideen, die am besten zu ihm passen, in seine Praxis und Präsenz als Lehrer integriert. Ganz sicher kann ein Lehrer, der sich so entwickelt, durch die Dimension seines Seins einen tiefen Effekt auf die Kursteilnehmer/innen haben.

Santorelli (2001b) identifiziert eine weitere Dimension des Lehrens, die für ihn genauso wichtig ist: die Fähigkeit, die Erfahrung der Achtsamkeit in eine Sprache zu bringen, die andere berührt; das heißt also, das Unsagbare zu sagen. Obwohl, wie gesagt, die persönliche Achtsamkeitspraxis entscheidend ist, sind auch zwei spezifische pädagogische Kompetenzen notwendig. Zum einen muss ein Lehrer dazu in der Lage sein, über die Erfahrung von Achtsamkeit konzeptuell nachzudenken. Er oder sie muss jederzeit eine Frage oder Beobachtung von jedem Teilnehmer des Kurses aufgreifen können und sie in einem handhabbaren theoretischen Kontext verstehen, in dem die Kursteilnehmer/innen in ihren Achtsamkeitsübungen lernen, wachsen und sich entwickeln. Nur dann ist der Lehrer wirklich dazu in der Lage, auf die Frage oder Beobachtung zu antworten. Und nur dann kann er oder sie auch die zweite Kompetenz anwenden: die Fähigkeit, in jedem Kurs ein sehr evokatives gemeinsames Vokabular von Begriffen, Metaphern und Anspielungen zu schaffen – Anspielungen, die sich auf die Geschichte des gemeinsamen Kurses, auf Geschichten, Gedichte und persönliche Anekdoten beziehen. Dadurch kann der Lehrer seine Anliegen in sehr konkreter und wirkungsvoller Weise zum Ausdruck bringen. In den Lehrertrainings mit ihrem Fokus auf die Erfahrung werden diese Kompetenzen implizit entwickelt; das konzeptuelle Wissen wird jedem einzelnen Lehrer in seiner besonderen Weise zugänglich. Und dadurch wird dieses Wissen in den Kontext des jeweiligen Curriculums der bestimmten Methode eingebunden.

Dieser individuelle, implizite Ansatz ist effektiv und logisch, besonders angesichts von klar definierten Modellen. Aber er kann auch einen einschränkenden Effekt auf die Entwicklung des individuellen Lehrers und der größeren Gemeinschaft der professionellen Achtsamkeitslehrer/innen zur Folge haben. Ohne einen gut formulierten und integrierten theoretischen Ausdruck der wichtigen Entwicklungslinien der achtsamkeitsbasierten Kompetenzen im Kontext des jeweiligen Kurses können die einzelnen Lehrer/innen ihre eigenen pädagogischen Anstrengungen kaum kritisch beleuchten und verfeinern. Dadurch wird es auch schwierig, die Lehrpläne und allgemeinen Herangehensweisen an das Lehren in der Gemeinschaft der professionellen MBI-Lehrer/innen kritisch zu beleuchten und zu verfeinern, weil ein Dialog ohne eine geteilte Perspektive und ein gemeinsames Vokabular kaum möglich ist.

Manualisierung (Formalisierung)

Die Kombination eines praxiserfahrenen und gut ausgebildeten Lehrers mit einer empirisch bestätigten, verfeinerten und klar definierten Intervention kann kontinuierlich die erwarteten positiven Ergebnisse bringen. Solche Bedingungen sind ideal. Unter solchen Bedingungen verbinden sich der Lehrer und die Intervention eng genug, um kraftvolle Innovationen hervorzubringen. Das wird in der ACT angemerkt (Hayes und Strosahl, 2004), in welcher der ideale Lehrer letztendlich nicht auf festgelegte Bestandteile und Techniken vertraut, sondern mit einer einzigartigen Intervention improvisiert, die auf die gemeinsame Geschichte und die gegenwärtige Situation im Ablauf der Session zugeschnitten ist. Das, so wird angemerkt, erfordert ein tiefes Verständnis der Theorie der ACT und ausreichend Erfahrung. Wir vertrauen darauf, dass sich gezeigt hat, dass alle MBIs letztendlich an der existenziellen Verbindlichkeit des Lehrers ausgerichtet sind, unabhängig von deren individueller Stellung in Bezug auf die Anforderungen für eine spezielle formale Praxis.

Grundsätzlich ist es so, dass die Definitionen und Anleitungen lebendig werden, wenn sie mit der Praxis – oder in der Terminologie der ACT, dem „Raum“ der Achtsamkeit – verbunden sind. Aber die ständig wachsende Nachfrage nach professionellen MBI-Lehrern ist die Ursache dafür, dass diese ideale Kombination nicht zur Norm wird. Die Aussichten für Lehrer/innen mit weniger Training und weniger theoretischem Verständnis verbessern sich mit dieser steigenden Nachfrage. Die Worte der Anleitungen und Manuale könnten leicht ihre Lebendigkeit verlieren – ein schrecklicher Gedanke. Wie gesagt, wenn die Gemeinschaft der Lehrer/innen daran arbeitet, dass das implizite Lernen in der Entwicklung jedes Lehrers explizit gemacht und verfeinert wird, können die Lehrer/innen sich in ihrer Kompetenz vielleicht schneller entwickeln.

Die kaum beachtete Gruppe

Das Format der Gruppe bestimmt die MBIs, aber wir wissen sehr wenig über diese Konstellation. Der Grund dafür sind zum großen Teil die Konventionen des angewendeten empirischen Forschungsmodells, das sich meist auf das beobachtbare Ergebnis für den Einzelnen beschränkt. Um das noch einmal zu betonen: Wir können sehen, dass all die Daten der Studien der beiden Meta-Analysen, die wir weiter oben besprochen haben, auf den Befragungen individueller Teilnehmer/innen basieren. Hier ist auch interessant anzumerken, dass die empirischen Ergebnisse der Korrelation individueller Achtsamkeitspraxis von Testpersonen und Verbesserungen im Ergebnis nicht eindeutig sind (vgl. z. B. Carmody und Baer, 2008, und Davidson et al., 2003).

Übergreifend wird in den verschiedenen MBIs darauf hingewiesen, dass ein angemessenes Verständnis der Entwicklung und Dynamik eines Achtsamkeitskurses aus einer Gruppentherapie oder der Perspektive eines akademischen Abschlusses kommen kann (Santorelli, 2001a; Segal et al., 2001; Hayes und Strosahl, 2004). Andere, wie Allen et al. (2006) sind der Meinung, dass „vielleicht erst etwas verlernt werden muss" (S. 292), besonders weil die Verkörperung der Achtsamkeit durch den Lehrer ein ungewöhnlicher Einfluss auf die Gruppe ist. Dimidjian und Linehan (2003) weisen auf die historische Häufigkeit des gruppenorientierten Lehrens und ebensolcher Praxis in den spirituellen Traditionen hin, und gehen sogar so weit zu behaupten, dass „es für zukünftige Forschungen wichtig sein könnte, herauszufinden, ob das Gruppenformat eine essenzielle Eigenschaft des Achtsamkeitstrainings in einem klinischen Kontext ist" (S. 169). Wenn Forschungen zeigen sollten, dass das wahr ist, dann, so merken sie an, erfordert das Lehren unter solchen Umständen einzigartige Kompetenzen und Techniken, die vielleicht am besten in Zusammenarbeit mit spirituellen Meistern verschiedener Traditionen, die mit Achtsamkeit arbeiten, zu entwickeln sind.

Dieser Bereich der Achtsamkeitspädagogik war bisher kaum sichtbar: kaum erforscht, kaum theoretisch untersucht und kaum gelehrt. In unserer Erfahrung des Lehrens und bei der Hilfe für andere Fachkräfte bei der Weiterentwicklung ihres Unterrichts hat sich gezeigt, dass achtsamkeitsbasierte Gruppen ganz eigentümlich sind in der Art und Weise, wie sie sich über einen bestimmten Zeitraum entwickeln und wie sie in jedem

Moment auf die Bedürfnisse oder Handlungen ihrer Mitglieder reagieren. Viele der Gespräche mit Praktikanten nach einem Kurs beziehen sich auf die Veränderungen, durch die die Gruppe gegangen ist. Thema dabei sind auch oft die Gruppenübungen, Begegnungen mit Einzelnen in der Gruppe oder Einzelgespräche mit dem Lehrer, die von der Gruppe als Beobachter und Kontext begleitet werden. Die Rolle des Lehrers in der Gruppe ist entscheidend – denn mit jeder Entscheidung wird der weitere Weg bestimmt – und der Lehrer verdient deshalb einen zentralen Platz in der Diskussion über Achtsamkeitspädagogik.

Von den Fragen zum Dialog

Warum, Wer und *Wie* sind sicher drängende Fragen. Vielleicht hat Ihnen diese Untersuchung dabei geholfen, sich in der Unsicherheit unserer kulturellen Umgebung zu verwurzeln. Wenn Sie dieses Buch bis hierher gelesen haben, dann denken Sie vielleicht, dass das *Warum* bei dieser Flut von empirischen Nachweisen offensichtlich ist. Das *Wer* könnte eine etwas offenere Frage sein. Oder möglicherweise eher eine persönliche Frage. Um noch einmal T. S. Eliot zu zitieren, diesmal aus *J. Alfred Prufrocks Liebessang:*

> *„Wage ich es, das Universum aufzustören?"*

Das *Wie* schließlich ist immer noch unbeantwortet. Das ist der Grund, warum Sie weiterlesen. Es ist auch die Einladung an Sie, Teil einer Gemeinschaft und eines Dialogs zu werden und sich darin weiterzuentwickeln.

Unsere Absicht mit diesem Buch ist es, die Diskussion über das *Wer* und *Wie* der professionellen Achtsamkeitspädagogik zu vertiefen. In dieses Gespräch möchten wir alle in dieser Gemeinschaft Engagierten einschließen. Wir bleiben bei den zentralen Fragen, um die es beim Lehren geht: die Grundlagen des *Wer* und *Wie*, die spezifische Interventionen überschreiten, auch wenn diese sich immer weiter vervielfachen, wachsen und sich verändern. Wir sagen hier nicht, dass das, was wir hier beschreiben, der richtige Weg oder die beste Art und Weise ist, um diesen beiden Fragen auf den Grund zu gehen. Wir sind einfach professionelle Lehrer/innen, die sich sehr in der Achtsamkeitspädagogik engagieren, weil es für uns so erfüllend ist. Und wir wollen auf möglichst direkte und kraftvolle Weise lernen und wachsen, indem wir andere lehren und uns in einem offenen Dialog austauschen. Wir laden Sie ein, diesen Weg mit uns zu gehen.

Im zweiten Teil werden wir über das *Wer* des Lehrenden sprechen – soweit wie wir es innerlich gelernt und äußerlich erkannt haben. Wir werden versuchen, Ihnen zu helfen mit Ihrer *Authentizität,* Ihrer *Autorität* und Ihrer *Freundschaft* in Verbindung zu kommen, die Sie mit anderen teilen können. Im dritten Teil werden wir bewährte Methoden beschreiben, die wir selbst entwickelt und im Dialog mit anderen Lehrern gesammelt haben. Wir werden die Theorien erklären, die unseren pädagogischen Ansatz begründen, nicht weil wir glauben, dass sie tiefgründig oder auch nur richtig sind, sondern weil wir sie im Seminarraum in bestimmten Augenblicken hilfreich finden, indem sie uns erden und führen. Wir werden über die Mechanismen nachdenken, die es ermöglichen, dass ein Achtsamkeitskurs als Gruppe „funktioniert", und wie wir diese Mechanismen nutzen können, um optimales Lernen zu ermöglichen. Wir werden uns die wichtigsten Absichten anschauen, mit denen wir Achtsamkeitsübungen lehren wollen, um Kontinuität und Richtigkeit zu erhalten, wenn wir unser Curriculum wechseln, anpassen oder verändern müssen, um den Herausforderungen einer bestimmten Zeit, eines bestimmten Ortes, bestimmter Möglichkeiten oder Bevölkerungsgruppen zu begegnen. Und wir werden uns mit den wirklichen, ganz konkreten Einzelheiten dieser einzigartigen Tätigkeit beschäftigen und Ihnen Informationen zu den technischen Voraussetzungen und Prozessen geben, um Ihre eigenen Audioaufnahmen von Achtsamkeitsübungen zu machen. Wir werden sogar Skripte für die Kernübungen zur Verfügung stellen und mit Ihnen eine Auswahl unserer bewährtesten Handlungsstrategien und Ideen für die Arbeit mit herausfordernden Gruppen und Einzelnen teilen. Und wir hoffen, dass Sie irgendwann auch Ihre Einsichten und Erfahrungen mit uns teilen werden.

Aber zunächst müssen wir noch weiter an unserem Gerüst bauen. Unsere Lehrtätigkeit findet in einer bestimmten Zeit und an einem bestimmten

Ort unserer Kultur statt, deshalb werden wir hier einen kurzen Überblick über die Geschichte der kulturellen Wandlungen geben, durch die Achtsamkeit immer weiter in den Mainstream des Gesundheitswesens – und der ganzen Gesellschaft – vorgedrungen ist. Und natürlich müssen wir erst einmal klären, was wir – in diesem Buch – mit dem Ausdruck *Achtsamkeit* eigentlich meinen. Damit können wir nun beginnen. Es gibt keinen Grund, noch länger zu warten.

2 Eine Geschichtsübung zur Lokalisierung von „Achtsamkeit“ in der heutigen Zeit

Die Achtsamkeitspraxis ist eine Erfahrung, die in gewisser Weise unbeschreibbar ist. Wir können ein inneres oder *implizites* Wissen davon entwickeln, das nur uns allein gehört; wir „wissen mehr als [wir] sagen können“, wie es Michael Polanyi ausdrückt. Aber aus einer anderen Perspektive ist die Praxis das Ergebnis all der Kommunikation, die wir im Zusammenhang mit unserer Erfahrung erleben. Unser *explizites* Wissen, das, worüber wir sprechen *können,* wurde in der Beziehung mit all den Menschen, mit denen wir diese Erfahrung heute oder in Zukunft teilen, ko-kreiert – von unseren Achtsamkeitslehrern und anderen Kursteilnehmern zu unseren Kollegen und Supervisoren in der Arbeit mit achtsamkeitsbasierten Interventionen bis zu den Klienten oder Patienten, die wir lehren. Diese Kokreation geschieht am offensichtlichsten durch die Sprache. Wir lernen durch einen Vortrag oder das Buch eines Lehrers, durch ein Gespräch mit einer Kollegin oder einen Dialog mit einem Klienten. Aber die nonverbalen Dimensionen sind ebenfalls wichtig. Von der Haltung, den Gesten, dem Ton der Stimme und dem Tempo der Sprache oder von der Art und Weise, wie ein Kollege Sie ansieht, oder von der Qualität des Innehaltens, bevor eine Supervisorin auf einen angespannten Moment reagiert, können wir viel lernen. In solchen Beziehungen in Ihrer eigenen kleinen Gemeinschaft gibt es einen sich ständig weiterentwickelnden Dialog, durch den Sie Ihr inneres Wissen der Achtsamkeitspraxis besser verstehen lernen und dadurch auch besser ausdrücken können. Zudem lernen Sie in solch einer Gemeinschaft und ihrem Dialog auch, was es bedeutet, ein professioneller Achtsamkeitslehrer zu sein oder zu werden.

Diese kleine Gemeinschaft, selbst wenn sie sich an einem isolierten Ort befindet, ist in ihrem Dialog sinnvoll mit den größeren Gemeinschaften des Dialogs und der Praxis verbunden. Ein MBSR-Programm an einem lokalen Krankenhaus ist mit der MBSR-Gemeinschaft und ihren Begründern und erfahrenen Lehrern durch fortwährende persönliche Beziehungen verbunden, die durch Schriften, Audio- und Videoaufnahmen, Retreats, Trainings und Konferenzen unterstützt werden. Weiterhin gibt es eine Verbindung zum Dialog aller achtsamkeitsbasierten Interventionen, die immer stärker miteinander verbunden sind (z. B. Baer, 2006; Didonna, 2009; Hayes et al., 2004). Von diesem Punkt aus können wir erwarten, dass Lehrer/innen und Praktizierende auch Verbindungen zu den wertvollen Einsichten und der langen Geschichte der Achtsamkeit und Akzeptanz in den psychodynamischen, humanistischen und erfahrungsorientierten Psychotherapien herstellen. Zuletzt und vielleicht am wichtigsten werden auch Verbindungen zu den vielen Gemeinschaften spiritueller Praxis geknüpft werden. Im heutigen Dialog der achtsamkeitsbasierten Interventionen sind diese Praxisgemeinschaften in der Regel asiatischen Ursprungs, besonders bestimmte Formen des Buddhismus, die im Westen populär geworden sind. Wir sollten uns daran erinnern, dass Verbindungen auch leicht mit dem Judentum, Christentum, Islam, Jainismus und Sūfīsmus geknüpft werden können, wie die Arbeit von Linehan und vieler einzelner Lehrer/innen in den verschiedenen Interventionen zeigt.

Um effektiv lehren zu können, ist es gut, sich der Geschichte, Sprache, Bilder, Metaphern und Voraussetzungen des gegenwärtigen Dialogs über Achtsamkeit bewusst zu sein. Deshalb haben wir dieses Kapitel geschrieben. Wir präsentieren hier eine Skizze, die zeigt, wie der Kontext, in dem Sie lernen zu praktizieren und zu lehren, historisch in den letzten zwei Jahrhunderten von der Annäherung des philosophischen, religiösen, medizinischen und psychologischen Denkens des Westens und Ostens geformt wurde. Wegen des begrenzten Raumes, der uns dafür zur Verfügung steht, und unserer vor allem praktischen Ausrichtung ist das Folgende nicht als erschöpfende kritische Analyse gedacht. Stattdessen verfolgt es zwei Ziele. Zum einen vermittelt es wichtiges Hintergrundwissen für den Versuch einer Definition von Achtsamkeit, womit wir uns im 3. Kapitel beschäftigen werden. Zum anderen ist es eine Würdigung dessen, wie unsere westliche Kultur an diesen aufregenden Punkt der Geschichte gekommen ist, und bietet einige Ausgangspunkte für die tiefere Untersuchung dieses Dialogs, in dem Sie professionell lehren oder lehren werden.

Frühe Begegnungen

Wir können die intellektuelle Verbindung Europas mit dem spirituellen Denken und der spirituellen Praxis des Ostens bis zu den *Historien* des Herodot, dem Indien-Feldzug von Alexander dem Großen in den Jahren 327–325 vor Chr. (Hodder, 1993) oder zu Francesco Petrarcas Erwähnung von Hinduasketen in seinem Buch *Das einsame Leben,* das er zwischen 1345 und 1347 geschrieben hat (Versluis, 1993), zurückverfolgen. Ein klarer erkennbarer Beginn wäre aber das Jahr 1784, als britische Gelehrte und Politiker in Bengalen die Asiatische Gesellschaft gründeten, die schnell zu den ersten Übersetzungen hinduistischer Schriften vom Sanskrit direkt ins Englische führte. Sir William Jones war das herausragende Mitglied dieser Gruppe. Seine unermüdliche Arbeit führte zur Übersetzung der Texte *Shākuntala* von Kālidāsa (1789), *Gītagovinda* von Jayadeva (1792) und des einflussreichen *Institutes of Hindu Law* (1794). Sein erster Sanskritlehrer Charles Wilkins war der erste Übersetzer der *Bhagavad-Gītā* (1785). Im Jahre 1788 gründete die Gruppe eine Zeitschrift mit dem Titel *Asiatik Researches,* das in der Intelligenzija weit verbreitet war. Auch der zweite Präsident der USA, John Adams, war ein enthusiastischer Leser (Hodder, 1993; Versluis, 1993). Die Auswirkungen dieses Stromes von gelehrten und objektiven Informationen über die indische Kultur und Religion führte zu einem tief greifenden Wandel in der Vorstellung Europas vom Osten: „von den früheren Vorurteilen über den Osten als barbarisch und despotisch zu einer Vision einer exotischen und hoch zivilisierten Welt“ (Versluis, 1993, S. 18).

Die neue Sprache, die neuen Ideen, Bilder und Geschichten, die in solchen Texten enthalten waren, berührten sofort etwas in Dichtern, Philosophen und Künstlern, besonders in England und Deutschland – die dann in der Folge einen starken Einfluss auf die Entwicklung der amerikanischen Kultur hatten. In England wandten sich die Romantiker allen „orientalischen" Dingen als einer Würdigung des Irrationalen und Exotischen zu. Sie verwendeten die Texte, Geschichten, Gedichte und Bilder, die ihnen aus dem Hinduismus, Buddhismus, Konfuzianismus und Islam immer stärker zugänglich wurden nicht in einer klar unterschiedenen Weise, sondern vielmehr als eine Art Mischung. Ihnen lag nicht daran, diese neuen Elemente des Diskurses praktisch zu nutzen, um ein inneres Wissen zum Ausdruck zu bringen, das bisher keine Worte gefunden hatte. Wie Versluis (1993) bemerkt „war ihr Orientalismus nicht ernst gemeint, sondern es ging dabei vielmehr um die exotische Inszenierung ihrer Gedichte" (S. 29). Die spätere Veränderung der internationalen Beziehungen durch den „Orientalismus" (Edward Said) war eine unvorhersehbare ernsthafte Konsequenz. Für Herder, Goethe und die deutschen Romantiker war das „orientalische" Denken eine willkommene Abwechselung vom einengenden Rationalismus (und Nationalismus) ihrer Zeit. Aber auch ihr Gebrauch dieser neu zugänglichen Informationen war nicht vollkommen pragmatisch. Ihre philosophischen und poetischen Einsichten konnten im schon bestehenden Diskurs christlicher Mystik, des Neoplatonismus, der Hermetik und der charismatischen Bewegung ausreichend zum Ausdruck gebracht werden. Die Verwendung des orientalischen religiösen Diskurses durch einen Dichter mit spiritueller Kraft wie Novalis (Friedrich von Hardenberg) führte zu der Idee, dass das volle Spektrum östlicher und westlicher religiöser Ausdrucksformen auf eine transzendente Wirklichkeit hindeutete und dass sie alle – *in ihrer Tiefe* – Wahrheit enthielten (Versluis, 1993). Und dieser letzte Punkt bringt uns nach Amerika, zu den Transzendentalisten und schließlich zur pragmatischem Anwendung des östlichen Denkens, um ein inneres, persönliches Wissen besser zu verstehen und zum Ausdruck zu bringen.

In den Schriften von Ralph Waldo Emerson und Henry David Thoreau und der utopischen Vision der Old Concord Farm der Transzendentalisten und anderer Gemeinschaften ist der Einfluss des östlichen Denkens spürbar (Brooks, 1936; Versluis, 1993; Hodder, 1993). In *Dial,* dem Magazin, das den amerikanischen Transzendentalismus prägte, veröffentlichten sie Übersetzungen hinduistischer, buddhistischer und konfuzianistischer Texte und Schriften der Sūfī-Dichter, wie Hafis, Rūmī und Saadi. In diesen transzendentalistischen Übersetzungen („transcendentalations") fand eine neue kreative Generation die Möglichkeit, etwas in Worte zu fassen, das sie im Innern erfuhren.

Wir können Emerson und Thoreau als kontemplative Menschen von Natur aus (und durch Lernen?) verstehen, deren Verbindung des literarischen und spirituellen Lebens Erfahrungen beschrieb, deren genaueres Verständnis und angemessene Kommunikation einen umfassenderen Dialog erforderten, als ihn der Westen geben konnte. Emersons früher Essay „Nature" (1836), den er vor seiner ausführlichen Beschäftigung mit dem östlichen Denken schrieb, enthält eine Beschreibung solch einer Erfahrung:

> *Wenn ich über eine kahle Gemeindewiese schreite, durch Schneepfützen stapfe, in der Dämmerung unter bedecktem Himmel wandere, ohne den Gedanken irgendeines besonderen Glücksfalles zu hegen, erfreue ich mich vollkommener Erheiterung. Fast wage ich nicht zu denken, wie glücklich ich bin. Auch streift in den Wäldern der Mensch seine Jahre ab, wie eine Schlange ihre Haut, und ist, in welchem Jahre seines Lebens er auch stehen mag, immer ein Kind. In den Wäldern ist immerwährende Jugend. In diesen Pflanzungen Gottes herrschen Würde und Heiligkeit, eine immerwährende Festlichkeit wird bereitet, und kein Gast vermag zu erkennen, wie er in tausend Jahren ihrer überdrüssig werden sollte. In den Wäldern kehren wir zur Vernunft und zum Glauben zurück. Dort fühle ich, dass mich im Leben nichts treffen kann – keine Schande, kein Unheil (solange mir die Augen erhalten bleiben), was nicht die Natur heilen kann. Wenn ich auf dem kahlen Erdboden stehe – meinen Kopf in die heitere Luft getaucht und in den unendlichen Raum erhoben –, schwindet alle eitle Selbstgefälligkeit dahin. Ich werde zu einem durchsichtigen Augapfel; ich bin nichts; ich sehe alles; die Ströme des universellen Wesens durchwogen mich; ich bin ein Teil oder Splitter Gottes.*

Als Emerson begann, verschiedene orientalische Schriften ernsthaft zu studieren, womit er für den Rest seines Lebens beschäftigt war, machte er es sich zur Aufgabe, die Einsichten, die er in seinen Erfahrungen und Visionen erkannte, sowohl auf persönlicher als auch auf kultureller Ebene zu integrieren und deren Essenz zu erfassen oder herauszufiltern. Versluis merkt an, dass „für Emerson die Bedeutung der asiatischen Religionen – und der ganzen menschlichen Geschichte – in ihrer Aufnahme in die Gegenwart, in dieses individuelle Hier und Jetzt besteht" (1993, S. 63). Er las, fühlte und dachte sich seinen Weg zu einer universellen, unitarischen (auf Einheit basierenden) Religion im wortwörtlichen Sinne. (In diesem Sinne stellten die frühen Siedler in Neu-England „Gemeindeland" im Zentrum ihrer Siedlungen zur Verfügung, während die spirituelle Praxis sich vom Puritanismus zur protestantischen Selbstverwaltung und schließlich zum Unitarismus entwickelte.)

Thoreau schien sich eine andere Aufgabe zu stellen, obwohl er dieselben Informationen benutzte. Während Emerson sich mit universalen Ideen und Theorien beschäftigte, um die Welt besser zu verstehen, war es Thoreaus Absicht, mittels konkreter Handlungen und Praxis seine eigene Welt zu verstehen. Obwohl er nur die übersetzten Texte als Anleitung zur Verfügung hatte, tat er mehr, als sich nur vorzustellen, er sei ein kontemplativ Übender der östlichen Tradition. Im Jahre 1849 schrieb er an seinen Freund G. O. Blake: „… ungehobelt und leichtsinnig, wie ich bin, so würde ich doch bereitwillig Yoga üben … In gewissem Sinne und in seltenen Momenten bin ich ein Yogi" (zitiert in Hodder, 1993, S. 412). Thoreau bietet Beschreibungen seiner Erfahrung, wie diese aus dem Kapitel „Klänge" aus *Walden:*

> *Im ersten Sommer las ich keine Bücher; ich pflanzte Bohnen. Nein, oft tat ich noch etwas Besseres. Es gab Zeiten, in denen ich mich nicht entschließen konnte, die Blüte des Augenblicks irgendwelcher Arbeit des Kopfes oder der Hände zu opfern. Ich lasse gern einen breiten Rand an meinem Leben. An manchem sonnigen Morgen, nachdem ich mein tägliches Bad genommen hatte, saß ich vom Sonnenaufgang bis zum Mittag am sonnenbeschienenen Eingang meines Hauses, eingehüllt in*

Träume, inmitten der Pinien, Nussbäume und Sträucher, in ungestörter Einsamkeit und Stille, während die Vögel sangen oder geräuschlos durchs Haus flatterten, bis ich von der Sonne in meinem Fenster im Westen oder dem Geräusch eines Reisenden auf der weit entfernten Straße wieder an das Vergehen der Zeit erinnert wurde. In diesen Zeiten wuchs ich wie Mais in der Nacht und sie waren viel produktiver für mich, als es jede Arbeit meiner Hände je sein könnte. Es war keine Zeit, die meinem Leben genommen war, sondern so viel bedeutsamer und wichtiger als jede andere Zeit. Ich erkannte das, was man im Orient als Kontemplation und Nicht-Tun kennt.

Wie Emerson übersetzte auch Thoreau die „Orientalen" in seine eigene Erfahrung, um etwas auszudrücken, was ohne sie keinen Ausdruck finden konnte. In einem Tagebucheintrag im Jahre 1851 schreibt er: „Wie andere Redner – habe ich Texte hinzugefügt – die aus chinesischen und Hindutexten (stammen) – lange, nachdem mein Vortrag geschrieben war" (zitiert in Hodder, 1993, S. 434). Die ursprünglichen Reden über die Ekstase in der Natur, denen aber die richtigen Worte fehlten, konnten durch die Einsichten, die er in den Übersetzungen von Jones und Wilkins fand, transformiert werden. Die Betonung, die diese neue Sprache, diese neuen Bilder und Geschichten dem Hier-und-Jetzt gaben, war für ihn wichtig. Das Hervorheben der Besonderheiten der Natur und seiner eigenen Erfahrung von Moment zu Moment wurde in seinem späteren Leben zentral. Er wurde, wie er es einmal beschrieb, ein „selbst ernannter Beobachter der Schneestürme und Gewitter", was eine genauso zutreffende Beschreibung eines Achtsamkeitsübenden ist, wie man sie in den östlichen Traditionen findet.

Obwohl Indien und besonders das hinduistische Denken bisher der Schwerpunkt dieser Ausführungen war, so umfasste die Auseinandersetzung Amerikas mit dem Osten zur Mitte des 19. Jahrhunderts auch die ostasiatische Kultur, wie zum Beispiel die Künste, Literatur und Religion in China, Korea und Japan – einschließlich der buddhistischen Traditionen dieser Länder. Und dies beeinflusste die Richtung der sich gerade herausbildenden amerikanischen Moderne. Die Arbeit von Ernest Fenollosa, eines amerikanischen Gelehrten, der sich mit ostasiatischer Kunst und Literatur beschäftigte und zum Tendai-Buddhismus konvertierte, brachte diesen Geist in die breitere öffentliche Diskussion (Bevis, 1988; Brook, 1962). Fenollosa repräsentiert eine speziellere, akademische Auseinandersetzung mit dem Osten durch einen Amerikaner. Einige Zeilen aus Fenollosas Gedicht „East and West", gleichzeitig seine Rede vor der akademischen Gemeinschaft Phi Beta Kappa an der Harvard University im Jahre 1892, zeigen ein wachsendes Bedürfnis für das Kontemplative im westlichen Denken. An einen japanischen Mentor gerichtet, sagt Fenollosa: „I've flown from my West/Like a desolate bird from a broken nest/To learn thy secret of joy and rest" (zitiert in Brooks, 1962, S. 50).

Nach Fenollosas Tod gab seine Witwe die unveröffentlichten Studien der chinesischen Schriftsprache und Notizbücher mit Übersetzungen des klassischen chinesischen Dichters Li Po dem amerikanischen Dichter Ezra Pound, für den sich eine völlig neue Welt eröffnete. Pounds Übersetzungen aus dem Chinesischen, die auf Fenollosas Arbeit beruhten, transformierten die Kunst dieser Zeit radikal. In der Tat hatte Pound vielleicht den stärksten Einfluss eines einzigen Dichters auf die Entwicklung der amerikanischen Poesie, nicht nur bei seinen modernen Zeitgenossen, sondern auch in der Generation, die in der Mitte des 20. Jahrhunderts heranwuchs.

Während Pounds Verwendung östlicher Einflüsse vor allem stilistisch war, nutzte ein ganz anderer poetischer Charakter, Wallace Stevens, seine Begegnung mit dem Osten – das Studium buddhistischer Texte und die Übersetzung chinesischer Dichtung mit seinem Freund, dem Gelehrten und Dichter Witter Bynner –, um seine eigene innere Erfahrung besser zu verstehen und zum Ausdruck zu bringen (Bevis, 1988). „The Snow Man", ein frühes Gedicht (geschrieben 1908 und zum ersten Mal 1921 veröffentlicht) bringt das vielleicht am besten zum Ausdruck (Stevens, 1971, S. 54).

Man muss einen winterlichen Geist haben,
Um den Frost und die Äste
Der schneebedeckten Pinien zu spüren;

Und muss lange in der Kälte gewesen sein,
Um die unterm Eis gedrückten Wacholdersträucher
Zu sehen, und die rauen Fichten im fernen Schimmer

Der Januarsonne; und nicht an irgendein Unheil
Zu denken, im Klang des Windes,
Im Klang der wenigen Blätter,

Das ist der Klang dieses Landes
Voll des gleichen Windes
Der in demselben leeren Ort

Für den Hörenden weht, der im Schnee lauscht,
Und, selbst im Nichts, das Nichts, das nicht ist,
Und das Nichts, das ist, umfängt.

Das ist zweifellos die Beschreibung einer meditativen Haltung, die ein Bild aus der Landschaft des Dichters in Connecticut und vermutlich die Rhetorik seiner ostasiatischen Studien nutzt. Aber es ist auch möglich, dass es der Ausdruck einer persönlichen Erfahrung ist. Stevens übte keine formale Meditation, aber wie Thoreau war er ein eifriger Läufer. Zu jeder Jahreszeit und bei jedem Wetter war eine Wanderung über 25 km – in einem Anzug – nicht selten die Vorbereitung auf das Schreiben (Bevis, 1988). Das ist in einigen Zeilen aus „Notes for a Supreme Fiction" sehr schön festgehalten: „… Vielleicht/Hängt die Wahrheit ab von einem Gang um den See,// Zur Ruhe kommen, wenn der Körper ermüdet, ein Innehalten/ Um das Moos zu betrachten/Ein Innehalten, um zu sehen,/Wie eine Beschreibung gewiss wird, und// In dieser Sicherheit ein Warten, eine Ruhe/ In den Reihen der Pinien am Rande des Sees …" (Stevens, 1071, S.212).

Ein durchsichtiger Augapfel. Ein Beobachter von Schneestürmen. Der winterliche Geist. Das sind kraftvolle Metaphern, die Erfahrungen beschreiben, die durch die Begegnung mit östlichem Denken ihren Ausdruck fanden. Diese Menschen waren bereit, alles zu nutzen, was ihnen zugänglich war – aus jeder Kultur oder Tradition, die sich anbot –, um zu verstehen, was im Hier und Jetzt geschah. Das zeigt einen ursprünglichen amerikanischen Pragmatismus, der bis heute in vielen Diskussionen innerhalb der achtsamkeitsbasierten Interventionen fortdauert: Hatha-Yoga verbindet sich mit buddhistischer Meditation, während Sūfī-Gedichte und Geschichten der Indianer wichtige Punkte im Verständnis von Achtsamkeit beleuchten und die Sprache der jüdischen und christlichen kontemplativen Traditionen im Hintergrund wirksam ist.

In demselben frühen Zeitraum, den wir soeben angeschaut haben, entwickelte sich auch eine spezifische Verbindung zum Buddhismus. Von den großen Traditionen der orientalischen Mischung des frühen 19. Jahrhunderts war der Buddhismus wohl die am wenigsten verstandene und am meisten verachtete. Zu den Ursachen zählen christliche Verteidigungsstrategien, feindselige Berichte von Missionaren; Beschreibungen der buddhistischen Lehre als atheistisch, nihilistisch, passiv und pessimistisch; und sogar die weitverbreitete anti-buddhistische Haltung der Hindugelehrten, die bei den englischen Übersetzern der Asiatic Society of Bengal Sanskrit unterrichteten (Tweed, 1991; Versluis, 1993). Die „Öffnung“ Japans mit dem Besuch von Kommodore Matthew Calbraith Perry und den darauf folgenden Reisen, dem Studium und den Schriften amerikanischer Künstler, Gelehrter und Intellektueller, zu denen unter anderen Ernest Fenollosa, Henry Adams (der Urenkel des zuvor genannten John Adams), John LaFarge und Lafcadio Hearn gehörten, trugen viel zum wachsenden Interesse und der Sympathie für den Buddhismus bei. Im Jahre 1879, als Edwin Arnolds Nacherzählung des Lebens des Buddha *The Light of Asia* erschien, in dem Parallelen zum Leben Jesu gezogen wurden, verwandelte sich das Interesse zum Enthusiasmus. Mit Verkäufen zwischen 500.000 und einer Millionen Exemplaren erreichte es eine Popularität, die Büchern wie zum Beispiel *Huckleberry Finn* (Tweed, 1992) oder dem damaligen Nummer-Eins-Bestseller *Ben Hur* des ehemaligen Bürgerkriegsgenerals Lew Wallace gleichkam.

Der Buddhismus wurde eine neue Möglichkeit für diejenigen an der äußeren Grenze der Kultur, die eine Umwälzung des christlichen Glaubens vorhersahen, die Matthew Arnold 1867 ausdrucksstark in „Dover Beach" beschrieb:

> *Die See des Glaubens*
> *war einst auch voll, und war dem Erdenrund*
> *ein lichter Gürtel, der die Falten schwellt.*
> *Doch höre ich zu uns'rer Zeit,*
> *nur traurig Dröhnen, das im langen Schwund*
> *zurück sich zieht – dort, wo der Nachtwind fällt*
> *hinab die Klippen, trostlos breit,*
> *und in die nackten Strände dieser Welt.*

Und einige identifizierten sich ausdrücklich mit dem buddhistischen Glauben. Madame Blavatsky und Henry Steele Olcott, die Gründer der Theosophischen Gesellschaft, beschäftigten sich lange Zeit mit dem Buddhismus und legten 1880 in einem Theravāda-Tempel in Ceylon rituell das Gelübde ab, nach den fünf Geboten zu leben, und nahmen Zuflucht zum Buddha, zum Dharma und zum Sangha. Aber das folgenschwerste Ereignis war die direkte Begegnung mit buddhistischen Lehrern beim Parlament der Weltreligionen, besonders mit dem Theravāda-Lehrer Anāgārika Dharmapāla und dem Zen-Meister Soyen Shaku. Beide Lehrer verstärkten auf ihren darauf folgenden Reisen das Interesse am Buddhismus noch weiter. Tatsächlich hat Soyen Shaku bis heute einen großen Anteil an der Popularisierung des Buddhismus. Die Vision des Buddhismus, die er vermittelte, passte perfekt zu den wissenschaftlichen und moralischen Ansichten der frühen Moderne. Die Themen, über die er sprach – „die Integration der Wissenschaft mit der Verheißung von etwas, das darüber hinausgeht, und eine universelle Wirklichkeit, in der verschiedene Religionen und einzelne Menschen mitwirken, die aber vom Buddhismus am vollkommensten verkörpert wird" (McMahan, 2002, S. 220) – sind auch heute noch relevant. (Diese Themen erinnern an heutige Verbindungen von alten ayurvedischen

Ideen mit der Quantenphysik und Teilchenphysik in den Ausführungen des Maharishi Ayurveda.) Soyen Shaku hatte in den 50er und 60er Jahren auch eine Wirkung in „zweiter Generation", als er seinen Schüler und Übersetzer bei seinem Besuch des Parlaments der Weltreligionen, den wortgewandten Zen-Gelehrten D. T. Suzuki, aufforderte, durch Reisen und Schriften den Dialog mit dem Westen weiterzuführen (Tweed, 1992; McMahan, 2002).

Es ist wichtig, hier anzumerken, dass der Charakter des buddhistischen „Glaubens" in dieser Zeit genau das war: die Beschäftigung mit einer Philosophie und Lehre, die Suche nach einem Ersatz der jüdisch-christlichen Glaubenssysteme, die für einige nicht mehr tragfähig waren. Beachten Sie, dass zwei weitere buddhistische „Bestseller" neben Arnolds *The Light of Asia* Olcotts *Buddhist Catechism* und *The Gospel of Buddha* von Paul Carus waren, deren Titel eine christliche, auf Glauben bezogene Herangehensweise an den Buddhismus widerspiegeln. Die Geschichte der ersten „buddhistischen Bekehrung" zeigt diese evangelikale protestantische Tradition: Dharmapāla sprach 1893 in Chicago über Buddhismus und Theosophie vor einem überfüllten Auditorium. Am Ende des Vortrags stand der aus der Schweiz eingewanderte amerikanische Geschäftsmann mit jüdischen Wurzeln Charles Strauss von seinem Platz im Auditorium auf und ging zielstrebig nach vorn. Man kann sich die gespannte Stille vorstellen, die damals geherrscht haben muss. Wie es schon im Vorhinein geplant war, nahm er – um eine evangelikal protestantische Redewendung zu gebrauchen – den Buddhismus als Glauben an und wiederholte vor allen Anwesenden laut die Zufluchtsgelübde (Tweed, 1992; Obadia, 2002).

Die zwei- oder dreitausend Buddhisten und mehrere Zehntausend Sympathisanten im Europa und Amerika der damaligen Zeit waren bis auf wenige Ausnahmen durch ihr intellektuelles Interesse mit dem Buddhismus verbunden (Tweed, 1993). Die stärkste Anziehung durch den Buddhismus ging von einer Form des *Glaubens* aus, nicht von einer Form spiritueller *Praxis.* Laut Tweed (1993) erreichte die Begeisterung für den Buddhismus als Form des Glaubens um 1907 ihren Höchststand und wurde danach immer geringer. Kleine Gruppen von Menschen in Europa und Amerika folgten ihrem Interesse an akademischen oder persönlichen Studien und führten Organisationen und Veröffentlichungen weiter. Aber nur wenige asiatische Lehrer blieben in Amerika, dadurch verringerte sich die Dynamik des Wachstums. Im Jahre 1921 schrieb Dharmapāla in einem Brief an einen amerikanischen Unterstützer: „Vor einiger Zeit gab es eine gewisse Aktivität in manchen Teilen der USA und die Menschen interessierten sich für den Buddhismus, aber heute kann ich davon nichts mehr erkennen“ (in Tweed, 1993, S. 157). Vorwürfe des religiösen und kulturellen Establishments, die besagten, der Buddhismus sei passiv und pessimistisch – schreckliche Sünden in einer Kultur, die sich auf Aktion und Optimismus bezog –, verdrängten die buddhistischen Stimmen, die sich gegen diese Vorwürfe wandten.

Drei Formen des Buddhismus in Amerika

Es ist wichtig, zu wissen, dass die Geschichte, die den heutigen Diskurs über Achtsamkeit unter professionell Interessierten formt, parallel mit der Geschichte des asiatischen Buddhismus in Amerika und Europa verläuft. Der Religionswissenschaftler Richard Hughes Seager (2002) beschreibt drei Formen des Buddhismus in Amerika:

1. althergebrachter asiatisch-amerikanisher Buddhismus, dessen Institutionen bis ins 19. Jahrhundert zurückgehen;
2. europäisch-amerikanischer Buddhismus, der in den Formen des Buddhismus gründet, die an den Westen angepasst wurden – im Allgemeinen unterschieden in Zen, tibetischen Buddhismus und Theravāda (Vipassanā- oder Einsichtsmeditation), in deren Mittelpunkt die Meditationspraxis steht; und Soka Gakkai International, der amerikanische Zweig einer japanischen Gruppierung, die mit einem bunten Mix aus Amerikanern asiatischer Herkunft, Amerikanern europäischer Herkunft und einigen Afro-Amerikanern und Latino-Amerikanern die kulturell abwechslungsreichste Gruppe ist, die auf einer Gebetspraxis beruht und weniger auf Meditation; und
3. der Buddhismus von Immigranten und Menschen verschiedener ethischer Herkunft, der am einfachsten nach dem Ursprungsland der Menschen unterschieden wird.

Im Nachbeben des Zweiten Weltkriegs

Die Anwendung östlichen Denkens auf die Lebenserfahrungen des Westens entwickelte gleich nach dem Zweiten Weltkrieg eine kraftvolle Dynamik. Die Soldaten des Westens, von denen viele aus dem Berufsleben in ihren Militärdienst gerufen wurden, begegneten nun in großer Zahl den asiatischen Kulturen in Indien, Burma und China. In Japan begegneten Ärzte, Wissenschaftler, Künstler und Intellektuelle, die im Dienst der Besatzungsmacht arbeiteten, einer Kultur, die von den ästhetischen, philosophischen und spirituellen Ausdrucksformen des japanischen Buddhismus, besonders den verschiedenen Formen des Zen, geprägt war. Einige blieben dort, um das Land zu studieren, und die Dialoge zwischen Ost und West, die zum Erliegen gekommen waren, wurden neu belebt, wie zum Beispiel durch D. T. Suzuki oder Shinichi Hisamatsu. Das wichtigste Ereignis für den Diskurs über Achtsamkeit in der Medizin und Psychotherapie bestand darin, dass amerikanische Militärpsychiater der japanischen Psychotherapie begegneten, besonders der Form, die von Shoma Morita entwickelt wurde und auf einem Paradox basiert, das enorme Wirkung auf die Psychologie des Westens hatte. Anstatt die Symptome zu bekämpfen, wie in den westlichen Ansätzen, bat Morita seine Patienten, sich ihren Symptomen zuzuwenden und sie vollkommen zu erfahren, sie so zu erkennen, wie sie sind. (Dryden und Still, 2006; Morita, 1928/1998).

Die Therapiemethode von Morita war aus zwei starken Gründen für die Menschen aus dem Westen, die in Japan lebten, interessant und intellektuell einleuchtend. Zum einen ist es eine sehr effektive Behandlung für das, was westliche Psychologen als Angststörungen bezeichnen würden; Berichte über Heilungs- und Besserungsraten um 90 % sind nicht außergewöhnlich (Morita, 1928/1998; Reynolds, 1993). Morita entwickelte eine diagnostische Kategorie namens *Shinkeishitsu* für die Störungen, auf die sich seine Behandlung richtete, die er als Angststörungen mit Hypochondrie bezeichnete (Morita, 1928/1998). Und zum anderen entwickelte Morita seine Arbeit nicht in kultureller Isolation. Er wirkte zur selben Zeit wie Charcot, William James, Freud und Jung, und Morita las, zitierte und kritisierte die Entwicklungen in der westlichen Psychotherapie. Er war besonders an Therapien interessiert, die seiner Methode in gewisser

Weise ähnelten, wie zum Beispiel Freuds Psychoanalyse, die „rest therapy" von S. Weir Mitchell (auch als „rest cure", „west cure" oder „Nature Cure" bezeichnet) und die therapeutischen Ansätze von Otto Binswanger und Paul DuBois (Morita, 1998). Seine Therapie integrierte das Östliche und Westliche – aus einer *östlichen* Perspektive.

Obwohl die ganze Methodik der Therapie Moritas, die aus einer vierstufigen, intensiven, stationären Behandlung besteht (s. Kasten), in den USA kaum verwendet wurde – David Reynolds (1980, 1993) hat sie und andere japanische Therapien für den Westen adaptiert –, hatten zwei der grundlegenden Einsichten dieser Therapieform sofortige und längerfristige Auswirkungen. Zum einen das Paradox, dass man sich den Symptomen zuwendet, um Heilung zu erfahren, anstatt sich von ihnen abzuwenden. Und zum anderen die nonduale Natur von Körper und Geist. Obwohl der Einfluss des Zen in dieser Therapie leicht gefunden werden kann, wollte Morita keine direkte religiöse Verbindung fördern, weil er befürchtete, dass sie dann als weniger ernsthaft, exakt und effektiv angesehen werden könnte (LeVine, 1998). Paradoxerweise war es vielleicht genau diese Verbindung zum Zen, die Psychologen aus dem Westen darauf aufmerksam machte.

Morita-Therapie: Mushoju-Shin und die Behandlungsstufen

In der Kurzversion der Morita-Therapie bezeichnet der Zen-Begriff Mushoju-Shin das Ende oder den Anfang. Er beschreibt eine heilsame Aufmerksamkeit. In Moritas Metapher (1928/1998) ist es die Aufmerksamkeit, die Sie haben, wenn Sie in einem Zug stehen und lesen. Sie müssen das Gleichgewicht halten, das Buch halten, lesen, sich an die nächste Haltestelle erinnern und auf Mitfahrende achten. Das heißt, Sie können sich nicht zu sehr auf eine Sache konzentrieren. Sie müssen zu Instabilität bereit sein, sich dem, was geschieht, öffnen, und in der Lage sein, frei zu reagieren und sich zu verändern. Kurz gesagt, Sie sind nicht „selbst"-fokussiert, stattdessen sind Geist, Körper und Umgebung eins. „Das ist der Ort, an dem meine Therapieform beginnt" (S. 31), sagt Morita. Es ist auch der Ort, an dem Morita-Therapeuten sein müssen, wenn Sie die Methode anwenden.

Erste Stufe: Isolation und Ruhe (5-7 Tage).
Voraussetzung: Nach ausführlichen Untersuchungen zur Gewährleistung der Sicherheit werden die Patienten isoliert und gebeten, in einer liegenden Position zu bleiben, außer wenn sie die Toilette benutzen.
Anleitung: Erfahre die auftauchenden Ängste und Illusionen; lasse sie ihren Weg gehen, ohne sie zu verändern oder anzuhalten.
Zweck: Es gibt einen Zen-Spruch, der besagt: Wenn du versuchst, eine Welle mit einer anderen Welle auszulöschen, verstärkst du nur die Wellen und die Verwirrung. Das wird klar.

Zweite Stufe: Leichte Tätigkeit (5-7 Tage).
Voraussetzung: Die Isolation wird weitergeführt; keine Gespräche oder Ablenkungen. Der Schlaf ist auf 7 oder 8 Stunden pro Nacht begrenzt. Während des Tages arbeiten die Patienten und kehren auch nicht in ihr Zimmer zurück, um sich auszuruhen.

Anleitung: Übergang zu sanfter mentaler und körperlicher Aktivität, wie zum Beispiel die Säuberung des Hofes von Zweigen und Laub, und mit der Zeit auch anstrengendere Tätigkeiten. Erlauben Sie dem körperlichen und mentalen Unbehagen einfach zu sein, wie es ist.
Zweck: Überwindung der „gefühlszentrierten Haltung" durch weniger Betonung von Urteilen bezüglich angenehmer und unangenehmer Emotionen; Unterstützung einer spontanen Aktivität von Körper und Geist.

Dritte Stufe: Intensive Tätigkeit (5-7 Tage).
Voraussetzung: Wie bei der zweiten Stufe.
Anleitung: Die Patienten bekommen härtere Arbeit, wie zum Beispiel Holz hacken oder Löcher graben, und werden aufgefordert, sich mit Kunst- oder Handwerksprojekten zu beschäftigen, die sie interessieren, und dabei spontan zu sein.
Zweck: Geduld lernen und eine Arbeit zu Ende bringen, Selbstvertrauen entwickeln und die eigene subjektive Erfahrung anerkennen.

Vierte Stufe: Vorbereitung auf den Alltag (5-7 Tage)
Voraussetzung: Die Patienten können zweckgebunden mit anderen reden, sollten aber nicht über ihre eigene Erfahrung sprechen und können das Klinikgelände für Besorgungen verlassen.
Anleitung: Die Arbeit und die Aktivitäten werden nicht vom Patienten gewählt.
Zweck: Anpassung an veränderte Umstände lernen; keine Anhaftung an persönliche Präferenzen. Vorbereitung für die Rückkehr zu den natürlichen Rhythmen des Lebens.

Der Zen-Boom

Zen hatte einen zweifachen Einfluss auf die Vereinigten Staaten, besonders während des „Zen-Booms" nach dem Zweiten Weltkrieg in den 50er und 60er Jahren, wobei sowohl die intellektuelle Elite als auch die Mainstream-Kultur berührt wurden. Zen hatte eine wichtige Wirkung auf den ernsthaften Diskurs von Gelehrten, Experten, Künstlern und religiösen Denkern des Westens. Ein Mann war so erfolgreich in der Vermittlung des Geistes des Zen, dass er diese Wirkung perfekt verkörpert: D. T. Suzuki. Sie erinnern sich vielleicht, dass er als junger Mann als Übersetzer von Soyen Shaku eine Rolle im buddhistischen Enthusiasmus der 1890er und 1900er Jahre spielte. Zu diesem Zeitpunkt hatte Suzuki eine Zeit lang in den USA gelebt und für Open Court gearbeitet, eine Verlagsgesellschaft, die sich auf östliches Denken spezialisiert hatte, und war mit einer Amerikanerin verheiratet. Nach dem Krieg kehrte er nach Amerika zurück, wo er weiterhin Bücher über Zen und den Reines-Land-Buddhismus schrieb, sowohl für ein akademisches als auch für ein breites Publikum. Er reiste viel und hielt Vorträge in Amerika und Europa, führte eine umfangreiche Korrespondenz und beeinflusste eine unglaubliche Bandbreite von Denkern. Drei kurze Beispiele geben eine Ahnung der Wirkung von Suzukis Zen auf den intellektuellen Diskurs: Thomas Merton, John Cage und Erich Fromm.

Der Trappistenmönch Thomas Merton war stark von Suzukis Arbeit beeinflusst – mit der er zum ersten Mal in den 1930er Jahren in Berührung kam, bevor er ins Kloster eintrat. Die Beschäftigung mit den Religionen und dem ästhetischen Denken des Ostens – besonders mit Zen und besonders durch Suzukis Arbeit – formte sein Verständnis und seine Praxis des kontemplativen Gebets, das bis heute einen großen Einfluss auf die christliche spirituelle Praxis hat (z. B. Merton, 1968; Pennington, 1980). Im Jahre 1959 begann Merton eine Korrespondenz mit Suzuki, indem er ihn fragte, ob er ein Vorwort zur Übersetzung von Schriften der Wüstenväter schreiben würde. Mertons Obere fanden, dass solch eine Zusammenarbeit bei einem Buch „unangemessen" sei, sie unterstützten Merton aber darin, den Dialog mit Suzuki fortzusetzen: „Tu es, aber predige es nicht" (Mott, 1984, S. 326). Diese Haltung war das Gegenteil des frühen Interesses am

Buddhismus, das von *Glauben* ohne *Praxis* gekennzeichnet war. Der Dialog wurde tatsächlich fortgesetzt, wobei beide versuchten, Christentum und Zen aus ihren jeweiligen Perspektiven zu verstehen. Diese Beziehung war so wichtig für Merton, dass er, obwohl er seit 1941 im Monastery of Gethsemane in Kentucky in Abgeschiedenheit lebte, die Genehmigung seines Abtes ersuchte und erhielt, um Suzuki im Jahre 1964 in New York City zu treffen – das war Mertons erste Reise seit 23 Jahren (Mott, 1984; Merton, 1968; Pennington, 1980). Suzuki fasste den Inhalt ihrer zwei langen Gespräche mit folgenden Worten zusammen: „Das Wichtigste ist die Liebe" (Mott, 1982, S. 399).

Der Komponist John Cage, der stark von der Philosophie und Praxis des Hinduismus, Buddhismus und Taoismus beeinflusst wurde, nahm in den 50er Jahren regelmäßig an Suzukis Vorträgen an der Columbia University teil. Seine Aussage, dass er mit seiner Wahl Suzukis als Lehrer das Beste gewählt hatte – „Ich habe mich immer, soweit es mir möglich war, an die besten Köpfe einer Organisation gewandt" (Duckworth, 1999, S. 21) –, zeigt den Wert, den Suzukis Denken für ihn und viele Künstler der Avantgarde hatte. Der Einfluss des Zen im Werk von Cage zeigt sich im Verständnis seiner Kompositionen als „zweckfreies Spiel", das nicht „versucht, Ordnung aus Chaos zu schaffen, oder das Ziel hat, die Schöpfung zu verbessern, sondern einfach zu dem Leben, das wir jetzt leben, aufzuwachen, dass so vollkommen ist, wenn man einmal den eigenen Verstand und die Wünsche aus dem Weg geräumt hat und das Leben in seinem eigenen Rhythmus handeln lässt" (Cage, 1966, S. 12). Suzukis große Vorliebe für das Spiel wird durch eine Anekdote illustriert, die Cage (1966) selbst wiedergegeben hat: „… eine Amerikanerin fragte: ‚Was ist nun das Ergebnis von all dem, Dr. Suzuki? Wir haben Ihnen den ganzen Abend Fragen gestellt und nichts wurde eindeutig beantwortet.' Dr. Suzuki lächelte und sagte: ‚Darum liebe ich die Philosophie. Es gibt keinen Gewinner'" (S. 40).

Der Psychoanalytiker Erich Fromm war einer der vielen Menschen aus der psychoanalytischen Gemeinschaft dieser Zeit, der sich von Zen und Suzukis Vermittlung des Zen angesprochen fühlte. Auf einer Konferenz, die 1957 unter dem Titel „Zen-Buddhismus und Psychoanalyse" vor ungefähr 50 psychoanalytisch geprägten Psychiatern und Psychologen in Mexico stattfand, war Suzuki einer der Hauptredner und führte im Besonderen Dialoge mit Erich Fromm und dem Religionswissenschaftler Richard DeMartino. Nach der Konferenz wurde ein Buch veröffentlicht (Fromm et al., 1960). Fromm ist der Ansicht, dass sowohl Psychoanalyse als auch Zen eine Antwort auf das Leiden des heutigen Menschen geben: „ … die Entfremdung von sich selbst, von den Mitmenschen und von der Natur; das Bewusstsein, dass uns das Leben wie Sand durch die Finger läuft, dass wir sterben werden, ohne gelebt zu haben, dass wir im Überfluss leben und doch ohne Freude sind“ (S. 86). Die Antwort darauf läge dann nicht in einer Heilung, die die Symptome verschwinden ließe, sondern vielmehr im *„Vorhandensein der Gesundheit“* (S. 86, Hervorhebung von Fromm). Fromm definiert Gesundheit als „ganz geboren zu sein und das zu werden, was man seinen Anlagen nach sein kann; sie bedeutet, Freude und Traurigkeit unbeeinträchtigt empfinden zu können oder, noch anders ausgedrückt, aus dem Halbschlaf zu erwachen, in dem der Durchschnittsmensch sein Leben führt, und hellwach zu sein. Wenn Gesundheit das alles ist, so bedeutet sie auch, schöpferisch zu sein, das heißt, als der wirkliche, ganze Mensch, der ich bin, auf mich, auf andere, auf alles Existierende, so wie es wirklich ist, zu reagieren und einzugehen“ (S. 90). Für Fromm bestand die Arbeit nicht nur darin, das Unbewusste ins Bewusstsein zu bringen, wie Freud es vorgeschlagen hatte, sondern stattdessen den Riss zwischen beiden zu heilen. Von den Methoden des Zen, die dies ermöglichten, interessierte sich Fromm vor allem für die *Kōan*-Praxis – die Verwendung paradoxer oder nicht-rationaler Fragen, Aussagen und Geschichten, um den Ego-fixierten Intellekt des Schülers an eine Wand zu drängen, bis der einzige Ausweg der Durchbruch ist. Dieser Prozess der Verstärkung des Grundwiderspruchs des Ego-Bewusstseins, der zu dessen Zusammenbruch führt – Satori oder Erleuchtung –, war das Thema von DeMartinos Beitrag auf der Konferenz und im Buch. Fromm zog eine Parallele zwischen diesem Prozess und der Arbeit des Analytikers und betonte, dass der Analytiker nicht so viel interpretieren und erklären sollte, sondern stattdessen Folgendes tun sollte: „… eine Rationalisierung nach der anderen, eine Krücke nach der anderen wegnehmen, bis der Patient nicht länger ausweichen kann und stattdessen durch die Fiktionen, die seinen Verstand erfüllen und seine Erfahrungen bestimmen, durchbricht – das heißt, sich etwas bewusst wird, dessen er sich vorher nicht bewusst war“ (S. 126).

Liebe, Spiel und Gesundheit: Es war nicht nur Suzukis Gelehrsamkeit, die so viele Menschen anzog, es war die Verkörperung dessen, was er lehrte. Alan Watts, der Entertainer-Gelehrte, dem wir uns als Nächstes zuwenden sollten, lernte Suzuki in den 20er Jahren in der Buddhist Lodge in London kennen und beschreibt ihn als: „… so ziemlich der sanfteste und am tiefsten erleuchtete Mensch, den ich je getroffen habe; er verband das komplexeste Wissen mit tiefer Einfachheit. Er konnte Japanisch, Englisch, Chinesisch, Sanskrit, Tibetisch, Französisch, Pāli und Deutsch sprechen, aber bei einem Treffen in der Buddhist Lodge spielte er mit einem Kätzchen und blickte geradewegs in dessen Buddha-Natur“ (Watts, 1972). Suzuki selbst sollte das letzte Wort haben, um seine Seinsweise zu beschreiben, und was er anderen Menschen vermitteln wollte (Fromm et al., 1960):

> *Man kann nicht erwarten, dass wir alle Wissenschaftler sind, aber wir sind von Natur aus so beschaffen, dass wir alle Künstler sein können – natürlich nicht bestimmte Künstler wie Maler, Bildhauer, Musiker, Dichter usw., sondern Künstler des Lebens. Dieser Beruf, „Künstler des Lebens“, mag neu und ziemlich seltsam erscheinen, aber tatsächlich sind wir alle als Künstler des Lebens geboren. Aus Unwissenheit jedoch üben die meisten von uns diese Kunst nicht aus, und das Ergebnis ist, dass wir unser Leben verpfuschen, indem wir fragen: „Was ist der Sinn des Lebens? Stehen wir nicht vor dem puren Nichts?“ Wohin gehen wir, wenn wir achtundsiebzig oder sogar neunzig Jahre alt geworden sind? Niemand weiß es usw. Wie ich höre, ist das der Grund für die Neurosen, an denen die meisten modernen Männer und Frauen leiden. Aber der Anhänger des Zen kann ihnen sagen, sie haben alle vergessen, dass sie als Künstler, als schöpferische Künstler des Lebens geboren wurden und dass sie von Neurosen, Psychosen, oder wie sie ihre Leiden auch nennen mögen, geheilt sein werden, sobald sie diese Tatsache und Wahrheit erkannt haben (S. 15).*

Natürlich stieß solch eine Vision uneingeschränkter Kreativität und sofortiger Befreiung von den Leiden des Lebens im Amerika nach dem Krieg auf große Resonanz.

Es sollte aber angemerkt werden, dass Suzuki in den 50er und 60er Jahren auch kritisiert wurde. Von der Gemeinschaft der akademischen Buddhisten wurde ihm vorgeworfen ein reduktionistischer „Popularisierer" des Zen zu sein; und von den *praktizierenden* Buddhisten wurde ihm vorgeworfen, nicht mit ausreichend Disziplin und Regelmäßigkeit zu meditieren. Einerseits mögen das berechtigte Vorwürfe sein, aber sie sind auch vermutlich wichtige Gründe für Suzukis Wirkung. Es war die Zeit, als westliche Intellektuelle nach einer neuen Rhetorik und einer neuen Philosophie suchten, um ihre sich verändernden Erfahrungen und Intuitionen zu begründen und auszudrücken. Für viele war das eine Zeit breiter Dialoge, der Erforschung neuer Möglichkeiten, der Formulierung einer neuen Debatte und es ging nicht darum, sich festzulegen, Dinge genauer anzuschauen oder sich auf Details zu konzentrieren. Vielleicht sind diese Vorwürfe in der Tat irrelevant, denn Suzukis Aktivitäten orientierten sich an den Zielen seines Lehrers Soyen Shaku oder ähnelten sogar der Haltung von Ralph Waldo Emerson, indem er versuchte, die spirituelle Erfahrung universell zu verstehen. In seinem Dialog mit der christlichen Mystik sah Suzuki (1957) zum Beispiel die Möglichkeit, dass „die Erfahrungen von Christen sich eigentlich nicht so sehr von der Erfahrung der Buddhisten unterscheidet" (S.8).

Der Boom und danach

So wie Suzuki für den intellektuellen Einfluss des Zen-Booms steht, können wir, wenn wir die Geschichte weiter durch die 60er Jahre hindurch verfolgen, die Wirkung auf den Mainstream dieser Zeit vielleicht am ehesten erfassen, indem wir unseren Fokus auf eine außergewöhnliche Person richten: dem in Amerika lebenden Engländer Alan Watts. Watts exzentrische Karriere als Entertainer-Gelehrter zeichnet einen ungeraden Bogen von den 1930er Jahren bis in die frühen 70er Jahre und berührt dabei die meisten wichtigen Persönlichkeiten und Bewegungen in der Begegnung von östlichem und westlichem religiösen Denken und der dazugehörigen Praxis, besonders wenn sie Einsichten boten, die in der Psychotherapie angewendet werden konnten. Der Bogen, den wir hier beschreiben, orientiert sich an seiner Autobiografie *In My Own Way* (1972). Das Wortspiel im Titel deutet auf das Paradox, ein starkes öffentliches Selbst zu erhalten und gleichzeitig seinen Lebensunterhalt damit zu verdienen, von der Auflösung des Egos zu sprechen. Monica Furlongs Biografie hat dementsprechend auch den zweideutigen Titel *Genuine Fake* (Echte Täuschung).

Watts war ein intellektuell hochbegabter und feinfühliger religiöser Sucher und verbrachte seine Jugend an der King's School in Canterbury, die direkt neben der Kathedrale liegt. Dort verzauberten ihn die geschichtsträchtige Atmosphäre und die vielen liturgischen Anlässe und führten zu einer Liebe zu Ritualen, die ihn nie verließ. In seiner Jugend entwickelte er ein Interesse am Buddhismus, den er auf hohem Niveau gegen seine christlichen Lehrer verteidigen konnte. Er schrieb an Christmas Humphries, dem großen Unterstützer des Buddhismus und der Theosophie und Gründer der Buddhist Lodge in London, der annahm, die Briefe seien von einem der Lehrer geschrieben worden. Als sie sich schließlich persönlich trafen, wurde Humphries sein Mentor, gab ihm Ratschläge für die Lektüre und Praxis und verband Watts mit anderen asiatischen Gelehrten, unter ihnen D. T. Suzuki. Im Jahre 1935, nachdem Watts ein Stipendium von der Oxford University erhalten hatte, mit dem er studieren konnte, was ihn interessierte, veröffentlichte er sein erstes Buch *The Spirit of Zen*, geschrieben im Alter von 19 Jahren. Es war fast eine Art Einführung in die Feinheiten von D. T. Suzukis *Essays in Zen Buddhism*. Watts' Studien erweiterten sich, und er lernte chinesisch auf akademischem Niveau lesen und schreiben und las viel über Taoismus, Vedānta, christliche Mystik und die Psychologie C. G. Jungs.

Durch die Buddhist Lodge traf er eine Mutter mit einer jugendlichen Tochter, Ruth Fuller Everett und Eleanor. Ruth war Mitglied des, wie Watts ihn nannte, Ashram-Orgasmus-Zoo von Pierre Bernard – bekannt als „Oom der Herrliche" („Oom the Magnificent") –, der vor allem bei den Frauen der New Yorker High Society beliebt war, weil er Yoga und Tantra lehrte. Durch diese Verbindung hörte sie vom Zen-Buddhismus und reiste mit Eleanor als Begleiterin nach Japan. Die beiden waren die ersten Frauen aus dem Westen, die in einem Zen-Kloster meditierten. Jahre später heiratete Ruth einen Zen-Lehrer und wurde schließlich selbst Zen-Lehrerin. Watts und Eleanor lernten sich kennen und nahmen gemeinsam an Meditationen teil.

Zu dieser Zeit bestand Watts Praxis einfach darin, im gegenwärtigen Augenblick zu sein. Das hatte er von dem unabhängigen spirituellen Lehrer J. Krishnamurti (der es unterschiedslose Aufmerksamkeit nannte) und G. I. Gurdjeff (der es als ständige Selbsterinnerung bezeichnete) gelernt. Er wurde zunehmend frustriert, weil er sich kaum auf die Gegenwart konzentrieren konnte, und sprach darüber mit Eleanor auf ihrem Heimweg von einer Veranstaltung in der Buddhist Lodge. Eleanor sagte: „Warum versuchst du dich darauf zu konzentrieren? Wessen sonst könntest du dir bewusst *sein?* Deine Erinnerungen sind alle in der Gegenwart, genauso wie die Bäume da drüben. Deine Gedanken über die Zukunft sind auch in der Gegenwart und trotzdem liebe ich es, über die Zukunft nachzudenken. Die Gegenwart ist einfach nur ein ständiger Fluss, wie das Tao, und es gibt einfach keine Möglichkeit, ihr zu entkommen“ (Watts, 1972, S. 152–153). Das war *es.* Er sah dies als die wahre Seinsweise an und praktizierte in dieser Weise im Laufe seines Lebens in verschiedenen Ausdrucksformen.

Das Paar heiratete und siedelte kurz vor dem Kriegsausbruch in Europa in die USA über. Nach all seinem Widerstand und Protest fühlte sich Watts dazu hingezogen, einen Beruf zu ergreifen, der im Westen sinnvoll erschien. Mit seinem Hintergrund in der anglikanischen Kirche erschien es ihm als logische Wahl, Priester der episkopalen Kirche zu werden. Obwohl er die Universitätsausbildung nicht abgeschlossen hatte, bewies Watts die Tiefe seines Wissens und trat in das Seabury-Western Seminary in Chicago ein, um dort zwei Jahre lang zu studieren. Im zweiten Jahr waren seine Leistungen so weit fortgeschritten, dass er an einigen Kursen nicht teilnehmen musste und im Einzelunterricht ausgedehnte persönliche theologische Studien betrieb. Seine Forschungen führten zu dem Buch *Behold the Spirit,* das Einsichten der östlichen Religionen in einen tief greifenden Dialog mit einem Christentum brachte, das seiner Meinung nach eine Erneuerung brauchte. Buchbesprechungen innerhalb und außerhalb der

Kirche nahmen es positiv auf. Mit seiner Ordination zum Priester wurde er Kaplan der Northwestern University, wo sein Gefühl für Rituale, sein Talent als Sprecher und seine Vorliebe für rauschende Feste schnell Erfolg brachten. Aber Spannungen in seiner wachsenden Familie und seine eigene Exzentrik beendeten diese Karriere; im Jahre 1950 ging die Kirche nicht so locker mit Affären und einer Scheidung um.

Mit einer neuen Frau und ohne Arbeit waren Watts' Aussichten tatsächlich ungewiss, als er an einem neuen Buch zu arbeiten begann: *The Wisdom of Insecurity* (1951). Ein einflussreicher Freund, Joseph Campbell, verschaffte Watts ein Stipendium von der Bollingen Foundation, die von einem wohlhabenden Patienten C. G. Jungs finanziert wurde und sich der Erforschung von Mythen, Psychologie und orientalischer Philosophie widmete. Dieses Buch, vermutlich beeinflusst von seiner Armut und den Demütigungen, die er erfahren hatte, führte ihn zur Direktheit und Klarheit des Ausdrucks, die sein Werk von nun an charakterisierten. Hier ist eine Beschreibung darüber, wie man mit Schmerz arbeiten kann, indem man darauf vertraut, dass der Geist „flexibel ist und Stöße auffangen kann, wie Wasser oder ein Kissen" (S. 96):

> *[W]ie kann der Geist Leiden auffangen? Er erkennt, dass Widerstand und Flucht – der „Ich"-Prozess – eine falsche Strategie ist. Wir können dem Schmerz nicht entkommen, und Widerstand als Verteidigungsmechanismus macht es nur noch schlimmer; das ganze System wird von dieser Einwirkung erschüttert. Wenn der Geist die Ausweglosigkeit dieser Strategie erkennt, muss er in Übereinstimmung mit seiner Natur handeln – stabil bleiben und den Schmerz aufnehmen.*
> *… Wenn der Geist erkennt, dass es kein Entkommen aus dem Schmerz gibt, gibt er nach, nimmt den Schmerz auf und wird sich einfach des Schmerzes bewusst, ohne ein „Ich"-Gefühl oder einen Widerstand dagegen. Der Geist erfährt den Schmerz in der gleichen vollkommenen, unbefangenen Weise, wie er auch Freude erfährt. Schmerz ist die Natur dieses gegenwärtigen Augenblicks, und ich kann nur in diesem Moment leben …*

> *... Das ist aber kein Experiment, das wir in Reserve haben können, ein Trick für krisenhafte Momente ... Das ist keine psychologische oder spirituelle Technik der Selbstverbesserung. Es bedeutet einfach, sich der gegenwärtigen Erfahrung bewusst zu sein und zu erkennen, dass wir sie weder definieren können noch uns davon trennen können. Es gibt keine Regel außer „Sieh hin!" (S. 97–99)*

In kürzester Zeit war Watts wieder obenauf und ihm wurde eine Stellung bei der Gründung der American Academy of Asian Studies in San Francisco angeboten, ein Vorläufer des California Institute for Integral Studies. Und er kam in eine kreative Umgebung. Statt der Geschäftsleute und Regierungsmitarbeiter, die als Studenten der asiatischen Sprachen erwartet wurden, zog die Akademie Künstler, Dichter und religiöse und philosophische Denker an, die für die Art der Untersuchung bereit waren, für die sich Watts und die anderen Lehrer ihr ganzes Leben vorbereitet hatten. Unter den Studenten waren der Beat-Poet Gary Snyder, mit dem Watts eine tiefe Freundschaft verband; Michael Murphy und Richard Price, die Gründer des Esalen Institute; und Locke McCorkle, der eine treibende Kraft im EST (Erhard Seminars Training) wurde. Als Watts neben seiner Lehrtätigkeit auch mit organisatorischen Aufgaben betraut wurde, brachte er eine erstaunliche Breite von Gastrednern an die Akademie: alte Freunde, wie D. T. Suzuki; seine Ex-Schwiegermutter Ruth Fuller-Sasaki, die über die *Kōan*-Praxis im Zen sprach; der Pāli-Gelehrte G. P. Malalasekera und die Theravāda-Mönche Pannananda und Dharmawara; und den Zen-Meister Asahina Sogen. Während sich die Akademie etablierte, knüpfte sie Verbindungen zu lokalen chinesischen und japanischen Buddhisten, die in der Nähe lebten. Durch die Akademie erkannte der Zen-Meister Shunryu Suzuki die Notwendigkeit einer westlichen Zen-Organisation und gründete später das San Francisco Zen Center. Watts selbst sprach und gab Workshops an der ganzen Westküste der USA und arbeitete mit dem Radiosender KPFA in Berkeley zusammen, der erste von der Bevölkerung gegründete Radiosender in den USA, der regelmäßig sendete und auch im Bildungsfernsehen KQED vertreten war. Watts nährte, was da um ihn herum wuchs, und würde schon bald selbst eine Art Renaissance auslösen.

Die wichtigsten Beat-Poeten waren 1956 fast alle in San Francisco, Jack Kerouac beschrieb das in seinem Roman *The Dharma Bums* (1958). Die wichtigste Figur darin ist Japhy Ryder (Gary Snyder), den der Erzähler Ray Smith (Kerouac) für seinen „verrückten Zen-Lifestyle" verehrt, in dem er Zen-Übung und -Ästhetik mit frei ausgelebter Sinnlichkeit verbindet. Eine Szene des Romans bezieht sich auf eine Dichterlesung in der Six Gallery, bei der Snyder, Philip Whalen, Michael McClure und Philip Lamantia lasen und Alan Ginsbergs Intonation von *Howl* (Schrei) in der Tat für eine ganze Generation die Agonie der 50er Jahre mit ihrer Angst und Konformität (und Angst vor Konformität) herausschrie. *The Dharma Bums* kam gleich nach Kerouacs Bestseller *On the Road* (1957) und gewann viele Leser unter der heranwachsenden Avantgarde, die in Ryder/ Snyder eine Lebensweise sahen, die es ermöglichte, über die engen Grenzen des Vorstadtlebens hinauszugehen. Das gab dem Zen-Boom von der kulturellen Seite her neue Nahrung und führte zu Vorwürfen vonseiten der Zen-Gemeinschaft im Westen, die Akademiker und Übende umfasste, bezüglich der Authentizität des Beat-Buddhismus. Sowohl die populären als auch die elitären Sichtweisen ernteten in Watts' Essay „Beat Zen, Square Zen, and Zen" (1958/1960) harsche Kritik, weil er zeigen konnte, dass ihre Unterschiede auf den gleichen grundlegenden Annahmen und Impulsen beruhten:

> *[D]erjenige Mensch aus dem Westen, der sich von Zen angezogen fühlt und es tief verstehen will, muss eine unersetzbare Qualifikation mitbringen: Er muss seine eigene Kultur so genau kennen, dass er nicht mehr unbewusst von den entsprechenden Konditionierungen beeinflusst wird. Er muss sich wirklich mit dem Gott Jehova und mit seinem jüdisch-christlichen Gewissen auseinandergesetzt haben, so dass er es annehmen oder ohne Angst und Rebellion hinter sich lassen kann. Er muss von dem Bedürfnis frei sein, sich rechtfertigen zu wollen. Wenn er das nicht kann, wird sein Zen entweder „Beat" oder „Square" (spießig) sein, entweder eine Revolte gegen die Kultur und die soziale Ordnung oder eine neue Form der Spießigkeit und Seriosität. Denn beim Zen geht es vor allem um die Befreiung des*

> *Geistes vom konventionellen Denken, und das ist etwas ganz anderes als einerseits die Rebellion gegen Konventionen und andererseits die Annahme von fremden Konventionen (S. 90).*

Watts, der schon ein Freund und Bewunderer von Snyder war, den er wegen seiner Kenntnis und Praxis des Zen in seiner Kritik ausließ, schloss nun auch mit den anderen Beats Freundschaft und akzeptierte viele von ihnen als „ernsthafte Künstler und disziplinierte Yogis" (Watts, 1972, S. 358). Er hatte Verbindungen zu vielen scheinbar verschiedenen Welten. Es gab Beziehungen zu spirituellen Suchern der alten Schule, wie den im Exil lebenden Aldous Huxley; zu Mitgliedern der höchsten Kreise in der bildenden Kunst, Musik und Literatur; zu asiatischen Meditationslehrern verschiedener Traditionen und aus verschiedenen Kulturen; Psychotherapeuten jeder Couleur; und den alten Bohemiens, den Beats und den Studenten: all die Menschen also, die sich in den frühen 60er Jahren zusammenfanden, um eine neue Kultur zu schaffen, in die Watts nicht nur hineinpasste, sondern die für ihn wie geschaffen war.

Die revolutionären 60er

Der Auslöser für die neue Kultur war der Beginn der Experimente mit Lysergsäurediethylamid (LSD) und anderen psychedelischen Drogen in den 50er Jahren und die öffentliche Aufmerksamkeit, die damit verbunden war. Aldous Huxleys Beschreibungen seiner Erfahrungen in *The Doors of Perception* (1954) waren aufschlussreich, aber für Watts ging es um die Verkörperung – dass dieser früher asketische und ernste „manichäische" Freund zu einem sinnlicheren und wärmeren Menschen geworden war, erfüllte für ihn die Verheißung. Watts's eigene kontrollierten Experimente, bei denen er sein Wissen und Verständnis der mystischen Traditionen der Welt und seine meditativen Praktiken extrem hilfreich fand, führten zu kraftvollen Erfahrungen, (unvermeidlich) gefolgt von enthusiastischen Essays und Radiosendungen und auch einem Buch mit dem Titel *Joyous*

Cosmology: Adventures in the chemistry of consciousness (1962). Seine Position als Befürworter von Drogen für erfahrene, disziplinierte Erforscher des Bewusstseins half dabei, das Interesse anzustoßen – und das verstärkte sich noch, als Watts eine zweijährige Anstellung in Harvard zufällig dann antrat, als Timothy Leary und Richard Alpert (später Ram Das) dort ihre Beschäftigung mit Psychedelika begannen. Die weitere Verbreitung der Psychedelika jenseits einer kleinen Gruppe von Spezialisten fügte eine wichtige Facette zu dem, was Roszak (1969) als Gegenkultur bezeichnete, hinzu: „Es scheint mir offensichtlich jenseits jeder Diskussion, dass das Interesse unserer jungen Menschen im Studentenalter an der Psychologie der Entfremdung, an orientalischer Mystik, psychedelischen Drogen und Gemeinschaftserfahrungen eine kulturelle Konstellation aufzeigt, die radikal von Werten und Haltungen abweicht, die den Mainstream unserer Gesellschaft seit der wissenschaftlichen Revolution des 17. Jahrhunderts bestimmt haben" (zitiert in Furlong, 1986, S. 143). Die 60er Jahre waren somit direkt auf Watts' Lebenswerk zugeschnitten.

So wie der Zen-Boom der 50er Jahre in dem Treffen zwischen Fromm und Suzuki 1957 in Mexico seinen Höhepunkt fand, so war dies in den 60ern vielleicht ein – zugegebenermaßen viel größeres – Treffen: das „Human Be-In" auf dem Polo Field im Golden Gate Park im Jahre 1967 in San Francisco. Eine Prozession, neben anderen angeführt von Snyder, Ginsberg und Watts, umkreiste das Feld, wie in einem hinduistischen oder buddhistischen Ritus zur Eröffnung des Tages. Zehntausende waren gekommen, waren farbenfroh gekleidet, schwenkten Transparente, nahmen LSD, hörten Grateful Dead, Jefferson Airplane und Quicksilver Messenger Service und trafen einen illustren Mix von Anwesenden: Timothy Leary und Richard Alpert, der radikale politische Aktivist Jerry Rubin, der Zen-Meister Shunryu Suzuki und der Aktivist und Komiker Dick Gregory folgten der Absicht der Veranstalter, „Liebe und Aktivismus" zu vereinen. Dieses „Be-In" wurde ein Vorbild für Treffen in den ganzen USA und anderen Teilen der Welt. Die Stimmung, das Licht und die Verheißung des Tages wurden von Paul Kantner von Jefferson Airplane in „Won't You Try/Saturday Afternoon" (Kantner, 1967) festgehalten. Die schwebenden Harmonien und das musikalische Arrangement vermitteln eine vollere Erfahrung, aber wenn Sie sich das Stück nicht anhören können, versuchen Sie diese Zeilen zu visualisieren:

Saturday afternoon,
Yellow clouds rising in the noon,
Acid, incense and balloons;
Saturday afternoon,
People dancing everywhere,
Loudly shouting „I don't care!"
It's a time for growing
And a time for knowing love …
(Samstagnachmittag,
Gelbe Wolken schweben in den Tag;
LSD, Räucherwerk und Ballons;
Samstagnachmittag
Menschen tanzen überall,
Und rufen laut „Ich mach, was ich will!"
Es ist eine Zeit des Wachsens
Und eine Zeit, die Liebe zu erkennen. …)

Und ein weiterer Wandel hatte schon begonnen. An der Spitze der kulturellen Veränderung hatten die Sucher von den psychedelischen Erfahrungen gelernt, was man daraus lernen kann, und wendeten sich der Praxis der Meditation zu. Wie Watts (1972) es in seiner einzigartigen Mischung des Priesterlichen und Einfachen ausdrückte: „[W]enn man die Botschaft verstanden hat, legt man den Telefonhörer auf" (S. 402). Wo schon eine Infrastruktur für die Lehre und Praxis des Zen bestand, wie zum Beispiel in San Francisco, wandten sich die Sucher in diese Richtung und folgten Watts und Snyder. Seit 1959 war auch eine andere Infrastruktur entstanden und nutzte ein Marketingmodell, das auf die Massen abzielte, um einen großen Teil der westlichen Welt zu erreichen: Die Transzendentale Meditation (TM) von Maharishi Mahesh Yogi. Dies war eine Adaption der hinduistischen Mantren-Meditation, die auf westliche Praktizierende zugeschnitten war, in der der Meditierende den Geist auf einen einzigen Fokus richtete, indem er ein Wort oder eine Zeile wiederholte – bei der TM war das Mantra ein Geheimnis und wurde speziell für den Meditierenden ausgewählt (Mahesh Yogi, 1968; Johnston, 1988). Neben anderen Prominenten entdeckten im

Jahre 1967 die Beatles die TM (oder wurden dafür „gewonnen") und machten sie weltweit bekannt. Die Verbindung erschien sinnvoll. Vielleicht war die psychedelische Erfahrung auch direkter mit der Hindumeditation verbunden als mit Zen. Watts beschreibt das aus seiner eigenen Erfahrung: „... LSD hat mich in einen zweifellos mystischen Bewusstseinszustand gebracht. Aber wenn man bedenkt, dass ich mich zu dieser Zeit intensiv mit Zen beschäftigte, hatten diese Erfahrungen merkwürdigerweise eher einen hinduistischen Geschmack, als einen chinesischen. Irgendwie kam da die Atmosphäre der hinduistischen Mythologie mit hinein, was gleichzeitig nahelegte, dass die hinduistische Philosophie eine örtliche Ausdrucksform einer verborgenen Weisheit war, unvorstellbar alt, die jeder irgendwo im Geheimen seines Geistes kennt, das aber nicht zugeben will" (S. 399). Die Transzendentale Meditation vermochte es, die Vorteile ihrer Bekanntheit aggressiv zu nutzen. Im Jahre 1965 gab es 350 TM-Meditierende in den USA, und im Jahre 1968 waren es 26.000; im Jahre 1972 gab es 380.000; und bis 1976 waren es schon 826.000. (Später gelang es Deepak Chopra mit angepasster alter ayurvedischer Weisheit, die Bestsellerliste der New York Times zu erobern, indem er jeden TM-Meditierenden bat, zehn Exemplare seines ersten Buches zu kaufen.) Die Marketingstrategie zielte auf verschiedene Bevölkerungsgruppen und vermittelte je nach der Zielgruppe der Praxis und ihrer positiven Ergebnisse eine spirituelle Bedeutung, eine Relevanz für politischen Wandel oder einen pragmatischen Nutzen für die „Selbsthilfe" des Einzelnen. Dieser pragmatische Ansatz, der auf die Mittelklasse und das mittlere Management, also das Herz des Marktes, abzielte, bekam Unterstützung von der wissenschaftlichen Untersuchung der körperlichen und psychologischen Ergebnisse der TM (z. B. Wallace, 1970; Seeman et al., 1972), die zeitweise die Aufmerksamkeit des medizinischen Establishments auf sich zogen. Das führte zur Entwicklung und Erforschung medizinisch angepasster Versionen, wie die Relaxation Response (Benson, 1975) und Clinical Standardized Meditation (Carrington, 1998). Die Faktoren, die hier am Werk sind – Übersetzung in westliche Sprache und Gegebenheiten, öffentliche Anerkennung, Verbindung mit wissenschaftlicher Forschung in einflussreichen Institutionen und die Verwendung ausgereifter Marketingstrategien und Öffentlichkeitsarbeit –, sind ein Erfolgsmodell für den Aufbau neuer sozialer Bewegungen (Johnston, 1988).

Sowohl bei ernsthaften als auch populären Angeboten wuchs dann der Markt für östliche und östlich beeinflusste spirituelle Praktiken. Im Jahre 1972 auf sich selbst im Jahre 1960 zurückblickend, gibt Watts einen Einblick in dieses Wachstum:

> *In meiner Arbeit in der Interpretation orientalischer Wege für den Westen drückte ich, in der Hoffnung, eine neue Bewegung auszulösen, einen Knopf, aber stattdessen gab es eine Explosion. Natürlich haben auch andere ähnliche Knöpfe gedrückt, aber ich hätte nicht geglaubt – auch nicht 1960 –, dass es eine Fernsehshow über Yoga geben würde und viele meiner Kollegen Seminare in Meditation und orientalischer Philosophie vor Studenten unterrichten, dass es in diesem Land florierende Zen-Klöster und Hindu-*Ashrams *gibt, dass sich das* I Ching *hunderttausend Mal verkauft und dass – das größte Wunder – Gemeinden der episkopalen Kirche mich anfragen, um Beratung bei kontemplativen Retreats und der Verwendung von Mantren in der Liturgie zu erhalten (S. 359).*

Zum Ende der 60er Jahre kamen durch politisches Exil, Immigration und die Suche nach ökonomischen Möglichkeiten viele neue Lehrer aus verschiedenen östlichen Traditionen ins Land und ihre Lehrtätigkeit wurde dadurch dem Westen zugänglich. Gleichzeitig begannen Menschen aus dem Westen der Nachkriegsgeneration, die im Osten oder mit Lehrern aus dem Osten studiert hatten, ihre eigenen Ansätze und Ausdrucksformen der Lehre zu finden. Die 70er Jahre waren eine Zeit der Gründung spiritueller Institutionen in nie vorher gesehenem Ausmaß, eine Zeit, in der zum Beispiel der Buddhismus in Amerika seine grundlegende, bis heute wirksame Form erhielt. Watts konnte das nur noch kurz erleben; er sah das Gelobte Land nur von Weitem. Er starb 1973 im Alter von 58 Jahren an einem Herzinfarkt. Seine Gesundheit hatte sich schon seit einiger Zeit aufgrund von Überarbeitung und Alkoholproblemen verschlechtert. Und auch darin war sein Beispiel prophetisch – eine Vorwegnahme der Enthüllungen über die Fehltritte vieler spiritueller Lehrer in den 80er Jahren.

Paradox

Der Westen ging einen langen Weg, um das zu finden, was er zu Hause gelassen hatte

Der Weg zur Befreiung vom Leiden und zu einem integrierteren und kreativeren Leben durch Aufmerksamkeit auf das, was im gegenwärtigen Augenblick auftaucht – also Achtsamkeit und Akzeptanz –, können auch leicht in den abrahamitischen Religionen gefunden werden, diejenigen also, die uns am nächsten sind. Aber die Verkrustungen der Tradition und der nachlässige Umgang mit dem schon Bekannten haben das gut versteckt.

Im Judentum gibt es den fantastischen Text aus der Bibel (Prediger Salomo 3:1–8), den Pete Seegers in seinem Song „To everything turn, turn, turn" verwendet hat.

> *Ein jegliches hat seine Zeit, und alles Vorhaben unter dem Himmel hat seine Stunde: geboren werden hat seine Zeit, sterben hat seine Zeit; pflanzen hat seine Zeit, ausreißen, was gepflanzt ist, hat seine Zeit; töten hat seine Zeit, heilen hat seine Zeit; abbrechen hat seine Zeit, bauen hat seine Zeit; weinen hat seine Zeit, lachen hat seine Zeit; klagen hat seine Zeit, tanzen hat seine Zeit; Steine wegwerfen hat seine Zeit, Steine sammeln hat seine Zeit; herzen hat seine Zeit, aufhören zu herzen hat seine Zeit; suchen hat seine Zeit, verlieren hat seine Zeit; behalten hat seine Zeit, wegwerfen hat seine Zeit; zerreißen hat seine Zeit, zunähen hat seine Zeit; schweigen hat seine Zeit, reden hat seine Zeit; lieben hat seine Zeit, hassen hat seine Zeit; Streit hat seine Zeit, Friede hat seine Zeit.*

Es gibt auch die Tradition, nach der man zu allem einen Segen spricht. In der Tat sollte man, wenn man gute Neuigkeiten hört, sagen „Gelobt seist du, Gott, Herrscher des Universums, der gut ist und Gutes tut". Beim Hören schlechter Nachrichten, wie dem Tod eines Freundes oder Verwandten, sagt man

„Gelobt seist Du, Gott, Herrscher des Universums, der wahre Richter". Diese Segenssprüche erkennen Gott als die Quelle von allem an, sei es gut oder schlecht. (Kravitz, persönliches Gespräch) oder aus Sicht des Buddhismus: „Es könnte gut sein, es könnte schlecht sein."

Im Christentum ist es die natürliche Haltung vieler Menschen, etwas für andere zu tun, den Blick also nach außen zu richten. Dieser „Brief an eine Christin" von C. G. Jung (über dessen Kamin in Zürich der Schriftzug stand „Gerufen oder ungerufen, Gott wird da sein"), der von Jean Vanier (2005, S. 63–64) zu einem Text zur Rezitation bearbeitet wurde, ist ein erfrischendes Korrektiv:

„Ich bewundere euch Christen, denn
wenn ihr jemand Hungrigen oder Durstigen
seht, seht ihr Christus. Wenn ihr einen
Fremden aufnehmt, nehmt ihr Christus
auf. Wenn ihr einen Nackten kleidet,
kleidet ihr Jesus. Was ich jedoch nicht verstehe,
ist, dass ihr Christen anscheinend
nie in eurer eigenen Armut Jesus erkennt.
Ihr wollt immer nur den Armen außerhalb
eurer selbst Gutes tun, und dabei lasst
ihr den armen Menschen in euch selbst
zu kurz kommen. Warum könnt ihr Jesus
nicht auch in eurer eigenen Armut sehen,
in eurem eigenen Hunger und Durst?
In allem, was in euch selbst „fremd" ist:
in der Gewalttätigkeit und Angst, die
ihr nicht unter Kontrolle habt. Ihr seid
berufen, auch all dieses anzunehmen;
seine Existenz nicht zu leugnen, sondern
zu akzeptieren, dass es das gibt, und darin
Jesus zu begegnen."

Der christliche kontemplative Lehrer Richard Rohr (1999) betont, dass für ihn Jesu Ablehnung des Weines am Kreuz ein Beispiel der radikalen Akzeptanz dessen ist, was in jedem Moment geschieht.

Der Sūfī-Dichter Rūmī macht die Haltung der Achtsamkeit und Akzeptanz in seinem Gedicht „Das Gasthaus“ lebendig, das zu einem beliebten Lehrtext in den achtsamkeitsbasierten Interventionen geworden ist:

Das menschliche Dasein ist ein Gasthaus.
Jeden Morgen ein neuer Gast.
Freude, Kummer und Niedertracht –
auch ein kurzer Moment von Achtsamkeit
kommt als unverhoffter Besucher.
Begrüße und bewirte sie alle!
Selbst wenn es eine Schar von Sorgen ist,
die gewaltsam Dein Haus
seiner Möbel entledigt,
selbst dann behandle jeden Gast ehrenvoll.
Vielleicht bereitet er Dich vor
auf ganz neue Freuden.
Dem dunklen Gedanken, der Scham, der Bosheit –
begegne ihnen lachend an der Tür
und lade sie zu Dir ein.
Sei dankbar für jeden, der kommt,
denn alle sind zu Deiner Führung
geschickt worden aus einer anderen Welt.

Wachstum und Bestimmung des Buddhismus in Amerika

Als die Hinwendung von der psychedelischen Subkultur zu disziplinierteren und klarer strukturierten Praktiken begann, war eine große Breite von Lehren und Übungen zugänglich. Es gab eine ganze Reihe von westlichen Lehrern der hinduistischen, buddhistischen und Sūfī-Tradition und der unabhängigen und okkulten Traditionen. Es gab neue Formen der westlichen Tradition, wie die Jesus People oder Jesus Freaks im Christentum oder die Wiederbelebung des Interesses an der Mystik der Kabbala im Judentum. Wenn wir aber den Diskurs über Achtsamkeit näher beleuchten, dann war der Buddhismus sicher die einflussreichste Tradition. Dieser Übergang von einem Jahrzehnt ins andere ist ein fruchtbarer Moment des Fokus, weil dabei alle Elemente, die noch heute eine Rolle spielen, sichtbar werden.

Es war eine Zeit des Wachstums. Das San Francisco Zen Center (SFZC), das 1961 von westlichen Schülern unter der Leitung von Shunryu Suzuki Rōshi gegründet worden war, erweiterte sich im Jahre 1967 und beinhaltete nun ein Retreat-Center auf dem Land bei den heißen Quellen von Tassajara, für dessen Aufbau mehr als 1000 Menschen Geld gegeben hatten. 1969 bezog das SFZC ein größeres Gebäude in der Stadt und hatte eine Reihe von weiteren Niederlassungen gegründet. Zen war in den USA am stärksten vertreten, während die Lehren und Praktiken des tibetischen und des Theravāda-Buddhismus noch im Anfangsstadium ihrer Entwicklung waren. Es sind im Allgemeinen diese drei Traditionen, die die Form des Buddhismus in Amerika bestimmt haben. Der Diskurs über Achtsamkeit schöpft aus allen Dreien, sie als Gruppe und auch einzeln zu verstehen, wird hilfreich für uns sein.

Der Versuch, etwas zu charakterisieren und zu definieren, das als „amerikanischer Buddhismus“ bezeichnet werden kann, ist eine enorme Aufgabe, weil es erfordert, dass man zumindest zwei Phänomene unter einem Titel zusammenfasst. Prebish (1999) schlägt vor, dass es klärend sein könnte, zwei Bereiche zu unterscheiden, die er als asiatischen Buddhismus der Immigranten und als amerikanischen Buddhismus derjenigen, die zum Buddhismus konvertierten, bezeichnet. Er bemerkt aber auch, dass es unter den Forschern unterschiedliche Meinungen darüber gibt, ob und wie solche Unterscheidungen getroffen werden können. Für unsere Zwecke ist es vielleicht sinnvoll, zu sagen, dass die erste Gruppe mehr daran interessiert ist, religiöse Traditionen und den Zusammenhalt der Gemeinschaft zu erhalten, während die letztere mehr daran interessiert ist, die religiösen Traditionen für gebildete Bevölkerungsgruppen zu transformieren.

Dass der amerikanische Buddhismus derjenigen, die zum Buddhismus übergetreten sind, eine gebildete Bevölkerungsgruppe betrifft, kann nicht bestritten werden, und ist ein extrem wichtiger Faktor in der Entwicklung des Diskurses über Achtsamkeit, den wir heute führen. Diese Gruppe ist sehr gebildet, wohlhabend, politisch und sozial liberal und meist mit europäischen Vorfahren. Das trifft sowohl für das Publikum beim Parlament der Weltreligionen im Jahre 1893 zu, als auch für die Studenten und Intellektuellen, die die Wandlung von der psychedelischen Erfahrung zur meditativen Erfahrung durchliefen. Es trifft heute auch auf die Fachkräfte in den Gesundheitsberufen zu, die die Wurzeln der Achtsamkeit erforschen. Und es gibt nicht nur eine Kontinuität von Typen, sondern auch von Personen. (Coleman, 2001; Nattier, 1998).

Das hervorstechendste Merkmal der Amerikaner, die zum Buddhismus übergetreten waren, war die Bedeutung der Meditation, in dem Maße, dass andere Formen der buddhistischen Praxis und ihrer rituellen Formen fast völlig vernachlässigt wurden (Prebish, 1999). Es ist also nicht überraschend, dass sie die Formen des weltweiten Buddhismus für ihren Gebrauch (so würde es Nattier, 1998, beschreiben) „importiert" haben, die einen Schwerpunkt in der Meditation haben: Zen, Theravāda und tibetischer Buddhismus. Ein kurzer Überblick über die Entwicklung und die wichtigsten Praktiken in den USA könnte hier von Interesse sein.

Zen war die erste Welle und der „Boom" des Buddhismus in Amerika. Im Sinne der gebildeten Bevölkerungsgruppen, die sich in Amerika für den Buddhismus interessierten, war die aristokratische Rinzai-Schule, vertreten durch Soyen Shaku und D. T. Suzuki, bis in die 60er Jahre sehr einflussreich. Die Rinzai-Schule legt einen Schwerpunkt auf die *Kōan*-Praxis als Weg zum *Satori* oder *Kenshō* – die Konzentration auf eine paradoxe Frage oder Geschichte, um die Intensität und den psychischen Druck so zu erhöhen, dass ein Durchbruch möglich wird. Das ist zum Beispiel auch ein zentrales Element in den Gesprächen zwischen D. T. Suzuki, Fromm und DeMartino. In den 60er Jahren begann die populärere Sōtō-Schule nach neuen Verbindungen jenseits der amerikanisch-japanischen Bevölkerung zu suchen und wandte sich an die Amerikaner, die sich für den Buddhismus interessierten. Zwei der bedeutendsten Personen in diesem Wandel und in der Entwicklung des Buddhismus in Amerika kommen aus diesem Umfeld: Shunryu Suzuki und Taizan Maezumi. Maezumi Rōshi gründete 1967 das Zen Center of Los Angeles, um westliche Schüler zu erreichen. Er kam aus der Harada-Yasutani-Linie, die durch Kōan-Praxis und eine starke Anstrengung mit Fokus auf die Erleuchtungserfahrung gekennzeichnet ist. Auch zwei westliche Lehrer gehörten dieser Linie an und begannen etwa zur gleichen Zeit zu lehren: Robert Aitken gründete 1959 den Diamond Sangha in Hawaii und Philip Kapleau gründete 1966 das Rochester Zen Center. Shunryu Suzuki vom SFZC kam aus der traditionelleren Sōtō-Tradition und lehrte einen Ansatz, der vermutlich von dem, was seine Schüler über Zen gehört oder gelesen hatten, sehr abwich. Sein Fokus galt nicht der Erleuchtung, sondern dem, was er als den Kern der Sache ansah: nur sitzen (shikantaza). Das heißt: „Unser Zazen besteht darin, einfach wir selbst zu sein. Wir sollten nichts erwarten – einfach wir selbst sein und diese Praxis ewig fortführen" (in Coleman, 2001, S. 71). Zen in seiner ursprünglichen chinesischen Form (Chan) – und in seiner koreanischen (Sŏn) und vietnamesischen (Thien) Form – kam erst viel später in die USA. Aber Lehrer wie der Koreaner Seung Sahn und der Vietnamese Thich Nhat Hanh hatten einen großen Einfluss auf den Buddhismus in Amerika. Der bekannte Befürworter eines „Engagierten Buddhismus" Thich Nhat Hanh wurde wegen seiner Friedensarbeit während des Vietnamkrieges von Martin Luther King für den Friedensnobelpreis nominiert.

Die ursprünglichen Lehrer, die wir hier genannt haben, autorisierten einige ihrer Schüler, um ihre Lehrlinie weiterzuführen. Einige sind den Ansätzen ihrer Lehrer treu geblieben, während andere größere Anpassungen vorgenommen haben, um mehr Amerikaner zu erreichen. Um ein Gefühl für diesen Prozess zu bekommen, sehen wir in der Maezumi-Linie, dass John Daido Loori das Zen Mountain Monastery in Mt. Tremper, New York, gründete, das sich mehr an der traditionellen klösterlichen Ausbildung orientierte und gleichzeitig mittels Informationstechnologie und Internet eine fortschrittliche Infrastruktur für Kommunikation und Marketing aufbaute. Maezumis Nachfolger Bernard Glassman Rōshi hat sich nicht nur dem Zen-Training verpflichtet, sondern auch einem leidenschaftlichen sozialen Engagement, von extrem erfolgreichen Projekten, um Bildung und Arbeit für Obdachlose in Yonkers, New York, zu gewährleisten, bis hin zur Gründung des Zen Peacemaker Order (Prevish, 1999; Queen, 2002). In Kapleaus Linie wurde dessen Nachfolgerin in Rochester Toni Packer von der traditionellen Hierarchie und den Umgangsformen desillusioniert, ließ all das hinter sich und gründete ein unabhängiges Zentrum, um den Zen-Geist ohne alle Tradition, einschließlich der Lehrlinie, weiterzugeben (Coleman, 2001; McMahan, 2002).

Wenn man die „typische" Zen-Praxis beschreiben würde, könnte man die Umgangsformen (Coleman, 2001; Prebish, 1999) für die Begegnung mit dem Lehrer und dem Eintreten und Verlassen der Meditationshalle, einschließlich Verbeugungen hervorheben. Des Weiteren findet man Rezitationen, oft in den ursprünglichen asiatischen Sprachen; Zeremonien, die bestimmte Veränderungen der Position in der Gemeinschaft markieren; Feierlichkeiten zu bestimmten Tagen; und eine meditative Beschäftigung mit Arbeit im Umkreis des Zentrums. Das Hauptaugenmerk im Zen gilt der Praxis des Sitzens, *Zazen,* in der die Einhaltung einer korrekten Körperhaltung als außerordentlich wichtig angesehen wird. Erste Anleitungen bestehen im Zählen des Atems – sagen wir, bis zehn – und wenn die Aufmerksamkeit abschweift, dies einfach zu erkennen und wieder mit dem Zählen zu beginnen. Wenn die Konzentrationsfähigkeit gewachsen ist, kann man mit *„Shikantaza"* beginnen, dem Nur-Sitzen mit vollem Gewahrsein, ohne den Geist zu kontrollieren (Coleman, 2001; Suzuki, 1970). Retreats oder *Sesshins* sind sehr stark auf die Sitzmeditation fokussiert, mit kurzen Perioden der Gehmeditation dazwischen; hierbei sind die Retreats selten länger als sieben Tage.

Tibetische Lehrer verließen Tibet als Reaktion auf die chinesische Unterdrückung in den 50er Jahren, die ein Drittel der Bevölkerung tötete oder ins Exil trieb. Wegen der zentralen Rolle in dieser Kultur wurden Lehrer und Mönche zu einem wichtigen Ziel der Unterdrücker. Während in den 50er Jahren einige Gelehrte in die USA gekommen waren – hervorzuheben ist hier Geshe Wangyal, der erste Lehrer von Robert Thurman –, begann die ernsthafte Suche tibetischer Lehrer nach Schülern in Amerika erst 1969. Tarthang Tulku gründete das tibetische Nyingma Meditation Center in Berkeley. Der Ansatz hier war sehr traditionell und verlangte von den Schülern die Ausführung von mehreren hunderttausend Niederwerfungen und die Übung von Geboten und Visualisierungen, bevor sie eine Einführung in die Meditation erhielten. Tarthang Tulku entwickelte das Human Development Training Program, um buddhistische Psychologie und Meditationstechniken an Menschen weiterzugeben, die im Gesundheitswesen und in Psychiatrien arbeiteten, und er schuf auch das Nyingma Institute, um buddhistische Bildung und buddhistisches Studium zu unterstützen. Im Jahre 1971 kam Kalu Rinpoche, den der Dalai Lama gebeten hatte, im Westen zu lehren, zuerst nach Vancouver, um ein Zentrum zu gründen, und schuf später auch ein Zentrum in Woodstock, New York (Coleman, 2001; Seager, 2002).

Chögyam Trungpa, der 1959 von Tibet nach Indien geflüchtet war, kam in den Westen, um an der Oxford University zu studieren. Während seiner Zeit in England distanzierte er sich von der traditionellen klösterlichen Lehrerrolle und gab schließlich seine Mönchsgelübde auf. Im Jahre 1970 kam er als Laienlehrer in die USA und hatte sofort eine starke Wirkung. Er kam nach dem „Boom" an, nach den Beats, aber der Ausdruck „Beat Zen" beschreibt ihn besser als jeden Zen-Lehrer. Allen Ginsberg wurde sein Schüler und viele Mitglieder des ursprünglichen Beat-Kreises lehrten am von Trungpa gegründeten Naropa Institute (heute Naropa University) in Boulder, Colorado. Die Anziehungskraft auf die Gegenkultur entwickelte sich schnell und weitreichend. In sehr kurzer Zeit hatte er eine weitverbreitete Infrastruktur geschaffen, einschließlich eines Netzwerks von Praxis-Zentren (heute weltweit) und hatte einen „säkularen Weg" entwickelt, den er Shambhala Training nannte, um die Vorteile der Meditationspraxis und der buddhistischen Psychologie einer größeren Anzahl von Menschen zugänglich zu machen. Trungpas Lehrstil war nicht traditionell, sondern eine Art Mischung, die vieles von dem beinhaltete, was er in seinem Studium der vergleichenden Religionswissenschaften in Oxford und von der intensiven Beschäftigung mit westlicher Psychologie gelernt hatte. Er hat nicht nur den tibetischen Buddhismus im Westen stark geprägt, sondern er vermittelte spirituelle Ansätze, die eine viel größere Verbreitung fanden.

Hier sei besonders seine Idee des „spirituellen Materialismus" erwähnt, den er folgendermaßen beschreibt: „Das Problem besteht darin, dass das Ego alles zu seinen Zwecken nutzen kann, sogar Spiritualität. Das Ego versucht ständig, die Lehren der Spiritualität für seinen eigenen Vorteil zu nutzen" (Trungpa, 1973).

Die Praxis des tibetischen Buddhismus in Amerika hat ganz unterschiedliche Formen; diese in einem Absatz beschreiben zu wollen ist hoffnungslos. Es ist die exotischste und sinnlichste unter den hier untersuchten Traditionen. Die Ikonografie und die Rituale sind komplex; die Lehrer sind meist Tibeter und viel seltener aus dem Westen, wie in den anderen Traditionen üblich. Zudem gibt es ein Hauptaugenmerk auf das Studium von Texten. Die Beziehung zwischen Schüler und Lehrer ist hierarchisch und von Hingabe geprägt. Viele der schwierigen Fragen des „Glaubens", die bei den anderen Traditionen nur eine Nebenrolle spielen, sind in der tibetischen Lehre und Praxis direkt an der Oberfläche – Karma, Wiedergeburt, Bereiche mit übernatürlichen Wesen. Und die Praktiken selbst werden geschützt und nur durch Initiation mit einem autorisierten Lehrer weitergegeben. Die Praxis des Vajrayāna und Tantra beinhaltet kurz gesagt Visualisierungen des Meditierenden von sich selbst mit den Merkmalen eines besonders erleuchteten Wesens. Weniger traditionelle Lehrer arbeiten anders; Trungpa lehrte seinen Schülern gleich zu Beginn die Sitzmeditation, ähnlich wie sein Freund Shunryu Suzuki. Die *Dzogchen*-Lehrer vermitteln einen Ansatz, der für westliche Schüler leicht zugänglich erscheint, eine formlose Meditation, die an das *Shikantaza* im Sōtō-Zen erinnert. In der Tradition selbst wird das als eine fortgeschrittene Lehre angesehen, die nur nach jahrelanger Vorbereitung zugänglich ist. Im Westen wird sie jedoch anders angeboten. Lama Surya Das, ein westlicher Lehrer, erklärt: „ … es ist immer wieder überraschend, dass die Menschen besser vorbereitet sind, als man denkt. Die Menschen im Westen sind psychologisch gebildet, was bei analphabetischen Nomaden (wie in Tibet) nicht der Fall ist" (Coleman, 2001, S. 109). Die Retreats in der tibetischen Tradition werden oft an die Bedürfnisse der Menschen im Westen angepasst und können einen Tag oder wenige Wochen dauern, es gibt aber auch Retreats über traditionell überlieferte Zeiträume, wie drei Monate oder drei Jahre.

Die Vipassanā Meditation ist die Tradition, die sich erst spät in Nordamerika ausbreitete. Sie geht auf die Praxis des Theravāda-Buddhismus zurück, die Tradition, die am direktesten mit der ursprünglichen Lehre des historischen Buddha verbunden ist, und sie ist deshalb vielleicht auch die konservativste Tradition. Theravāda hatte einen frühen und weitreichenden Einfluss auf die Entwicklung des Buddhismus in Europa, besonders in England, wo er bis in die Kolonialzeit des 19. Jahrhunderts zurückreicht. In den USA entstand diese Verbindung erst viel später als 1966 die Buddhist Vihara Society of Washington, DC, gegründet wurde, zu deren Lehrern Dickwela Piyananda und Henepola Gunaratana zählten. Eine weitere Verbindung entstand durch junge Amerikaner, die in den 60er Jahren im Peace Corps dienten oder in Südostasien reisten und Theravāda-Lehrern, wie zum Beispiel Mahasi Sayadaw, S. N. Goenka und U Ba Khin, begegneten. Heute kann man sagen, dass der Einfluss der Vipassanā- oder Einsichtsmeditation in den USA damit begann, dass zwei dieser jungen Amerikaner, Joseph Goldstein und Jack Kornfield, sich 1974 trafen, um auf Einladung von Chögyam Trungpa am Naropa Institute Vipassanā-Meditation zu lehren. Diese Verbindung, zu der auch Sharon Salzberg gehörte – Goldsteins Freundin und eine weitere Asienreisende, die zur Lehrerin wurde –, vertiefte sich. Im Jahre 1975 wurde dann unter ihrer Leitung in Barre, im ländlichen Massachusetts, die Insight Meditation Society (IMS) gegründet. Die IMS wuchs schnell zu einem wichtigen Retreat-Zentrum, weil die Einsichtsmeditation immer populärer wurde. 1984 verließ Jack Kornfield die IMS und ging nach Kalifornien, um das Spirit Rock Meditation Center zu gründen, das schnell zur zweiten Säule der Vipassanā-Praxis in Amerika wurde (Coleman, 2001; Fronsdal, 2002; Prebish, 1999).

Die Bewegung der Einsichtsmeditation ist unter den drei Traditionen, die wir untersuchen, die egalitärste und am wenigsten historisch beeinflusste. Rituale, Zeremonien und Hierarchien spielen kaum eine Rolle, der Schwerpunkt liegt auf der Meditation. Im Kontrast zur Klarheit des Zen und der Fülle des tibetischen Buddhismus gibt es im Vipassanā eine Alltäglichkeit und eine stark amerikanisch geprägte demokratische und individualistische Atmosphäre. Schüler und Lehrer tragen normale Kleidung und sind per du. Die Lehrer/innen sind eher „spirituelle Freunde“ als „Autoritätspersonen“ und die Sprache ist eher psychologisch statt spezifisch buddhistisch. Vipassanā ist sehr stark psychologisch geprägt, und in der Tat sind viele, wenn nicht die meisten der Vipassanā-Lehrer/innen in der Bewegung der Einsichtsmeditation ausgebildete Psychotherapeuten.

Die Praxis der Einsichtsmeditation beinhaltet normalerweise zwei Methoden: Konzentration auf den Atem und offenes Gewahrsein (Einsicht) für alles, was im gegenwärtigen Augenblick auftaucht. Zudem sind Übungen zur Entwicklung von Liebender Güte und Mitgefühl, empathischer Freude und von Gleichmut Teil des Trainings. Die Retreats dauern in der Regel zehn Tage und bestehen aus intensiver Praxis im Schweigen. Ein typischer Tagesplan lässt die Teilnehmer/innen um fünf Uhr morgens aufstehen und beinhaltet Perioden von Sitz- und Gehmeditation (wobei, anders als beim Zen, das Gehen genauso lange Zeiträume einnimmt, wie das Sitzen) mit Pausen zum Essen, und der Tag endet um zehn Uhr abends (Coleman, 2001; Frondsdal, 2002; Prebish, 1999).

Wichtig für den Diskurs über Achtsamkeit sind wahrscheinlich weniger die Unterschiede in diesen drei Traditionen, sondern vielmehr die grundlegenden Gemeinsamkeiten. Batchelor (1994) fasst das sehr schön zusammen:

> ***Das klare Ziel jeder buddhistischen kontemplativen Tradition ist ein Zustand, in dem sich innere Ruhe** (samatha) **mit Einsicht** (vipassanā) **vereint. Über die Jahrhunderte hat jede Tradition ihre eigenen Methoden entwickelt, um diesen Zustand zu verwirklichen. Und in diesen Methoden unterscheiden sich die Traditionen, aber nicht in ihrem letztendlichen Ziel, der Vereinigung von Ruhe und Einsicht.***

Der Reifeprozess

Wenn die 60er und 70er Jahre die Zeit der Ursprünge und des Wachstums waren, können wir die 80er und 90er als einen schmerzhaften Reifeprozess bezeichnen. In den vielen buddhistischen Zentren überall in den USA hatten sich große und eng verbundene Gemeinschaften gebildet, oft mit charismatischen Lehrern an der Spitze. In den meisten Fällen wurde die strenge Disziplin asiatischer Klöster, mit Zölibat und Enthaltsamkeit als Kernbestandteilen, von informelleren weltlichen Gemeinschaften abgelöst, die eher als „erweiterte Familie" gesehen wurden. Wie es Suzuki Rōshi den Übenden im SFZC sagte, ein Satz, den Downing (2001) später als Warnung auslegte: „Ihr seid keine Mönche und ihr seid keine Laien" (S. 70). Bei der Entwicklung dieser Gemeinschaften gab es keine vorgezeichneten Wege. Wahrscheinlich konnten die Skandale um Sex, Alkohol, Geld und Macht, die diese Gemeinschaften bald erschüttern sollten, nicht verhindert werden und waren vielleicht notwendig, um Veränderungen anzustoßen. 1988 konnte Jack Kornfield schon Folgendes schreiben: „In Dutzenden (wenn nicht den meisten) buddhistischen und hinduistischen Institutionen in Amerika gab es schon Auseinandersetzungen wegen des missbräuchlichen Verhaltens vonseiten der Lehrer" (in Bell, 2002). Keine der drei Traditionen war davon ausgeschlossen. Die kurze Zusammenfassung eines Skandals aus jeder Tradition wird uns dabei helfen, die Gemeinsamkeiten des Problems zu verstehen und die Wichtigkeit der Nachwirkungen und Lösungen zu zeigen.

Im San Francisco Zen Center ernannte Suzuki Rōshi Richard Baker zu seinem Nachfolger, nicht nur als Abt, sondern auch als oberste Autorität in der ganzen Organisation, wozu Meditationszentren und Unternehmen, wie die Tassajara Bakery und das Restaurant Greens, gehörten. Nach Suzukis Tod im Jahre 1971 leitete Baker die Institution mit einem strengen Führungsstil und ließ Mitglieder des Vorstands oder andere autorisierte Lehrer kaum zu Wort kommen. 1983 berief der Vorstand ein Treffen ein und das Ergebnis war die Entlassung Bakers. Vorausgegangen war ein Vorfall, bei dem Baker, der selbst verheiratet war, offensichtlich eine sexuelle Beziehung mit einer ebenfalls verheirateten Frau hatte, in der Tat die Frau eines Freundes und Unterstützers. Das war keine neue Situation: Baker hatte schon eine beträchtliche Vergangenheit mit sexuellen Beziehungen zu Schülerinnen. Aber das war noch nicht alles: In einer Gemeinschaft, in der die Mitglieder lange Arbeitszeiten für wenig Bezahlung hinnahmen, gab Baker mehr als 200.000 $ im Jahr aus, fuhr einen BMW und stattete seine Privaträume mit antiken Möbeln und Kunstwerken aus. Zudem hatte sich Baker mit einem inneren Kreis von

„Höflingen“ umgeben und behandelte andere erfahrene Schüler, die von Suzuki Rōshi ordiniert worden waren, nicht als respektierte Partner. Das Schmerzvollste für die Gemeinschaft war Bakers Reaktion: Er konnte nicht verstehen, dass er irgendetwas falsch gemacht hätte. Mehr als zehn Jahre nach der „Apokalypse“, wie die Ereignisse später genannt wurden, sagte er: „Es fällt mir schwer, zu sagen, was ich gelernt habe, und es fällt mir genauso schwer, zu rekonstruieren, was damals wirklich passiert ist (in Bell, 2002, S. 236; Downing, 2001).

In der Organisation von Chögyam Trungpa Rinpoche machten Lehrer und Schüler keinen Hehl aus ihrer Ablehnung westlicher Moralvorstellungen. Trungpas sexuelle Beziehungen mit Schülerinnen, sein starker Alkoholkonsum und Anfälle von Aggression wurden in der Gemeinschaft allgemein akzeptiert und als Teil seiner Lehrtradition gesehen. Er verheimlichte sein Verhalten nicht und war sich nicht bewusst, irgendetwas falsch zu machen, und vermied so einen Skandal (Bell, 2002; Clark, 1980; Coleman, 2001; Hayward, 2008; Mukpo, 2006). In der Planung der Zukunft der Organisation ernannte Trungpa den Amerikaner Osel Tendzin als Nachfolger, eine Wahl, die bei seinen Anhängern umstritten war. Als Trungpa 1987 starb, gebärdete sich Tendzin als der oberste Herrscher der Organisation mit unantastbarer spiritueller und wirtschaftlicher Macht (Coleman, 2001; Sander, 1977). Im Jahre 1988 eröffneten Mitglieder des Vorstands nach einer Zeit des Schweigens und der Streitigkeiten der Gemeinschaft, dass Tendzin HIV positiv sei, und dass er, obwohl er von seiner Situation wusste, ungeschützten Sex mit Schülern und Schülerinnen habe. Unter dem Druck des Vorstands, erfahrener Mitglieder der Organisation und eines angesehenen tibetischen Lehrers ging Tendzin in ein Retreat, in dem er kurz darauf starb (Bell, 2002; Coleman, 2001). Es ist interessant hier anzumerken, dass Tendzins Unklarheit und Selbsttäuschung an Baker erinnert. Tendzin sagte: „Ich habe mich selbst belogen. … Ich dachte, ich hätte irgendeinen außergewöhnlichen Schutz, also machte ich einfach weiter, so als ob irgendjemand auf mich aufpassen würde (Fields, 1991, zitiert in Coleman, 2001, S. 170). Als er gefragt wurde, wie das geschehen konnte, antwortete Tendzin: „Es ist passiert. … Ich erwarte nicht, dass irgendjemand das versteht“ (Fields, 1991, S. 47).

Am Ende eines Retreats in der Insight Meditation Society, das von dem asiatischen Theravāda-Lehrer Anagarika Munindra geleitet wurde, meldete sich eine Frau und sagte, sie hätte während des Retreats Sex mit dem Lehrer gehabt. Die Frau war in psychologischen Schwierigkeiten und dieses Ereignis hatte sie noch stärker traumatisiert. Die leitenden Lehrer der IMS waren sich uneins darüber, wie mit dieser Situation umzugehen sei – wie viel man der Öffentlichkeit davon sagen solle und wie man mit Munindra umgehen solle, der nach Indien zurückgekehrt war. Kornfield wollte vollkommene Offenlegung und ein sofortiges Gespräch mit Munindra. Er sagte: „Wenn bei einem Menschen Teile seines Lebens ungeklärt sind – was für uns alle zutrifft – und so etwas über einen verehrten Lehrer bekannt wird, dann zieht das alles, was wir über Jahre hinweg aufgebaut haben, in Zweifel. Es ist eine Gefahr für die ganze Bewegung" (in Schwartz, 1995, S. 334). Schließlich wurde Kornfield vom Vorstand nach Indien geschickt, um persönlich mit Munindra zu sprechen, der sich daraufhin bereit erklärte, sich bei der ganzen Gemeinschaft zu entschuldigen.

In den Nachwirkungen und den Lösungen all dieser Zwischenfälle verlor der Buddhismus in Amerika sein idealisiertes Bild von sich selbst und erlangte die Reife, die er nun hat. In diesem Prozess entstanden allgemeingültige Themen und Praktiken. Die Art der Führung entfernte sich von charismatischen Modellen, wurde besser erklärt und breiter verteilt, mit Kontrollinstanzen und Vorständen, die für den Überblick über die Aktivitäten verantwortlich sind. In Statements und Richtlinien wurden ausdrücklich ethische Vorgaben formuliert. Das Modell der Lehrer-Schüler-Beziehung wurde genauer untersucht und, wo es möglich war, wurden Methoden entwickelt und implementiert, die dieser Beziehung etwas von ihrer Intensität nahmen. Natürlich ist das auch weiterhin die schwierigste Beziehung, weil die Meditation die Verbindung zwischen Lehrer und Schüler in einen Bereich der Nähe und Macht bringt, der bei allen Unterschieden mit der Beziehung in der Psychotherapie vergleichbar ist.

Ein universeller und säkularer Dialog

Der historische Abriss, den wir hier wiedergegeben haben, gibt einen Überblick über einen großen Teil des Diskurses bis zum Beginn der achtsamkeitsbasierten Interventionen, wie wir sie im 1. Kapitel beschrieben haben. Nun bleibt uns noch die Aufgabe, die übergreifenden Themen zu sammeln und eine Orientierung für die Zukunft zu finden.

Das erste Thema ist die Notwendigkeit, ein breites Vokabular von Worten, Bildern und Ideen zu schaffen, in der sich eine innere Erfahrung ausdrücken kann. Wenn wir immer mehr eine gemeinsame Sprache entwickeln – verbal und nonverbal –, werden auch die Möglichkeiten für die Lehrtätigkeit größer. Das zweite Thema ist der Impuls zur Universalisierung der Erfahrungen und der Sprache, die damit verbunden ist. Das mag eine explizit spirituelle Sprache sein, wie bei Emerson oder D. T. Suzuki, oder eine eher säkulare Sprache, wie bei den achtsamkeitsbasierten Interventionen. Das dritte Thema ist spezifischer und dabei geht es um die Entdeckung/Wiederentdeckung des Prinzips, nach dem wir uns dem Leiden *zuwenden* und ihm gegenüber eine nicht urteilende und freundliche Haltung einnehmen. Das ist eine universelle Einsicht, die ihrem Wesen nach sowohl spirituell als auch psychologisch ist. Wenn sich der verbale und nonverbale Diskurs über Achtsamkeit weiter ausweitet, universeller und säkularer wird, dann werden sich auch die Möglichkeiten der Lehrtätigkeit erweitern. Das ist aber nur möglich, wenn wir ein viertes Thema berücksichtigen: die Tatsache, dass dieser Diskurs vor allem aus einer elitären sozialen Gruppe kommt, die große sozio ökonomische Vorteile hat und deren Stufe der Bildung „jenseits von allem ist, was es bisher gegeben hat" (Coleman, 2001, S. 192). Als professionell Interessierte und Mitglieder einer Elite lehren wir aus unserer eigenen Erfahrung und geben ihr eine Stimme, die unsere eigene elitäre Position widerspiegelt und andere ausschließt. Deshalb müssen wir immer für die Sprache unserer Klienten, Patienten und Schüler sensibel sein und davon lernen.

Ein Einblick in die Möglichkeiten der Erweiterung des Diskurses zeigt sich in der Arbeit des postmodernen Theologen Don Cupitt (1999), der sich der Entwicklung einer Theologie der „gewöhnlichen Sprache" widmete. Er sammelte und analysierte 150 englische Mundartausdrücke, die das Wort *Leben* verwenden. Seine Hypothese bestand darin, dass diese Ausdrücke entstanden sind, um die Reaktion der Menschen auf den Wandel der Religion und Spiritualität seit der Mitte des 19. Jahrhunderts zum Ausdruck zu bringen – also die Ära der Entwicklung des Ost-West-Diskurses, den wir hier untersuchen. Er behauptet, dass für die meisten Menschen das Wort *Leben* zum wichtigsten religiösen Objekt geworden ist. Betrachten Sie zum Beispiel den Wandel der Beerdigungen seit der Mitte des 20. Jahrhunderts: Früher ging es um den Platz des Verstorbenen im Jenseits, heute geht es um die „Würdigung des Lebens" des Verstorbenen. Vielleicht wird von einer Verstorbenen gesagt, dass sie „das Leben liebte". Formulierungen wie „die Heiligkeit des Lebens", „der Wert des Lebens" und „die Qualität des Lebens" sind seit den 50er Jahren Allgemeingut geworden. Im Gesundheitswesen gibt es sogar Methoden, um die Lebensqualität zu messen. Und dann gibt es noch die Aufforderung: „Leb dein Leben!", die in den 90ern so populär wurde. Welche Bedeutung hat diese Aussage als religiöser Satz?

Gewöhnlich wird gesagt, dass die Religion in der zeitgenössischen westlichen Kultur *säkularisiert* wurde. Cupitt behauptet genau das Gegenteil: dass das gewöhnliche Leben *geheiligt* wurde. Die Wurzeln dieses Wandels können wir bis in die Mitte des 19. Jahrhunderts zurückverfolgen. Thoreau hat diese neue Haltung in seinem Buch *Walden* wiedergegeben, als er in die Wälder ging, um, wie er es ausdrückt, „absichtsvoll zu leben". Cupitt (1999) sagt dazu:

> ***Es wird gleich am Anfang klar, dass Thoreau nicht aus irgendwelchen traditionellen Beweggründen einer früheren Zeit in der Wildnis lebte. Er geht nicht in die Wüste wie Elija oder Mohammed, um die Stimme Gottes zu hören; er geht nicht wie Jesus oder Antonius, um vom Teufel versucht zu werden; und er geht auch nicht wie Wittgenstein oder Kerouac, um Erleichterung von seiner schwierigen psychologischen Situation zu finden. Er geht, weil er für sich selbst herausfinden will, was es heißt, ein Mensch zu sein, mit einem Leben, das gelebt werden will … (S. 21).***

Diese Haltung ist für den Diskurs über die achtsamkeitsbasierten Interventionen sehr wichtig. In einem MBSR-Kurs kann zum Beispiel ein Gedicht wie Mary Olivers „Der Sommertag" mit den letzten Versen, „Sag mir, was du tun möchtest/Mit deinem wilden und kostbaren Leben", in die Stille einer Seminargruppe gesagt, einen heiligen Raum und ein tiefes Innehalten für eine Reflexion schaffen. Es ist eine säkulare Liturgie. Das ist die Arbeit eines professionellen Achtsamkeitslehrers.

Ein weiterer Einblick in die Möglichkeiten des Diskurses der achtsamkeitsbasierten Interventionen wird von dem Religionssoziologen Robert Wuthnow vorgeschlagen. In dem Buch *After Heaven: Spirituality in America since the 1950 s* (1998) beschreibt er drei Herangehensweisen an Spiritualität, die auf Sprache, Bilder, Metaphern und Ideen hinweisen, durch die sich heutige Amerikaner (und Menschen im Westen) mit der Achtsamkeitspraxis verbinden können. Die Ansätze, die er nennt, folgen dem Bogen, den wir in diesem Kapitel beschrieben haben: die traditionelle *Spiritualität der Zugehörigkeit,* die zeitgenössische *Spiritualität des Suchens* und die neu entstehende *Spiritualität der Praxis.*

Die Spiritualität der Zugehörigkeit herrscht in ruhigen Zeiten der Geschichte vor, wenn es möglich ist, stabile Institutionen und Gemeinschaften zu schaffen und der heilige Raum des Gottesdienstes *bewohnt* werden kann. Die Metapher dieser Spiritualität ist ein *Ort.* In der Geschichte, der wir hier gefolgt sind, waren die 100 Jahre von der Mitte des 19. bis zur Mitte des 20. Jahrhunderts eine Zeit der Zugehörigkeit. In Amerika war der größte Teil der Bevölkerung mit der jüdischen oder christlichen Tradition identifiziert. Die Städte waren klein, die Kirchen oder Synagogen waren das Zentrum und man selbst – und die gesamte Familie – *gehörte einfach dazu.* Das Leben wurde von der Kindheit bis zur Beerdigung in einer Gemeinschaft und an einem Ort gelebt. Die wenigen Menschen, die zum Ende des 19. Jahrhunderts den Rückgang der Gezeiten im Meer des Glaubens spürten – die ersten Buddhisten –, waren ungewöhnliche Vorboten.

Die Spiritualität des Suchens herrscht in ungewissen Zeiten, wenn Bedeutungen zur Diskussion stehen und alles neu hinterfragt werden muss. Wuthnow bemerkt, dass im Amerika der 50er Jahre ein großer Wandel begann, weil die Kultur dynamischer und komplexer wurde und einzelne

Individuen zu bedrohen schien. Die Öffnung für neue Perspektiven aus dem Osten und aus der Kultur der Heilung und Selbsthilfe brachte neue Produkte und Perspektiven auf den spirituellen Markt. Die Suche der 60er und 70er Jahre war allgegenwärtig und geht auch heute noch weiter, wo der Markt immer unübersichtlicher und die Kultur immer instabiler wird. Die Metapher für die Spiritualität des Suchens ist die Reise.

Die Spiritualität der Praxis ist die neue strahlende Möglichkeit unserer Kultur. Sie integriert in tief greifender Weise die Spiritualität der Zugehörigkeit und die Spiritualität des Suchens. Sie setzt voraus, dass wir uns heiligen Raum/heilige Zeit für die Praxis reservieren, aber dieser heilige Raum/diese heilige Zeit kann fließend sein. Zudem versöhnt die Spiritualität der Praxis den Bruch zwischen der Zugehörigkeit und dem Suchen. Die Praxis bestärkt sowohl die Disziplin als auch die offene, breite Untersuchung und kann im Schutz einer Organisation oder Gemeinschaft oder unabhängig geübt werden. Für die Praxis gibt es keine Metapher, sondern vielmehr einen Impuls oder eine Haltung, die darin bestehen, „absichtsvoll zu leben", wie es Thoreau und Cupitt vorschlagen.

Hier nun, in dieser neu entstehenden Bewegung mit einer demokratischen und ethischen Sichtweise auf die spirituelle Lehrer-Schüler-Beziehung, einer säkularen Spiritualität des Lebens und dem Impuls zur paradoxen Flexibilität und Stabilität der spirituellen Praxis, wachsen und entwickeln sich die achtsamkeitsbasierten Interventionen. Mit 150 Jahren Diskurs hinter uns und in uns haben wir nun die Möglichkeit, zu definieren, was Achtsamkeit ist – zumindest für uns.

3 Definition der Achtsamkeit heute

In den vorausgehenden Kapiteln haben wir sowohl den breiteren Diskurs der meditativen und kontemplativen Traditionen beschrieben als auch den spezifischen Diskurs der achtsamkeitsbasierten Interventionen (MBIs). Während der langen Reise von der Entdeckung asiatischer religiöser Texte und Praktiken durch die Romantiker und Transzendentalisten bis zum gegenwärtigen Wachstum der empirisch begründeten MBIs waren verschiedene Ströme dieses Diskurses aktiv. Manchmal war einer dieser Ströme stärker; dann wieder hat ein anderer die meiste Aufmerksamkeit auf sich gezogen und wurde mehr genutzt.

Besonders in den letzten 60 Jahren haben solche Veränderungen im Diskurs den Zeitgeist reflektiert oder bestimmt, wie wir es hier gezeigt haben. In den 50er Jahren half eine sehr intellektuelle und theoretische Form des Zen – die paradoxe und plötzliche Umbrüche des gewöhnlichen Bewusstseins hervorhob – die ästhetischen, spirituellen und psychotherapeutischen Beiträge zur amerikanischen Kultur zu formen. Der psychotherapeutische Ausdruck dieses Trends zeigte sich in der Entwicklung und Ausbreitung der humanistischen und existenziellen Therapieformen. In den 60er Jahren ging der Diskurs in Richtung größerer Affektivität – und der Betonung ekstatischer Erfahrungen – mit einem Schwerpunkt auf spiritueller Praxis und der Rolle des Gurus, was sich in einem wachsenden Interesse an den Traditionen des Hinduismus und des tibetischen Buddhismus zeigte. Die bedeutendsten therapeutischen Ausdrucksformen dieser Zeit waren wahrscheinlich das Aufblühen der erfahrungsbasierten

Therapien und die Adaption der Mantra-Meditation für die Anwendung im medizinischen Kontext. Seit Kurzem ist der vorherrschende Diskurs von einer demokratischen und stärker auf Psychologie und Therapie fokussierten Version des Theravāda-Buddhismus gekennzeichnet, in dessen Zentrum die Praxis der *Vipassanā-* oder Einsichtsmeditation steht. Dieses Phänomen, das sich von vielen traditionellen Merkmalen des asiatischen Buddhismus distanziert hat, wie zum Beispiel Hierarchien von ordinierten männlichen Lehrern, ausführliche Rituale, exklusive Gelübde, esoterische Wortwahl und die Voraussetzung bestimmter Glaubenssätze und Weltsichten, hat dazu beigetragen, die Achtsamkeitspraxis so vielen Menschen wie noch nie in der westlichen Geschichte zugänglich zu machen. Die Anpassung an die Kultur der USA und anderer Länder des Westens war leichter und ihre Akzeptanz vielleicht schneller erreichbar. Zu dieser Leichtigkeit und Geschwindigkeit hat auch die Bereitschaft vieler gut ausgebildeter Übender – mit einflussreichen Positionen in der Forschung oder einer erfolgreichen professionellen Karriere – beigetragen, die die Achtsamkeitspraxis und ihre erwarteten Ergebnisse der Genauigkeit der Forschung und Analyse innerhalb des modernen wissenschaftlichen Paradigmas unterzogen. Das Ergebnis dessen war die sorgsame Entwicklung, enthusiastische Anwendung und schnelle Ausbreitung der MBIs in der Medizin und Psychotherapie, die wir im 1. Kapitel beschrieben haben.

Durch die Tatsache, dass sich die Bedeutung der einzelnen Strömungen des Diskurses in der Geschichte ständig verändert hat und dass viele dieser Strömungen heute gleichzeitig aktiv sind, macht die Entwicklung einer Arbeitsdefinition der Achtsamkeit zu einer herausfordernden Aufgabe. Und die erste Herausforderung ist philosophischer Natur. Wir müssen uns so klar wie möglich darüber sein, *wie* wir über Achtsamkeit sprechen, und über den *Ort,* von dem aus wir sprechen. Deshalb wird es hilfreich sein, wenn wir in unserer Untersuchung der Diskurse über Achtsamkeit etwas genauer und kritischer vorgehen.

Die Schwierigkeit mit Diskursen

In den vorhergehenden Kapiteln haben wir den Begriff „Diskurs“ in seiner allgemeinen wortwörtlichen Bedeutung gebraucht, in der er als „formeller und geordneter Ausdruck von Ideen“ gekennzeichnet wird. Wenn wir uns nun der Aufgabe widmen, Achtsamkeit zu definieren, wird es hilfreich sein, einige der eher technischen Einsichten und Verwendungsweisen des Wortes Diskurs in der kulturellen und kritischen Theorie und der Literaturwissenschaft anzuschauen. Das Ziel dabei ist nicht, bestimmte Formen des Diskurses zu isolieren oder zu kritisieren; stattdessen wollen wir die Ressourcen der Achtsamkeitspädagogik bereichern, indem wir scheinbar getrennte Diskurse miteinander verbinden.

In der kulturellen und kritischen Theorie ist der Begriff Diskus vielleicht am engsten mit Michael Foucault verbunden. In seiner Diskursanalyse identifizierte er soziokulturelle Mechanismen, durch die Diskurse geformt und kontrolliert werden. Die wichtigste Vorgehensweise beim Formen eines Diskurses ist der Ausschluss, was durch Tabuisierung bestimmter Themen, Trennung des Rationalen vom Irrationalen und Bevorzugung einer Wahrheit erreicht wird. Diskurse können dann durch eine große Anzahl von Kommentaren zu bevorzugten Texten und die Aufrechterhaltung bestimmter Fachgebiete (wie zum Beispiel Medizin oder Psychologie) von innen kontrolliert werden. Durch Gesetze, Definitionen, Methoden und Hilfsmittel werden dann andere Wege des Wissens und Sprechens ausgegrenzt und Alternativen effektiv abgeschwächt (Foucault, 1972, 1981; Mills, 1997). In der Literaturwissenschaft vertritt Michail Bachtin die Ansicht, dass konkurrierende Diskurse für vertiefende Betrachtung genutzt werden konnen. In Dostojewskis außerordentlich komplexen Romanen fand Bachtin (1984) Figuren, deren unterschiedliche Stimmen oder Diskurse ein jeweils unabhängiges Bewusstsein ausdrücken: „In den polyfonen Romanen von Dostojewski haben wir es nicht mit der gewöhnlichen Dialogform zu tun, das heißt mit der Entfaltung des Materials innerhalb des Rahmens ihres eigenen monologischen Verständnisses und vor dem stabilen Hintergrund einer einheitlichen Welt von Objekten. Nein, hier haben wir es mit einer höchsten Dialogform zu tun, das heißt einer Dialogform des grundlegend Ganzen.“ Dieses Prinzip des polyfonen, vielstimmigen Dialogs ist ein Modell für die Praxis der Zusammenarbeit, wenn die Diskurse voneinander getrennt sind und miteinander konkurrieren. Unterschiedliche Diskurse können in einen Dialog eintreten – nicht um sie miteinander zu vereinen, sondern um Optionen zu untersuchen und Möglichkeiten zu schaffen (z. B. Gergen, 1999).

Daraus ergibt sich die Anforderung, dass Sie sich als professioneller Achtsamkeitslehrer des Diskurses bewusst sind, in dem Sie sich befinden. Vielleicht ist es ein schwieriger – oder sogar schmerzvoller – Prozess, sich dieser Grenzen und Annahmen bewusst zu werden; aber trotzdem ist dies grundlegend wichtig. Wenn Sie verstehen, wo Sie momentan verortet sind, werden Sie frei dafür, anderen dort zu begegnen, wo sie sich befinden – um die polyfonen Möglichkeiten der Achtsamkeitspädagogik zu untersuchen, die sich aus der unendlichen Vielfalt potenzieller Teilnehmer, Patienten und Klienten ergeben.

Das ist der Hintergrund dieses Kapitels, das eine Reihe von Definitionen der Achtsamkeit aus verschiedenen Diskursen präsentiert. Noch wichtiger aber ist, dass Sie die Vielfalt der Definitionen und Möglichkeiten für Verbindungen, Korrekturen und Reflexionen zwischen ihnen wertschätzen lernen. Es ist nicht notwendig, sich für eine Definition zu entscheiden oder eine Definition aus vielen anderen zusammenzufassen. Stattdessen können Sie es Ihrem Unterricht erlauben von ihnen allen bereichert zu werden. Sie können ihnen erlauben, in den Dialog miteinander zu kommen, um eine reiche Polyfonie zu schaffen und so viele „Arbeitsdefinitionen" zu formulieren, wie es Momente beim Lehren gibt.

Dominante Stimmen, Schweigen und Achtsamkeit

In jedem professionellen Bereich gibt es eine Vielfalt von Untergruppen, und jede hat ihren eigenen Diskurs. Wenn eine Untergruppe ihren Diskurs mit ausreichend institutioneller, finanzieller und persönlicher Energie unterstützt, gewinnen ihre Sprache und Praktiken größeren Einfluss. Mit einer einflussreicheren Stimme geht ein größerer Zugang zu den populären Medien und zur Aufmerksamkeit der Entscheidungsträger in der Öffentlichkeit einher. Dadurch werden die Diskurse anderer Untergruppen – wenn auch unbeabsichtigt – eher zum Schweigen gebracht, so wie es Foucault (1972, 1981) herausgearbeitet hat. Dieser Prozess hat ideologische und politische Implikationen und Auswirkungen, wie man klar an den Veränderungen im Diskurs über meditative und kontemplative Praxis in der Medizin und Psychiatrie während der vergangenen 60 Jahre sehen kann. Der frühen Dominanz der Psychoanalyse folgten die humanistischen Psychotherapien, wiederum gefolgt von der heutigen Vorherrschaft kognitiv-behavioristischer Ansätze. Welche Richtung auch immer die einflussreichste Stimme hatte, der Prozess war im Grunde immer der gleiche, obwohl die Ideologien und Finanzierungsquellen andere waren.

Denken Sie als ein Beispiel an die gegenwärtige Situation. Forscher mit ideologisch akzeptablen Zeugnissen, die in politisch geprüften Institutionen arbeiten, schöpfen aus sicheren Quellen der Finanzierung aus stark kontrollierten Mitteln der Regierung und aus dem privaten Bereich, um ihre Forschung so durchzuführen, dass sie die akzeptierte Ideologie unterstützt und einem Ziel dient, das ebenfalls ideologisch akzeptiert ist. Deshalb zielt *empirische Forschung* in *klinischen Studien* darauf ab, *auf Evidenz basierende Behandlungen* für bekannte *Diagnosen* und *Störungen* zu unterstützen, die für den betroffenen *Einzelnen kostensparend* sind. (Die Kursivschreibung deutet den politischen und ideologischen Inhalt dieses Diskurses an, der zudem auch noch wissenschaftlich, quantitativ, reduktionistisch, marktwirtschaftlich, individualistisch voreingenommen ist, und auch bestimmte Dinge ausschließt, wie zum Beispiel postmoderne, qualitative, kooperierende und kollektive Ansätze.)

In den MBIs ist es nicht unüblich, dass Forscher auch Lehrer sind, wie es auch bei uns, den Autoren dieses Buches, der Fall ist. Es gibt eine große Spannung zwischen dem fast unvermeidlichen Antrieb zu Ausgrenzung und Dominanz im Diskurs der Forschung und der unentbehrlichen Toleranz des Einschließens und der Bestärkung im Diskurs des Lehrens. Im Versuch mit dieser Dualität, mit diesem Paradox, zu arbeiten, gibt es Zeiten, in denen die richtige Entscheidung darin besteht, sich zu verschließen, um Raum für die Forschung zu geben, und wieder andere Zeiten, wenn das Herz und der Geist Öffnung für die heilsamste Lehrtätigkeit fordern. Die entscheidende Frage ist wie immer: „Was fordert dieser Moment von mir?" Die Antwort darauf kommt nur aus der Erfahrung der Präzision und Güte der Achtsamkeit oder durch „Fehler", aus denen wir dann lernen.

Entscheidungen für „Arbeitsdefinitionen"

In der Auswahl der spezifischen Sprache und Konzepte, um „Arbeitsdefinitionen" der Achtsamkeit zu formulieren, haben wir *wissentlich* drei Entscheidungen getroffen, die dieser Ausführung Grenzen setzen. Wir hoffen, dass diese Entscheidungen dazu beitragen, diese Ausführungen übersichtlich genug zu machen, um eine praktische Pädagogik zu entwickeln und gleichzeitig Zugang zu einer breiten Polyfonie des Diskurses zu ermöglichen. Diese Entscheidungen sind pragmatisch und zugegebenermaßen subjektiv. Sie kommen aus unseren eigenen Erfahrungen und Reflexionen als Lehrer/innen und Forscher/innen. Für uns ist wichtig, dass diese vielstimmige Präsentation für uns funktioniert, wenn wir mitten in der Arbeit (oder Stille!) der Gruppe oder des Einzelgesprächs sind. Und ganz sicher haben wir auch *unwissentlich* Entscheidungen getroffen, die ihre eigene Grenzen haben. Unsere Ausführungen geben den derzeitigen Stand unserer Erkenntnisse wieder; wir wissen, dass sich das durch ständige Praxis und Begegnungen mit anderen Übenden verändern wird. Wir laden Sie ein, mit uns im Dialog zu sein, Dinge hinzuzufügen, zu erweitern und das zu kritisieren, was Sie sehen – und was Sie nicht sehen.

Die erste Entscheidung kommt aus unserem Hauptaugenmerk auf die Schwierigkeiten mit Worten und Diskursen. Wir haben uns entschieden, eine sozial konstruktivistische Perspektive einzunehmen (z. B. Gergen, 1999), in der wir akzeptieren, dass Wissen keine „objektive" Reflexion dessen ist, was draußen in der Welt ist, sondern in unseren Beziehungen ko-kreiert wird. Es gibt keine „richtige" Definition von Achtsamkeit – es sind alles „Arbeitsdefinitionen", die von den Voraussetzungen, Zielen und Strategien derjenigen geformt werden, die momentan damit arbeiten. Das ist der Fall innerhalb der Professionen, sagen wir zum Beispiel in dem Versuch der MBIs, die Achtsamkeit für Zwecke der Forschung zu definieren und zu operationalisieren. Wichtiger für uns ist etwas, das für jede Gruppe oder Zweierkonstellation zutrifft: Lehrer/in und Teilnehmer/in werden in der Zeit, in der sie zusammenarbeiten, viele verschiedene „Arbeitsdefinitionen" nutzen, die von einer grundlegenden gemeinsamen Sprache bis zu einem stark verfeinerten inneren Verstehen, das durch Praxis und Dialog zusammen geschaffen wurde, reichen.

Die zweite Entscheidung besteht darin, dass wir eine säkulare Sprache bevorzugen, während wir gleichzeitig Raum für die grundlegende Bedeutung der religiösen und spirituellen Dimensionen der Erfahrung öffnen. Durch seine zentrale Rolle in den MBIs wird hier der buddhistische Diskurs wiedergegeben, aber professionellen Achtsamkeitslehrern wird nahegelegt, Lehrkonzepte und -strukturen sehr leicht zu nehmen. Solch eine Leichtigkeit wird wahrscheinlich kultiviert, wenn wir die Übereinstimmung zwischen buddhistischem Denken und anderen spirituellen Traditionen erkennen, so dass die Verschiedenheit der uns zugänglichen Konzepte und Begriffe den grundlegenden Nutzen einer einfachen Sprache betont. Wenn die Lehrer/in und die Teilnehmer/innen darum ringen, ihre Erfahrungen in einer einfachen Sprache auszudrücken, kann die tiefere Topografie des Spirituellen in einer Weise gezeigt werden, die Möglichkeiten des Lernens und Mitteilens für jeden Anwesenden einschließt. Wie schon im 2. Kapitel angemerkt, kann das *Leben* als bevorzugtes religiöses Objekt verstanden werden (Cupitt, 1999). Und in der breitesten Form kann Spiritualität so verstanden werden: „der Versuch eines Menschen, sein oder ihr menschliches Dasein sinnvoll zu leben" (Isanon, 2001).

Die dritte Entscheidung besteht in der Unterstützung der produktiven Koexistenz des Nachgewiesenen und des Angenommenen. Die MBIs eröffnen neue Gebiete in und zwischen den professionellen Disziplinen und ihren entsprechenden Diskursen. Die empirische Evidenz ist vielleicht noch nicht so aussagekräftig; und viele Theorien mögen spekulativ sein. Aber für Lehrer/innen (und Forscher/innen) gibt es viele interessante Entwicklungen – die es wert sind, dass man sie am Prüfstein der unmittelbaren Erfahrung reibt, um zu sehen, ob es tatsächlich Gold ist, um den Buddha hier frei zu zitieren. Was wir hier ausführen, wurde in unserer Arbeit mit Gruppen und mit Einzelnen geprüft. Ob es nun spekulativ ist oder nicht, uns hat es in unserer Lehrtätigkeit geholfen. Und wie schon gesagt, wir wissen, dass sowohl unser Verständnis von Achtsamkeit als auch unser Ansatz des Lehrens weiterhin wachsen und sich verändern werden.

Paradox

Das Dilemma der Definition: Was es den MBIs ermöglicht hat, so stark zu wachsen, wird vielleicht zu unbeabsichtigten Grenzen führen

Im Diskurs der MBIs gibt es Anstrengungen, um eine einzige wissenschaftliche Bestimmung der Achtsamkeit für Forscher und Fachkräfte im medizinischen Bereich zu entwickeln. Dieses Unterfangen ist schwierig und komplex, wie viele Forscher zugeben (Allen et al., 2006; Baer, 2003; Bishop et al., 2004; Brody und Park, 2004; Brown und Ryan, 2004; Hayes und Wilson, 2003; Ivanovski und Malhi, 2007; Rothwell, 2006; Shapiro et al., 2006). Diese Schwierigkeiten mögen daher kommen, dass versucht wird, Achtsamkeit als „komplementäres/alternatives" Verfahren in das westliche biomedizinische Paradigma einzufügen. Solche Versuche können nie wirklich erfolgreich sein, weil das Paradigma der alternativen Verfahren größer ist als das der Biomedizin. Die spezifischen Ursachen, die für diese Schwierigkeit angegeben werden, sind (1) die Verwendung von identischen Begriffen in stark voneinander abweichenden Sichtweisen und Diskursen, von buddhistischen Texten der verschiedenen Traditionen und ihrer Übersetzung in westliche Sprachen über die humanistische Psychotherapie bis hin zu wissenschaftlicher Psychologie. Hinzu kommen noch unterschiedliche Beschreibungen von Menschen mit mehr oder weniger Praxis oder verschiedenen Formen der Praxis (z. B. Dryden und Still, 2006; Grossman, 2008). (2) Die grundlegende Unklarheit darüber, was Achtsamkeit ist: eine Praxis; ein Prozess; ein Ergebnis; ein vorübergehender Zustand, der ausgenutzt werden sollte; eine Lebensweise, die kultiviert werden sollte; oder gar einfach ein Konstrukt? Und (3) der Gruppenkontext und die Einbeziehung verschiedener didaktischer und erfahrungsorientierter Methoden in den MBIs, wodurch viele konkurrierende Handlungsmechanismen entstehen (z.B. Bishop, 2002; Ivanovski und Malhi, 2007; Shapiro et al., 2006). Außerhalb dieser Anstrengungen um eine Definition können diese Themen oder Probleme auch als Ressourcen gesehen werden, welche die Sprache und Perspektiven der Lehrer/innen und Teilnehmer/innen bereichern und das Verständnis der unmittelbaren Erfahrung im gegenwärtigen Moment erweitern.

Die Spannung in der Definitionsbildung zeigt sich in den Versuchen von Baer et al. (2006) individuelle „Facetten" der Achtsamkeit herauszufiltern. Ihr Ziel bestand darin, die vielen Methoden zur Selbstbeobachtung, die sich im wissenschaftlichen Diskurs der MBI-Forschung unabhängig voneinander entwickelt haben, in eine Synthese zu bringen. Durch Formen der Analyse, die im wissenschaftlichen Diskurs akzeptiert sind, isolierten sie bestimmte Facetten, die als allgemeingültig und wichtig beurteilt wurden. Die fünf wichtigsten Facetten – Beobachten, Beschreiben, Handeln mit Gewahrsein, innere Erfahrungen nicht beurteilen und nicht auf innere Erfahrungen reagieren – wurden dann als die wichtigeren Bestandteile der Achtsamkeit gesehen. Wenn solche konkreten Definitionen Eingang in Mittel und Methoden der Forschung finden, können sie bestimmen, was die Forscher meinen, wenn sie über Achtsamkeit sprechen.

Ganz klar gibt es in der MBI-Forschung einen starken pragmatischen Impuls zu dieser Art von Definition. Diese Arbeit kann dabei helfen, einen Konsens über nützliche Begriffe und Konzepte herzustellen und damit die Weiterentwicklung der empirischen Forschung zu unterstützen. Aber von außerhalb dieser Forschungsgemeinde kann solch ein Unterfangen und die daraus resultierende Definition als selbstbezogen, reduktionistisch und ausschließend gegenüber anderen Interessengemeinschaften und ihren Begriffen, Perspektiven und ihren möglichen Beiträgen zum letztendlichen Ziel aller klinischen Arbeit, dem Lindern des Leidens, gesehen werden. Ohne Kritik kann der Forschungsimpuls zur Definierung, Operationalisierung und Messung von Achtsamkeit letztendlich die Sprache und pädagogische Praxis von professionellen Achtsamkeitslehrern in den MBIs einschränken. Dieses Problem ist ähnlich wie die allgemeinen Probleme, die mit dem Versuch einhergehen, „alternative Therapieverfahren" in das biomedizinische Paradigma aufzunehmen.

Die Definition von Achtsamkeit in MBSR

Es dürfte keine Überraschung sein, dass die am meisten zitierten Definitionen für Achtsamkeit in der Literatur der MBIs von Jon Kabat-Zinn kommen:

- „… in bestimmter Weise aufmerksam sein: absichtsvoll, im gegenwärtigen Augenblick und ohne zu urteilen" (1994, S. 4)
- „Achtsamkeitsmeditation ist eine bewusste Disziplin, bei der es um eine bestimmte Art der Aufmerksamkeit im eigenen Leben geht. Es kann am einfachsten als absichtsvolle Kultivierung nicht-urteilenden Gewahrseins in jedem Moment beschrieben werden" (1996).

Drei Kernelemente der Definition – absichtsvoll, auf das Gegenwärtigsein gerichtet, die Abwesenheit von Urteilen – werden sowohl in den auf wissenschaftliche Forschung gerichteten Diskursen über MBSR als auch von den MBSR-Lehrern in Hunderten von Kursen, die jede Woche überall auf der Welt stattfinden, wiederholt und bestätigt. Diese drei zentralen Elemente formen weiterhin das Denken, die Praxis und die Erfahrung einer sich ständig verändernden und erweiternden MBI-Gemeinschaft.

Vielsagend ist, dass der erste Versuch zur Entwicklung einer wirksamen Definition der Achtsamkeit in der größeren Gemeinschaft der vielen achtsamkeitsbasierten und achtsamkeitsinformierten Interventionen, in denen auch andere *zweckgerichtete* Definitionen üblich sind, stattfand. Das Ergebnis war eine zweiteilige Definition, die das Element der Absicht wegließ (Bishop et al., 2004). Die „zweite Generation" nimmt die oben zitierten Texte von Kabat-Zinn als Prüfstein (Shapiro et al., 2006). Dieses Modell, das in Bild 3.1 grafisch dargestellt ist, formuliert drei Axiome: Absicht, Aufmerksamkeit und Haltung als sich gleichzeitig manifestierende Elemente der Achtsamkeitspraxis von Moment zu Moment, sei dies nun in einem formalen oder informellen Kontext. Jedes Axiom spricht einen Teil der direkten Erfahrung des Teilnehmers an. Für das Axiom Absicht bemerken Shapiro et al., dass eine persönliche Vision oder Motivation für den Beginn der Achtsamkeitspraxis in den „säkularen" Konzepten der MBSR nicht solch eine Bedeutung hat wie in den religiösen Ausdrucksformen. In solch einem Fall ist die Vision „persönlich" und es hat sich gezeigt, dass sie sich entlang eines Kontinuums „von Selbstregulation zu Selbsterkenntnis und schließlich zu Selbstbefreiung" verändert (Shapiro et al., 2006). Beim Axiom der Aufmerksamkeit werden verschiedene Fähigkeiten zusammengefasst, die daran beteiligt sind, dass wir uns unserer Erfahrung von Augenblick zu Augenblick bewusst sind. Shapiro et al. (2006) betonen, dass die wichtigsten Fähigkeiten anhaltende Konzentration und Flexibilität des Fokus sind. Dies wird in den MBIs besonders durch formale Achtsamkeitsübungen kultiviert, die in einer Reihenfolge eingeführt werden, die zuerst die Fähigkeit zur Konzentration betont und dann der Flexibilität mehr Raum gibt. Beim Axiom der Haltung besteht das Nicht-Urteilen, das hier verlangt wird, nicht in einem affektfreien „nackten Gewahrsein", sondern in einer akzeptierenden, offenen und freundlichen Neugier gegenüber der eigenen Erfahrung (Shapiro et al., 2006) (Bild 3.1).

In den Beschreibungen der Ergebnisse der Achtsamkeitspraxis sowohl innerhalb als auch außerhalb des Diskurses der MBIs wird ein Hauptschwerpunkt auf eine bestimmte Veränderung in der Beziehung des Praktizierenden zum Selbst und zur Erfahrung gelegt – das Gewahrsein eines beobachtenden Bewusstseins, das zugleich *Teil* der Erfahrung und *getrennt* von der Erfahrung ist. In unserer Erfahrung werden solche Erkenntnisse in

MBSR-Kursen von Teilnehmern mit ungefähr diesen Worten ausgedrückt: „Ich bin nicht meine Gedanken“ oder „Ich bin nicht dieser Schmerz.“

In vielen wissenschaftlichen Berichten in verschiedenen Forschungsbereichen und den unterschiedlichen Diskursen über Meditation und Achtsamkeit wurde diese Veränderung als zentraler Mechanismus identifiziert. McCown (2004) untersuchte frühe Studien und deutete darauf hin, dass Deikman (1966) vorschlug, es gäbe einen Mechanismus der „*Deautomatisierung* der psychologischen Strukturen, die Wahrnehmungsstimuli organisieren, begrenzen, auswählen und interpretieren“. Linden (1973) und Pelletier (1974) bemerkten die zunehmende *Feldunabhängigkeit* von erfahrenen Meditierenden, die sich in ihrer Fähigkeit zeigte, verborgene Formen in Tests mit eingebetteten Figuren (Gottschaldt-Figuren) zu erkennen. In bahnbrechenden EEG-Studien bemerkten Kasamatsu und Hirai (1973) bei Zen-Meistern die *Entwöhnung* von bestimmten Stimuli, die sie selbst als „ständige Erfrischung der Wahrnehmung des Augenblicks“ bezeichneten. Als Martin (1997) spätere Konzepte untersuchte, stieß er auf Deikmans beobachtendes Selbst (1982) und die Beiträge von Safran und Segal (1990) zu solchen Begriffen wie *Deautomatisierung*, bei der gewohnheitsmäßige Arten der Wahrnehmung vermindert werden, und

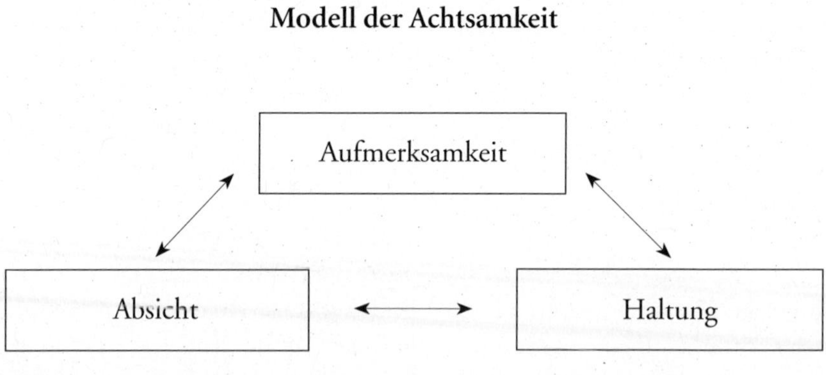

Bild 3.1. Die drei Axiome der Absicht, Aufmerksamkeit und Haltung folgen nicht nacheinander, sondern werden im Prozess der Achtsamkeit gleichzeitig angewendet.

Dezentrierung, wobei die Fähigkeit entwickelt wird, die Erfahrung von „außen" zu sehen. Jon Kabat-Zinn (2005) benutzt den Ausdruck „senkrechte Drehung im Bewusstsein", um diesen Wandel zu beschreiben: „… eine Drehung im Bewusstsein in eine neue ‚Dimension' hinein, die senkrecht zur konventionellen Wirklichkeit existiert", und in welcher die konventionellen und neuen Dimensionen koexistieren und „alles Alte anders aussieht, weil es in einem neuen Licht gesehen wird – ein Gewahrsein, dass nicht länger von den konventionellen Dimensionen und Denkweisen bestimmt wird" (S. 350).

Aus ihrer von den MBIs beeinflussten Definition der Achtsamkeit haben Shapiro et al. (2006) einen Meta-Mechanismus vorgeschlagen, den sie als *Reperzeption (Veränderung der Wahrnehmung)* bezeichnen und folgendermaßen definieren: „eine Drehung im Bewusstsein, in der das, was vorher ‚Subjekt' war, zum ‚Objekt' wird". Sie behaupten weiterhin, dass dieser Meta-Mechanismus für die menschliche Entwicklung grundlegend ist und dass deshalb die Achtsamkeitspraxis das Wachstum dieser Fähigkeit stärkt und beschleunigt. Die Aussagen von Teilnehmern an unseren MBSR-Kursen, die wir weiter oben zitiert haben, zeigen diese Fähigkeit, von einer Position, bei der man völlig mit der Erfahrung identifiziert ist, zu einem Gewahrsein zu kommen, in dem die Erfahrung untersucht werden kann. Wir sollten hier auch hervorheben, dass in der pädagogischen Praxis von MBSR (1) die Reperzeption keine Distanz und Trennung von der Erfahrung erzeugt, sondern uns stattdessen erlaubt, tiefer zu sehen, zu fühlen und zu wissen. Und wichtig ist auch, dass (2) das „beobachtende Selbst" nichts Stabiles ist, sondern als sich veränderndc Plattform für die Beobachtung und Untersuchung verstanden wird.

Wenn die eigene Erfahrung so zugänglich ist für Reflexion und Erforschung, kommen sicher auch andere Mechanismen zur Wirkung. Shapiro et al. (2006) heben vier davon hervor. Einer davon ist *Selbstregulation und Selbstmanagement,* wobei man durch Reperzeption Erkenntnisse über Erfahrungen finden kann, die vorher zu herausfordernd gewesen sein könnten, um sie zu untersuchen. Und man kann sich dann mit diesen gewohnheitsmäßigen Reaktionen identifizieren und sich dafür entscheiden, sie zu überwinden und mit größerer Ausgeglichenheit und angemessener zu reagieren. Der zweite Mechanismus ist die *Klärung von Werten,* wobei die

Reperzeption eine Möglichkeit schafft, über Werte zu reflektieren, die man vielleicht ohne zu hinterfragen angenommen hat, und sich zu entscheiden, neue Werte anzunehmen oder bestehende anzupassen, so dass sie eher mit unserem gegenwärtigen Kontext übereinstimmen. Der dritte Mechanismus ist *kognitive, emotionale und behavioristische Flexibilität,* in welcher der „objektive" Gesichtspunkt, der in der Reperzeption zugänglich wird, einen klareren Blick auf Gedanken, Gefühle und (erwartete) Handlungen einer gerade entstehenden Situation ermöglicht, woraus wiederum neue, für die Situation spezifische Reaktionen kommen können. Der vierte Mechanismus ist *Enthüllung,* bei dem der „objektive", nicht reagierende Charakter der Reperzeption Zeit und Raum für die intime Begegnung mit vorher beunruhigenden Gefühlen, Gedanken und Körperempfindungen schafft, durch die ihre störenden Wirkungen reduziert werden können.

Worauf lenkt man also seine Aufmerksamkeit?

In MBSR gibt es eine leichte Unterscheidung zwischen Gewahrsein und Aufmerksamkeit. Gewahrsein ist der Strom von „Informationen", den wir von den Sinnen empfangen, wozu auch der konzeptuelle Verstand gehört. Gewahrsein ist kontinuierlich und umfassend – Sehen, Hören, Riechen, Schmecken, Berühren, Benennen, Planen, Fühlen. Jeder Moment kann uns mit seiner Fülle von Information überwältigen. Deshalb müssen wir uns entscheiden. Sie können sich zum Beispiel dafür entscheiden, in diesem Moment Ihre Fußsohlen auf dem Boden zu spüren, und dadurch lassen Sie viele andere Möglichkeiten im gegenwärtigen Gewahrsein außer Acht. Das ist ein Akt der Aufmerksamkeit.

In der Arbeit mit der Aufmerksamkeit im Gewahrsein ist es hilfreich, eine Karte oder ein Raster zu haben, also irgendein Mittel, um bestimmte Eckpunkte miteinander zu teilen. Einige Lehrer/innen am Center for Mindfulness an der University of Massachusetts Medical School (UMASS CFM) haben solch ein Schema formuliert, dass sie als „Dreieck des Gewahrseins" bezeichnen – (1) Körperempfindungen, (2) Gedanken und (3) Gefühle. Mit dieser einfachen Navigation können die Lehrer/innen die Praxis leichter anleiten und die Teilnehmer/innen können ihre unmittelbare Erfahrung besser einordnen und beschreiben.

Die Haltung: Nicht-Urteilen als Kissen

Die Definition von Aufmerksamkeit, Gewahrsein und Haltung ist die erste, die wir unseren Teilnehmern vermitteln. Der herausforderndste Teil ist dabei natürlich die Haltung des Nicht-Urteilens. Sie kann sich kalt anfühlen; man kann sich beschuldigen und sagen: „Oh, ich habe schon wieder geurteilt! Ich muss damit aufhören." Eine Möglichkeit, um die Güte und Sanftheit gegenüber sich selbst und den eigenen Erfahrungen hervorzuheben, die, so hoffen wir, durch das Nicht-Urteilen gestärkt werden, ist das Lesen einer Kurzgeschichte – eine Geschichte aus Arnold Lobels **Mouse Tales** (1972):

Der Wunschbrunnen

Eine Maus fand einst einen Wunschbrunnen. „Nun werden alle meine Wünsche wahr!", rief sie.

Sie warf einen Taler in den Brunnen und wünschte sich etwas.

„AUTSCH!", sagte der Wunschbrunnen.

Am nächsten Tag kam die Maus wieder zum Wunschbrunnen. Sie warf einen Taler in den Brunnen und wünschte sich etwas.

„AUTSCH!", sagte der Wunschbrunnen.

Am nächsten Tag kam die Maus wieder. Sie warf einen Taler in den Brunnen und sagte: „Ich wünschte, der Brunnen würde nicht Autsch sagen." „AUTSCH!", sagte der Brunnen. „Das tut weh!"

„Was soll ich tun?", rief die Maus. „So werden meine Wünsche nie in Erfüllung gehen."

Die Maus lief nach Hause. Sie nahm das Kissen von ihrem Bett. „Das wird vielleicht helfen", sagte die Maus und lief zurück zum Brunnen.

Die Maus warf das Kissen in den Brunnen. Dann warf sie einen Taler in den Brunnen und wünschte sich etwas.
„Ah, das fühlt sich viel besser an", sagte der Brunnen. „Gut!", sagte die Maus, „Dann kann ich mir ja etwas wünschen."
Nun wünschte sich die Maus viele Dinge vom Brunnen und sie wurden alle erfüllt.

Mit dem Erzählen dieser Geschichte und dem Dialog darüber kann man in einer Gruppe oder in der individuellen Arbeit mit Klienten ein einzigartiges Verständnis und eine Erfahrung der Achtsamkeitspraxis entwickeln.

Achtsamkeit im Buddhismus

Wie wir schon im 2. Kapitel angemerkt haben, ist die Art und Weise, wie die Menschen den Buddhismus in ganz Asien verstanden und praktiziert haben, erstaunlich unterschiedlich. In den verschiedenen Kulturen haben bestimmte Merkmale größere oder kleinere Beachtung erfahren: Die Praxis und der „Fortschritt" in der Praxis wurden aus unterschiedlichen Perspektiven betrachtet, verschiedene Zweige und Schulen haben voneinander abweichende Glaubenssätze und Rituale entwickelt und Reformbewegungen haben die Tradition verändert. Diese Komplexität, die als Buddhismus zusammengefasst wird, kommt nun in den Westen und in unsere eigenen kulturellen Gegebenheiten – einschließlich der verschiedenen religiösen und philosophischen Traditionen, der wissenschaftlichen Paradigmen der Vergangenheit und Gegenwart und der verschiedenen Sprachen. Und in dieser Situation versuchen wir die Traditionen, denen wir uns geöffnet haben, anzunehmen und in eine neue Form zu bringen.

Daraus wird klar, dass es schwer ist, eine kurze Zusammenfassung der Achtsamkeit im Buddhismus zu geben, die, wie erfolgreich auch immer, nur sehr unvollständig und „dünn" sein kann. Bitte lesen Sie das Folgende mit dem Verständnis, dass es kein ausreichendes Hintergrundwissen ist, um anzunehmen, man verstünde den buddhistischen Diskurs über Achtsamkeit in angemessener Weise, um diese Form der Achtsamkeit in einem säkularen Setting zu unterrichten. Das ist eine lebenslange Untersuchung. Diese Skizze kann nur ein Anfang sein. Beim Versuch, einen kurzen nützlichen Überblick zu schaffen, der der ausgesprochen säkularen Arbeit der professionellen Achtsamkeitspädagogik gerecht wird, beziehen wir uns auf die Schriften von Stephen Batchelor, der sich in den letzten Jahren die intellektuelle Aufgabe gestellt hat, einen „agnostischen“ oder „atheistischen“ Buddhismus für den Westen zu beschreiben. Ein Ansatz, der die praktische Essenz beinhaltet, aber von den religiösen, philosophischen und kulturellen Verhaftungen der asiatischen Kulturen, aus denen sie zu uns kommt, befreit ist, und sich so eng wie möglich an die frühesten Erkenntnisse der Lehre des historischen Buddha hält, wie sie im Pāli-Kanon und anderen ursprünglichen Quellen zu finden sind.

Das Leben des Buddha ist eine alte Geschichte, die in ihrem mythischen und psychologischen Gehalt noch immer anspricht und deren historische Wirklichkeit verzaubern kann. Ein Prinz namens Siddhattha Gotama wird im königlichen Palast aufgezogen, fern von den Leiden dieser Welt. Sein Vater sorgt dafür, dass sein Sohn weder Krankheit noch Tod sehen muss. Aber der Prinz hat die Intuition, dass das Leben aus mehr besteht als aus Erfüllung und sinnlichen Freuden.

Schließlich begegnet er kurz vor seinem 30. Lebensjahr der Wirklichkeit direkt in der Form eines alten Menschen, eines Kranken und eines Toten. Er versteht, dass das auch auf ihn zukommt. Und er begegnet auch einem Wanderasketen. Und dann weiß er, was er tun muss.

An einem freudvollen Tag, als sein Sohn geboren wird, verlässt er den Palast, um in der Hoffnung auf Transzendenz der asketischen Disziplin zu folgen.

Die nächsten sechs Jahre verbringt er auf der Wanderschaft. Er studiert jede Lehre und jedes Denksystem mit den weisesten Lehrern. Er praktiziert dramatische Entbehrungen, die seinen Körper abmagern lassen und gebrechlich machen. Aber er kommt dadurch der Wahrheit des Lebens, nach der er sucht, nicht näher. Er muss sich auf sich selbst besinnen.

Er wäscht sich, isst etwas und setzt sich unter einen Feigenbaum, um selbst die Wahrheit zu finden. Und er schafft es: Er erwacht; das Licht erstrahlt.

Und dann steht er vor einer Herausforderung: Wie kann er das anderen Menschen erklären? In der Tat denkt er zunächst, er sollte sich nicht darum kümmern – sie würden es nie verstehen. Nach 49 Tagen, die er in seinem Erkennen verweilte, entscheidet er sich dafür, das Risiko des Lehrens einzugehen. Er beginnt damit, seine früheren asketischen Brüder aufzusuchen und seine Erfahrung für sie in Worte zu fassen. Er spricht vom „mittleren Weg", der zu seinem Erwachen geführt habe, und zwischen dem früheren königlichen Luxus und der extremen Enthaltsamkeit verläuft. Und er spricht darüber, was er erkannt hatte: die vier Wahrheiten (de Bary, 1969; Gethin, 1998).

Quellentexte

Die wichtigen ursprünglichen Texte sind kostenfrei im Internet verfügbar, in englischer Sprache auf accesstoinsight.org und in deutscher Sprache auf palikanon.com. Das Lesen der *Suttas* (Pāli) oder *Sutras* (Sanskrit) kann zur Wertschätzung des Diskurses über den Buddhismus im Westen beitragen.

Das *Dhammacakkappavattana-Sutta* ist die erste Lehrrede des Buddha, in der er den mittleren Weg und die Vier Veredelnden Wahrheiten erklärt. Sie finden sie hier in deutscher Sprache: *www.palikanon.com*

Das *Mahāsatipatthāna-Sutta* beschreibt und erklärt die Grundlagen der Achtsamkeit. Sie finden es hier in deutscher Sprache: *www.palikanon.com*

Das *Ānāpānasati-Sutta* gibt ausführliche Anleitungen für die Praxis der Achtsamkeit, besonders in Bezug auf die Praxis mit dem Atem. Sie finden es hier in deutscher Sprache: *www.palikanon.com*

Das *Brahmavihāra-Sutta* beschreibt die Gründe für die vier unermesslichen Zustände und ihre positiven Wirkungen. Sie finden es hier in deutscher Sprache: *www.palikanon.com*

Die Vier Veredelnden Wahrheiten

Nach mehr als 2500 Jahren mag es schwer sein, die Anstrengungen des Buddha um den sprachlichen Ausdruck seiner Erfahrung noch direkt zu spüren. Diese ersten Aussagen des Buddha sind heute für Hunderte Millionen von Anhängern zu Glaubensprinzipien geworden. Sie wurden im Laufe der Zeit *geheiligt* – oder doch eher *ausgehöhlt?* Ein Blick in den westlichen Diskurs in Dwight Goddards *A Buddhist Bible* (1938) zeigt, dass die Wahrheiten in einer Weise formuliert wurden, die definitiv und dogmatisch ist: (1) die Edle Wahrheit vom Leiden, (2) die Edle Wahrheit von den Ursachen des Leidens, (3) die Edle Wahrheit von der Überwindung des Leidens und (4) die Edle Wahrheit vom Pfad, der zur Überwindung des Leidens führt.

Stephen Batchelor (1977) hilft uns, diese Prinzipien neu zu beleben, indem er sie als Antworten auf eine andere Frage formuliert: Die Frage der ersten Zuhörer des Buddha ist dann nicht „Was glaubst du?", sondern „Was hast du getan und wie hast du es getan?". Wenn wir die erste Belehrung des Buddha in diesem Zusammenhang sehen, zeigt sie sich als grundlegend beziehungs- und erfahrungsorientiert. Dann ist es möglich, ihn tatsächlich sagen zu hören: „Glaubt nicht einfach meinen Worten, probiert es selbst!" Deshalb zieht Batchelor (1997) den Begriff *veredelnde* Wahrheiten vor. Es geht dabei um Tun. Indem man den Prozess des Buddha überprüft, kann man das Ergebnis selbst verwirklichen – und erwachen, wachsen, *sich veredeln.* In diesem Verständnis sind die vier Wahrheiten ein Flussdiagramm, die Karte eines Landes, das wir untersuchen können. Somit besteht der Prozess in miteinander verbundenen Schritten (Batchelor, 1997, 2004). Wie im Bild 3.2 dargestellt, bezeichnen die ersten beiden Schritte das Problem und die Diagnose, während das zweite Paar die Lösung und die Handlungsanleitung bieten. Wenn wir das Leiden, das seinen Ursprung im Geist hat, verstehen (1), dann wird klar, dass die Ursache dafür das Verlangen ist. Dieses Verstehen führt zur Einsicht, dass Verlangen „losgelassen" werden sollte (2). Das Loslassen des Verlangens führt zu einem (vorübergehenden!) Erlöschen des Leidens oder zur Befreiung (3). Dadurch entsteht der Wunsch, den Pfad zur Befreiung weiter zu beschreiten (4). Der Pfad, den wir kultivieren sollen, ist der mittlere Weg des Buddha. Dies ist eine achtfache Sammlung moralischer und praktischer Methoden – rechte Einsicht, rechte Absicht, rechte Rede, rechtes Handeln, rechter Lebenserwerb, rechte Anstrengung, rechte Achtsamkeit, rechte Konzentration. Eine Möglichkeit, um die veredelnden Wahrheiten zu üben und den Pfad zu kultivieren, ist die Meditation – die Entwicklung von Achtsamkeit und Konzentration.

Die Vier Veredelnden Wahrheiten als Prozess (Batchelor, 1997, 2004)

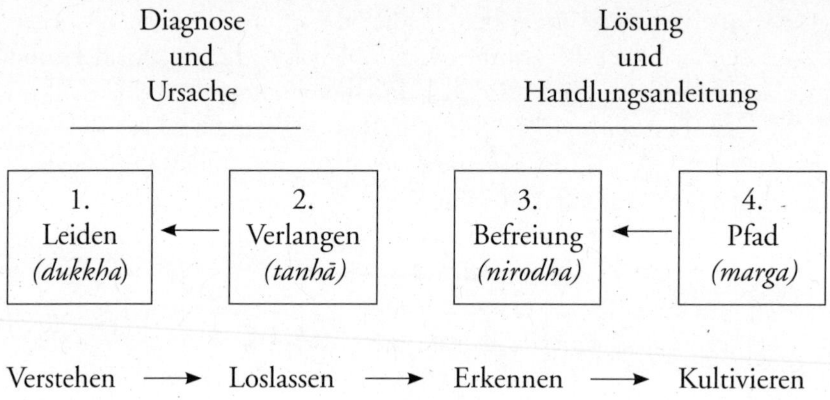

Bild 3.2. Beachten Sie, dass die Pfeile auf die Beziehungen zwischen Ursache und Wirkung hindeuten: (oben, Pfeile von rechts nach links) Verlangen führt zu Leiden, der Pfad führt zur Befreiung, und (unten, Pfeile von links nach rechts) das Verstehen des Leidens führt zum Loslassen des Verlangens, was zur Verwirklichung des Erlöschens oder der Befreiung führt, was uns wiederum dazu veranlasst, den Pfad zu kultivieren. Das ist kein lineares Modell. Das sind keine Stufen des Fortschritts, sondern es ist vielmehr ein integrierter Prozess. Der Wunsch, den Pfad zu kultivieren, führt uns sofort wieder zurück zum Verstehen des Leidens. Wir lassen keine dieser Wahrheiten hinter uns, weil sie sich ständig gegenseitig bereichern.

Die drei Merkmale der Existenz

Diese Merkmale sind schwer zu erkennen, weil wir alles tun, um sie nicht sehen zu müssen. Wenn wir uns selbst dazu bringen, uns unserer Erfahrung zuzuwenden, werden wir vielleicht Folgendes beschreiben (wenn auch nicht unbedingt in Pāli):

1. *Anicca* (Vergänglichkeit): Alles verändert sich; nichts ist immer für mich verfügbar. Das trifft auf die Dinge zu, an denen ich festhalten will, und auf die Dinge, die ich abwehre.
2. *Dukkha* (Unerfülltsein/Unzulänglichkeit/Leiden): Ob ich es nun will oder nicht will, meine Beziehung zu allem – selbst den außergewöhnlichsten Erfahrungen – ist letztendlich unbefriedigend.
3. *Anattā* (Nicht-Selbst): Die Dinge sind nicht das, was ich darüber denke. Es gibt nichts Essenzielles oder Bleibendes, das den Stuhl zu einem Stuhl macht, oder das mich zu einem Ich macht. Da gibt es nichts, was man festhalten kann; es gibt nur die Art und Weise, wie es jetzt ist.

(Anālayo, 2003; Batchelor, 2004; de Bary, 1969; Goddard, 1938; Welwood, 2000)

Achtsamkeit und ihre vier Grundlagen

Achtsamkeit ist die Übersetzung des Pāli-Wortes *sati*, das im achtfachen Pfad verwendet wird als *sammā-sati*, rechte Achtsamkeit. Es ist die Praxis, sozusagen das Instrument für den Prozess der Untersuchung, den die Vier Veredelnden Wahrheiten anbieten. Achtsamkeit sollte formal in der Meditationspraxis und informell jederzeit kultiviert werden. Es ist der Schlüssel zum Erwachen. Die Beschäftigung mit buddhistischen Begriffen und ihren möglichen Definitionen ist Teil des momentanen Diskurses der MBIs, wie im Kasten mit dem Titel „Arbeit an einer Definition“ gezeigt wird.

Als Zusammenfassung der Haltung und Praxis der Achtsamkeit ist die folgende Beschreibung der „reinen Aufmerksamkeit“ – ein Begriff, den Nyānaponika Thera (1965) verwendet hat – praktisch und präzise:

> *Reine Aufmerksamkeit ist das klare und ausgerichtete Gewahrsein dessen, was tatsächlich in jedem Moment der Wahrnehmung um uns und in uns geschieht ... Aufmerksamkeit oder Achtsamkeit ist dann ein reines Registrieren der beobachteten Tatsachen, ohne auf sie durch Handeln, Sprechen oder mentale Kommentare zu reagieren, die Ausdruck von Selbstbezogenheit (Anziehung, Ablehnung etc.), Urteilen oder Reflexion sind.*

Da haben wir also Kabat-Zinns Definition der absichtsvollen Aufmerksamkeit in der Gegenwart, ohne zu urteilen. Dann empfiehlt die Tradition in einem weiteren Schritt, worauf und wie man seine Aufmerksamkeit ausrichten soll, und beschreibt die vier Grundlagen der Achtsamkeit (hier und im Folgenden, Anālayo, 2008; Gethin, 1998; Nyānaponika, 1965; Watson, 1998).

Die erste Grundlage ist Achtsamkeit auf den Körper, was üblicherweise mit der reinen Aufmerksamkeit auf die Empfindungen des Atems beginnt, wodurch Körper und Geist miteinander verbunden und beruhigt werden. Des Weiteren können in allen möglichen Haltungen und Bewegungen der formalen Praxis und des Alltags noch andere Körperempfindungen beobachtet werden.

Die zweite Grundlage ist Achtsamkeit auf die Gefühle, bei der die reine Aufmerksamkeit auf den Gefühlston der Erfahrung in jedem Moment gerichtet wird. So wie der Begriff „Gefühle“ hier verwendet wird, sind damit nicht die Emotionen gemeint. Stattdessen ist damit die unmittelbare Wahrnehmung gemeint, in der wir wissen, ob eine Erfahrung als angenehm, unangenehm oder neutral empfunden wird, noch bevor Reaktionen wie Emotionen oder Verhalten ins Spiel kommen. Gefühle werden einfach so beobachtet, wie sie auftauchen, verweilen und vergehen.

Die dritte Grundlage ist Achtsamkeit auf den Geist, bei der die reine Aufmerksamkeit auf die Qualität der Geistesaktivität gerichtet wird. Dabei werden Zustände oder Neigungen, wie Ablenkung oder Konzentration oder eine der drei Wurzeln des Leidens – Begierde, Hass oder Unwissenheit –, registriert. Auch sie können beobachtet werden, wie sie auftauchen, verweilen und vergehen.

Die vierte Grundlage ist Achtsamkeit auf die Objekte des Geistes, wobei reine Achtsamkeit auf alles gerichtet wird, was der Geist im Innen und Außen wahrnimmt. Hierbei wird die empfohlene Praxis durch eine wunderbare Besonderheit des Buddhismus, das Aufstellen von Listen, formuliert: Die traditionellen Anleitungen empfehlen die Beobachtung des Entstehens und Vergehens der fünf Hindernisse (sinnliche Begierde, Wut, Faulheit/Trägheit, Aufregung/Sorgen und Zweifel), der fünf Aggregate (materielle Form, Gefühl, Wahrnehmung, mentale Formen und Bewusstsein), der sechs subjektiven/objektiven Sinnesfaktoren (Auge/Form, Ohr/Klang, Nase/Geruch, Zunge/Geschmack, Körper/Berührung und Geist/Konzepte), der sieben Faktoren des Erwachens (Achtsamkeit, Untersuchung der Wirklichkeit, Energie, Enthusiasmus, Ruhe, Konzentration und Gleichmut) und schließlich der Vier Veredelnden Wahrheiten.

Es ist hilfreich, hier die Verbindung oder Widerspiegelung der vier Grundlagen der Achtsamkeit im „Dreieck des Gewahrseins" – Körperempfindungen, Gedanken und Gefühle – zu sehen, das im pädagogischen Diskurs der MBIs verwendet wird.

Zwei Formen der Meditation

Es gibt zwei Hauptformen der Meditation. Die fokussierende Meditation, *Samatha* in Pāli, richtet die Aufmerksamkeit auf ein Objekt, wie den Atem oder auf Klänge, bis zum Ausschalten aller anderen mentalen Aktivitäten. Das kann zu einer Ruhe und Stille des Geistes führen, die in Ebenen der Versenkung gemessen wird. Transzendentale Meditation ist zum Beispiel eine fokussierende Meditation. In der buddhistischen Praxis wird *Samatha* oft als Training für die effektive Übung der anderen Form, *Vipassanā,* gesehen. Die *Vipassanā*-Meditation öffnet sich der Fülle der direkten Erfahrung. Das gibt uns die Möglichkeit, zu sehen, wie unsere Welt und unser Selbst konstruiert und miteinander verbunden sind – kurz gesagt, sie gibt uns die Möglichkeit zur Einsicht. *Vipassanā* oder die Kultivierung von Achtsamkeit ist die charakteristische Form der Meditation im Buddhismus und von zentraler Bedeutung für alle meditativen Strömungen.

Arbeit an einer Definition (Cullen, 2008)

Achtsamkeit ist im Westen zu einem populären Begriff geworden, was sicherlich auf den Einfluss einiger prominenter Meditationslehrer wie Thich Nhat Hanh, Jon Kabat-Zinn und Jack Kornfield zurückzuführen ist. Der weltbekannte vietnamesische Zen-Meister, Dichter und Friedensaktivist Thich Nhat Hanh (1975) definiert Achtsamkeit als „das Wunder, das unseren zerstreuten Geist sofort zurückholen kann und ihn wieder in seine Ganzheit bringt, so dass wir jede Minute unseres Leben voll leben können" (S. 14). Der Autor und Gründer der Achtsamkeitsbasierten Stressreduktion Jon Kabat-Zinn (2005) lehrte in vielen säkularen Settings, wie im Gesundheitswesen, in Bildungseinrichtungen und in der Wirtschaft. Er schreibt: „Achtsamkeit kann als nicht urteilendes Gewahrsein von Moment zu Moment beschrieben werden, das durch eine spezifische Aufmerksamkeit kultiviert wird, die dadurch gekennzeichnet ist, dass sie im gegenwärtigen Augenblick so nicht-reagierend und offenherzig wie möglich ist" (S. 108). Jack Kornfield, der Mitbegründer von zwei wichtigen Zentren für Achtsamkeitsmeditation in den USA, beschreibt Achtsamkeit so: „Eine ursprüngliche Fähigkeit des Menschen, um willentlich volle Aufmerksamkeit darauf zu richten, wo wir sind und was unsere tatsächliche Erfahrung gerade ist, und davon zu lernen." Nyānaponika Thera (1965), ein buddhistischer Mönch, Lehrer und Gelehrter, der in der Mitte des 20. Jahrhunderts wirkte, schrieb ein Buch, in dem er Achtsamkeit als das Herz der buddhistischen Meditation bezeichnete. All diese Definitionen beziehen sich auf eine Geistesqualität und eine Seinsweise, die nicht nur dadurch gekennzeichnet sind, dass sie im gegenwärtigen Augenblick präsent sind, sondern dadurch, dass sie durch ihre „Offenherzigkeit", „wiedererlangte Ganzheit" und die Möglichkeit des Lernens heilsam wirken.

In der Vergangenheit wurde das Pāli-Wort Sati mit Achtsamkeit übersetzt, aber nach Meinung von Wallace (2006) ist die ursprüngliche Bedeutung von *Sati* einfach Erinnerung oder Gedächtnis. Im Abhidhamma des Theravāda (der buddhistischen Psychologie) wird *Sati* ausführlich als einer der 19 „angenehmen" mentalen Faktoren erklärt, dessen Funktion die „Abwesenheit von Verwirrung und das Nicht-Vergessen ist" (Bhikkhu Bodhi, 1993, S. 86).

Im Kontext der Nikāyas (Lehrreden des Buddha) wird Sati als „eine Art der Aufmerksamkeit beschrieben, die … gut, angemessen oder richtig ist" (Nyānaponika Thera, 1965, S. 9) und kann als Kurzform für *Satipatthāna* stehen, was meist als Kultivierung von Sati beschrieben wird, aber auch auf die komplette Methodologie hinweist, durch die diese Kultivierung erreicht werden kann (Nyānaponika Thera, 1965, S. 9). Bhikkhu Bodhi, ein buddhistischer Mönch, Gelehrter und Schüler von Nyānaponika Thera, schreibt: „Im Englischen gibt es kein Wort, das wirklich wiedergeben kann, was *Sati* im Bezug zur Meditationspraxis bedeutet" (Nyānaponika Thera, 1965, S. 6). Hier möchten wir nun mindestens drei Kontexte vorstellen, in denen Sati etwas anders verwendet wird, obwohl es auch hier mit „Achtsamkeit" übersetzt wird.

Viele zeitgenössische Meditationslehrer/innen verwenden den Begriff Achtsamkeit in einer umfassenderen Weise als nur in der Bedeutung des „Erinnerns" oder „der Abwesenheit von Verwirrung". Nach Ansicht von John Dunne, einem buddhistischen Gelehrten an der Emory University, enthalten die Faktoren der Achtsamkeit, wie sie von vielen verstanden werden, auch *Sampajañña* (Wissensklarheit, Bewusstseinsklarheit) und *Appamāda* (Unermüdlichkeit, Strebsamkeit). Klares Erkennen enthält sowohl die Fähigkeit, Phänomene unverhüllt durch verzerrende mentale Zustände (wie Stimmungen und Emotionen) zu erkennen als auch die meta-kognitive Fähigkeit, die Qualität der Aufmerksamkeit zu beobachten. Umsichtige Aufmerksamkeit kann hier so verstanden werden, dass man während der Meditation alles das anwendet, was man über Gedanken, Entscheidungen und Handlungen, die zu Glück geführt haben, und über solche, die zu Leid geführt haben, gelernt hat.

Obwohl die Kontexte und Interpretationen dieser Begriffe variieren können, würden Gelehrte und Meditationslehrer wahrscheinlich darin übereinstimmen, dass die Faktoren von *Sati, Sampajañña* und *Appamāda* für die Entwicklung des Geistes grundlegend sind. Und mehr noch: Zu einer Zeit, wo sich sowohl buddhistische als auch säkulare Achtsamkeitsprogramme im Westen ausbreiten, bietet diese breitere Verwendung von Achtsamkeit für die große Mehrheit der Praktizierenden, die in den Schwierigkeiten der Übersetzung von Begriffen aus dem Sanskrit oder Pāli nicht so bewandert sind, einen kulturell bedeutsamen und zugänglichen Sammelbegriff.

- Bhikkhu Bodhi, Hg. (1993). *A comprehensive manual of abhidhamma: The Abhidammattha sangaha.* Kandy, Sri Lanka: Buddhist Publication Society.
- Hanh, T. N. (1975). *The Miracle of Mindfulness.* Boston: Beacon Press. [dt. Das Wunder der Achtsamkeit: Einführung in die Meditation. (2009). Berlin: Theseus.]
- Inquiring Mind. (2006). „Mindfulness: The heart of Buddhist meditation?" A conversation with Lan Chozen Bays, Joseph Goldstein, Jon Kabat-Zinn, and Alan Wallace", *Inquiring Mind,* 22(2):5
- Kabat-Zinn, J. (2005). *Coming to Our Senses.* London: Piaticus Books. Zur Besinnung kommen. [dt. Die Weisheit der Sinne und der Sinn der Achtsamkeit in einer aus den Fugen geratenen Welt. (2006). Freiburg: Arbor.]
- Kornfield, J. (2005). „Finding my religion", *San Francisco Chronicle,* 28. November.
- Nyānaponika, T. (1965). *The heart of Buddhist meditation.* Boston: Weiser Books. [dt. Geistestraining durch Achtsamkeit: Die buddhistische Satipatthāna-Methode. (1993). Stammbach: Beyerlein und Steinschulte.]

Die vier unermesslichen Zustände

In der Beschreibung der siebten Stufe des achtfachen Pfades rät der Buddha seinen Anhängern, die vier *Brahmavihāras* zu kultivieren, die als wichtigste Tugenden, erhabene Zustände, himmlische Verweilzustände, die Unermesslichen oder die Grenzenlosen übersetzt werden – dabei wirft jede Übersetzung ein anderes Licht auf die vollständige Bedeutung (de Bary, 1969; Narada, 1980). Sie werden als parallel zu einer Anzahl von negativen Zuständen gesehen, die genauso leicht auftauchen können. Deshalb wird es durch die Kultivierung des Zustands von *Mettā,* was oft als Liebende Güte übersetzt wird, schwieriger für *Dosa* oder Wut, sich auszubreiten. *Karunā* oder Mitgefühl, wirkt *Himsā* oder Grausamkeit, entgegen. *Muditā* oder empathische Freude, richtet sich gegen *Issā* oder Eifersucht, und *Upekkhā* oder Gleichmut, verhindert die Angst der Anhaftung und Ablehnung.

Die Praktiken zur Kultivierung dieser unermesslichen Zustände können als komplementär zur Praxis der Achtsamkeit verstanden werden. Traditionell wurden sie auch verwendet, um Konzentration zu kultivieren. Anstatt einfach alles, was auftaucht, mit „reiner Aufmerksamkeit" zu beobachten, bewegt der Meditierende den Geist in Richtung des gewählten Zustands.

Liebende Güte kann als Sanftheit des Herzens oder bedingungslose Güte verstanden werden. Es ist die wichtigste der vier *Brahmavihāras* und kann als grundlegend für die anderen drei gesehen werden (Nyānaponika, 1965). Bei der Praxis wird sie oft zuerst auf einen selbst gerichtet und dann nach außen erweitert, zu den geliebten Menschen, zu den Menschen, denen man neutral gegenübersteht, dann zu den Menschen, mit denen die Beziehung schwierig ist, und schließlich zu allen Wesen ohne Ausnahme. Die Praxis besteht darin, sein Herz zu Liebender Güte zu bewegen – oft werden dafür Texte oder Verse benutzt, die Wünsche für Frieden, Glück und Freiheit von Leiden, Krankheit, Sorgen und Wut zum Ausdruck bringen.

Mitgefühl ist der Wunsch, das Leiden anderer zu beenden, egal, worin dieses Leiden bestehen mag. Die Praxis besteht darin, Mitgefühl ohne Grenzen für alle Leidenden zu empfinden – die Armen, Kranken, Hilflosen, Einsamen und auch die Unwissenden, Gemeinen, Unmoralischen und Undisziplinierten (de Bary, 1969).

Empathische Freude ist das Sicherfreuen am Glück eines anderen. So wie Mitgefühl ein positiver Weg ist, um auf das Leiden in der Welt zu reagieren, ist dies eine positive Möglichkeit, um auf diejenigen zu reagieren, denen es gut geht. Das ist einfach bei Menschen, die einem nahestehen, aber die Praxis besteht auch hier darin, diese Haltung ohne Ausnahme auf andere auszudehnen.

Gleichmut ist die schwierigste von allen, weil sie von uns verlangt, dass wir alles, Angenehmes oder Unangenehmes, Gutes oder Schlechtes, annehmen. Es kann leicht als eine Art von Passivität missverstanden werden. Es gibt eine Geschichte des Buddha, die die größere Dimension und Wichtigkeit von Gleichmut zeigt. Der Buddha und seine Anhänger sind auf der Suche nach Almosen. Ein Brahmane lädt ihn zu sich nach Hause ein und beschimpft den Buddha mit jedem Schimpfwort seines scheinbar endlosen Repertoires. Der Buddha bewegt sich nicht. Als der Mann fertig ist, fragt der Buddha: „Was tust du normalerweise, wenn du Gäste zu dir nach Hause einlädst?“ Der Mann antwortet: „Warum fragst du? Wir bereiten ihnen ein Festmahl.“ Der Buddha fragt weiter, um herauszufinden, was der Brahmane tun würde, wenn der Gast das Essen nicht annimmt. „Wir würden es natürlich selbst essen“, antwortet er. Daraufhin sagt der Buddha: „Du hast mich zu dir nach Hause eingeladen und hast mir ein Festmahl von Beschimpfungen angeboten. Ich werde es nicht annehmen; es gehört dir“ (nacherzählt aus Narada, 1980).

Der westliche Diskurs über Unachtsamkeit vs. Achtsamkeit

Es gibt eine Strömung im Diskurs der westlichen Psychologie, die auf einem anderen Weg zum Konzept der Achtsamkeit kam als durch die Beschäftigung mit spirituellem Denken und spiritueller Praxis aus dem asiatischen Raum. In der Tat hatte diese Strömung ihren Ausgangspunkt nicht in der Achtsamkeit, sondern dem Gegenteil, in der Unachtsamkeit. Ellen Langer (1989) begann diese Dualität zu studieren, weil sie von Experimenten gehört hatte, die die wirklichen Folgen der Unachtsamkeit untersuchten. Eine Gruppe Senioren in einem Altersheim konnten sich eine Zimmerpflanze aussuchen, für die sie sorgen mussten, und es wurde zudem von ihnen erwartet, dass sie auch andere Entscheidungen bezüglich ihres Alltags selbst treffen. Einer anderen Gruppe von Senioren wurde einfach eine Pflanze gegeben, um die sich das Personal kümmerte, und es wurde auch nicht von ihnen erwartet, dass sie eigene Entscheidungen treffen. Nach 18 Monaten war die Gruppe, von der Verantwortung und Entscheidungen erwartet wurden, nicht nur in besserer körperlicher, mentaler und emotionaler Verfassung als die andere Gruppe, sondern im Vergleich zur anderen Gruppe waren weniger als die Hälfte der Senioren gestorben. Aus verschiedenen Perspektiven wird also gezeigt, dass Achtsamkeit lebensbejahend ist, während Unachtsamkeit das Leben schwächt.

Typisch „westlich“ in Langers Verständnis ist die vorherrschende Orientierung am Kognitiven, der Aktivität und dem Äußeren. Man überwindet die Tendenz zu Unachtsamkeit, indem man seine Denkweisen aktiv verändert, besonders in Bezug auf die Informationen aus der Außenwelt – also unsere Wahrnehmungen.

Langer versteht die Essenz der Unachtsamkeit als „unreife kognitive Verhaltensweisen" (1989), das heißt aus einer Haltung, zu denken und zu handeln, in der man *schon* weiß. Sie beschreibt drei Merkmale, die dabei problematisch sind. Erstens, wenn wir wachsen, reifen und „gebildet" werden, erschaffen oder lernen wir Kategorien, mit denen wir die Welt ordnen – und dann beginnen sie, uns zu ordnen. Auden (1970) beschreibt das in einem seiner Bücher mit witzigen Beispielen und schreibt, dass wir etwas verunsichert wären, wenn uns Kaffee in einem Weinglas serviert werden würde, oder unser Platz bei einem Steakdinner mit einer Schere anstatt mit Gabel und Messer vorbereitet wäre. Zweitens, obwohl neue Informationen wichtig sind, ist es leicht, die kleinen Veränderungen zu übersehen, weil Sie schon wissen, was Sie erwarten können. (Haben Sie das doppelte *die* im vorhergehenden Satz bemerkt?) Drittens sehen Sie die Welt aus einer bestimmten Perspektive – Ihrer –, und es erscheint richtig und logisch, sie als die einzig mögliche anzuerkennen. Wenn man erkennt, dass es auch andere gibt, kann das ein Schock sein. Sagen wir, Sie verabreden sich mit einem Kollegen für den nächsten Tag um 7 Uhr zum Frühstück. Sie wachen um 5.30 auf und erleben eine ganze Serie von kleinen Katastrophen – die Katze hat sich übergeben, Ihre Unterwäsche ist immer noch im Trockner, der Hund läuft vom Grundstück und auf dem Weg müssen Sie noch tanken und nach dem Weg fragen. Um 7.10 stürzen Sie (ganz außer Atem) heroisch in das Restaurant und werden mit einem „Ich dachte, wir hätten uns für 7 Uhr verabredet?" empfangen. Um Unachtsamkeit zu überwinden, empfiehlt Langer (1989) aktive Methoden der Neuausrichtung unseres Denkens und sogar des konkreten Umgangs mit der Welt, des Lernens, der Problemlösung und Kreativität. Um die Tendenz zu unreifen kognitiven Verhaltensweisen zu überwinden, wird die aktive Anwendung von Strategien empfohlen, um fünf psychologische Zustände herzustellen und aufrechtzuerhalten. Die Kultivierung von Achtsamkeit beinhaltet dann „(1) Offenheit für Neues; (2) Aufmerksamkeit für Unterschiede; (3) Sensibilität für verschiedene Kontexte; (4) implizites oder explizites Gewahrsein verschiedener Perspektiven; und (5) Ausrichtung auf die Gegenwart (1997,

S. 23). Diese Zustände beeinflussen sich ständig, gehen ineinander über und verändern den ganzen Menschen. Ein Beispiel kann hier vielleicht helfen: Bewegend erklärt Langer (1989), dass starke Emotionen gegenüber einem Menschen mit einer Verallgemeinerung zu tun haben können. Wenn ich einem Kollegen feindlich gegenüberstehe, sehe ich ihn nur als eines – schlecht. Wenn ich mich anstrenge, ihn detaillierter zu sehen und zu beschreiben, werden sich aber vermutlich Eigenschaften zeigen, die ich vorher nicht gesehen habe. Nun muss ich also besser unterscheiden, wie mein Kollege wirklich ist, und ich sehe, dass einige seiner Eigenschaften in einem anderen Kontext in der Tat positiv sein könnten. Solch eine Einsicht kann nahelegen, dass er mit anderen Menschen vielleicht anders umgehen kann, und das andere ihn auch in einem anderen Licht sehen. Mein Gefühl wird dadurch möglicherweise schwächer und bei meiner nächsten Begegnung werde ich für ihn im gegenwärtigen Moment präsent sein – und auch offener für das Neue. Langers westliches Verständnis von Achtsamkeit ist an unsere aktive Kultur angepasst, es ist psychologisch verständlich und kann den Menschen auf dem Weg der Transformation weiterbringen.

Dieses Verständnis von Achtsamkeit bietet wichtige Einsichten für die Lehrtätigkeit in jedem Bereich und ist vielleicht besonders gut in der Pädagogik innerhalb der MBIs anwendbar. Langer bemerkt, dass allgemein kulturell akzeptierte Ansätze der Pädagogik das Lernen von Fähigkeiten in zweierlei Weise betonen, entweder von oben nach unten (Top-Down) oder von unten nach oben (Bottom-Up). Dabei zielt die Praxis auf „Overlearning" ab, also das Lernen über den Punkt des Könnens hinaus, so dass die Fähigkeit automatisiert wird – eine *un*achtsame, kontextunabhängige Fähigkeit. Langer setzt dagegen eine Pädagogik, die „auf der Wertschätzung sowohl der konditionierten oder kontextabhängigen Natur der Welt als auch der Bedeutung der Unsicherheit basiert" (S. 15). Wenn wir unter bestimmten Bedingungen lehren, mit ständigem Gewahrsein und Bezug auf das, was in jedem Moment angemessen ist, dann bleiben die Teilnehmer/innen aktiv und nutzen die angebotenen Informationen kreativ für ihren jeweiligen Kontext, Moment für Moment, Tag für Tag. Es ist erstaunlich, wie grundlegend dies in der Pädagogik der MBIs zum Ausdruck kommt: Es wird noch klarer werden, wenn wir im 5. Kapitel die Fertigkeiten oder Kompetenzen des Lehrers beschreiben.

Unachtsamkeit, das Neue und die Wurzeln der westlichen Psychologie

In der ersten Hälfte des 19. Jahrhunderts wurden viele der akademischen und klinischen Disziplinen und Diskurse, die wir heute kennen, begründet. In Deutschland trafen sich der Physiologe E. H. Weber und der Physiker Gustav Fechner in einem gemeinsamen Interesse. Webers Erforschung der Wahrnehmungssysteme half Fechner herauszufinden, wie man Sinnesempfindungen messen konnte. Fechner bestimmte eine Maßeinheit, die *Unterschiedsschwelle,* die mit der psychologischen Sinneserfahrung auf einen messbaren Reiz verbunden war. Somit konnten Schwellenwerte für die Wahrnehmung ermittelt werden, wie zum Beispiel dieser sympathische Wert für das Hören: „das Ticken einer Armbanduhr in sechs Metern Entfernung in einem stillen Raum" oder „ein Insekt, das aus einem Zentimeter Entfernung auf die Wange fällt" für Berührung (Schwartz, 1986, S. 50). Die nächste Unterschiedsschwelle würde dann eine Skala formen. Solche Messdaten ermöglichten psychophysikalische Experimente – und führten zu Fechners Ruf als Begründer der quantitativen Psychologie. Aus seinen Experimenten schloss er sein psychophysikalisches Gesetz, welches besagt, dass die Stärke einer Sinnesempfindung proportional zum Logarithmus des Schwellenwertes ist. Oder einfacher: Wenn ein Stimulus stärker wird, werden die gleichen Zunahmen immer schwächer wahrgenommen – weil sie im Verhältnis zur wachsenden Zahl der Vergleichsmöglichkeiten wahrgenommen werden. Das ist die Grundlage der Dezibelskala. Eine klare und einfache Illustration ist eine dreistufig dimmbare Glühlampe (Dossey, 2004): Von Dunkelheit zu 50 Watt Licht ist eine dramatische, leicht wahrnehmbare Veränderung; die nächste Stufe von 50 zu 100 Watt ist eine genauso große Zunahme, sie ist aber viel undramatischer; und die dritte Stufe, von 100 zu 150 Watt ist wiederum eine genauso große Zunahme, sie kann aber leicht unserer Wahrnehmung entgehen, weil wir uns an den Hintergrund von 100 Watt gewöhnt haben. Genauso ist es mit der Crème brûlée, auf die Sie sich in Ihrem Lieblingsrestaurant freuen. Der erste Löffel bringt Sie in höchste Verzückung, der zweite ist köstlich und den dritten bemerken Sie gar nicht mehr, wenn Sie sich wieder dem Gespräch mit Ihren Gästen widmen. Sie haben sich an die Crème brûlée gewöhnt.

Fechners Gesetz hat vielleicht nicht den zunehmend verfeinerten Kritiken und Methodologien standgehalten, aber es hat einen wahren Kern. Und es bietet metaphorische Möglichkeiten für die Kultur, von der wir alle ein Teil sind und an die wir uns gewöhnt haben. Wie Langer bemerkte, verändert uns die Erfahrung des *Neuen* und bringt uns aus unserer Gewohnheit in den gegenwärtigen Augenblick. Menschen im Westen scheinen von neuen und kraftvollen Erfahrungen abhängig zu sein, die *von außen* kommen, um uns zur Achtsamkeit *zu führen* – die uns also dazu zwingen, unsere Welt zu erfahren. Aber unsere Beziehung zum Neuen ist komplex. Denken Sie zum Beispiel an die Entwicklung der abendländischen Kunst von der Renaissance bis hin zur Moderne und darüber hinaus, bei der mit jeder nächsten Entwicklung eine neue, und nicht immer angenehme Sichtweise der Welt einherging, die als eine Geschichte der Emergenz gesehen und behandelt wurde – jede neue Bewegung bringt etwas Neues, eine neue Perspektive, eine Veränderung des Kontextes und eine spezifische neue Kategorie (z. B. Danto, 1993). Den gleichen Impuls zum Neuen – und den Widerstand dagegen – sehen wir in der Geschichte der Musik und der darstellenden Künste im Westen. In ähnlicher Weise ist die Werbung vom Neuen abhängig, wobei eine erfolgreiche Werbung daran gemessen wird, ob eine Botschaft aus der Ähnlichkeit mit anderen herausgehoben wird. Das erklärt die Zunahme der Verwendung von Spezialeffekten und die Zunahme des Vulgären in den Medien.

Es scheint sinnvoll, dass wir als professionelle Achtsamkeitslehrer/innen sowohl die westliche als auch die östliche Perspektive in unserer Pädagogik berücksichtigen. Wenn uns dies gelingt, können wir die Teilnehmer/innen durch das Neue von *außen* und durch die Neuheit des Anfängergeistes von *innen* in den gegenwärtigen Moment führen.

Der (beginnende) Diskurs über Intersubjektivität und Achtsamkeit

Unsere Definition und unser Modell von Achtsamkeit wurden von uns aus den Herausforderungen des Lehrens entwickelt. Unser wichtigstes Ziel besteht darin, ein „klinisch" anwendbares Schema zu erarbeiten, das leicht einprägsam und schnell zugänglich ist, um bei der Entscheidungsfindung in jedem neuen Augenblick in der Gruppen- oder Einzelarbeit zu helfen. Die Einsichten aus dem buddhistischen Denken, der postmodernen Philosophie und der Forschung der Bindung bei Neugeborenen und der menschlichen Entwicklung haben dazu geführt, dass die Idee von isolierten, individuellen und vernunftbegabten Identitäten ernsthaft hinterfragt oder gar abgelehnt wird (Gergen und Hosking, 2006; Tronick, 2007). Trotzdem wurde die große Mehrheit der Studien über Achtsamkeit durch den wissenschaftlichen Diskurs eingeengt, der die Erfahrungen des Einzelnen hervorhebt. Als Folge dessen müssen wir in vielen Bereichen von Daten ausgehen, die mit Testpersonen entstanden, die in scheinbarer Isolation studiert wurden, während sie eine objektiv definierte Achtsamkeitsmeditation praktizierten. Eine andere Sichtweise wäre die Untersuchung von Testpersonen, die in Beziehung gesehen werden und eine Achtsamkeitsmeditation praktizieren, die in Beziehungen ko-kreiert wurde.

Was wir hier vorstellen, ist vorläufig und pragmatisch. Wir sehen die Erfahrung der Achtsamkeit im Seminarraum und in der Therapie aus der Perspektive der ersten Person, aus der wir gesehen haben, was für die Teilnehmer/innen hilfreich war, damit sie „es" verstehen können; aus der Perspektive der dritten Person in den Diskursen der empirischen Erforschung der MBIs, in neuen Erkenntnissen der sozialen Neurobiologie und in der fortlaufenden Erforschung der Interaktion und Bindung zwischen Eltern und Kind; und aus der Perspektive der Systemtheorie, der Philosophie und Anthropologie.

Zwei faszinierende Ausgangspunkte

Die Möglichkeiten für einen intersubjektiven Diskurs über Achtsamkeit ergeben sich sowohl auf erfahrungsmäßiger als auch auf empirischer

Ebene. Dieser Diskurs kann als wichtig empfunden werden und es gibt auch schon (erste) Untersuchungen darüber.

Im Bereich der Erfahrung möchten wir hier eine Geschichte mit Ihnen teilen, die vielleicht auf Resonanz stößt. *Bevor ich die Klangschale für das Ende der letzten Meditationssession eines Tages-Retreats anschlage, öffne ich meine Augen und blicke in den Kreis der 60 anderen Teilnehmer/innen. Ich sehe die Stille in der Haltung, schwer erkämpft oder einfach durch Hingabe erreicht. Ich sehe eine Entspannung in den Gesichtern, die alles halten kann: von leiser Freude bis zu tiefer Trauer. Ich bin mir der ununterbrochenen Stille bewusst, die sich mit dem Summen der Klimaanlage, den Stimmen in der Lobby und dem Verkehr auf der Straße mischt. Ich bin mir des Friedens bewusst, der sich in mein Sein legt. Und bin mir gleichzeitig des Wunsches bewusst, an diesem Moment festzuhalten, ihn nicht zu zerbrechen und für immer darin zu verweilen. Ich schlage die Klangschale.*

Ich schlage die Klangschale und die anderen Teilnehmer/innen nehmen die Umgebung der Gruppe auf ihre Art wahr. Vielleicht werden wir alle von Frieden erfüllt, als der Klang langsam verklingt. Ganz sicher sitzen wir zusammen in einer Ruhe, die niemand stören möchte. Neugierig frage ich schließlich: „Was bemerken Sie? Wie ist jetzt die Energie im Raum?“

Zögerlich kommen die Antworten. „Ich bemerke, dass ich nicht möchte, dass das endet.“ Stille. „Die Energie ist stark … gut … ausgeglichen.“ Wieder Stille. „Ich fühle mich wach, aber da gibt es keine Spannung, keine Angst davor, was als Nächstes kommt.“ Nicken und zustimmendes Flüstern. „Meine Großmutter hat immer gesagt: Wenn eine Gruppe von Menschen still wird, dann geht ein Engel vorüber.“ Zustimmendes Rascheln und tieferes Ein- und Ausatmen.

Ich teile ein Bild. „Ich fühle eine ‚gemeinsame Stille‘.“ Kopfnicken, einige blicken zu mir. „Es ist, so als ob man auf einer langen Fahrt mit jemandem wäre, den man sehr gut kennt, und es gibt einfach kein Bedürfnis zu sprechen.“ Mehr Teilnehmer/innen nicken. „Aber wir sind 60 Leute. Wir sind also vielleicht auf einer gemeinsamen Busreise.“ Langsam, sanft, Schritt für Schritt bewegen wir uns mit jedem Teilnehmer, der zu sprechen beginnt, tiefer in ein gemeinsames Gebiet.

Aus empirischer Perspektive dauerte es fast 30 Jahre, bis das geschehen konnte, aber die erste bedeutsame Studie von Gruppeneffekten in MBSR wurde schon durchgeführt (Imel, Baldwin, Bonus und MacCoon, 2008). In der Arbeit mit Daten aus 60 Gruppen, die mehr als 600 Menschen umfassen, nutzten die Forscher multidimensionale statistische Modelle, um herauszufinden, wie sehr sich die Teilnehmer/innen in den Gruppen in der Veränderung ihrer Symptome zwischen dem Zustand vor und nach der Intervention unterschieden. Diese Veränderungen wurden mit der Schwere der Symptome vor der Intervention verglichen.

Die Ergebnisse stimmten mit dem überein, was ein Lehrer aus der direkten Erfahrung der Achtsamkeit in Gruppen vorhergesagt hätte. Der Gruppeneffekt (was immer das sein mag!) war für 7 % der Veränderungen bei den Ergebnissen mit psychologischen Symptomen verantwortlich. Um diese 7 % in einen Kontext zu setzen, sehen wir in der individuellen Psychotherapie, dass die therapeutische Beziehung, die lange als wichtigster Faktor für die Ergebnisse galt, für 5 % der Veränderungen verantwortlich ist (Horvath und Bedi, 2002). In ihrer Interpretation dieser Ergebnisse kommen Imel und Kollegen (2008) zu dem Schluss:

„(a) dass die Gruppe eine Wirkung auf die Fähigkeit des Einzelnen hat, spezifische Achtsamkeitstechniken zu erlernen und zu praktizieren, (b) dass etwas in der Gruppe das Ergebnis durch Wege beeinflusst, die nicht direkt mit Achtsamkeit zu tun haben (zum Beispiel Erwartung von Veränderung, Unterstützung, Zusammenhalt in der Gruppe), oder (c) eine Kombination von beidem“ (S. 741), wobei Letzteres das Wahrscheinlichste ist.

Zurück zur Erfahrung: Tatsächlich *geschieht in der Gruppe etwas Besonderes.* Regelmäßig hören wir von Teilnehmern Sätze wie: „Es fällt mir schwer, die Praxis zu Hause zu üben, aber in der Gruppe kann ich es“ oder „Ich weiß nicht warum, aber in gewisser Weise ist die Praxis viel tiefer, wenn ich in der Gruppe bin“. Lassen Sie uns hier einige Punkte genauer beleuchten.

Eine intersubjektive Neurobiologie der Achtsamkeitspraxis: Lassen Sie uns mit einem mikroskopischen Blick in eine einzige Gehirnzelle beginnen. Forscher, die mit Affen arbeiten, haben herausgefunden, dass dasselbe Motoneuron, das aktiviert war, wenn der Affe ein Objekt ergriff oder zerriss, *auch* aktiv war, wenn der Affe zusah, wie ein Wissenschaftler das Gleiche tat (Gallese et al., 1996). Diese Zellen wurden als *Spiegelneurone* bezeichnet, und man geht davon aus, dass sie auch im Menschen vorhanden sind.

Akzeptanz und Zusammenhalt in der Gruppe

Der Beitrag der gemeinsamen Erfahrung von Achtsamkeitspraxis in der Gruppe könnte mit den Begriffen traditioneller Gruppentherapie, mit Akzeptanz oder Zusammenhalt, beschrieben werden (Block und Crouch, 1985; Yalom, 1985). Oder man könnte ihn, wie Yalom (1985) meint, aus der Sicht des Therapieansatzes von Rogers als eine kollektive Form bedingungsloser Beachtung und Rücksicht verstehen. Yalom (1985) bemerkt, dass Akzeptanz durch die Gruppe für ihre Mitglieder sogar mächtiger und wirksamer als Akzeptanz durch den Therapeuten sein kann. Tatsächlich kommt eine Auswertung empirischer Belege zum Verhältnis von Zusammenhalt in der Gruppe und Verbesserung des Zustandes des Patienten (Burlingame et al., 2002) zu dem Ergebnis, dass Zusammenhalt (in der Gruppe) ein aussagekräftiger Prädiktor für den Therapieerfolg ist. Dafür, dass dieser Zusammenhalt hergestellt und aufrechterhalten werden kann, ist die Gruppe selbst wichtiger als jedes einzelne Mitglied oder der Leiter.

Ihre Funktion bildet die Grundlage einer Theorie der Simulation des Gedankenlesens, in der diese Spiegelneuronen Teil eines Systems sind, das uns hilft, innerlich die Handlungen und sogar Absichten anderer zu erkennen, zu fühlen und nachzuvollziehen (Gallese und Goldmann, 1998). Diese Mechanismen haben sich möglicherweise entwickelt, um wichtiges Gruppenverhalten wie Jagen, Sammeln und kollektiven Schutz vor Raubtieren oder der Aggression von anderen Gruppen (Cozolino) zu optimieren. Wie Siegel es ausdrückt: „Das sind große Neuigkeiten: Spiegelneuronen zeigen die tiefe soziale Natur unseres Gehirns."

Wir Menschen sind von Grund auf so geschaffen, dass wir uns aufeinander einstimmen und miteinander in Resonanz sind. Der allgemeine Begriff ist *Empathie.* Denken Sie einen Moment darüber nach, was in Ihrem Körper geschieht, wenn Sie sehen, wie ein Freund (oder sogar ein Fremder!) sich den Finger in der Tür oder Schublade einklemmt. Sie haben gerade eine direkte Erfahrung dessen gemacht, was Daniel Siegel (2007) als den „Resonanzkreislauf" bezeichnet hat. In diesem Kreislauf, den Carr, Iacoboni, Dubeau, Maziotta und Lenzi (2003) beschrieben haben, nimmt das System der Spiegelneurone die Bewegung, sagen wir den Finger in der Schublade, auf, verarbeitet sie und sendet sie zum unteren Schläfenlappen, wo die Sinnesempfindungen vorausgesagt werden (starker Schmerz!). Dann wird diese Information über die Insula in die limbischen Regionen weitergeleitet, die den emotionalen Inhalt (Überraschung, Wut) verarbeiten. Diese Information wird wiederum durch die Insula zum Stirnlappen geleitet, wo sie interpretiert wird und schließlich Ihrem Freund zugeordnet wird. Der Kreislauf ist geschlossen. Ihre somatischen und emotionalen Zustände sind nun auf Ihren Freund eingestimmt: Sie spannen Ihre Hand an, schrecken zurück und sagen vielleicht sogar „Autsch". Die Empathie, die Sie fühlen, basiert auf der Wahrnehmung und Erfahrung Ihres Freundes – mit/in Ihrem eigenen Körper. Wenn Sie dann sagen, „Ich fühle mit dir", dann meinen Sie das wirklich. Dieses Beispiel benutzt leicht zugängliche und kraftvolle Bilder und Empfindungen, die man leicht in der Vorstellung nachvollziehen kann, so dass Sie die Gefühle – und das Konzept – durch die wenigen gelesenen Informationen verstehen können. Wichtiger in unserem Kontext ist die Subtilität, mit der das vor sich geht, wenn Sie tatsächlich in der Gegenwart eines anderen Menschen sind und viel mehr Informationen erhalten: Gesichtsausdruck, Haltung, Stimme, Sprache, Gestik und andere nonverbale Kommunikationsmittel. Jemand lächelt, und Ihre Spiegelneuronen werden aktiviert, um bei Ihnen den gleichen Gesichtsausdruck hervorzurufen. Durch den Resonanzkreislauf setzen Sie sozusagen das Gesicht des anderen auf – und imitieren es implizit oder explizit –, so dass Sie die verkörperte emotionale Erfahrung des anderen in diesem Moment teilen.

Siegel (2007) schlägt vor, dass es eine mögliche Verbindung zwischen dem sozialen Gehirn und dem Resonanzkreislauf und dem intrasubjektiven Prozess der Achtsamkeitsmeditation geben könnte. Es beginnt mit der Absicht. Durch das Resonanzsystem können Sie die beabsichtigten Handlungen anderer vorhersehen und sogar nachvollziehen. Das ist die Information, durch die Fechter einen Angriff parieren und zum Gegenangriff übergehen können, und durch die Tänzer Schritte vorhersehen und in fließenden Bewegungen aufeinander reagieren können. Der nächste Schritt besteht dann darin, dass das Resonanzsystem reflexartig funktioniert und es Ihnen ermöglicht, nicht nur die Absichten anderer, sondern auch Ihre eigenen absichtsvollen Zustände – wie konkret oder abstrakt diese auch sind – vorherzusehen und sich im gegenwärtigen Moment auf diese Zustände einzustimmen.

Beginnen wir mit etwas Konkretem: eine Meditation mit dem Gewahrsein des Atems. Sie sind sich des Einatmens bewusst. Ihr Resonanzkreislauf sagt voraus, dass ein Ausatmen kommen wird. Es geschieht! Und es geschieht wieder. Wenn Sie sich so auf Ihre eigene Absicht einstimmen, werden Sie Atem für Atem immer tiefer mit sich selbst in Resonanz kommen. Das ist eine Urerfahrung, wie das Neugeborene und die Bezugsperson sich aufeinander einstimmen, um eine sichere Bindung zu schaffen, was wir im nächsten Abschnitt noch genauer untersuchen werden. Wie Siegel (2007) anmerkt, trifft das gleiche Muster auch für abstraktere Absichten zu, wie zum Beispiel die unterschiedslose Aufmerksamkeit in der Meditationspraxis. Wenn wir auch die Haltung des „Komme, was wolle" nicht im Resonanzsystem finden können, so ist doch die Absicht, offen zu sein, leicht darin zu finden. Wenn Ihre Erfahrung mit der Haltung der Offenheit übereinstimmt, beginnt die intrasubjektive Resonanz.

Die hier beschriebene Fähigkeit, durch die wir mit uns selbst und mit anderen in Resonanz treten, legt nahe, dass es Verbindungen zwischen dem individuellen Meditierenden und der Gruppe gibt, vom einzelnen Fahrgast zu allen Mitfahrern im Bus. Zwei weitere Ebenen von Ideen können uns helfen, ein Modell der Gruppenachtsamkeit zu formulieren, das Achtsamkeitslehrer/innen bei der Arbeit im Seminarraum nützlich finden werden. Die erste neue Ebene von Ideen besteht aus der meist bewussten, expliziten Regulierung unserer inneren Erfahrung, und die zweite neue Ebene von Ideen finden wir in der meist unbewussten, impliziten Selbstregulierung. Beide reflektieren das evolutionäre, phylogenetische Prinzip, das besagt, dass neuere, komplexere Strukturen des Nervensystems ältere und weniger komplexe Strukturen kontrollieren können.

Einerseits ist beim oben beschriebenen intrasubjektiven Resonanzkreislauf der präfrontale Kortex (PFC) als eine neuere und komplexere Struktur an der Interpretation und Zuordnung von Gefühlen beteiligt. Dass der PFC Teil dieses Kreislaufs ist, könnte sehr bedeutsam sein (Siegel, 2007, 2009). Die Achtsamkeitspraxis scheint die Fähigkeit des PFC zu nutzen – besonders die medialen und ventrolateralen Bereiche –, um die Reaktionen des limbischen Systems zu regulieren, besonders die Amygdala, eine ältere, weniger komplexe Struktur. Neuere Studien (Creswell, Baldwin, Way, Eisenberger & Liebermann, 2007; Lieberman, Eisenberger, Crockett, Tom, Pieffer & Way, 2007) legen nahe, dass zum Beispiel die Achtsamkeitsmethode des Benennens von Emotionen diese Bereiche des PFC so aktiviert, dass die Aktivität der rechten Amygdala gemindert wird, wodurch negative Affekte und Reaktionen verringert werden. Diese „Dämpfung" von Reaktionen wird schon seit Langem in der Meditationsforschung beschrieben (z. B. Davidson, R., Schwartz, G, und Rothman, L, 1976; Schwartz, G, 1975; S. McCown, 2004, für einen Überblick).

Somit bietet die Achtsamkeitspraxis eine Seinsweise, in der die limbische Reaktivität verringert wird, was die Möglichkeit eröffnet, schwierige emotionale Erfahrungen zu beobachten, anzunehmen und sogar zu untersuchen, und für das, was in einem selbst und anderen im gegenwärtigen Augenblick geschieht, offen zu sein. Zudem ist das nicht nur ein Zustand, den Achtsamkeitspraktizierende während der Praxis erfahren. Es scheint, dass das zu einem Wesenszug werden kann, zu einer Fähigkeit in unserem Alltag in der Welt.

Studien zeigen, dass Achtsamkeitspraxis das Gehirn verändert. Die Gehirne von Langzeit-Achtsamkeitspraktizierenden zeigten im Vergleich mit einer Kontrollgruppe zum Beispiel eine Zunahme der Dicke in Bereichen der Hirnrinde, die für sensorische, kognitive und emotionale Verarbeitung verantwortlich sind (Lazar, Kerr, Wasserman, Gray, Greve, Treadway, et al., 2005). Es wurde gezeigt, dass Achtsamkeitstraining, selbst für kurze Zeitdauer, wie beim achtwöchigen MBSR-Curriculum, Zustände und Charakterzüge im Zusammenhang mit Angst und negativen Affekten verringert, und gleichzeitig positive Affekte verstärkt (Davidson, Kabat-Zinn, Schumacher, Rosenkranz, Muller, Santorelli, et al., 2003). Vor Kurzem wurde MBSR mit Veränderungen der Hirnstruktur in Verbindung gebracht, die besonders interessant sind: Ein geringes Maß von wahrgenommenem Stress korrelierte positiv mit der Verringerung der grauen Substanz in der rechten Amygdala (Hölzel, Carmody, Evans, Hoge, Dusek, Morgan, et al., 2009). Das ist das Gebiet, in dem negative Affekte und Reaktivität durch Achtsamkeit und das Benennen von Emotionen verringert wird, wie die oben zitierten Studien von Creswell et al. und Lieberman et al. belegen.

Bei der nächsten Ebene von Informationen geht es um ein unbewusstes System, das dafür sorgt, dass wir Gefahr oder Sicherheit erkennen und darauf reagieren. Es wurde von Stephen Porges (1995, 2004) beschrieben, und seine „Polyvagal-Theorie“ [12] über die Regulierung des vegetativen Nervensystems (VNS) hat eine große Erklärungskraft für das Geschehen in der Achtsamkeitsgruppe. Die Theorie basiert auf der Evolution des VNS in Wirbeltieren, bei denen drei phylogenetische Stadien vorkommen, die sich bei Säugetieren als drei Untersysteme zeigen. Diese drei Untersysteme stehen im Zusammenhang mit drei Verhaltensstrategien, die uns dabei helfen, uns der ganzen Breite möglicher Umwelteinflüsse anzupassen, von katastrophal und lebensbedrohend zu gefährlich oder herausfordernd bis sicher und umsorgt. (Die nun folgende Beschreibung finden Sie in Porges, 1995, 2001, 2003, 2004, 2007, 2009.) Die erste Strategie ist Bewegungslosigkeit oder vorgetäuschter Tod – „Gefrieren“ –, eine reptilienartige Strategie, die mit dem Untersystem eines primitiven, marklosen Vagusnerv assoziiert wird, der auf Gefahr mit starker Senkung des Stoffwechsels reagiert. Die zweite Strategie ist Bewegung – „Kampf oder Flucht“ –, eine Strategie, die mit dem sympathischen Nervensystem und der Achse Hypothalamus-Hypophyse-Nebenniere assoziiert wird, und die reagiert, indem bei Gefahr der Stoffwechsel für Kampf oder aktive Vermeidung verstärkt wird. Die dritte Strategie ist soziale Interaktion – Ruhe und Kommunikation –, die mit dem markhaltigen Vagusnerv assoziiert wird, der auf ein Gefühl der Sicherheit damit reagiert, dass er den Herzschlag senkt, die Reaktivität des sympathischen Nervensystems verringert und die Reaktion der Achse Hypothalamus-Hypophyse-Nebenniere dämpft. Zudem reguliert dieses dritte Untersystem auch die Muskeln und den Kopf für soziale Interaktion: Das Öffnen der Augenlider ermöglicht Augenkontakt,

---

12 Die Polyvagal-Theorie betont, dass das Nervensystem von Säugetieren nicht nur für die Anforderungen aus der Umwelt und wahrgenommenen Stress oder Bedrohung empfindlich ist. Es reorganisiert sich auch – in vorhersagbarer Reihenfolge – schnell in verschiedene neural vermittelte Zustände. Die Polyvagal-Theorie zwingt uns, gefährdetes soziales Verhalten aus einer anderen Perspektive zu betrachten. Die Theorie unterstreicht, dass der Spielraum für soziales Verhalten durch den physiologischen Zustand limitiert wird. Sie betont, dass Mobilisierungs- und Immobilisationsverhalten adaptive Strategien eines herausgeforderten (zum Beispiel verängstigten) Individuums sein können.

und die gleichen Nervenstränge ermöglichen auch, dass das Innenohr an die Schwingungsbreite der menschlichen Stimme angepasst wird; die Gesichtsmuskeln bieten Ausdrucksmöglichkeiten, laryngale und pharyngale Muskeln ermöglichen Feinheiten in Klang und Sprache; und Muskeln für die Kopfbewegung ermöglichen ausdrucksstarke Gesten.

Das Untersystem der sozialen Interaktion ist vielleicht besonders wichtig, wenn wir die intersubjektive Resonanz der Achtsamkeitsgruppe untersuchen. Die Polyvagal-Reaktion auf wahrgenommene Sicherheit ist transformierend. Sie vermindert die Verteidigungsstrategien des Kampfes, der Flucht und des Erstarrens. Sie gibt den Gesichtsmuskeln und dem Kopf die Spannung, die für soziale Kommunikation gebraucht wird. Und sie führt zur Ausschüttung des Neuropeptids Oxytocin (das „Liebes"-Hormon, das bei der Geburt, in der Stillzeit und bei Paarbindungen freigesetzt wird), was zu einem Zustand führt, den Porges als „Bewegungslosigkeit ohne Angst" (2004, S. 21) bezeichnet – eine Offenheit für Begegnung und Annahme. Diese Transformation ist nur möglich, wenn wir uns sicher fühlen. Wie entsteht diese Wahrnehmung implizit, also auf einer tieferen Ebene als unsere bewusste Erfahrung? Porges (s. 2003, 2004, 2009) ist der Ansicht, dass wir ständig unsere Umwelt nach Risiko und Sicherheit überprüfen. Dabei verwenden wir etwas, das Porges „Neurozeption"[13] nennt, um zu verdeutlichen, dass es mit subkortikalen Prozessen assoziiert ist statt mit bewusster Wahrnehmung. Die Neurozeption von bekannten oder freundlichen Gesichtern, Stimmen, Gesten und Haltungen kann die Strategie der sozialen Interaktion auslösen, was wiederum das Gefühl von Sicherheit verstärkt. Deshalb sind das Gefühl der Sicherheit und die unbewusste Polyvagal-Reaktion darauf in einer Gruppe potenziell rekursiv und selbstverstärkend. Aber die Neurozeption kann auch von intrasubjektiven, instinktiven Zuständen beeinflusst und geschwächt werden. Das heißt, wenn die Strategien von Kampf, Flucht oder Erstarren aktiv sind, ist es schwieriger, die prosozialen Signale zu erkennen, die dazu beitragen, dass die Reaktivität gedämpft und

13 Fühlen wir uns sicher? Spüren wir eine Gefahr? Oder ist eine Bedrohung im Raum, sind wir vielleicht gar in einer lebensbedrohlichen Situation? Porges stellt mit seinem System der Neurozeption die These auf, dass unser autonomes Nervensystem sich immer auf eine dieser drei Ebenen ausrichtet und dass wir damit in unserem Unterbewussten ein Informationssystem tragen, das uns wertvolle Orientierungsmöglichkeiten für Therapie und Alltag geben kann.

die Strategie der sozialen Interaktion wirksam wird. Dann werden möglicherweise sowohl Selbstregulierung als auch soziale Unterstützung nötig sein, um die innere Ruhe der sozialen Interaktion wiederherzustellen.

Es scheint, dass der Prozess der Neurozeption und der Resonanzkreislauf die gleichen neuralen Strukturen (besonders im Schläfenlappen) benutzen, die für den visuellen Input für das Spiegelneuronensystem notwendig sind, damit Bewegungen, Gesichtsausdrücke und Stimmmerkmale erkannt werden können (Porges, 2003, 2009; Thompson, Thompson & Reid, 2009). Porges betont die Verbindungen zwischen dem Schläfenlappen und der Amygdala und die Möglichkeit einer Top-Down-Hemmung der Strategien von Kampf, Flucht und Erstarren auf einer automatisierten, impliziten Ebene des Bewusstseins. Die Studien von Creswell et al. (2007) und Lieberman et al. (2007) beschreiben andererseits, dass Achtsamkeit, besonders das Benennen von Emotionen, vom präfrontalen Kortex abhängt und die limbische Reaktivität auf einer absichtsvollen, expliziten Ebene von Bewusstsein hemmt.

Bisher haben wir intrasubjektive Resonanz und Selbstregulierung beschrieben; wir haben die Erfahrung also aus einer individuellen Perspektive betrachtet. Nun können wir uns einer geteilten Perspektive zuwenden, um zu sehen, wie die Gruppe durch die Achtsamkeitspraxis beeinflusst wird. Wir können uns auf die intersubjektive Resonanz fokussieren. Der „zuständige Philosoph“ der Spiegelneuronentheorie, Vittorio Gallese (2003, 2006), behauptet, dass die Fähigkeit der Spiegelneuronenaktivität, die Erfahrungen des „Ich mag“ oder „als ob“ in Bezug auf die sensorischen, absichtlichen oder emotionalen Zustände anderer hervorzubringen, von der Existenz eines gemeinsamen „wir-zentrischen“ Raumes abhängt. Dieser Raum wird durch einen Prozess verkörperter Stimulation geschaffen, der automatisch durch die Beobachtung des anderen ausgelöst wird. Wir haben diesen Raum und diesen Prozess seit unserer Geburt benutzt, um unsere soziale Umgebung zu verstehen. Gallese beschreibt es so: „Wenn wir andere handelnde Menschen beobachten und uns der ganzen Breite ihrer Ausdruckskraft öffnen (wie sie handeln, die Emotionen und Gefühle, die sie ausdrücken), entsteht automatisch eine sinnvolle interpersonelle Verbindung“ (2003, S. 519). Lassen Sie uns nun über die gemeinsame Stille im „Reisebus“ der Achtsamkeitsgruppe sprechen. Wir können sogar ein Modell formulieren, das sich allgemein in den MBIs als nützlich erweisen könnte (Bild 3.3). Gehen wir also zurück zu dem Tages-Retreat. Denken Sie an den Augenblick, als der Klang der Klangschale die Meditation beendete. Sicher gab es bei den 60 Leuten im Raum ganz unterschiedliche Erfahrungen. Einige, vielleicht sogar die Mehrheit, war intrasubjektiv in Resonanz und war mehr dazu geneigt, sich ihrer Erfahrung in diesem Moment zuzuwenden, statt sie zu vermeiden. Andere hatten in ihren Meditationen vielleicht mit Schwierigkeiten zu kämpfen oder machten sich Sorgen darüber, was als Nächstes kommen mag, oder dösten einfach vor sich hin. Als sich die Gruppe in der Stille und im Schweigen wieder miteinander verband, begegneten sie einander – mit der vollen Spannbreite ihrer Ausdruckskraft – und wurden davon berührt. Für die vielen unter ihnen, die eine intrasubjektive Resonanz erfuhren, wurden ihre Erfahrungen dadurch berührt, geteilt und verstärkt. Für einige, die Schwierigkeiten hatten, boten die Gesichter und Haltungen der Teilnehmer/innen in Resonanz ein Objekt für verkörperte Stimulation, das automatisch ihre Erfahrung veränderte. Und für jeden, der in einem stark reaktiven Zustand von Kampf, Flucht oder Erstarren war, erfüllten die Signale der Sicherheit, die der Neurozeption zugänglich wurden, den Raum, und boten eine optimale Umgebung, um die Strategie der sozialen Interaktion zu unterstützen. Wir könnten also mit Gallese zusammenfassend sagen, dass die Gruppe einen gemeinsamen, sinnvollen, wir-zentrischen Raum geschaffen hat – und auf die Einladung für Anmerkungen nach der Zeit der Stille entstand eine Art Gedicht:

> *„Ich bemerke, dass ich nicht möchte, dass das endet.“*
> *„Die Energie ist stark … gut … ausgeglichen.“*
> *„Ich fühle mich wach, aber da gibt es keine Spannung,*
> *keine Angst davor, was als Nächstes kommt.“*

Die Handlungen, die dieses Gedicht hervorgebracht haben, können als intersubjektiver Resonanzkreislauf beschrieben werden. Der intrasubjektive Resonanzkreislauf befindet sich im Spiegelneuronensystem, im limbischen System und der Insula jedes Teilnehmers, und ist damit leicht zu lokalisieren.

Der intersubjektive Resonanzkreislauf hingegen ist nicht so leicht zu lokalisieren. Sicher werden auf der neurophysiologischen Ebene die gleichen Strukturen benutzt wie beim vorhergehenden, aber die Lokalisierung ist nicht so leicht festzulegen. Stattdessen ist dieser Resonanzkreislauf auf die Teilnehmer/innen und im gemeinsamen Raum verteilt. Auf der konkretesten Ebene gehört zu seinen Bestandteilen auch die Fülle von nonverbaler und verbaler Kommunikation jedes Teilnehmers – Gesichtsausdruck, Augenkontakt, Haltung, Atemfrequenz, Gestik, Stimmlage, Sprachrhythmus, Schweigen, Duft und sogar soziale Signifikanten. Weniger konkret sind natürlich Bestandteile wie die Empfindungen, Affekte und das Verstehen, die von der Gruppe vermittelt (und gehalten) werden. Der intersubjektive Resonanzkreislauf pulsiert mit dieser Energie und Information, wenn die Teilnehmer die verkörperte Erfahrung des Augenblicks sowohl bewusst als auch unbewusst durch Neurozeption und Perzeption (Wahrnehmung) miteinander teilen und stimulieren.

Das Bild 3.3 kann nun auf den Unterricht angewendet werden. Weil es ein vorgegebenes Modell ist, kann man überall in dem Diagramm beginnen. Um eine fruchtbare Atmosphäre zu schaffen, kann der Lehrer zum Beispiel den Kurs mit einer Achtsamkeitspraxis beginnen. Das kann einige der Teilnehmer in den Zustand der intrasubjektiven Resonanz bringen (A), was wiederum zu einer emotionalen Befindlichkeit führt, die die Haltung der Offenheit und Annahme gegenüber der Erfahrung des gegenwärtigen Moments unterstützt (B1). Am Ende der Praxis ist die volle Ausdruckskraft der Teilnehmer/innen für automatisierte Stimulation aktiv, und dadurch ist möglicherweise die intersubjektive Resonanz möglich (C). Hier sind ein zweites Szenario und eine zweite Art der Verwendung dieses Modells: Ein konfliktreicher Moment zwischen zwei Teilnehmern in einer Seminareinheit könnte die intersubjektive Resonanz gefährden (C), weil die Neurozeption eine Verringerung der Sicherheit wahrnimmt und die Gefühlslage der anderen Teilnehmer/innen sich zu Reaktivität und Rückzug verändert (D2). Ein Appell der Lehrerin an die zwei Streitenden und die ganze Gruppe, sich kurz in die Achtsamkeitspraxis zu begeben, kann die Teilnehmer/innen in ihre augenblickliche Erfahrung zurückbringen, und möglicherweise intrasubjektive Resonanz (A) schaffen, Reaktivität vermindern und Offenheit und Annahme in der Gruppe der Teilnehmer/innen wahrscheinlicher ma-

Die Arbeit mit intra- und intersubjektiver Resonanz

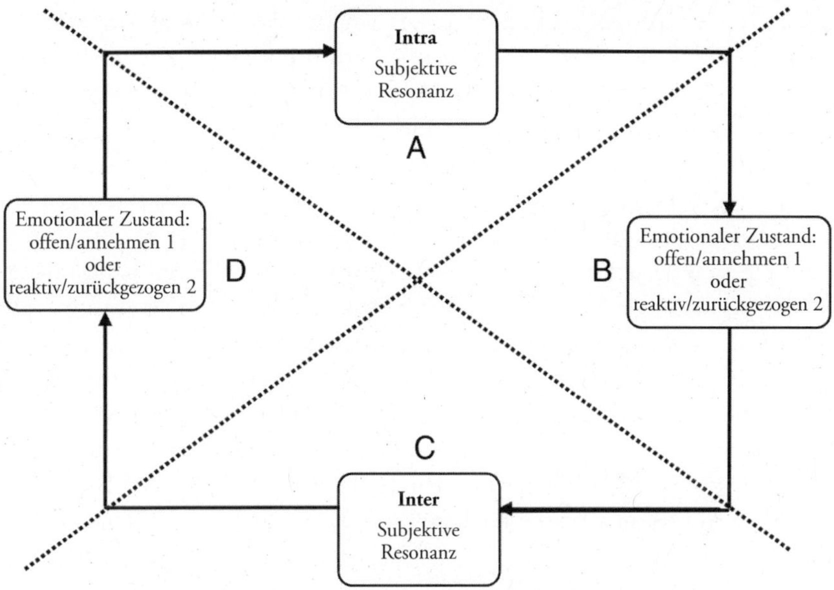

Bild 3.3. Dieses Modell erklärt, wie Achtsamkeitspraxis zu intrasubjektiver Resonanz (A) führen kann, die den emotionalen Zustand der Teilnehmer in Richtung Offenheit und der Bereitschaft, im gegenwärtigen Augenblick selbst unangenehme Emotionen anzunehmen, verändert (B1). Der zutiefst verkörperte emotionale Zustand jedes Teilnehmers mit seinen Gesichtsausdrücken, Körperhaltungen und anderen verbalen und nonverbalen Informationen ist dann für die ganze Gruppe zugänglich, um durch Neurozeption Sicherheit und verkörperte Stimulation zu spüren. Das kann die Mitglieder der Gruppe in eine intersubjektive Resonanz bringen (C), die durch ständige Neurozeption und die Nachahmung der emotionalen Zustände der Teilnehmer aufrechterhalten wird (D1), was von ihrer Fähigkeit für Selbstregulierung und intrasubjektiver Resonanz abhängig ist (A). Das Modell beschreibt auch, wie der Lehrer die Komponenten der intra- und intersubjektiven Resonanz benutzen kann, um einzugreifen und dabei zu helfen, eine fruchtbare Atmosphäre in der Gruppe aufrechtzuerhalten.

chen (B1). Wenn die Verbundenheit der Gruppe wiederhergestellt ist (zum Beispiel, wenn die Klangschale erklingt), sind die Ausdrucksformen, Haltungen und Absichten der Teilnehmer/innen, die sich in Resonanz befinden, für alle Gruppenmitglieder zugänglich, so dass die Neurozeption von Sicherheit und verkörperter Stimulation der Emotionen die intersubjektive Resonanz und damit eine fruchtbarere Gruppenatmosphäre wiederherstellen kann (C). Als drittes und letztes Beispiel nehmen wir an, dass in einer Gruppe mit intersubjektiver Resonanz (C) ein Teilnehmer eine intrasubjektive Erfahrung haben könnte, durch die seine Gefühlslage zu Reaktivität und Rückzug tendiert, wie zum Beispiel die plötzliche Wiedererinnerung eines traumatischen Ereignisses (D2). Die Lehrerin könnte die Aufmerksamkeit dieses Menschen zur intersubjektiven Resonanz/Empathie der Gruppe zurückbringen (C), indem sie sagt, „Sehen Sie sich um, wer hier mit Ihnen im Raum ist", und damit die empathischen Gesichter und Körperhaltungen für die Neurozeption von Sicherheit zugänglich machen, was möglicherweise die Reaktivität von Kampf, Flucht und Erstarren verringert und durch die Strategie der sozialen Interaktion den Teilnehmern erlaubt, wieder die intersubjektive Resonanz zu erreichen.

Konzepte zu gemeinsam erweiterten Bewusstseinszuständen

Die Dimension der Veränderung muss innerhalb der Aspekte von intra- und intersubjektiver Resonanz in der Gruppe untersucht werden. Eine Perspektive dazu kommt aus einem Modell über erweiterte Bewusstseinszustände, die von zwei Menschen gleichzeitig erfahren werden (Tronick und Mitglieder der Boston Change Process Study Group, 1998). Dieses Modell, das im Zusammenhang mit der Erforschung der menschlichen Entwicklung formuliert wurde, kann auch auf viele Formen des interpersonell vermittelten Lernens angewendet werden.

Es basiert auf der Systemtheorie und sieht jedes Individuum als ein selbstorganisierendes System, das sich in Richtung größerer Komplexität und Geschlossenheit bewegt, indem es neue Informationen aufnimmt, um daraus neue Bedeutung zu schöpfen. Dabei gibt es eine weitergehende

Erkenntnis, nach der die intrapersonellen Bewusstseinszustände in ihrer Fähigkeit, Bedeutung zu schöpfen, begrenzt sind. Durch die Verbindung mit einem anderen selbstorganisierenden System kann diese Fähigkeit gesteigert werden. Wenn sich also ein dyadischer Bewusstseinszustand formt – wie zum Beispiel zwischen einem Kleinkind und der Bezugsperson –, dann erweitert dieses Zusammenspiel die Wahrnehmung der Welt und ihrer Möglichkeiten bei beiden (Tronick, 2007).

Ein großer Teil der neuen Informationen, die für jedes Mitglied der Dyade zugänglich sind, ist „implizit, unbewusst und nicht im Gewahrsein" (Tronick, 2007, S. 505). Hier ist eine scheinbar einfache Beschreibung aus Tronicks Arbeit mit Kleinkindern und deren Bezugspersonen:

> *Die Kommunikation durch Gesten ist eine komplexe Handlung, die etwas über die Fähigkeit des Kleinkindes, das noch nicht selbstständig sitzen kann, hinausgeht. Das Kind ist noch nicht dazu in der Lage ist, seine Haltung zu kontrollieren, um seine Arme für den Zweck der Kommunikation zu „befreien". Aber die Bezugsperson, die die Haltung des Kindes als Reaktion auf den Ausdruck von Frustration unterstützt, bietet der Fähigkeit des Kindes, Gesten als Mittel der Kommunikation zu verwenden, ein Gerüst. Dieses Gerüst besteht darin, dass der Kopf des Kindes „kontrolliert" wird, wodurch es seine Arme und Hände kontrollieren kann. Durch diesen Prozess, durch die Bereitstellung des regulierenden Inputs beginnt die Gehirnorganisation des nun sitzenden Kindes eine neue und andere Organisationsform mit größerer Komplexität und Geschlossenheit zu entwickeln, was weit über die endogenen Fähigkeiten des Kindes zur Organisation hinausgeht. (Tronick et al., 1998, S. 295)*

In der Mutter-und-Kind-Dyade sind die Gesten des Kindes „eine neu entstehende Eigenschaft des dyadischen Systems" (S. 296). Diese neue Eigenschaft wäre nicht ohne die gemeinsame Erweiterung des Bewusstseinszustandes von beiden möglich. Der gleiche Prozess ermöglicht es einem Zweiersystem, gemeinsam emotionale Zustände zu regulieren – was eine Perspektive auf die Begegnung *des einen* mit *dem andern* ermöglicht (wie im Kasten Transformation im „stillen Land“ beschrieben). Das Aufbrechen der „sieben Eisenbande um unser Herz“ kann als eine neu entstehende Eigenschaft der Dyade gesehen werden, die auf einem „gemeinsamen Platz“ sitzt. Wenn wir zu unserer Metapher des „Reisebusses“ zurückkehren, können wir das Gefühl von tiefem Frieden, das nach dem Erklingen der Klangschale zum Ende der Meditation zugänglich wird, als neu entstehende Eigenschaft der Gruppe verstehen.

Die dyadische Erweiterung von Bewusstseinszuständen lässt sich relativ einfach auf Beziehungen zwischen Erwachsenen übertragen, wie zum Beispiel zwischen dem Klienten und dem Therapeuten. Tronick (2003, 2007) ist der Ansicht, dass sich solche Zweiersysteme von der zwischen Kind und Bezugsperson unterscheiden, weil sie ein zunehmendes Repertoire von „altersabhängigen“ Bedeutungen und bedeutungsgebenden Methoden und Prozessen zur Verfügung haben. Dazu gehören die entwickelte Sprache und die symbolischen Systeme der Kultur, in der die Dyade existiert; aber dazu gehört auch der ganze Reichtum der ursprünglicheren nonverbalen Bereiche, die so viel Informationen über bewusste und unbewusste Motivationen, Absichten und Handlungen enthalten. Das Zusammenspiel ist eine Ko-Kreation und keine Ko-Konstruktion, das heißt, es gibt keine Vorgaben oder Regeln für die Schöpfung von Bedeutung, und die Bedeutung ist für die Dyade einzigartig (Tronick, 2003, 2007), und Stern (2004) behauptet, dass dies immer nur im gegenwärtigen Moment geschieht. Des Weiteren ist die Ko-Kreation von Bedeutung ein „chaotischer“ Prozess: Bewusstseinszustände erweitern sich und nach und nach wird durch eine Serie von Fehlern und Versuchen und durch Wiederholungen mit unvermeidbar kleinen Variationen neue Bedeutung kreiert. Bei der Betrachtung von Kind-Bezugsperson-Dyaden schlussfolgert Tronick (2003): „Aus der ständigen Wiederholung von Versuchen können das Kind und eine andere Person das implizite Wissen miteinander teilen, dass ‚wir uns in einen wechselseitig positiven Zustand hineinbewegen können, selbst wenn wir in einem wechselseitig negativen Zustand waren‘ oder dass wir ‚negative zu positiven emotionalen Zuständen transformieren können‘“ (S. 478).

Dieser ko-kreierte, chaotische, einzigartige, im gegenwärtigen Augenblick entstehende, sich wiederholende Prozess hat eine kraftvolle Übereinstimmung mit der Achtsamkeitsgruppe, die zwischen Rezeptivität und

Reaktivität hin- und herspringt, wenn intra- und intersubjektive Resonanzen durch Achtsamkeitspraxis kultiviert werden oder durch intra- oder intersubjektive Konflikte destabilisiert werden. Es scheint, dass sowohl die Gruppe als auch ihre individuellen Mitglieder – durch etwas, das dem Modell der erweiterten Bewusstseinszustände in Zweiersystemen gleicht – zu einem impliziten Wissen kommen, dass *„wir negative emotionale Zustände in positive transformieren können"*. Was in dieser Beschreibung fehlt, ist eine Möglichkeit, um die dyadische Erweiterung des Bewusstseins in Begriffen der Gruppendynamik neu zu formulieren.

Transformation im „stillen Land"

Die Wirkung, die wir aufeinander haben können, ist neurobiologisch betrachtet geheimnisvoll und stark – ein Dialog im „stillen Land" der nonverbalen Kommunikation und des nonverbalen Wissens, die Transformation ermöglichen, oder vielleicht selbst die Transformation *sind*. Die folgende Beschreibung eines scheinbar ähnlichen Prozesses, wie dem in Bild 3.3 dargestellten, aber in einem Zweiersystem, zeigt eine ergänzende Empfindung von Transformation oder Erweiterung des Bewusstseins. Sie stammt aus Martin Bubers Essay *Zwiesprache* aus dem Jahre 1929 (in Buber, 1962):

> *Man stelle sich zwei Männer vor, in irgendeiner Einsamkeit der Welt, nebeneinandersitzend. Sie reden nicht miteinander, sie sehen einander nicht an, sie haben sich nicht einmal einander zugewandt. Sie sind nicht miteinander vertraut, einer weiß nichts vom Lebenslauf des andern, heute frühmorgens auf der Wanderschaft haben sie einander kennengelernt. Keiner denkt in diesem Augenblick an den andern; wir brauchen nicht zu wissen, woran sie denken. Der eine sitzt auf der gemeinsamen Bank so, wie es offenbar seine Art ist: gelassen, allem, was kommen mag, gastfreundlich zugeneigt; sein Wesen scheint zu sagen, es sei zu wenig, bereit zu sein, man müsse auch wirklich* da *sein.*

Der eine ist also intrasubjektiv in Resonanz, achtsam, vollkommen präsent im gegenwärtigen Augenblick und zeigt sich körperlich in einer Art und Weise, die eine Leichtigkeit des Wohlergehens vermittelt, er ist nicht reaktiv und strahlt eine Offenheit gegenüber sich selbst und dem anderen aus.

> *Der andere: Seine Haltung verrät ihn nicht, er ist ein gehaltener, verhaltener Mann; aber wer um ihn weiß, weiß, dass ein Kindheitsbann auf ihm liegt, dass seine Verhaltenheit noch anderes als Haltung ist, hinter aller Haltung lagert das undurchdringliche Sich-nicht-mitteilen-Können.*

Und *der andere* befindet sich in einem reaktiven/zurückgezogenen Zustand, in der Tat scheint das für ihn ein Charakterzug, eine Seinsweise zu sein. Er ist zurückgezogen, aber er ist in der Gegenwart eines Menschen in Resonanz.

> *Und nun – stellen wir uns vor, dass dies eine der Stunden ist, die es fertigbringen, die sieben Eisenbande um unser Herz aufzubrechen – löst sich unversehens der Bann. Aber auch jetzt spricht der Mann kein Wort, rührt keinen Finger. Dennoch tut er etwas. Die Lösung hat sich ohne sein Tun an ihm ereignet, gleichviel woher; jetzt aber tut er dies, dass er einen Rückhalt, über den nur er selbst Macht hat, in sich aufhebt. Rückhaltlos strömt die Mitteilung aus ihm, und das Schweigen trägt sie zu seinem Nachbarn …*

– In diesem Moment der Geschichte wird ein *Austausch* impliziert; der andere hat eine neue Weise des Seins in der Welt erkannt, und es ist kein Zufall, dass *der eine* präsent ist. –

> *… dem sie ja doch zugedacht war und der sie, wie alles echte Schicksal, das ihm begegnet, rückhaltlos aufnimmt. Er wird niemand, auch nicht sich selbst, erzählen können, was er erfahren hat. Was „weiß" er nun vom andern? Es bedarf keines Wissens mehr.*

Denn wo Rückhaltlosigkeit zwischen Menschen, sei es auch wortlose, gewaltet hat, ist das dialogische Wort sakramental geschehen.

Beide, sowohl *der eine* als auch *der andere,* sind zu einem neuen nicht-kognitiven Wissen gelangt. Beide wurden verändert, und die Veränderung wäre für beide in Isolation nicht möglich gewesen.

Die Integration der Theorie lebender menschlicher Systeme

Agazarians (1997) Theorie der lebenden menschlichen Systeme bietet die grundlegenden Erkenntnisse, durch die wir die Erweiterung von Bewusstseinszuständen in der Gruppe verstehen können. Die Theorie konzentriert sich auf die Hierarchie und Isomorphie der verschiedenen Systeme, aus der die Gruppe besteht. Die hierarchische Sicht behauptet, dass ein System als Kontext für das darunterliegende System wirkt und sich im Kontext des darüberliegenden Systems befindet. Eine einfache Grafik (Bild 3.4) zeigt diese Aufteilung. Das mittlere System der Hierarchie wird dann zum logischen Fokus, wenn man in das ganze ineinandergeschachtelte System eingreifen will. Es ist leicht erkennbar, dass das mittlere System an das untere und obere System angrenzt und deshalb gleichzeitig auf beide einwirken kann (Agazarian, 1997; Gantt und Agazarian, 2005)

Agazarians (1997) sehr nützliche Methode der funktionellen Untergruppen wird hier auf das „stille Land" der nonverbalen und präverbalen Erfahrung angewendet; im 5. Kapitel wird es als Möglichkeit besprochen, um verbale Interventionen zu formulieren. Um das Konzept hier kurz vorzustellen, kann man sagen, dass es im menschlichen Geist – und in menschlichen Gruppen – eine grundlegende Tendenz gibt, zu trennen, eine Seite zu wählen und Konflikte zwischen zwei Sichtweisen zu schaffen. Weil die Untersuchung der Positionen der Untergruppen nacheinander geschieht und eher die Gemeinsamkeiten statt der Unterschiede betont werden, wirken die funktionellen Untergruppen dieser Tendenz entgegen (Ladden, 2007).

Die Hierarchie der Systeme (nach Grantt und Agazarian, 2005)

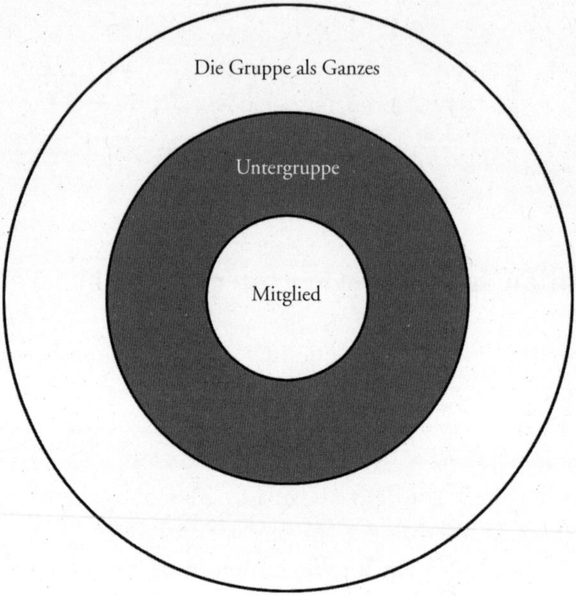

Bild 3.4. Mit dem Wissen um die Hierarchie der Systeme und dessen Anwendung auf die Achtsamkeitsgruppe können wir die Prozesse, die in Bild 3.3 gezeigt werden, besser verstehen. Denken Sie an das zweite Beispiel in den Ausführungen zum Bild 3.3. Wenn die zwei im Konflikt befindlichen Mitglieder als Untergruppe gesehen werden, beeinflussen sie sowohl die einzelnen Mitglieder als auch die Gruppe als Ganzes. Sie destabilisieren die intrasubjektive Resonanz der Mitglieder und schwächen gleichzeitig durch Veränderungen des emotionalen Zustandes, der Stimmung und der nonverbalen Kommunikation die intersubjektive Resonanz der Gruppe als Ganzes. Der Aufruf der Lehrerin, sich in die Achtsamkeitspraxis zu begeben, hat möglicherweise eine Wirkung auf eine signifikant große Anzahl von Teilnehmern, die intrasubjektiv in Resonanz sind; dann erklingt die Klangschale zum Ende der Meditation und sie verbinden sich miteinander und beginnen intersubjektiv in Resonanz zu treten. Sie sind dann eine Untergruppe, die dazu in der Lage ist, sowohl die intrasubjektive als auch die intersubjektive Resonanz der anderen Mitglieder und der Gruppe als Ganzes zu beeinflussen.

Im Folgenden beschreiben wir eine Intervention, die Untergruppen in einer Weise benutzt, die für diese Diskussion relevant ist: Ein Mitglied der Gruppe spricht über Traurigkeit, die in der Mediation spürbar wurde. Die Lehrerin könnte dann fragen: „Wie viele von Ihnen haben mit Traurigkeit gesessen?" – durch Gesten signalisiert sie, dass sie um Handzeichen bittet. Einige Hände gehen hoch und eine Untergruppe bildet sich; sie kommen in direkten und visuellen Kontakt miteinander (mit weiteren nonverbalen Kontaktmöglichkeiten) und bilden Verbindungen, die interpersonelle Resonanz fördern – analog zur dyadischen Erweiterung der Bewusstseinszustände. Die Untergruppe ko-kreiert nonverbal ihre eigene Bedeutung, was gleichzeitig die einzelnen Mitglieder und die Gruppe als Ganzes beeinflusst.

Für die Lehrerin bieten die Modelle des Resonanzkreislaufs und der Hierarchie der Systeme im gegenwärtigen Moment, im Fluss der Gruppe, einfache, sich wechselseitig informierende Wege, um Erfahrungen zu organisieren und auf die Dynamik der Umgebung der Gruppe als Ganzes zu antworten.

Wenn wir uns im zweiten und dritten Teil die Pädagogik der Achtsamkeit anschauen, werden diese soeben beschriebenen Diskurse neben anderen besonders wichtig sein – unser Ziel ist nicht, andere Ansätze auszuschließen oder in unserer Behandlung des Themas vollständig zu sein, sondern wir wollen das nutzen, was wirkt. Der Prozess besteht aus wissentlicher Reduktion und Vereinfachung. Wir versuchen, die Bewegungen, Gesten und Emotionen zu finden und für die Untersuchung zugänglich zu machen, die uns etwas darüber sagen, wie das Lehren und Lernen (oder lassen Sie es uns einfach als Lernen bezeichnen) geschieht. Die Theorie als Theorie in den Seminarraum zu bringen, ist nicht besonders hilfreich, sie entsteht einfach als eine Bewegung, ein Versuch, ein Ausfüllen, eine Verfeinerung dessen, was im gegenwärtigen Moment, einem Moment echter Begegnung, da ist.

Die Passagiere im Bus teilen sich einen gemeinsamen Platz

Van Gennep (1909, in Turner, 1969) beschrieb zum ersten Mal die *Übergangsriten,* die Rituale, die Veränderungen des gesellschaftlichen Status markieren.

Van Gennep dachte dabei an Veränderungen des sozialen Status, im Besonderen religiöse oder politische Ämter und Positionen, aber Turner erweiterte dieses Verständnis auf existenzielle Zustände wie Krankheit (Beels, 2007). Übergangsriten bestehen aus drei Phasen, in denen der oder die Übergehende oder der „Passagier" sich zuerst aus der festen sozialen Position löst, dann in eine Grenz- oder Schwellenphase eintritt, in der die Identität ungenau ist, und am Ende steht die Wiedereingliederung in die Gesellschaft mit einer neuen Identität. Diese Schwellenphasen und die kollektiven Erfahrungen der „Passagiere" in diesem Zeitabschnitt können uns dabei helfen, über die Umgebung der achtsamkeitsbasierten Gruppe nachzudenken.

Viele Menschen kommen als Ergebnis einer Krise in achtsamkeitsbasierte Gruppen – ein schwieriger Übergang in ihrem Leben, eine Krankheit, ein Verlust –, und sie haben das Gefühl, nicht genügend innere Ressourcen oder ausreichend soziale Unterstützung zu haben, um damit umzugehen. Sie leiden, und ihnen wird die Möglichkeit der Transformation aufgezeigt, wenn sie das Curriculum umsetzen. Sie werden zu „Passagieren", die ihren Platz in einer Gruppe einnehmen, deren wichtigstes gemeinsames Merkmal die Bereitschaft ist (wie klein auch immer!), die eigene Erfahrung tiefer zu verstehen. Die Gruppe befindet sich in einem Übergang, wie es Turner beschreibt (1969). Die Mitglieder haben keine bestimmten Rollen oder Positionen, durch die sie sich von den anderen unterscheiden; in der Tat besteht die erste Arbeit in der Gruppe darin, die Gemeinsamkeiten ihres Leidens zu untersuchen. Wie Turner beschreibt (S. 95), „tendieren sie dazu, eine intensive Kameradschaft und einen starken Egalitarismus zu entwickeln".

Dieser *Zusammenhalt* ist ein Merkmal dessen, was Turner (1969) als *Kameradschaft* bezeichnet, in der die Gruppe in einem „Augenblick innerhalb und außerhalb der Zeit, innerhalb und außerhalb der sozialen Struktur" (S. 96) existiert. Beels (2001, S. 123), der dieses Konzept angewendet hat, um über die Psychotherapie nachzudenken, erklärt, „in dieser besonderen Gemeinschaft sind die Strukturen und Funktionen der Gesellschaft aufgehoben, um anzuerkennen, dass einige Mitglieder … noch nicht zu ihrer vollen Kraft gefunden haben, krank sind und Heilung brauchen, oder noch nicht fähig sind, auf einer nächsten Lebensstufe zu leben."

TEIL 2

Authentizität, Autorität und Freundschaft

4 Die Person des Lehrers

Es gibt eine sehr alte Geschichte, die überall auf der Welt erzählt wird. Ein Fremder kommt in ein Dorf, das unter großer Belastung und starkem Stress leidet, es gibt nicht genug zu essen und die Menschen haben sich voneinander entfernt und kümmern sich nur noch um sich selbst. Der Fremde schafft es, sich einen Kochtopf zu borgen und beginnt eine Suppe zu kochen. Er beginnt mit einer „magischen" Zutat, einem Stein, einem Knopf oder gar einem Nagel. Die Leute im Dorf beginnen sich dafür zu interessieren, was er da macht, und jeder kommt zu ihm, um heimlich einen Blick in den Topf zu erhaschen. Der Fremde rührt um und schmeckt die Suppe ab. „Ah, die Suppe wird gut", sagt er. „Aber es wäre wunderbar, wenn ich noch eine besondere Zutat hätte, vielleicht eine Kartoffel …" Das sagt er zu einer Besucherin so, dass es bei ihr auf offene Ohren stößt. Inspiriert geht sie nach Hause, um etwas zu finden, was sie dem Fremden bringen kann. „ … eine Karotte", sagt er zu jemand anderem. Später noch „ … einen Kohlkopf" und dann „ … ein paar Bohnen". Und schon bald bringen die schüchternen Leute des Dorfes die Zutaten und stehen um den Topf herum, in dem nun lauter gute Zutaten schwimmen – genug für alle. Sie essen zusammen. Es wird sogar ein wenig musiziert. Jemand singt; ein anderer holt seine Geige, und sie tanzen bis in die Nacht. Aber der Fremde ist schon fort und mit einer neuen „magischen" Zutat auf dem Weg ins nächste Dorf.

Obwohl diese Geschichte oft die Titel „Steinsuppe" oder „Knopfborschtsch" trägt, geschieht nichts in der Geschichte aufgrund der „magischen" Zutat. Es geschieht durch die Gegenwart des Fremden – genauer, durch seine Fähigkeit, für jeden *gegenwärtig zu sein.* Das ist das Wunderbare und Geheimnisvolle bei der Ko-Kreation. Der Fremde in der Geschichte holt einfach das heraus, was schon in den Einzelnen und der Gemeinschaft vorhanden ist. Der Fremde braucht nicht viel, um seine Arbeit zu tun: einen Topf, ein Feuer, einen Stein; Vertrauen, Wissen und Fürsorge: Vertrauen darin, dass die Menschen des Dorfes immer das haben, was sie brauchen; Wissen, wie die Welt (das heißt die Menschen) anzusprechen sind; und eine Fürsorge, die andere unterstützt und inspiriert.

Als professioneller Achtsamkeitslehrer, als professionelle Achtsamkeitslehrerin sind Sie also der oder die Fremde. Die Arbeit hängt letztendlich von Ihnen ab; davon, wer Sie als Person sind. Sie begeben sich in die kleine Gemeinschaft der Kursteilnehmer/innen mit leeren Händen, Sie haben nicht einmal einen Topf. Sie, so wie Sie sind, begegnen ihnen einfach so, wie Sie sind. Ihr Vertrauen wird sichtbar, genauso wie Ihr Wissen und Ihre Fürsorge, denn Achtsamkeit zu lehren bedeutet, sie zu praktizieren, und zu praktizieren bedeutet, dem gegenwärtigen Moment mit allem, was Sie sind, zu begegnen. Und alles, was Sie sind, ist genau das, was gebraucht wird; wer Sie wirklich sind, *ist* völlig ausreichend.

Diese Definition des Lehrers ist der anspruchsvollste Aspekt der achtsamkeitsbasierten Interventionen (MBIs). Das ist der Grund, warum in der Achtsamkeitsbasierten Stressreduktion (MBSR) und der Achtsamkeitsbasierten Kognitiven Therapie (MBCT) solch ein starker Fokus auf die Verbindlichkeit des Lehrers in Bezug auf die Praxis und ein achtsames Leben gerichtet wird. Jon Kabat-Zinn (1999) charakterisiert das folgendermaßen: „Die Haltung, mit der der Lehrer den Raum betritt … beeinflusst letztendlich alles, was in der Welt geschieht. Wenn Sie sich entschieden haben, wie Kabir (Bly, 1971) es ausdrückt, ‚fest in dem zu stehen, was Sie sind', um in der zentralen Achse Ihres Menschseins zu stehen, dann verändert sich das ganze Universum."

Wir beginnen dieses Kapitel aus zweierlei Gründen mit dieser herausfordernden Definition: erstens, weil Sie am ehesten mit der Ko-Kreation von Achtsamkeit übereinstimmt, die im Zentrum des pädagogischen Konzeptes steht, das wir in diesem Buch vermitteln; zweitens, weil es hilfreich sein kann, eine Vision anzustreben – wie die Vision Kabirs oder Kabat-Zinns.

Damit ist dieses Kapitel das wichtigste des ganzen Buches. Es ist auch das kürzeste und einfachste, und der Grund ist nicht, dass es nicht genügend Informationen gibt, sondern weil es so viel davon gibt. In diesem Kapitel geht es um Sie: nicht weil etwas an Ihnen in Ordnung gebracht werden muss oder Sie sich verbessern müssen, sondern weil Ihre einzige Möglichkeit ein Achtsamkeitslehrer, eine Achtsamkeitslehrerin zu werden, darin besteht, mehr der zu werden, der Sie sind. Das ist weniger ein Kapitel zum Durchlesen, sondern eher für die tiefere Untersuchung in jedem Moment. Sie können viel mehr aus Ihren Reaktionen auf die Übungen und Anleitungen lernen, als vom Lesen eines Buches – dieses Buches oder jedes anderen. Arbeiten Sie es durch. Nehmen Sie es auf. Kommen Sie wieder dazu zurück. Immer wieder.

Authentizität, Autorität, Freundschaft

Wir haben ein dreifaches Schema für die Untersuchung der Person des Lehrers entworfen – nicht, weil es richtig oder wahr ist, sondern, weil es nützlich ist. Dadurch eröffnen sich Wege der tieferen Untersuchung dessen, wer Sie als professioneller Achtsamkeitslehrer sind oder sein könnten. Im Zusammenhang damit bieten wir Ihnen einige umfassende Einsichten und Übungen an, die wir in unserer eigenen Entwicklung und der anderer Lehrer/innen als hilfreich empfunden haben.

Wenn wir dieses Schema im Kontext des Lehrers als Fremder anschauen, dann entsteht *Authentizität* aus dem Vertrauen, dass sich jeder dem zuwenden kann, was gerade auftaucht – sei es gut, schlecht oder unangenehm –, und etwas in sich selbst entdecken kann. Das ist die Dimension der Praxis beim Lehren. Es ist ein sehr pragmatischer Weg, bei dem wir wissen, dass die Achtsamkeitspraxis zeigen wird, was für jeden Teilnehmer und die Gruppe notwendig ist. *Autorität* ist das Wissen über das Wesen der Welt, das dem Fremden das Selbstbewusstsein gibt, sich einen Topf zu borgen und mit dem Kochen anzufangen. Es ist Ihr Wissen; Ihr Erfolg in der Welt. Und *Freundschaft* ist die Fürsorge; in ihr begegnen wir jedem Menschen in der genau richtigen Art und Weise.

Authentizität: Was Sie wissen

Mit Selbstoffenbarung ist in den MBIs nicht gemeint, dass Sie Ihre „Geschichte“ erzählen, sondern es geht vielmehr darum, dass Sie der Mensch sind, dessen Geschichte Sie durchlebt haben. Aus diesem Grund ist ein guter Anfang, um sich in dieser Dimension von Authentizität kennenzulernen, zu überlegen, wie Sie zu dem Wunsch gekommen sind, Achtsamkeit professionell zu lehren. Es könnte hilfreich für Sie sein, den Weg, der Sie an diesen Punkt gebracht hat, zurückzuverfolgen und zu beschreiben. Oder, um bei der Analogie der Suppe zu bleiben, es könnte hilfreich sein, die einzigartigen Zutaten in dem Rezept, dass Sie sind, mitzuteilen.

Dieser Weg oder dieses Rezept kann psychologische Arbeit enthalten, die Sie getan haben. Es könnte Ihr spirituelles Leben beinhalten, sei es in einer bestimmten Tradition oder in Don Cupitts Sicht Ihres „Lebens“ als das religiöse Objekt. Sicher gehört dazu Achtsamkeits- und Meditationspraxis in allen Zusammenhängen, wie es in Ihrem Leben zum Ausdruck gekommen ist: und besonders, wie Sie heute praktizieren.

Sie lesen dieses Buch. Das ist eine Tatsache in diesem Moment. Nehmen Sie sich nun, wenn Sie wollen, etwas Zeit, um mit der folgenden Übung darüber nachzudenken, was diese Tatsache für Sie bedeutet.

1. Übung: Eine meditative Innenschau in Ihre Authentizität

Sie sitzen in einer angenehmen Haltung.
Ihre Aufmerksamkeit ist auf Ihren Körper gerichtet.
Sie spüren den Grund unter Ihnen.
Sie achten auf Ihren Atem, dort wo er sich momentan am lebendigsten anfühlt. Sie folgen einfach Ihrem Atem, Augenblick für Augenblick.
Und wenn Sie bemerken, dass sich Ihr Geist beruhigt, beginnen Sie die meditative Innenschau, indem Sie diese Frage in die Stille fallen lassen …
„Was hat mich zu diesem Buch geführt?“
Sie achten darauf, welche Antwort oder Antworten sich Ihnen zeigen.

Sie sitzen in Stille und hören.
Und wenn Sie bereit sind, stellen Sie die Frage noch einmal.
Sie wiederholen die Frage und erlauben den Antworten, sich von einem tieferen und tieferen inneren Platz selbst zu zeigen …
„Was hat mich zu diesem Buch geführt?"

Waren Sie bis zu diesem Moment auf einem altbekannten Weg?
Es ist überraschend, wie oft diejenigen Menschen, die sich zum heilenden Potenzial der Achtsamkeit hingezogen fühlen, Geschichten erzählen, die an die Wege von Heilern in indigenen Kulturen erinnern. Sind bei Ihrer Reflexion einige der acht traditionellen Pfade zum Heiler aufgetaucht, wie sie Landy (1977) beschrieben hat?

1. Vererbung – spielte ein Verwandter eine Rolle?
2. Auswahl durch andere – wurde es Ihnen von denen, die Sie gut kennen, oder anderen Heilern oder Weisen nahegelegt?
3. Eigene Wahl – sich so hingezogen fühlen, dass Sie sich in eine Situation begeben haben, in der Sie das lernen können, was jemand anderes weiß?
4. Das Erleben einer tiefen emotionalen Erfahrung – ein Gefühl der Ehrfurcht und die Empfindung wahrer Berufung?
5. Selbsteinweihung in eine Heiler-Tradition – das hört sich ziemlich intensiv an, aber wie ist es mit der zeitgenössischen Version, in der man zum Beispiel von einer Krankheit genesen ist und nun den Wunsch spürt, anderen zu helfen?
6. Geheimnisvolle Selbstheilung – eine neue Chance im Leben zu bekommen, verbunden mit dem Wunsch, sie zu nutzen, um andern zu helfen?
7. Genetische, angeborene oder erworbene körperliche Behinderung – oder jedes Gefühl des Andersseins?
8. Außergewöhnliche Persönlichkeitsmerkmale – Talente, die danach rufen, genutzt zu werden?

Was bedeutet es für Sie, wenn Sie in dieser Liste Zutreffendes gefunden haben? Sind Sie nun mehr oder weiniger daran interessiert, Achtsamkeit professionell zu lehren?

Wer sind die inneren Lehrer/innen?

Als Sie sich mit Ihrem Weg, dem Rezept Ihrer Suppe, beschäftigt haben, sind Ihnen vielleicht Menschen eingefallen, die an verschiedenen Punkten Ihres Lebens einen großen Einfluss auf Sie hatten. Diese Menschen können wir als Lehrer/innen bezeichnen. Sie hatten vielleicht wirklich diese Rolle oder Sie sind Ihnen in einer anderen Art begegnet – ein Verwandter, eine Freundin oder ein Kollege, die eine Eigenschaft oder mehrere Eigenschaften verkörperten, die für Sie sehr anziehend waren. Es könnte sein, dass diese Lehrer/innen aus einer anderen Generation oder einem anderen Jahrhundert kommen – dazu können Autoren, Künstler, historische Figuren (oder sogar solche aus Romanen) gehören, die einen bleibenden Eindruck hinterlassen haben. Weil Sie ein Lehrer werden wollen, dem die Kursteilnehmer erlauben in ihrem Inneren zu leben, ist es hilfreich, herauszufinden, wer in Ihnen lebt. Das hört sich dramatisch an, aber Sie können die Wahrheit selbst überprüfen. Antworten die Lehrer/innen in Ihnen, wenn Sie sie brauchen? Hat es Sie schon einmal getröstet, wenn Sie daran gedacht haben, was Ihnen jemand gesagt hat, der Ihnen wichtig war? Haben Sie jemals jemandem gesagt „ … und dann habe ich deine Stimme gehört, die mir sagte …"? Nehmen Sie sich etwas Zeit, diesen Fragen nachzugehen. Finden Sie mehr über Ihre Lehrer/innen heraus, wer sie sind, wie sie zu Ihnen gekommen sind und wie sie Ihnen vielleicht geholfen haben, mehr zu dem zu werden, was Sie sind.

Das war die Geschichte. Die Frage ist, wer sind Ihre Achtsamkeitslehrer/innen heute? Wie wir schon gesagt haben, ist Achtsamkeit eine Ko-Kreation. Sie lernen sie mit anderen – zumindest mit einem anderen. Dieser Lehrer ist bei Ihnen, wenn Sie praktizieren; da ist eine Stimme, in der Sie die ersten Anleitungen hören, an die Sie sich immer wieder erinnern. Es mag eine gesprochene Stimme oder eine geschriebene Stimme sein; es ist aber auf jeden Fall eine Stimme.

2. Übung: Die inneren Lehrer/innen

Sie sitzen in einer angenehmen Haltung.
Sie nehmen einige volle Atemzüge.
Sie erinnern sich im Geist/Herzen an einen Lehrer/eine Lehrerin, der/die Sie inspiriert hat.
Welche Eigenschaften, die Sie inspiriert haben, verkörpert dieser Lehrer?
Welche Wahrheit (über Sie selbst) hat dieser Lehrer aufzudecken geholfen?
Welche Gefühle werden in Ihnen wachgerufen, wenn Sie an diesen Lehrer denken?
Erlauben Sie dann dem Bild und der gefühlten Erinnerung an diesen Lehrer wieder zu verschwinden.
Fahren Sie mit anderen Lehrern fort oder nehmen Sie sich nach jedem einige Minuten Zeit, um aufzuschreiben, was Sie entdeckt haben.

Von wem lernen Sie? Wenn Ihre Begegnung hauptsächlich über Bücher und Audio- oder Videoaufnahmen geschieht, wie tief haben Sie die Themen untersucht? Wen hat der von Ihnen am meisten geschätzte Lehrer verehrt? Finden Sie es heraus, lesen Sie nach, hören Sie zu. Setzen Sie sich einer größeren Breite von Informationen aus. Sie werden viele verschiedene Arten von Menschen lehren und nicht alle werden von der gleichen Sprache und den gleichen Bildern angesprochen werden. Finden Sie heraus, wie andere Lehrer/innen lehren – auch solche, von denen Sie denken, dass sie Ihnen nicht gefallen werden – Sie finden vielleicht einige überraschende Verbindungen.

Angesichts der Herausforderungen eines verkörperten Lehrens, mit denen ein professioneller Achtsamkeitslehrer in der Dyade oder Gruppe konfrontiert ist, glauben wir, dass der Lehrer eine fortlaufende Beziehung mit jemandem haben sollte, mit dem er über seine Praxis sprechen kann oder an den er sich wendet, wenn Fragen auftauchen. Das muss kein zutiefst verwirklichtes, erleuchtetes Wesen in einer asiatischen Übungstradition sein. In der

Tat ist es vielleicht hilfreicher, wenn dieser Mensch Ihnen ähnelt: vielleicht ein lokaler MBI-Lehrer; vielleicht das Mitglied einer lokalen buddhistischen Organisation, der anbietet mit anderen zu arbeiten; vielleicht ein spirituеller Leiter aus Ihrer eigenen – oder einer anderen! – religiösen Tradition.

Praxis, Praxis, Praxis

Die Verpflichtung zu regelmäßiger formaler Praxis der Achtsamkeitsmeditation richtet sich im Minimum nach der Frequenz und Länge der Praxis, die von Kursteilnehmern erwartet wird (Kabat-Zinn, 2003). Das heißt, sechs Tage in der Woche jeweils 45 Minuten beim Programm des Center for Mindfulness (CFM); bei anderen Programmen bleibt die Frequenz die gleiche, aber die Länge kann variieren.

Wenn Sie erst mit einer regelmäßigen Praxis beginnen, sollten Sie einen Weg finden, sie in Ihre Abläufe „einzubauen", statt sie „einzuschieben". Selbst mit den besten Absichten wird das Modell des „Einschiebens" auf längere Sicht nicht funktionieren. Viele Menschen, die eine regelmäßige Praxis üben, haben herausgefunden, dass die Praxis als Erstes am Morgen sicherstellt, dass sie überhaupt praktizieren: Nichts kann zwischen Sie und Ihre Praxis treten.

Worin besteht Ihre Praxis? Das könnte eine andere nützliche Frage sein. Wenn Sie MBSR lehren, oder eine andere Form der MBIs, die deren grundlegende Strukturen benutzt, werden Sie Körper-Scan, Sitzmeditation, Hatha-Yoga oder eine andere Bewegungsform, Gehmeditation, Meditation der Liebenden Güte und Berg- oder Seemeditation lehren. Wenn Sie das noch nicht getan haben, sollten Sie eine recht lange Zeit – vielleicht 90 Tage – damit verbringen, jede dieser Übungen zu Ihrer täglichen Praxis zu machen. Für das Lehren ist es wichtig, dass Sie jede Praxis von innen verstehen, bevor Sie andere darin anleiten oder mit der direkten Erfahrung anderer arbeiten.

Längere Zeiten der Praxis können sich ständig weiterentwickelnden Lehrern die Möglichkeiten bieten, um tiefere Erkenntnisse über den Geist-Körper-Komplex und die Übungen selbst zu finden. Idealerweise nehmen Sie regelmäßig, ein- oder zweimal im Jahr, an einem Schweige--Retreat von fünf oder mehr Tagen teil. Das wird von den Lehrern ver-

3. Übung: Ein Praxis-Tagebuch führen

Die Praxis eines Meditationstagebuchs kann unschätzbar wertvoll sein, wenn wir mehr Aufmerksamkeit darauf richten wollen, was in der Meditation geschieht, und um unser Wachstum nachzuverfolgen. Aspekte unserer meditativen Erfahrung, die wir nicht bemerken oder vergessen könnten, werden durch das Tagebuchschreiben nach der Meditation ans Licht gebracht. Das Beste ist, wenn Sie ein Tagebuch haben, das allein dem Zweck vorbehalten ist, über Ihre Meditationserfahrungen zu schreiben. Es ist auch hilfreich, wenn Sie Ihre Reflexionen so bald wie möglich nach der Meditation aufschreiben.

In dieser Reflexion können Sie über Körperempfindungen, Gefühle und Gedanken schreiben, die Sie während der Meditation erfahren haben. Gab es vorherrschende Gefühle oder Gedanken? Welche Entdeckungen, Überraschungen, Einsichten und Herausforderungen sind Ihnen in der Meditation begegnet? Entstehen während des Schreibens neue Einsichten? Was spüren Sie nach dem Schreiben?

Die Rückschau auf Ihre Tagebucheinträge hilft Ihnen dabei, Erkenntnisse über Themen und Muster zu erlangen, die sich in der Praxis zeigen, und Sie können Ihre Stärken finden und die Bereiche, die weitere Entwicklung oder Kultivierung brauchen.

langt, die im MBSR-Programm des Center for Mindfulness (Santorelli, 2001) arbeiten, und von den Kandidaten für das Training für Fortgeschrittene im Center for Mindfulness in Medicine, Health Care and Society (2007).

Die Retreats sind keine Weiterführung der täglichen Praxis, nicht einfach „mehr vom selben“. Dabei gibt es einen qualitativen und quantitativen Unterschied zwischen dem, was sich zeigt, wenn wir für, sagen wir, eine Stunde formal Achtsamkeit kultivieren oder nahtlos zehn aufeinander folgende Tage formal und informell zu jeder Stunde des Tages Achtsamkeit üben. Das Entstehen und Vergehen von Empfindungen, Emotionen und Gedanken in einer Stunde kann metaphorisch als Fotografie einer Naturszene verstanden werden, während die Metapher für ein zehntägiges Retreat ein Film im Zeitraffer derselben Szene im Wandel der Jahreszeiten wäre: Beide haben eine hohe Dichte von potenziellen Erfahrungen und Einsichten, aber der Film zeigt und eröffnet Dimensionen für die tiefere Untersuchung, die man im Foto nur ahnen konnte.

Eine gute Möglichkeit, um die Kraft und den Wert einer längeren intensiven Praxis zu verstehen, ist ein Einzel-Retreat zu Hause für einen Tag oder ein Wochenende. Dies kann eine Einführung sein, ist aber auch eine gute Möglichkeit, um zwischen längeren Retreats mit dieser Dimension in Verbindung zu bleiben.

Eine Liste von Retreat-Zentren, die Schweige-Retreats im *Vipassanā*-Stil, die von Lehrern geleitet werden und die von Lehrern in den MBIs bevorzugt werden, finden Sie im Anhang. Weil viele der Retreats von Lehrern geleitet werden, ist das eine gute Möglichkeit, um neue Lehrer/innen zu finden und neue Ansätze der Vermittlung und Praxis zu erfahren.

4. Übung: Ein Einzel-Retreat

Wählen Sie einen Tag oder ein Wochenende aus, an dem Sie ohne Unterbrechung allein sein können. Sagen Sie Ihrer Familie und Ihren Freunden, dass Sie nicht erreichbar sein werden, dass Sie sich Zeit für Selbstreflexion und innere Erholung nehmen. Sylvia Boostein (1996) schreibt in ihrem Buch *Don't Just Do Something, Sit There*, dass die Retreat-Praxis schon vor dem Retreat beginnt. Sie beginnt mit der Entscheidung, zu praktizieren, mit der Absicht, achtsam zu sein.

Planen Sie voraus und bereiten Sie alles vor, was Sie für Ihr Retreat brauchen werden, egal, ob Sie das Retreat zu Hause oder an einem andern Ort (einer Hütte, einem Retreat-Zentrum, in der Natur) machen. Was werden Sie essen? Welche Kleidung werden Sie tragen? Welche Meditationsutensilien werden Sie benutzen (ein Kissen, einen Stuhl, eine Yogamatte, einen Schal, eine Decke)? Planen Sie Ihren Tagesablauf, bevor Sie das Retreat beginnen, und nehmen Sie den Plan mit, dazu auch eine Uhr und einen Timer. Es ist am besten, wenn Sie mit der Absicht beginnen, sich so nah wie möglich an den Tagesplan zu halten.

Beginnen Sie das Retreat, indem Sie Ihr Telefon, den Fernseher, das Radio und den PC ausschalten. Stimmen Sie sich ein, atmen Sie tief, entspannen Sie sich …

Die Gestaltung eines Retreats. Das Folgende ist eine Möglichkeit für einen Tagesablauf, der auf der Art von Tagesplan basiert, wie er in *Vipassanā*-Retreat-Zentren benutzt wird:

- 6.30 Achtsames Aufstehen, Duschen und Ankleiden, Sitzmeditation bis zum Frühstück
- 7.15 Zubereitung des Frühstücks, Essen, Aufräumen
- 8.00 Gehmeditation
- 8.45 Sitzmeditation
- 9.30 Achtsame Bewegungsübung: Yoga, Tai Chi, Qi Gong
- 10.15 Sitzmeditation
- 11.00 Gehmeditation
- 11.45 Sitzmeditation bis zum Mittagessen
- 12.00 Zubereitung des Mittagessens, Essen, Aufräumen, Ruhe
- 14.00 Sitzmeditation
- 14.45 Gehmeditation
- 15.30 Sitzmeditation
- 16.15 Gehmeditation
- 17.00 Zubereitung des Abendessens, Essen, Aufräumen
- 18.00 Hören einer Aufnahme eines Vortrages von einem Lehrer, der Sie inspiriert; lesen Sie etwas von einem Lehrer, den Sie respektieren
- 19.00 Gehmeditation
- 19.45 Sitzmeditation
- 20.30 Tee, Ruhe oder weitere Sitzmeditation

Der Tagesablauf könnte auch im Stil der MBIs gestaltet sein und Körper-Scans, Hatha-Yoga oder andere Körperübungen und selbst Ausdrucksübungen, wie Schreiben, Zeichnen oder Malen, enthalten.

Autorität: Was Sie gelernt haben

Der Begriff *Autorität* bezieht sich auf das lateinische Wort *auctoritas,* das für Macht steht, die berechtigterweise gegeben wurde, im Gegensatz zu Macht, die von einer äußeren Instanz verliehen wurde. Das Zeichen von Autorität besteht darin, dass Sie das, was Sie wissen, so tief verstehen, dass es von Ihnen selbst kommen könnte. Mit anderen Worten, Sie haben es gelebt und geliebt und haben sich intellektuelle und moralische Autorität erworben.

Diese Autorität kann sich in einem MBI-Curriculum zeigen oder in einer anderen Form der Arbeit mit anderen Menschen mittels der Achtsamkeitspraxis. Es ist eine Kompetenz, die aus dem tiefen und richtigen *Lernen* kommt, im Gegensatz zur Authentizität, die aus dem tiefen und richtigen *Wissen* kommt. Das klarste Beispiel einer solchen Autorität ist das Selbstvertrauen einer klinischen Fachkraft in Bezug auf das Curriculum einer MBI, die er oder sie selbst entwickelt hat. Er oder sie bewegt sich leicht darin, vertraut der Methode, vertraut sich selbst, wenn sich die Methode über die ganze Dauer der Session entfaltet.

Zur Autorität gehört auch die professionelle Ausbildung, die Sie erfahren haben und die nützlich ist für das Verstehen „des Wesens der Welt", wie der Fremde vielleicht sagen würde. Sie haben möglicherweise eine medizinische, therapeutische, psychologische oder pädagogische Ausbildung. Es gibt im Diskurs Ihres Berufes tiefe Wahrheiten, die Sie erlernt haben. Viele davon können Menschen dabei helfen, mehr sie selbst zu werden; es sind Tätigkeiten, die Sie gut beherrschen. Lassen Sie das nicht hinter sich. Wie können Sie es in Ihr Vorhaben, Achtsamkeit zu lehren, integrieren? Es mag aber auch andere Wahrheiten Ihrer Autorität geben, die nicht so hilfreich sind, die Menschen von ihrer eigenen Erfahrung des Augenblicks wegführen, an einen Ort, wo sie – durch Sie – verändert und in Ordnung gebracht werden sollen. Dieser Ansatz hat Ihnen vielleicht Autorität gegeben, weil er Ihnen in der Vergangenheit das Selbstvertrauen gegeben hat, mit bestimmten Menschen arbeiten zu können. Es kann auch sein, dass Sie dieses Gelernte hinterfragen sollten, weil es nicht mehr in Ihre achtsameren Arbeitsmethoden passt. Ihre Authentizität – Ihre eigene Achtsamkeitspraxis – zeigt Ihnen möglicherweise, dass die Menschen das, was sie brauchen, schon in sich haben, dass sie nur den Raum benötigen, um mehr von dem zu werden, was sie schon sind. Nun ist es Zeit, innezuhalten und zu sehen, dass das, was Sie *wissen,* wichtiger ist als das, was Sie *gelernt* haben.

5. Übung: Lernen und Verlernen

Das ist eine Praxis, die die manchmal einseitige Natur unseres Denkens und Lernens untersucht. Wir haben sie dem Buch *The Wise Heart* von Jack Kornfield (1993) entnommen.

Denken Sie an einen Bereich in Ihrem Leben, in dem Sie starke Glaubenssätze vertreten – möglicherweise Ihr Berufsleben oder Ihr spirituelles Leben; vielleicht die Glaubenssätze in Bezug auf Ihre Rolle in einer Beziehung oder an Ihren Arbeitsplatz; oder Glaubenssätze in Bezug auf die Zukunft oder die Vergangenheit.

Wenn Sie nun ruhig dasitzen, denken Sie an die wichtigsten Konzepte/Geschichten, die Sie sich selbst in Bezug auf sich selbst, auf andere, auf eine Situation, auf eine Institution einreden … „Ich bin _." „Sie sind _." „Es ist _."

Nachdem Sie diese Glaubenssätze klar erkannt haben, untersuchen Sie sie genauer. Sind diese Glaubenssätze vollkommen wahr? Stimmen sie zu jeder Zeit? Sind sie einseitig? Was ist, wenn das Gegenteil wahr ist?

Was erfahren Sie, wenn Sie sich den Möglichkeiten öffnen, wenn Sie die Gedanken und Gefühle loslassen? Lassen Sie, soweit wie es Ihnen möglich ist, die Konzepte/Geschichten los und verweilen Sie im offenen Gewahrsein des Nicht-Wissens. Wie fühlt sich das im Körper und im Verstand an? Wie wirkt das auf Ihre Beziehung zu sich selbst … und zu anderen?

Freundschaft: Alles geben, was Sie sind

Das ist ein Begriff, den wir von dem modernen buddhistischen Gelehrten Stephen Batchelor (1997) entlehnt haben. Seine Beschreibung der Freundschaft in der Welt der buddhistischen Praxis und Lehre stimmt mit der Beziehung des Achtsamkeitslehrers zu einem Kursteilnehmer überein:

> *Wir sind beziehungsorientierte Wesen, die in einer beziehungsorientierten Wirklichkeit leben, und wir suchen Beziehungen, die unser Empfinden des Lebens erweitern. … [Ein] wahrer Freund ist mehr als jemand, mit dem wir gemeinsame Werte teilen und der uns so akzeptiert, wie wir sind. Solch ein Freund ist jemand, dem wir vertrauen können, dass er unser Verständnis des Lebens vertiefen wird, der uns helfen kann, wenn wir uns verirren, und der uns hilft, unseren Weg zu finden, der durch seine oder ihre Gegenwart unsere Ängste (Batchelor benutzt hier das englische Wort „anguish", Qual oder Angst, statt des sonst üblichen „suffering", Leiden) beruhigen kann.*

Die gleiche nicht-hierarchische, nicht-pathologisierende und zutiefst menschliche Sensibilität können wir auch in den Anschauungen über Freundschaft in anderen spirituellen Traditionen finden. Denken Sie an die grundlegende Haltung, die in der spirituellen Führung im Christentum eingenommen wird. Wie Aelred von Rievaulx, ein Abt der Zisterzienser aus dem 12. Jahrhundert, es in seinem Buch *Über die geistliche Freundschaft* (in Neufelder und Coelho, 1982) beschrieben hat:

> *Mit welch einem Glück, welch einer Zuversicht, welch einer Freude erfüllt es uns, wenn wir einen Menschen kennen, zu dem wir als zu einem Gleichgesinnten sprechen können. Ohne Scham kannst du mitteilen, welche Fortschritte du in deinem geistlichen Leben gemacht hast. Du kannst ihm alle Geheimnisse deines Herzens anvertrauen und du kannst ihm all deine Pläne offenbaren. Was ist also erfüllen-*

> *der, als deinen Geist mit dem des anderen Menschen zu verbinden, so dass beide zu einem Geist werden. Prahlerei und Misstrauen müssen wir nicht fürchten. Keine Kritik des einen durch den anderen wird zu Schmerz führen; kein Lob des einen wird ausufernde Schmeicheleien des anderen mit sich bringen. …*

Freundschaft beginnt also mit der Absicht, den Menschen „dort, wo sie sind" zu begegnen. Dann gehen wir in jede Interaktion ohne ein Ziel oder die Absicht, den anderen zu verbessern, und wir können den Beziehungen und Situationen erlauben, sich frisch und immer wieder neu zu entfalten.

Was bringen Sie in die Begegnung mit?

Wir haben über Selbstoffenbarung gesprochen. Der Lehrer hat keine andere Wahl als sich durch sein Sprechen und seine Geschichten in jedem Augenblick des Seins vollkommen zu zeigen. Es könnte sein, dass Ihre persönliche Erfahrung für die Teilnehmer/innen von Wert ist. Sie müssen entscheiden, was Sie mitteilen, und wann Sie es tun. Wenn die Antwort dem anderen im Sinne der Freundschaft, wie wir sie beschrieben haben, helfen würde, stellt sich nur die Frage, „Ist es noch zu unreif oder kann es hilfreich sein, wenn ich es mitteile?" Deshalb müssen wir als Lehrer/innen immer wissen, wie wir mit unseren eigenen Bereichen des Wachstums und der Herausforderung umgehen; das ist eine notwendige Disziplin. Zu wissen, was noch zu unreif ist, um darüber zu sprechen, kann Ihnen Schwierigkeiten ersparen. Und diese Unreife über eine gewisse Zeit zu verfolgen, kann Ihnen helfen, Ihre eigene Fähigkeit für Selbstakzeptanz und Vergebung zu stärken.

6. Übung: Was ist unreif in mir?

Schreiben Sie Antworten auf diese Frage in Ihr Tagebuch. Eine Technik, die die Autorin Natalie Goldberg empfiehlt, besteht darin, eine bestimmte Zeit zum Schreiben festzulegen (zum Beispiel einen Timer auf 10 Minuten einstellen), den Stift in die Hand zu nehmen und die ganzen 10 Minuten auf dem Papier zu bewegen. In unserem Fall beginnen Sie damit, die Frage „Was ist unreif in mir?" oder „Unreif in mir ist …" aufzuschreiben, und dann schreiben Sie weiter, ohne den Stift vom Papier zu nehmen. Wenn Ihr Schreiben langsamer wird oder aufhört, schreiben Sie die Frage oder Aussage wieder auf: „Was ist unreif in mir?" oder „Unreif in mir ist …", und fahren dann mit dem Schreiben Ihrer Antwort fort.

Unmittelbare Erfahrungen mit anderen teilen

Beim Unterricht mit Menschen aus allen Teilen der Bevölkerung wird vom Lehrer gefordert, dass er dem Leiden der Teilnehmer/innen begegnet, ihnen mit Freundschaft begegnet, wo immer sie innerlich auch sein mögen. Das mag sich zu ambitioniert anhören, besonders wenn wir das Gefühl haben, dass das Leiden außerhalb unserer eigenen Erfahrung ist. In der Arbeit mit Menschen, die an extremem, chronischem und emotionalem Schmerz leiden, braucht der Lehrer einen Ausgangspunkt – die Zuversicht, dass man mit allem achtsam umgehen kann. Der Lehrer muss der Praxis vertrauen und dem Teilnehmer, dass in ihm alles ist, was benötigt wird. Dieser hohe Anspruch kann leichter erfüllt werden, wenn Sie einige Erfahrungen mit der Arbeit an Ihrem eigenen körperlichen und emotionalen Schmerz gemacht haben. Die nun folgenden zwei Übungen helfen Ihnen dabei, Ihre eigenen Erfahrungen zuzulassen und zu sehen, wie vertrauenswürdig Sie und die Achtsamkeitspraxis wirklich sind.

7. Übung

Bewegen Sie eine sanfte Aufmerksamkeit durch Ihren Körper. Bemerken Sie jeden Bereich oder alle Bereiche Ihres Körpers, wo etwas festgehalten wird oder eine unangenehme Empfindung zu spüren ist.

Richten Sie Ihre Aufmerksamkeit auf einen Bereich mit einer unangenehmen Empfindung; erlauben Sie Ihrem Geist, in diesem Bereich des Körpers zu verweilen.

Bemerken Sie die auftauchenden Empfindungen. Sind sie schwach oder stark? Ist da Enge, Druck oder Hitze? Bleiben die Empfindungen gleich oder verändern sie sich? Achten Sie auf die Feinheiten dieser Empfindungen.

Wenn im Geist Gedanken auftauchen, achten Sie darauf, ob es irgendwelche Gedanken oder Geschichten gibt, die mit dieser unangenehmen Empfindung zusammenhängen: „Das mag ich nicht", „Ich will das nicht", „Das ist schrecklich".

Lassen Sie so gut wie möglich die Gedanken einfach kommen und gehen, haften Sie nicht an den Gedanken an, sondern lassen Sie die Empfindungen im Körper den wichtigsten Fokus Ihrer Aufmerksamkeit sein.

Achten Sie darauf, ob es eine Tendenz gibt, dass die Empfindungen anders sein sollten, wenn Sie im Moment Schwierigkeiten damit haben.

Bringen Sie so gut wie möglich eine offene Präsenz zu allem, was im Augenblick erscheint.

8. Übung

Sitzen Sie in einer bequemen Haltung. Bringen Sie Aufmerksamkeit in Ihren Körper. Spüren Sie den Grund unter Ihnen. Bemerken Sie Ihren Atem, dort wo Sie ihn am stärksten spüren. Folgen Sie einfach in jedem Moment Ihrem Atem.

Und wenn Sie bereit sind, erinnern Sie sich an eine Situation, mit der Sie Schwierigkeiten haben. Es könnte der Konflikt in einer Beziehung sein oder finanzielle Sorgen oder Probleme bei der Arbeit.

Wenn Sie sich an diese Situation erinnert haben, richten Sie Ihre Aufmerksamkeit auf den Körper und achten Sie darauf, was Sie fühlen. Achten Sie darauf, welche Körperempfindungen auftauchen, welche Stimmungen auftauchen. Spüren Sie Enge oder Druck im Körper?

Gibt es ein Wort, das Ihre Erfahrung beschreibt? Ängstlich, traurig, ruhelos? Benennen Sie einfach, was auftaucht – Enge, Schwere, Wut, Traurigkeit … Bemerken oder benennen Sie mit einem Flüstern, was in jedem Augenblick auftaucht. Versuchen Sie nicht, das „richtige" Wort zu finden, achten Sie auf das, was am stärksten ist.

Nachdem Sie Ihre Erfahrung benannt haben, untersuchen Sie diese Erfahrung sanft und bringen Sie dabei Ihre Aufmerksamkeit zu den Empfindungen in Ihrem Körper: „Beschreibt dieses Wort oder diese Wörter, was ich jetzt gerade empfinde? Wenn nicht, gibt es ein anderes Wort oder andere Wörter?" Bemerken Sie weiterhin mental, was sich in jedem Moment in Ihrer Erfahrung entfaltet.

Sie werden sich manchmal in Gedanken verlieren. Wenn Sie das bemerken, sagen Sie innerlich einfach „Denken", „Planen" oder „Sorgen" … und bringen Sie Ihre Aufmerksamkeit zurück zum Körper. Bemerken Sie weiterhin, was Sie in Ihrem Körper spüren. Benennen Sie, was in jedem Augenblick wahr ist (übernommen aus der Meditation von Tara Brach (2003) „Die Wahrheit in Schwierigkeiten benennen").

Es kommt auf spirituelle Reife an

Diese Haltung des Lehrers als Fremder, dieses Erkennen der Tiefen Ihrer eigenen Authentizität, Autorität und Freundschaft ist eine Möglichkeit, um den Achtsamkeitslehrer zu beschreiben. Das ist nicht das Gleiche, wie Ihre professionelle Identität, aber sie kann ein Teil davon werden. Der Schlüssel liegt in der Entwicklung eines gewissen Maßes spiritueller Reife – kein idealisierter „erleuchteter" Standpunkt, sondern eine ganz reale Möglichkeit. Eine nützliche Definition kommt vielleicht aus Fowlers (1981) Charakterisierung der „Sechs Stufen des Glaubens": Die fünfte der sechs Stufen wird als *dialogisches Wissen* bezeichnet, in dem der Wissende und das Gewusste eine Ich-Du-Beziehung eingehen. Viel davon haben wir in diesem Kapitel durch Achtsamkeit und Selbstreflexion untersucht. Fowler formuliert den wichtigen Punkt hier sehr schön: „Was die Mystiker ‚Nicht-Anhaften' nennen, ist die Bereitschaft der fünften Stufe, die Wirklichkeit selbst zu Wort kommen zu lassen, egal, was die Wirkung dieses Wortes auf die Sicherheit oder das Selbstwertgefühl des Wissenden ist" (S. 185). In den MBIs wird das „Nicht-Anhaften" so verstanden, dass es nicht Dissoziation oder Distanz meint, sondern einfach Klarheit und Perspektive. Der Wert einer solch reifen Spiritualität für einen Lehrer, der mit Kursteilnehmern arbeitet, wird in dieser Aussage Fowlers (S. 198) klar: „… diese Stufe ist bereit zu geben oder in Anspruch genommen zu werden, damit in anderen Menschen die Möglichkeit für das Schaffen einer neuen Identität und einer neuen Bedeutung lebendig bleibt und kultiviert wird."

5 Die Kompetenzen des Lehrers

In der professionellen Achtsamkeitspädagogik arbeitet der Lehrer oder die Lehrerin aus seiner oder ihrer einzigartigen Authentizität, Autorität und Freundschaft. Das bedeutet natürlich, dass jeder individuelle Lehrer anders ist, mit seinen eigenen Wegen, um Achtsamkeit zu integrieren und zu verkörpern. In der Tat sind in diesem Fall das Verkörpern und das Integrieren das Gleiche. Die Lehrer/innen wissen, was sie wissen, und können tun, was sie tun, aufgrund der Früchte ihrer Praxis und der Kompetenzen, die sie auf dem Weg ihrer persönlichen und professionellen Entwicklung kultiviert haben. Als Folge dessen sind die Kompetenzen, die ein Lehrer besitzt, eine *Mélange* von Ideen, die nicht so sehr im Denken des Lehrers integriert ist, sondern viel direkter im Körper des Lehrers. Selbst am Center for Mindfulness an der University of Massachusetts enthalten die Trainingsprogramme für Achtsamkeitslehrer/innen eine solche Mélange. Pragmatisch und auswählend benutzen diese Programme eine große Breite von Einsichten und Praktiken aus der Medizin, Psychotherapie, Pädagogik, Anthropologie, Soziologie und den Weisheitstraditionen der Welt. Um es noch einmal zu sagen: Die Integration all dieser Ansätze vollzieht sich nicht in der Theorie, sondern im Körper jedes Lehrers. Aber gleichzeitig sind wir der Ansicht, dass es allgemeine Kompetenzen gibt, welche die Lehrer/innen teilen; dass heißt, wir glauben, dass jeder Lehrer vergleichbare Fertigkeiten verwendet, um in seiner einzigartigen Weise mit den Kursteilnehmern zu arbeiten.

Um die Kompetenzen eines professionellen Achtsamkeitslehrers zu bestimmen und zu beschreiben, haben wir ein Schema entwickelt, das sowohl für uns in unserer eigenen Entwicklung hilfreich ist als auch in der Arbeit mit neuen Lehrern und denjenigen, die in Zukunft lehren wollen. Zudem – und am wichtigsten – wollen wir dadurch die Erfahrungen der Programmteilnehmer ständig verbessern.

Wie haben vier Kompetenzgruppen identifiziert, die scheinbar von den Lehrern in den MBIs geteilt werden.

1. *Begleitung* der Gruppe
2. *Homiletik* oder die Bereitstellung von didaktischen Materialien
3. *Anleitung* bei formalen Praktiken und informellen Erfahrungen in der Gruppe
4. *Reflexion* der unmittelbaren Erfahrungen der Teilnehmer

Diese vier Kompetenzgruppen sind miteinander verbunden. Die Begleitung der Gruppe beinhaltet eine breite Palette von Fertigkeiten, die, wie wir noch sehen werden, die anderen drei Kompetenzen einzuschließen scheinen. Des Weiteren ist die Entwicklung von Stimme und Körper für die Kommunikation, die am ehesten mit der Kompetenz der Homiletik in Verbindung stehen, genauso wichtig bei der Anleitung und Reflexion, während die Formen der Sprache, die in der Anleitung verwendet werden, die gesamte verbale Kommunikation beeinflussen. Und das dialogische Verständnis, das in der Gruppe durch die Reflexion entwickelt wird, beeinflusst die Homiletik und Anleitung. Und natürlich hängen alle vier vollkommen von der Authentizität, Autorität und Freundschaft des Lehrers ab – seine oder ihre Fähigkeit, präsent zu bleiben und aufmerksam und mitfühlend auf das zu reagieren, was im jeweiligen Augenblick entsteht.

Begleitung der Gruppe

Die Arbeit mit Achtsamkeit ist keine Gruppentherapie. Es ist keine psychologische Ausbildung. Und es ist auch kein schulisches Lehren. Alle „Fertigkeiten in der Arbeit mit Gruppen" haben ihren Ursprung in der Ko-Kreation des Lehrers und der Teilnehmer/innen. Aus dieser Perspektive werden die bestimmten Merkmale der achtsamkeitsbasierten Gruppe und ihre Anforderungen an den Lehrer sichtbar. Erstens, es ist eine *Ko*-Kreation, in welcher der Lehrer der Katalysator sein mag, aber in der *jeder* Teilnehmer einen Beitrag leistet und sich im Kontext eines nicht-hierarchischen, nicht-pathologisierenden Ethos entwickelt. Jeder der Beteiligten, Lehrer/in und Teilnehmer/innen, teilen die Leiden und Freuden des Menschseins. Zweitens, sie alle teilen die implizite oder explizite Absicht, die eigene unmittelbare Erfahrung tiefer zu erforschen. Diese Untersuchungen haben das Potenzial, die Authentizität des Einzelnen in der Gruppe erkennbar werden zu lassen. Drittens, jeder Teilnehmer hat die Möglichkeit, von der Gruppe in seiner Reflexion unterstützt zu werden, und kann dadurch auch selbst jeden in der Gruppe unterstützen. Und schließlich sind alle aktiv Beitragenden bei der ständigen Ko-Kreation der Achtsamkeit in der intersubjektiven Resonanz der Gruppe.

Der Lehrer als Begleiter der drei Kostbarkeiten der Gruppe

Unsere Antwort auf diese Besonderheiten besteht darin, die umfassende Arbeit mit der Gruppe durch den Achtsamkeitslehrer als „Begleitung" zu bezeichnen. Das Wort im Englischen, Stewardship, das sich aus altenglischen Bezeichnungen für den Wächter der Versammlungshalle herleitet, beinhaltet das grundlegende Verständnis der Aufgaben des Lehrers in der Gruppe: einen Raum zu halten, in dem die Mitglieder arbeiten können. Es hebt auch die Alltäglichkeit, die Demut und den Dienst hervor, die in solch einer Rolle enthalten sind. Zudem umfassen heutige Bedeutungen dieses Begriffes sorgfältigen Schutz von wertvollen Schätzen oder Kräften, die einem von anderen in die Obhut übergeben wurden, wie zum Beispiel in der Fürsorge für die Umwelt.

In gewisser Weise sind die Kostbarkeiten der Gruppe dem Lehrer in die Obhut gegeben. Dadurch kann sich die Gruppe so entwickeln, dass sie schließlich selbst für diese Schätze sorgen kann, was gleichbedeutend ist mit der Entwicklung von Achtsamkeit und intersubjektiver Resonanz. Die nun folgenden drei Kostbarkeiten zeigen die besonderen Merkmale von achtsamkeitsbasierten Gruppen.

Das erste Kostbarkeit ist *Freiheit.* Das ist die Erlaubnis für jeden Teilnehmer, der zu werden, der er ist, um tiefer in seine eigene Erfahrung einzudringen. Den Teilnehmern wird ständig die Möglichkeit geboten, sich kontinuierlich dem hinzugeben, was sie sind – nicht wie sie denken, dass sie sein sollten, oder wie der Lehrer oder ein Lehrtext es vorschlagen mag. Während die Fähigkeit der Gruppe, einander in Freiheit zu halten, wächst, besteht die Rolle des Lehrers sowohl im nonverbalen Ausdruck von Authentizität und Freundschaft als auch in den eher verbalen Ausdrucksformen, wie sie in den anderen Kompetenzen, die wir in diesem Kapitel beschreiben, aufgezeigt werden.

Der zweite Kostbarkeit ist *Zugehörigkeit.* Das ist die kontinuierliche Möglichkeit für den Teilnehmer, seine Wirkung auf das Leben der Gruppe im gegenwärtigen Augenblick immer tiefer zu verstehen und zu spüren, und zu erfahren, dass die Rolle des Teilnehmers sowohl das Angebot von Fürsorge als auch die Forderung nach Zurückhaltung beinhaltet. Dieses Merkmal der Gruppe ist die natürliche und unvermeidliche Verantwortlichkeit jedes Teilnehmers gegenüber den anderen. Durch die Fähigkeit des Lehrers, die Spannung der Zugehörigkeit im Leben der Gruppe aufrechtzuerhalten, finden die Teilnehmer Möglichkeiten, um Freiheit und Zugehörigkeit innerlich zu integrieren – eine Selbstregulierung, die der ko-kreierten Achtsamkeit der Gruppe innewohnt.

Die dritte Kostbarkeit ist *Resonanz.* Das ist die ko-kreierte, intersubjektive Resonanz der Gruppe in jedem Moment. Dieses Geschenk der Gruppe berührt die Freiheit und Zugehörigkeit jedes Teilnehmers und trägt dazu bei, beide zu optimieren. Während sich die Gruppe dadurch weiterentwickelt, unterstützt der Lehrer diese Dynamik, indem er sanft interveniert, um Brüche zu schaffen und wieder zusammenzufügen, was zu einer Vertiefung der Resonanz führt.

Diese drei Kostbarkeiten der Freiheit, Zugehörigkeit und Resonanz sind miteinander verknüpft: Die Veränderung der Qualität einer dieser Kostbarkeiten bei einem Teilnehmer oder in der Gruppe wird fast unvermeidlich zu ähnlichen Veränderungen in den anderen führen. Wenn zum Beispiel in einem vertiefenden Dialog mit dem Lehrer bei einer Teilnehmerin die Angst zunimmt, während sie die Erfahrung des gegenwärtigen Augenblicks untersucht, wird möglicherweise ihre Fähigkeit für Freiheit sich verringern und ihr Gefühl der Zugehörigkeit sich vermindern. Durch den Rückzug dieser Teilnehmerin und die emotionale Übertragung kann die intersubjektive Resonanz der ganzen Gruppe abnehmen. Die Intervention vonseiten des Lehrers oder der Gruppe, um das Gefühl von Freiheit und Zugehörigkeit der Teilnehmerin wiederherzustellen, kann gleichzeitig auch das Gleichgewicht zwischen den drei Kostbarkeiten wieder verstärken und zu einer tieferen Resonanz führen, in der die Arbeit fortgesetzt werden kann. Das werden wir in diesem Abschnitt weiter unten noch genauer erklären.

Die Kompetenzen der Gruppenarbeit und das „Verlernen"

Es gibt in der Literatur Hinweise darauf, dass früheres Training in der Leitung von Gruppen in der Arbeit als professioneller Achtsamkeitslehrer wertvoll sein kann. Sicher ist diese Aussage wahr in dem Sinne, dass die Kernkompetenzen, die in diesem Kapitel definiert werden, auch in vielen anderen Formen der Gruppenarbeit angewendet werden; aber sie werden durch einen Kontext geformt, der in wichtigen Punkten anders ist: die ko-kreierte Achtsamkeit. Wir empfehlen daher, dass angehende Lehrer/innen die Fähigkeiten, die sie in andern Gruppenkontexten erworben haben, genauer untersuchen und eine Haltung des „Nicht-Wissens" annehmen, die zu dem „Verlernen" führen kann, das die Melbourne Academic Interest Group (2006) in ihrer Untersuchung der MBIs beschreibt: „[V]orher erlernte Kompetenzen in der Gruppenarbeit benötigen höchstwahrscheinlich eine Anpassung und für das Achtsamkeitsmodell der Praxis ist es vielleicht sogar nötig, dass einiges davon verlernt wird" (S. 292).

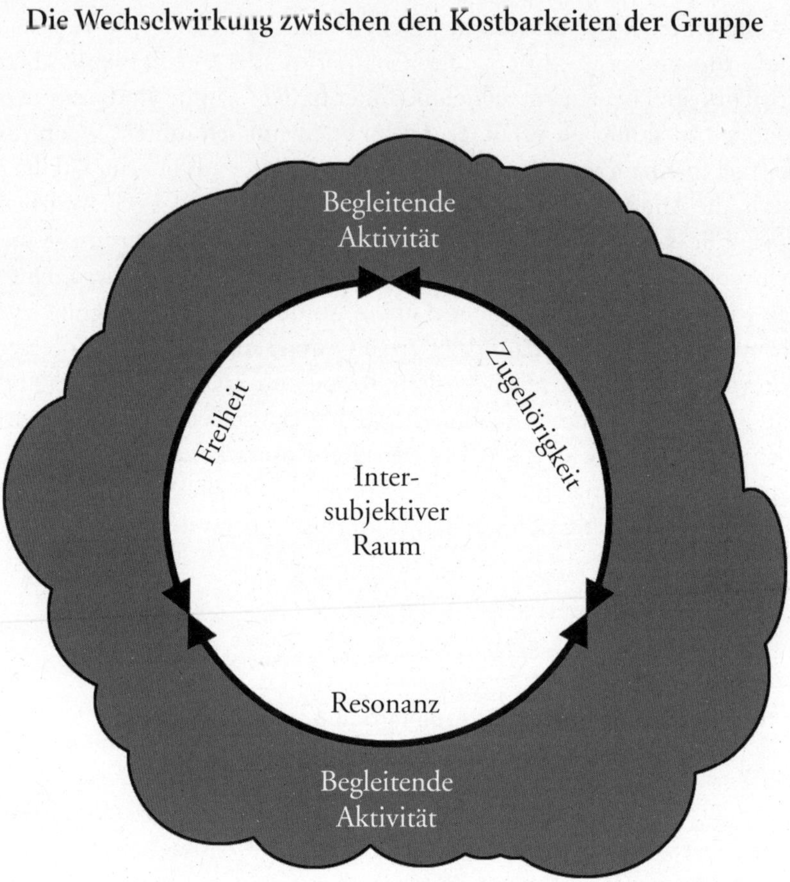

Bild 5.1. Diese Illustration zeigt die Beziehung zwischen Freiheit, Zugehörigkeit und Resonanz. Wie das Zusammentreffen der Pfeile nahelegt, berührt jede Kostbarkeit die anderen zwei und kann potenziell auf sie einwirken. Wenn eine davon zunimmt, können auch alle anderen zunehmen, wenn eine schwächer wird, können auch alle anderen schwächer werden. Die begleitenden Aktivitäten des Lehrers sind so dargestellt, dass sie „außerhalb" des intersubjektiven Raumes der Gruppe liegen, weil sie den ko-kreierten intersubjektiven Raum der Gruppe schützen, der durch die wechselseitigen Beziehungen zwischen den drei Kostbarkeiten geformt und aufrechterhalten wird.

Rundheit: Die Formung der Gruppe von Beginn an

Die Teilnehmer sitzen zu Beginn jeder Session in einem Kreis zusammen (Bild 5.1). In allen Kulturen und in der ganzen Welt ist der Kreis ein Symbol der Ganzheit, Fülle und Vollkommenheit. Sicher hat der Kreis viele Bedeutungsebenen, vom *Ensō* des Zen, der auf die Totalität des Universums und der Erleuchtung hinweist; über den *Ouroboros,* der Schlange, die sich selbst in den Schwanz beißt (oder ihn verschlingt) in den westlichen esoterischen Systemen (und im Kundalinī-Yoga), die auf den endlosen Kreislauf des Lebens und die Wiedervereinigung der Gegensätze hinweist; zum *Mandala,* der östlichen Methode für spirituelle Forschung, das C. G. Jung als Mittel zur Individuation untersucht hat. Indigene Völker, die als Gemeinschaften im Kreis zusammensitzen, haben ein sehr ausgeprägtes Verständnis des Nutzens und der symbolischen Kraft des Kreises, wie es diese Beobachtungen von Black Elk (Neihardt, 1961) nahelegen:

> *Sie haben bemerkt, dass alles, was ein Indianer tut, in Kreisen verläuft, und der Grund hierfür ist, dass die Kraft der Welt immer in Kreisen wirkt, und alles versucht, rund zu sein. … Der Himmel ist rund, und ich habe gehört, dass die Erde rund ist wie ein Ball, genauso wie alle anderen Sterne. Der Wind wird in seiner größten Kraft zum Wirbelwind. Die Vögel bauen ihre Nester kreisförmig, weil sie der gleichen Religion angehören wie wir. Und auch die Sonne geht auf und verschwindet in einer Kreisbahn. Der Mond genauso, und beide sind rund. Sogar die Jahreszeiten im großen Kreislauf ihrer Veränderung kommen immer wieder dorthin zurück, wo sie begonnen haben. Das Leben eines Menschen ist ein Kreislauf von Kindheit zu Kindheit, und so ist es überall, wo Energie in Bewegung ist (S. 198).*

Gaston Bachelard schreibt in *La Poétique de l'éspace* (1957), wie beeindruckt er von der wiederholten Intuition großer Denker ist, die alle sagen, dass das „Sein rund sei". Er versucht die Rundheit ohne die Filter von Philosophie oder Kultur zu untersuchen – als eine rein phänomenologische Erfahrung. Er merkt an: „… Bilder der vollen Rundheit helfen uns dabei, uns zu sammeln, sie erlauben uns, die ursprüngliche Konstitution unserer selbst vollends zu umfassen und unser Sein im Inneren tief zu bestätigen. Wenn es tief innerlich erfahren wird, ohne jedes äußerliche Merkmal, kann das Sein nur als rund erscheinen“ (S. 234).

Das Ziehen eines Kreises schafft auch Grenzen. Es schafft Ordnung aus dem Chaos. Es teilt das Innere vom Äußeren. Es schließt aus und umfasst. Es kann entfremden und ignorieren oder halten und nähren. Deshalb bitten wir unsere Teilnehmer/innen „*in* einen Kreis zu kommen“, ein Ausdruck und eine Handlung, die sowohl das Umschließen, Halten und Nähren betont als auch die Symbolik der Erfüllung oder Vollendung. Ein Beispiel: Nach einer langen Session Hatha-Yoga ließen wir die Teilnehmer/innen sich im Raum verteilen und sie erhielten Stühle und Sitzkissen, die ihnen wieder genommen wurden. Dann bat der Lehrer die Teilnehmer/innen für ein Gespräch „in einen Kreis zu kommen“. Mit Hin- und Herrücken und einigem Manövrieren bildete sich eine Form – nicht wie durch einen Kompass vorgegeben, sondern wie eine Form, die im Moment ko-kreiert wurde, um auf eine Notwendigkeit zu reagieren. Eine Teilnehmerin sagte: „Das kann man wohl kaum als Kreis bezeichnen.“ Eine klarere Aussage hätte man als Lehrer/in auch auf Nachfrage kaum bekommen können. Und die Antwort war: „Ganz im Gegenteil, solange wie jeder darin ist, ist es ein vollkommener Kreis.“ In diesem Sinne ist das *Innere* des Kreises das Wichtige. Dort finden die Teilnehmer/innen sich selbst. Dort kommt die Gruppe zusammen.

Somit beginnt die Begleiterfunktion mit der Bildung und Aufrechterhaltung des Kreises. Die Handlungen des Lehrers als der Wächter der Versammlungshalle, als dienende Führungskraft, sind ganz konkret und alltäglich. Wenn Sie Achtsamkeit professionell lehren, besteht eine hohe Wahrscheinlichkeit, dass Sie sich Ihre Hände schmutzig machen werden und dass es einige Anstrengungen braucht, um die Umgebung so zu gestalten, dass sie den Teilnehmern dient: die Stühle so im Kreis aufstellen oder verändern, damit es für die Teilnehmer/innen funktioniert; sicher gehen, dass genauso viele Stühle wie Teilnehmer/innen vorhanden sind, um das Gefühl und das Symbol der Fülle zu unterstützen; dafür sorgen, dass leere Stühle entfernt werden, wenn Teilnehmer/innen nicht da sind. Und sowohl die Stühle als auch den Kreis so anpassen, dass Menschen im Rollstuhl oder mit andern körperlichen Einschränkungen eng in den Kreis kommen können.

Die Lehrerin kümmert sich auch um den Ort des Kreises und tut, was sie kann, um unangenehme Eindrücke und Ablenkungen zu verhindern. Sie passt das Licht und die Temperatur an und tut, was möglich ist, um laute Unterbrechungen der Gruppe zu verhindern – zum Beispiel durch Aufsichtspersonal oder Teilnehmer des nächsten Kurses. Aber es gibt keinen Grund, für vollkommene Ruhe zu sorgen, weil die gewöhnlichen (und sogar die außergewöhnlichen) Klänge und Ereignisse im Inneren und Äußeren des Raumes teil der Struktur von Praxis, Anleitung und Reflexion sind, was wir später noch genauer anschauen werden. Wir leben nicht in einer perfekten Welt und die Begleitung ist nicht der Versuch, sie dazu zu machen. Sie schafft hingegen eine Umgebung, in der sich die Teilnehmer sicher, geschützt, unterstützt und verbunden fühlen können.

Der Kreis ist der Ausdruck eines zeitlosen Symbols im gegenwärtigen Augenblick. Es gibt eine Fülle und Ganzheit, die den Teilnehmern potenziell zur Verfügung steht, wenn sie sich im Kreis umblicken. Hierarchie und Status werden unwichtiger und die Empfindung von Gleichheit wird bestärkt; denken Sie zum Beispiel an König Artus' Tafelrunde. Zudem ist die Empfindung zugänglich, dass die Teilnehmer als Passagiere einen Übergangsritus bestehen und zusammen auf das Kommende warten, wie im 3. Kapitel beschrieben. Der Lehrer kann soviel oder sowenig von diesen Vergleichen benutzten, wie es seinem Lehrstil und seinen Lehrmitteln entspricht.

Natürlich gibt es Grenzen für die Verwendung des Kreises. Ein Kreis mit 10–30 Teilnehmern erfüllt alle logistischen Anforderungen selbst – die Teilnehmer können sich alle leicht sehen und hören. Unserer Erfahrung nach funktioniert der Kreis bei 30 bis 50 Teilnehmern immer noch, wenn der Lehrer und die Gruppe die Aufmerksamkeit für die notwendige Lautstärke beim Sprechen aufrechterhalten. Bei einer Gruppengröße über 50 Teilnehmer ziehen wir es vor mit Stühlen einen Kreis innerhalb eines weiteren Kreises zu formen oder einen Kreis mit Kissen innerhalb eines Kreises mit Stühlen anzuordnen. Das durchbricht aber die nicht-hierarchische Natur der Gruppe und fokussiert mehr Aufmerksamkeit auf den Lehrer. Die Verwendung solch größerer Gruppen wird deshalb am besten auf Situationen beschränkt, wo die Vermittlung didaktischer Informationen ein wesentlicher Bestandteil der Kurseinheit ist – wie zum Beispiel Einführungen, Orientierungsvorträge und kurze professionelle Trainingseinheiten.

Verantwortung: Sich einander zuwenden

Besonders in der ersten Kurseinheit wird die nicht-hierarchische Natur des Kreises unter dem verborgen, was wir als *MacDonalds-Effekt* bezeichnen können. In einer beliebten und in verschiedenen Versionen erzählten Volksweisheit aus Schottland erscheint der Klanführer der MacDonalds zu spät zu einem Treffen und setzt sich auf einen freien Stuhl. Er wird eingeladen, an der Spitze des Kreises zu sitzen, worauf er antwortet: „Wo der MacDonald sitzt, ist die Spitze des Tisches." So sehen die Teilnehmer unvermeidlich den Platz des Lehrers als den Anfang des Kreises und richten ihre Aufmerksamkeit und Erwartungen dorthin. Sicher ist dieser Effekt in den ersten Momenten der Session nützlich und schmeichelhaft. Aber wenn der Kurs fortschreitet und Achtsamkeit und intrasubjektive Resonanz ko-kreiert werden, wird ein ständiger Fokus auf den Lehrer kontraproduktiv. Es erhöht den Status des Lehrers und stärkt die Überzeugung, dass man bei ihm nach Antworten suchen sollte. Wenn der Fokus auf die Teilnehmer/innen verteilt wird, zeigt das, dass die Antworten in den Teilnehmern zu finden sind.

Wenn die Teilnehmer/innen nach dem Ende (oder während!) der Achtsamkeitspraxis die Augen öffnen und sich auf den Platz des Lehrers fokussieren, kann man auch sagen, dass die Resonanz der Gruppe tiefer und direkter von *der Reaktion der Spiegelneuronen auf die nonverbale Präsenz des Lehrers* bestimmt wird, als von jedem anderen Faktor. Und um es noch einmal zu sagen: Das mag zum Beginn des Kurses nützlich sein, aber am besten ist, wenn diese „Verantwortung" für die Resonanz in der Gruppe auf alle Teilnehmer/innen verteilt wird. Wenn sie sich einander zuwenden, wird das Potenzial für Achtsamkeit und intersubjektive Resonanz weniger mit dem Lehrer (oder den extrovertierten Teilnehmern) verbunden als mit der ganzen Gruppe, was wiederum dazu beiträgt, die Freiheit und Zugehörigkeit jedes Teilnehmers zu schützen.

Die Lehrerin kann direkt und indirekt dafür sorgen, dass sich die Teilnehmer/innen einander zuwenden. Die direkteste Möglichkeit sind die ersten Gruppendialoge. Die Lehrerin kann die Teilnehmer/innen einfach bitten, zum ganzen Kreis zu sprechen und nicht nur zur Lehrerin. Sie kann in den ersten Kurseinheiten – und wenn nötig in allen Kurseinheiten – immer wieder indirekt durch nonverbale Gesten daran erinnern. Sie kann den direkten Augenkontakt des Sprechenden, der nur sie statt der ganzen Gruppe anschaut, erst erwidern und dann vermeiden. Und die Lehrerin kann kontinuierlich ihren Blick in der ganzen Gruppe bewegen, um den größeren Fokus zu verkörpern, der nützlich ist, um die Gruppe zusammenzuhalten.

Sie wird den Teilnehmern helfen, mit der gemeinsamen Erfahrung leichter umzugehen, indem sie, wenn möglich, Dyaden und kleinere Gruppen als Methoden der dialogischen Untersuchung nutzt. Jeder Lehrer wird seinen eigenen Stil und Rhythmus in der Verwendung solcher Methoden entwickeln, aber es gibt einige grundlegende Methoden. Wir bitten die Teilnehmer/innen oft, sich in einer Zweiergruppe – jedes Mal mit einem anderen Partner – für ein erstes Gespräch über die Erfahrung einer neuen Achtsamkeitspraxis zusammenzufinden, bevor wir dann in der größeren Gruppe zusammenkommen und den Dialog fortsetzen. Dieser Ansatz hat einige Vorteile neben dem einfachen „Vermischen" der Teilnehmer/innen, das ihnen hilft, sich kennenzulernen und persönliche Verbindungen zu knüpfen. Es ermöglicht den Teilnehmern auch, ihre nonverbale Erfahrung zum ersten Mal in Worte zu fassen, bevor sie dann in der größeren Gruppe untersucht werden, und das bereichert sicher den gesamten Dialog. Zudem gibt das den Teilnehmern, die sich davor scheuen, in einer größeren Gruppe zu sprechen, eine Plattform, um die positiven Wirkungen zu spüren, die entstehen, wenn sie ihre Erfahrungen in Worte fassen.

Brüche und Verbindungen: Die Arbeit mit Reaktivität und Aggression

Die Begleitung des Kreises ist die Begleitung der ko-kreierten Achtsamkeit und der intersubjektiven Resonanz der Gruppe. Die Kompetenzen des Lehrers in diesem Bereich bestehen darin, dass Achtsamkeit und intersubjektive Resonanz gebildet werden und die Gruppe in Resonanz bleibt, um ihre innere und gemeinsame Arbeit tun zu können. Die Resonanz ist nicht fragil, sie kann aber unter Druck gefährdet und zu einem beträchtlichen Teil vermindert werden. Dieser Druck kann durch dramatische Ablenkungen aus der Umgebung kommen, oder aus der Gruppe selbst, wo sich ausbreitende Emotionen oder Konflikte die Aufmerksamkeit auf sich ziehen und die Resonanz gefährden.

In der Arbeit mit tatsächlichen oder potenziellen Brüchen in der Gruppenresonanz ist das Werkzeug des Lehrers zur Begleitung die Achtsamkeit selbst. Wenn man auf Techniken oder Mittel aus anderen Kontexten vertraut, sendet man an die Gruppe das Signal, dass Achtsamkeitspraxis nur bis zu einem bestimmten Punkt anwendbar ist. Deshalb ist „die letzte Zuflucht" des Lehrers offensichtlich: der Praxis zu vertrauen und die Gruppe zu nutzen.

Im Falle einer Ablenkung von außen kann die Lehrerin die Aufmerksamkeit der Teilnehmer/innen auf die Ablenkung richten und damit die wichtige innere Bewegung der Zuwendung zu unangenehmen Erfahrungen bestärken. Wenn die Ablenkung anhält – sagen wir, eine Reihe von vorbeifahrenden Feuerwehrfahrzeugen – kann die Lehrerin (mit angemessener Stimme) die Teilnehmer/innen bitten, sich in die Praxis zu begeben und zu bemerken, was für sie im Augenblick auftaucht; und dann auf den Raum zu achten, in dem sie dieses Auftauchen beobachten können. Wenn die Ablenkung vorüber ist, kann sich die Gruppe in einem Dialog über diese Erfahrung austauschen. Das „normalisiert" die Erfahrung, indem sie einfach ein Teil der Achtsamkeitspraxis wird.

In der Arbeit mit starken Emotionen, die in der Erfahrung des Einzelnen während der inneren Reflexion und unabhängig von äußeren Einflüssen auftauchen können, gibt es die Möglichkeit, dass viele in der Gruppe sich in emotionaler Übertragung verfangen und nicht fähig sind, die Resonanz aufrechtzuerhalten, die für die Freiheit und Zugehörigkeit jedes Einzelnen notwendig ist. In dieser Situation muss die Lehrerin die Gruppe halten und anerkennen, was im Moment entsteht, nicht nur für jeden Einzelnen, sondern auch für die ganze Gruppe, und sie muss eine nicht-urteilende Haltung gegenüber den Einzelnen und Vertrauen in die Praxis verkörpern. Die Lehrerin hat verschiedene Richtungen, in die sie sich bewegen kann – jede davon betont Achtsamkeit und die Arbeitsatmosphäre in der Situation. Als Erstes kann die Lehrerin das grundlegende körperliche Phänomen des Atems verwenden, um einen Wechsel von der Stressreaktion zu einer parasympathischen Reaktion zu bewirken, indem sie den betroffenen Teilnehmer und jeden in der Gruppe, der möchte, dazu auffordert, einige tiefe Atemzüge zu nehmen und sie mit einem entspannenden Seufzer auszuatmen (siehe grauer Kasten).

Durch solche eine Verminderung der Reaktivität ist es eventuell möglich, die körperliche Erfahrung zu untersuchen, was die zentrale Bewegung der „Hinwendung“ auf einen Ort richtet, der nicht so unangenehm wirkt, und möglicherweise interessanter ist, als sich direkt mit den Emotionen oder den damit einhergehenden Gedanken auseinanderzusetzen. In der Arbeit mit dem Körper ruft eine dialogische Untersuchung verschiedene Faktoren wach, die dabei helfen, die intra- und intersubjektive Resonanz zu verstärken und die ko-kreierte Achtsamkeit der Gruppe wiederherzustellen.

Wenn die Lehrerin die Situation mit dem Betreffenden tiefer untersucht, kann die Bewegung von Ablehnung zu Neugier angestoßen werden, die die Bewegung vom Rückzug zur Annahme einer emotionalen Reaktion reflektiert, die für die Achtsamkeit so typisch ist. Zudem können die anderen Teilnehmer, von denen einige mit ihren eigenen Emotionen arbeiten, auch auf das, was im Moment geschieht, reagieren, indem sie den gleichen Wechsel vollziehen und eine intersubjektive Resonanz schaffen, die weiteres Einanderzuwenden und eine tiefere Untersuchung verstärkt. Während einer solchen Arbeit mit einem Einzelnen muss die Lehrerin auch immer wieder die ganze Gruppe ansprechen. Das hilft wiederum, sowohl der Gruppe als auch dem Einzelnen, weil der Betreffende von den Anmerkungen aus der Gruppe profitiert und die anderen eine Möglichkeit haben, sich mit der (hoffentlich!) wiedererlangten Resonanz der Gruppe zu verbinden.

Diese Resonanz wird durch einen Austausch in einer Kurseinheit in der Achtsamkeitsbasierten Stressreduktion (MBSR) verdeutlicht (siehe unten), der einfach dadurch ausgelöst wurde, dass die Lehrerin eine Praxis in der Zweiergruppe beschrieb, in der die Teilnehmer/innen dem Gegenüber für ein bis zwei Minuten über ihre Erfahrung des gegenwärtigen Augenblicks berichten sollten. Achten Sie auf die Entscheidungen und die eingeschlagenen Richtungen der Lehrerin, um den Bruch durch Achtsamkeit zu schließen und die Kostbarkeiten der Gruppe zu schützen.

Die Brüche und Verbindungen in der Struktur der intersubjektiven Resonanz tragen dazu bei, dass die Gruppe enger zusammengeführt wird. Wie schon im 3. Kapitel angemerkt, ähnelt dieser Umstand sehr den „gemeinsamen erweiterten Bewusstseinszuständen“, die Tronick (2003, 2007) in den Dyaden zwischen Kleinkind und Bezugsperson oder Klient und Therapeut beschreibt. Diese Situation repräsentiert den chaotischen Prozess der Ko-Kreation von Bedeutung. Wie Tronick (2003) es beschreibt: „[A]us der wiederholten Verbindung von Brüchen können das Kleinkind und eine Bezugsperson das implizite Wissen teilen, dass wir ‚in einen wechselseitig positiven Zustand kommen können, selbst wenn wir in einem wechselseitig negativen Zustand waren' oder dass wir ‚eine negative emotionale Haltung in eine positive wandeln können'" (S. 478). Diese Erfahrung von Erweiterung und der neuen Bedeutung wird nicht nur mit dem Lehrer und einem Einzelnen geteilt, sondern potenziell gleichmäßig zwischen allen Teilnehmern.

Drei Praktiken für den Umgang mit Reaktivität

Durch die Anwendung dieser drei Praktiken während einer Gruppensession werden alle Teilnehmer/innen zu dieser Praxis eingeladen, selbst wenn die Reaktivität in einem Teilnehmer bestehen bleibt. Das kann dabei helfen, eine tiefere intersubjektive Resonanz zu erhalten oder zu ermöglichen, mit potenziellem Effekt auf den Teilnehmer, mit dem der Lehrer gerade arbeitet.

1. **Übung: Entspannende Seufzer.** Atmen Sie durch die Nase ein und atmen Sie durch den Mund aus und machen Sie beim Ausatmen einen leisen, entspannenden Seufzer. Machen Sie lange, langsame und sanfte Atemzüge, die Ihren Bauch beim Ein- und Ausatmen heben und senken. Konzentrieren Sie sich auf den Klang und die Empfindung des Atems.

   Diese Praxis ist hilfreich, wenn die Reaktivität auf Stress beginnt – oder wenn man sie erwartet. Es besteht auch die Möglichkeit, während des Tages bestimmte Situationen dazu zu nutzen, um drei bis sechs entspannende, seufzende Atemzüge zu nehmen, wie zum Beispiel die rote Ampel beim Autofahren, das Klingeln des Telefons, beim Warten auf den Fahrstuhl oder beim Schlangestehen. Dadurch kann eine niedrigere Reaktivität erhalten werden.

2. Übung: Die Fußsohlen. In einer stressvollen Situation oder in Erwartung einer solchen hilft uns diese Praxis in den gegenwärtigen Augenblick des Körpers zurückzukommen und dadurch in einen Raum, in dem es möglich ist, durchdachte Entscheidungen zu treffen. Diese Übung haben wir frei aus Singh et al. (2003) übernommen.

Die Schritte sind wie folgt:

1. Wenn Sie stehen, suchen Sie sich eine angenehme Haltung, mit beiden Sohlen auf dem Boden. Wenn Sie stehen, stehen Sie in einer natürlichen Haltung und erlauben Sie dem Gewicht der Arme Ihre Schultern herabzuziehen und beugen Sie leicht die Knie. Wenn Sie gehen, verlangsamen Sie Ihre Geschwindigkeit und erlauben Sie wieder den Armen bei der Entspannung der Schultern zu helfen.
2. Erlauben Sie Ihrem Atem natürlich zu fließen. Und erlauben Sie sich selbst, die Emotionen des Augenblicks zu spüren, seien Sie sich der Gedanken und Körperempfindungen bewusst, die sich zeigen, ohne sie einzuschränken oder zu versuchen, sie zu verändern. Beobachten Sie einfach.
3. Richten Sie dann Ihre Aufmerksamkeit auf Ihre Fußsohlen. Spüren Sie Ihre Fersen auf dem Boden oder in Ihren Schuhen; spüren Sie die Kurven der Fußgewölbe, den Fußballen und die Zehen – vielleicht bewegen Sie Ihre Zehen, um sie in ihrer Empfindung präsenter werden zu lassen.
4. Achten Sie nach ein oder zwei Minuten wieder auf die Qualität Ihrer Gedanken und Körperempfindungen.
5. Wenn Sie spüren, dass Sie antworten können, ohne nur zu reagieren, erinnern Sie sich daran, dass Sie wählen können, ob Sie sich aus der Situation lösen oder sich dafür entscheiden, mit Klarheit und Kreativität zu antworten.

Besondere Anmerkungen zur Anleitung dieser Übung

1. Jeder erfährt Stress und starke Emotionen. Das Ziel dieser Praxis ist nicht, sie loszuwerden, sondern kreativ damit zu arbeiten.

2. Im richtigen Kontext betrachtet, können die momentanen Gefühle wertvolle Informationen enthalten, die für eine positive Lösung oder eine hilfreiche Antwort verwendet werden können.
3. Diese Praxis kann geübt werden, um mehr Vertrauen zu gewinnen, indem man sich an Situationen aus der Vergangenheit erinnert (oder sich Situationen in der Zukunft vorstellt!) und mit den Emotionen und Körperempfindungen arbeitet, die einfach nur durch diese Gedanken ausgelöst werden.

3. Übung: Der Raum der Drei-Minuten-Atmung. Bei Stress oder erwartetem Stress oder einfach in regelmäßigen Abständen im Laufe des Tages kann diese Praxis, die frei aus der Achtsamkeitsbasierten Kognitiven Therapie (Segal et al., 2002) übernommen wurde, von Nutzen sein.

1. Minute: Gewahrsein. Machen Sie eine Pause. Wenn Sie mögen, schließen Sie Ihre Augen. Richten Sie Ihre Achtsamkeit auf Ihren Körper: Achten Sie auf Körperempfindungen (zum Beispiel Schwere, Leichtigkeit, Temperatur, Atemfrequenz, Herzfrequenz usw.); wenden Sie sich dann Ihren Gedanken zu: Ist Ihr Geist ruhig? Oder gibt es einen wilden Gedankenstrom? Was ist die Qualität der Gedanken? (Zum Beispiel dicht, leicht, flüchtig, anhaltend usw.) Wenden Sie sich nun den Stimmungen zu: Wie fühlen Sie sich in diesem Moment? (Zum Beispiel friedlich, ängstlich, freudig, traurig usw.) Erkennen Sie Ihre Erfahrung an, registrieren Sie sie, auch wenn sie ungewollt ist.

2. Minute: Sammeln. Richten Sie dann Ihre Aufmerksamkeit auf den Atem, auf jedes Einatmen und jedes Ausatmen, so wie sie aufeinanderfolgen, eines nach dem anderen. Wenn Ihre Aufmerksamkeit abgelenkt wird, bemerken Sie dies und bringen Sie Ihre Aufmerksamkeit sanft zum Atem zurück.

3. Minute: Erweitern. Erweitern Sie das Feld Ihres Gewahrseins über den Atem hinaus, zurück zu den Empfindungen des Körpers, dann zu den Gedanken und schließlich zu den Stimmungen. Und achten Sie darauf, wie Sie sich jetzt fühlen.

Sich der Resonanz zuwenden

Teilnehmer: Ich bin verwirrt, ich bin ängstlich …
Lehrerin: Bemerken Sie noch etwas anderes?
Eine nicht-urteilende, auf die Tatsachen fokussierte Antwort, die Freiheit für tiefere Untersuchung eröffnet.

T: Verlegenheit … Das Gefühl, entblößt zu werden …
L: Das Gefühl, entblößt zu werden, nur durch den Gedanken an diese Praxis – eine Praxis, die darin besteht, über das zu sprechen, was im Moment für Sie wahr ist.
Die Anerkennung der tatsächlichen Situation des Teilnehmers.

T: Ja … Gerade fühle ich mich traurig (der Teilnehmer weint). … Ich bin verwirrt darüber, warum ich so viel weine.
L: (Öffnet das Gespräch für die Gruppe) Können Sie darauf achten, was für Sie in diesem Augenblick auftaucht? Ist es Ihnen möglich, Ihren eigenen Platz, Ihre eigene Wahrheit zu halten?
Schutz der Freiheit und Zugehörigkeit der anderen Teilnehmer und Ihnen erlauben, die gleichen oder ganz andere Erfahrungen zu haben, als diejenige die gerade genauer untersucht wird.

L: (Zum Teilnehmer, nach einer Pause) Wie geht es Ihnen nun?
T: Ich versuche, die Kontrolle über mich wiederzubekommen.
L: Wie fühlt sich das an?

Mit Neugier: die Hinwendung zu Emotionen ermöglichen, sich der Erfahrung zuwenden.

T: Fühlt sich wie ein Kampf an. Ich versuche, alles zurückzuhalten.
L: Wie spüren Sie das im Körper?
Die Untersuchung leichter, einfacher machen, indem sie vom Abstrakten in das Konkrete der Körperempfindungen gebracht wird.

T: Ich bin so eingeengt, ich kann kaum atmen.

L: Können Sie sich in diesem Moment erlauben, mit dem zu sein, was jetzt in Ihrer Erfahrung ist? Können Sie den Kampf ein wenig beenden – den Kampf, um alles zurückzuhalten?

Eine Reflexion anbieten. Einen kleinen Schritt anbieten – „ein bisschen" – es könnte mehr möglich sein.

L: (Nach einer langen Pause, in der der Teilnehmer reflektiert) Wie geht es Ihnen nun? Was fällt Ihnen auf?

T: Ich beruhige mich.

L: Wie fühlt sich das im Körper an?

Den Fokus auf den Körper aufrechterhalten, um die Veränderung zu untersuchen, die in der Kontinuität von Empfindung und Ausdruck für den Teilnehmer und die anderen geschieht.

T: Ich kann leichter atmen … und ich fühle mich nicht mehr so eng.

L: Noch etwas?

Wie am Anfang eine nicht-urteilende, auf die Tatsachen orientierte und neugierige Antwort, die Raum zur Untersuchung gibt.

T: Ich bin traurig darüber, dass ich mich soviel darum kümmere, was andere von mir denken. … Ich habe so viele Dinge in meinem Leben getan, weil ich daran dachte, was andere von mir denken. … (Pause)

L: Und was geschieht jetzt?

Auf nonverbale Anhaltspunkte für eine weitere Verminderung der Reaktivität antworten.

T: Ich lasse einige meiner Ängste davor, von anderen beurteilt zu werden, los. Ich bin ruhiger und offener. Ich beginne, das zu akzeptieren, was ist.

L: Interessant, dass Sie das, wovor Sie Angst hatten, nämlich jemand anderem zu sagen, was Sie im Moment erfahren, gerade mit der ganzen Gruppe getan haben. … Ich bewundere Ihren Mut. …

Die Lehrerin schaut sich im Kreis um, damit Sie sich mit den anderen verbinden und ihnen nonverbal andeuten kann mit dem betreffenden Teilnehmer Augenkontakt aufzunehmen oder in anderer Weise zu antworten, um die Wiederherstellung der intersubjektiven Resonanz zu verstärken.

Verminderung der Reaktivität: Modelle für den Gruppendialog

Das Kernmodell für den Gruppendialog in den MBIs basiert nicht auf dem Sprechen, sondern auf dem Zuhören. Auch hier werden die Attribute des Lehrers – und aller Teilnehmer/innen – als Begleiter und Dienstleister betont. Von Beginn an können die Teilnehmer/innen eingeladen werden, demjenigen, der spricht, achtsam zuzuhören und den Zustand der Reaktivität in sich selbst zu beobachten – besonders den Impuls, Kommentare abzugeben, zu widersprechen, sich überlegen zu fühlen, den anderen durch Ratschläge oder Trost heilen zu wollen. Die Teilnehmer/innen werden stattdessen aufgefordert, erst genau zuzuhören und so viel wie möglich aus ihrer eigenen Erfahrung zu sprechen. Der Lehrer wird erklären, dass dieses Zuhören, Beobachten und authentische Sprechen die ideale Umgebung für einen vertiefenden Dialog bietet, und die Teilnehmer/innen werden das verstehen. Aber trotz allem ist das eine schwierige Aufgabe. Je nach der Art der Gruppe und deren einzigartiger Zusammensetzung brauchen die Teilnehmer/innen möglicherweise Hilfe, um solch eine nicht-urteilende, tolerante Haltung aufrechtzuerhalten.

Wir haben herausgefunden, dass die Nutzung einer sehr einfachen Struktur, die im jeweiligen Moment erinnert (oder gefordert!) werden kann, extrem hilfreich sein kann. In unserer Arbeit haben wir zwei solcher Modelle identifiziert, zusammengefasst und erfolgreich angewendet: (1) *Untergruppen,* wie sie in der Systems Centered Therapy (SCT) (Agazarian, 1999) angewendet werden; (2) *Council Circle,* eine Adaption des Modells, das bei indigenen Völkern angewandt wird, wie es zum Beispiel von Zimmerman und Coyle (1996) beschrieben wird. Beide Modelle sind komplex. Für die SCT gibt es einen umfassenden Trainingsweg mit einer sehr fein ausgearbeiteten theoretischen Grundlage, und auch beim Weg des Council Circle gibt es verschiedene Trainings. Unsere zusammenfassende Anwendung, die wir hier beschreiben, ist nur für den Kontext der MBI-Gruppe gedacht, bei der die Teilnehmer/innen von einer stärkeren Struktur profitieren, um mit ihrer eigenen Reaktivität umgehen zu können. Aus pädagogischen Gründen haben wir das Minimum an Sprache und Theorie aus diesen anderen Modellen übernommen, weil wir es vorziehen, die Sprache und Praxis der Achtsamkeit zu wiederholen und zu bestärken, so wie sie sich in der Praxis und der Reflexion zeigen, die von der Gruppe ko-kreiert werden. Wichtig ist hierbei, dass beide Modelle einen expliziteren Fokus erlauben als das „ideale" Modell, und beide erlauben es dem Lehrer, die Teilnehmer/innen an die objektiven „Regeln" zu „erinnern", denen sich alle Teilnehmer verpflichtet haben. Dadurch wird der nicht-hierarchische Status des Lehrers aufrechterhalten und verringert das Gefühl von Aggression durch eine möglicherweise notwendige Intervention.

Untergruppen

Die übernommenen Elemente aus der SCT für die Arbeit mit Reaktivität haben sich als einfach und effektiv erwiesen. Sie basieren auf der Prämisse der Theorie menschlicher Systeme, dass eine Gruppe als System mit einem Mal nur ein bestimmtes Maß von Unterschieden aufnehmen kann; dass es zu einem Verlust von Energie und Resonanz führt, wenn zu viel Widerspruch oder Gegensätzlichkeit besteht. Das trifft auch auf die Resonanz zu, so wie wir sie hier beschreiben. Deshalb ist es hilfreich für die Gruppe, Ähnlichkeiten zu untersuchen und die Erfahrung des Augenblicks von einem Teilnehmer mit den Erfahrungen eines anderen Teilnehmers zu verbinden, damit das große Ausmaß von Gleichheit und die kleinen Unterschiede im Laufe des Prozesses integriert werden. Die Teilnehmer/innen, die ihre Ähnlichkeiten untersuchen, formen eine Untergruppe, die miteinander in Resonanz ist und sowohl auf die gesamte Gruppe als auch auf die Einzelnen wirkt, so wie wir es im 3. Kapitel beschrieben haben. Teilnehmer/innen, die Unterschiede wahrnehmen, werden gebeten, diese für eine Weile für sich zu behalten. Wenn die Verbindungen der Ähnlichkeiten zum Ausdruck gekommen sind, kann ein Unterschied eingeführt werden, und die Formung einer Untergruppe um diese neue Ähnlichkeit kann beginnen. In dieser Weise können alle Positionen untersucht werden, während die Reaktivität eingeschränkt wird; die drei Kostbarkeiten der Freiheit, Zugehörigkeit und Resonanz werden sanft gehalten und so viel wie möglich geschützt.

Die Anleitungen der Gruppe können ziemlich einfach sein und müssen einfach nur wieder erwähnt werden, wenn sie nicht beachtet werden. Während die SCT die Struktur der Untergruppen ermöglicht, sind die anderen Instruktionen direkt mit der Achtsamkeitspraxis verbunden. Die dreifache Anleitung für die Gruppe könnte sich so anhören und beginnt mit einer Achtsamkeitspraxis:

1. Wenn wir zusammen mit dem Dialog beginnen, lassen Sie uns so achtsam wie möglich vorgehen und aus dem sprechen, was im Augenblick wahr ist, und so viel wie möglich unsere direkte Erfahrung mitteilen, so wie wir sie im Körper spüren.
2. Wenn jemand seine Erfahrung einbringt, sehen Sie, ob es für Sie möglich ist, sich mit dem Gehörten zu verbinden. Wenn Sie *in diesem Moment* eine ähnliche Erfahrung haben, können Sie sich entscheiden, Ihre Erfahrung ebenfalls zu teilen.
3. Wenn Sie erkennen, dass Ihre Erfahrung anders ist als die, die gerade untersucht wird, bemerken Sie dies einfach und behalten Sie Ihre Wahrheit für sich, während die anderen ihre Erfahrung untersuchen. Seien Sie versichert, dass wir bald auch andere Erfahrungen untersuchen werden.

Council Circle

Auch hier übernehmen wir nur das Nötigste, mit dem Ziel, die Resonanz und Ko-Kreation in der Gruppe zu erhalten und die pädagogische Absicht der Achtsamkeit zu stärken, und nicht die Absicht der Methodik. Aus diesem Grund können die „Absichten" des Council Circle im Achtsamkeitskurs nur kurz eingeführt werden und dann im Prozess während der Praxis wieder angeschaut und bestärkt werden, indem eine Sprache verwendet wird, die mit der Ko-Kreation von Achtsamkeit übereinstimmt.

Der Kontrollmechanismus des Council Circle ist der Sprechstab, der im Kreis von einer Person zur anderen weitergegeben wird. Er wird herumgereicht und die Person, die den Stab übernimmt, hat die ganze Aufmerksamkeit. Er oder sie spricht und alle anderen hören zu. Es ist traditionell auch üblich, dass die Person mit dem Sprechstab der Gruppe „Schweigen anbietet"; es besteht nie der Druck, sprechen zu müssen. Wir heben diesen Punkt hervor, um die Freiheit des Einzelnen zu schützen. Der Stab selbst kann auch etwas ganz anderes sein; wir benutzen meist die Klangschale des Lehrers.

Die vier „Absichten" des Council Circle sind einfach und klar, so wie die wenigen Worte, die es braucht, um sie zu beschreiben (Zimmerman und Coyle, 1996). Sie können dann unter Verwendung der Sprache des Achtsamkeitstrainings noch detailliert beschrieben werden. Sie sind:

1. *Aus dem Herzen sprechen:* Das heißt, die Wahrheit Ihrer Erfahrung im gegenwärtigen Moment aussprechen. Das ist verkörpertes Sprechen über das, was Sie im Dreieck des Gewahrseins bemerken – Körperempfindungen, Denken, Emotion. Das ist keine Spekulation oder der Versuch, „herauszufinden", was geschieht, es ist das achtsame Berichten, was in Ihnen vorgeht.
2. *Mit dem Herzen hören:* Das heißt, für das, was vom anderen gesprochen wird, präsent zu sein, und nicht nur mit den Ohren und dem Denken zuzuhören, sondern mit Ihrem ganzen Wesen. Erlauben Sie, dass das Gehörte in Ihnen „klingt". Achten Sie auf alle Reaktionen und Antworten in Ihrem Körper, Ihrem Denken und Ihren Emotionen. Nicht urteilen (obwohl Sie das sicher tun werden!), sondern einfach nur wahrnehmen.
3. *Sich „kurz halten":* Natürlich gibt es hierbei das geteilte Wissen, dass wir sichergehen wollen, dass jeder zu Wort kommt und dass die Session in Bewegung bleiben sollte. Aber gleichzeitig sollten Sie die Erfahrung, über die Sie sprechen, *neu* sehen – und ihr mit Anfängergeist begegnen. Die Disziplin besteht hier also einfach darin, nach dem zu suchen, was für Sie wahr ist, ohne die Geschichte oder Analyse, die es in die Länge ziehen könnte.
4. *[Vertrauen in] Spontaneität:* Dies folgt direkt aus den anderen drei Absichten. Die wichtigste Beziehung ist wahrscheinlich die zum Hören.

> Obwohl Sie vielleicht den Impuls spüren, das, was Sie sagen wollen, schon vorher zu formulieren – besonders wenn der Sprechstab in Ihre Nähe kommt! –, sollten Sie Ihre Aufmerksamkeit wieder auf den Sprecher richten und mit dem Herzen zuhören, und wenn Sie dann an der Reihe sind, werden Sie in der Lage sein, aus dem Herzen über die direkte Erfahrung des gegenwärtigen Augenblicks zu sprechen. Was Sie sagen wollen (oder nicht sagen wollen), wird da sein – das ist das Vertrauen.

Weder die SCT noch der Council Circle müssen für alle Dialoge in der Gruppe verwendet werden. Wenn der Lehrer ein Gefühl für die Gruppe und ihre Bedürfnisse bekommt, kann er sich dafür entscheiden, die eine oder andere Methode einzuführen, oder auch ein anderes Mittel seiner Wahl für einen bestimmten Zweck und nur in einer bestimmten Kurseinheit.

Für weitere Informationen über die SCT und den Council Circle

- Für Beschreibungen und Termine für das Training in der Systems Centered Therapy besuchen Sie die Website des Systems Centered Training and Research Institute: http://systemscentered.com.
- Für Beschreibungen und Termine für den Council Circle besuchen Sie die Website der Ojai Foundation: http://www.ojaifoundation.org.

Homiletik: *Mit* der Gruppe sprechen

Wir haben uns dafür entschieden, die Kompetenzen, die mit der Vermittlung wichtiger Informationen an die Teilnehmer einhergehen, als *Homiletik* zu bezeichnen. Wie beim Wort Begleiter basiert diese Wahl auf der Herkunft und den Bedeutungen des Wortes, die uns Prinzipien der Achtsamkeitspädagogik vermitteln können. Unsere Absicht ist es, über die spezielle liturgische Bedeutung des Wortes hinauszugehen – was bestimmte Erwartungen weckt, die mit dem Aussprechen tiefer Wahrheiten in Verbindung stehen. Die griechische Wurzel und die verwandten Begriffe, wie *homiletikus,* was soviel heißt wie „für Konversation offen", deuten auf einen Dialog in einer Gruppe hin, die sich für diesen Zweck versammelt hat. Die Fertigkeiten des Lehrers in der Homiletik sind nicht die eines Vortragenden, sondern desjenigen, der den Versammelten direkt begegnet und direkt auf sie antwortet.

Im Zentrum der Achtsamkeitspädagogik steht die Ko-Kreation. Diese Ko-Kreation hebt die Präferenz hervor, so viel wie möglich von den Informationen, die für die Vermittlung der Themen benötigt werden, aus der Gruppe selbst zu erhalten. Wie Santorelli (2001) es für die einflussreiche Perspektive der MBSR-Methode beschreibt: „Anstatt den Programmteilnehmern einen Vortrag zu halten, ist es wichtig, dass die Aufmerksamkeit und Kompetenz des Lehrers darauf gerichtet sind, auf die reichen und mit Informationen gefüllten Einsichten und Beispiele der Programmteilnehmer/innen zu hören. Und er sollte so viel wie möglich diese Erfahrungen der Teilnehmer/innen als Ausgangspunkt für das ‚Einweben' der didaktischen Inhalte in die Struktur und das Muster jeder Kurseinheit verwenden." Dadurch werden die Erfahrungen der Teilnehmer, die sie mit ihren kreativen Fähigkeiten in *ihre eigene* Sprache bringen, zu „Texten", in denen der Lehrer und die Teilnehmer in dieser Konversation der Homiletik Bedeutung finden können.

Die Verwendung von poetischen Texten und Geschichten und von Kinderbüchern wurde von denjenigen angemerkt, die sich intensiv mit der Homiletik im Kontext von MBSR beschäftigt haben (z. B. Baer und Krietemeyer, 2003; Segal at al., 2002). In der Tat sind solche Texte zu einer florierenden Währung in der Gemeinschaft der Achtsamkeitslehrer/innen geworden. Diese Texte sind oft das beliebteste Mittel, um wichtige Themen einzuführen oder hervorzuheben. Eine Lehrerin kann sich zum Beispiel in einer der ersten Kurseinheiten dafür entscheiden, die Definition von Achtsamkeit dadurch zu erleichtern, dass sie auf die gewohnheitsmäßigen Wahrnehmungen der Welt hindeutet, die wir als Unachtsamkeit bezeichnen können. Dann kann sie den dramatischen Wechsel zur Achtsamkeit beschreiben. Das kann noch klarer werden, wenn sie eine Geschichte vorliest oder erzählt, wie zum Beispiel diese sehr kurze Geschichte der amerikanischen Fernseh-Ikone Fred Rogers (2007, S. 187):

> ***Als ich ein kleiner Junge war und in den Nachrichten Dinge sah, die mir Angst machten, sagte meine Mutter immer zu mir: „Achte auf die Helfer. Du wirst immer Menschen finden, die helfen." Bis heute, besonders in schwierigen Zeiten, erinnere ich mich an die Worte meiner Mutter, und es ist mir jedes Mal ein Trost, dass es noch so viele Helfer gibt – so viele fürsorgliche Menschen in dieser Welt.***

Die Person des Erzählers, die Nähe der Mutter-Kind-Szene, der Inhalt der Geschichte und ihre soziale und historische Resonanz und ihr radikaler Wechsel des Fokus tragen alle zu einer Erfahrung – und einem Wissen – bei, das den Teilnehmer als ganzen Menschen berührt.

Wenn die Lehrerin diese zwei Arten von „Texten" besitzt – die Erfahrungen der Teilnehmer/innen und Gedichte oder Texte, die wie Gedichte wirken –, kann sie daraus in ihrem Sprechen schöpfen. Was die Lehrerin sagt, wird dann aus ihrer durch Freundschaft moderierten Authentizität und Autorität entstehen.

Die Authentizität kommt aus der unmittelbaren Erkenntnis und der Verbindung mit der Erfahrung der Teilnehmer/innen; die Lehrerin hat sie selbst erlebt, hat sie selbst erkannt und hat selbst damit gearbeitet oder tut es immer noch. Sie hat sich mit ihren eigenen Verlusten, ihrem eigenen Schmerz, ihrer eigenen Wut achtsam auseinandergesetzt und kann aus diesen Wahrheiten sprechen. Was die Lehrerin anbietet, wird durch Freundschaft geformt sein. Es wird nicht aus dieser Haltung kommen: „Ich weiß es besser und kann dich heilen." Stattdessen wird es eine sanfte Einladung sein, sich der Erfahrung zuzuwenden. Bestätigungen werden nicht aus einer Haltung kommen, die sagt: „Es wird schon alles gut werden." Stattdessen wird es die Bestätigung der Präsenz der Lehrerin und der anderen Teilnehmer/innen der Gruppe in Resonanz sein.

Die Autorität kommt aus dem tiefen Verstehen des zu vermittelnden Themas; die Lehrerin kennt ihr Curriculum und dessen Dimensionen und Ebenen gut, so als hätte sie es selbst geschaffen – was sie vielleicht auch tatsächlich getan hat. Dieses Wissen beeinflusst ihre gesamte Erfahrung der Welt. Wenn sie einem Gedicht, einem Lied, einem Witz begegnet, bemerkt sie vielleicht, dass sie in einer Weise leuchten, die sie anzieht – als eine Praktizierende, eine Lehrerin. Sie wird zu einer Sammlerin leuchtender Dinge, aus Gründen, die sie versteht, und aus Gründen, die ihr nicht so klar sind. Aber im jeweiligen Moment kann die Gelegenheit entstehen, in der solch ein Text in einem Gespräch verwendet werden kann – kurz und prägnant und aus einer einzigartigen Meisterschaft in ihrem Thema. Solche Verwendung von Texten wird wesentlich von Freundschaft bestimmt. Und die Nutzung solcher „leuchtenden Dinge" ist kein Trick und hat nicht den Zweck, die Belesenheit der Lehrerin zu beweisen; stattdessen werden sie sehr spezifisch eingesetzt, um den Teilnehmern dort zu begegnen, wo sie sind. Sie sollen eine Möglichkeit für vertiefende Untersuchung schaffen, oder sie werden so intensiv vermittelt, dass sie Teil der Autorität des Teilnehmers werden. Für Workshops oder Kurse mit Menschen aus der Wirtschaft gibt es zwei sehr stark leuchtende Zeilen aus dem ersten der *Sabbath Poems* (1998) von Wendell Berry, die Teil der Ko-Konstruktion von Achtsamkeit in der Gruppe werden können. Wir genießen sie, lassen sie auf der Zunge zergehen und sie werden von vielen in ihr Leben getragen. Es sind die letzten zwei Zeilen der ersten Strophe; vielleicht haben sie bei Ihnen den gleichen Effekt:

> ***Ich gehe zwischen Bäumen und sitze still.***
> ***All meine Bewegungen werden ruhig***
> ***um mich, wie Kreise im Wasser.***
> ***Meine Pflichten liegen auf ihrem Platz,***
> ***dort, wo ich sie gelassen habe, und schlafen wie Kühe.***

Drei Aufgaben der Homiletik

Im Verlauf eines Kurses oder Workshops antwortet der Lehrer, indem er eine dieser beiden Arten von Texten benutzt, je nachdem, vor welcher Aufgabe er steht.

Die erste Aufgabe ist eigentlich die ungewöhnlichste, aber diejenige mit den größten Anforderungen. In den Curricula der MBIs gibt es Module, in denen der Lehrer Informationen und Inhalte vermitteln muss, die nicht leicht aus der Gruppe kommen können – zum Beispiel die Prinzipien der Stressphysiologie. Solche homiletischen Aufgaben erfordern eine umfassende Autorität. Die Einzelheiten der Stressreaktion sind in gewisser Weise eine der wichtigsten Grundlagen der MBSR-Methode, so wie die Einzelheiten der depressiven Rückfälle in der Achtsamkeitsbasierten Kognitiven Therapie (MBCT). Der Lehrer muss diese Einzelheiten beherrschen, damit er so frei wie möglich darüber sprechen kann.

Neue und sich weiterentwickelnde Lehrer sollten diese Anforderung als Ziel sehen, statt als eine sofortige Notwendigkeit. Eine sehr hilfreiche Möglichkeit, um einen völlig freien interaktiven Lehrstil zu entwickeln, besteht darin, mit kurzen, klaren und leicht zu erinnernden Präsentationen zu beginnen, die sich auf das Dreieck des Gewahrseins beziehen – Körperempfindungen, Gedanken und Emotionen –, und diese der Gruppe so interaktiv wie möglich zu vermitteln. In diesem frühen Stadium könnte es hilfreich sein, einfache Hilfsmittel zu verwenden, wie zum Beispiel ein vorbereitetes Flipchart oder, wenn der Kursort dafür technisch ausgerichtet ist, eine einfache und kurze Power-Point-Präsentation. Wenn der Lehrer mit der Präsentation praktiziert und sie verfeinert, werden die vermittelten Informationen immer mehr zu seinen eigenen – und dadurch gewinnt die Präsentation immer mehr an Autorität. Bei dieser Autorität geht es weniger um das Erinnern und die Schaffung von festen Redewendungen, sondern darum, die vermittelten Inhalte und Prinzipien immer besser zu verstehen. Mit solch „angewöhntem" Wissen und Lehrmaterial kann sich der Lehrer für immer freiere Arbeitsweisen entscheiden.

Die zweite Aufgabe ist gewöhnlicher und stellt sich während einer Kurseinheit mindestens ein Mal. Sie ist aber nicht weniger herausfordernd für die Lehrerin, weil sie die Anordnung und Präsentation von Informationen erfordert, die nicht immer in der Gruppe vorhanden sind. Diese Aufgabe besteht in der Einführung einer neuen Praxis oder einer Einführung, die das Verständnis der Teilnehmer/innen für eine schon bekannte Praxis erweitern kann. Die Lehrerin muss sich der Praxis mit Anfängergeist nähern, um festzustellen, welche Informationen die Teilnehmer/innen am dringendsten brauchen, damit ihre Erfahrung der Praxis für sie wirksam bleibt, nicht nur während des Kurses, sondern auch in der Zeit danach.

Eine Einführung in die Sitzmeditation

Ort, Zeit und Haltung.
Wenn Sie mit einer eigenen Praxis der Achtsamkeitsmeditation beginnen, gibt es drei wichtige Faktoren, die Sie unterstützen: Ort … Zeit … und Haltung. In ihrer Wechselwirkung können diese drei Prinzipien Ihnen dabei helfen, eine regelmäßige Verbindung zur Praxis – und zu sich selbst – zu entwickeln und aufrechtzuerhalten. …
Ort: Angenehm, nur für Sie, mit Hilfsmitteln ausgestattet.
Wählen Sie einen Ort, wo Sie nicht von anderen Menschen, dem Telefon oder Haustieren gestört werden. Ein Ort, der für die Zeit der Praxis nur für Sie zur Verfügung steht; ein Ort, der mit Hilfsmitteln ausgestattet ist, so dass er für Sie angenehm ist, einschließlich eines Stuhles mit einer geraden Lehne oder Kissen auf dem Boden, die Sie beim stillen Sitzen unterstützen. …
Zeit: Eingefügt, nicht eingeschoben. Für das Sein, nicht für das Tun.
Finden Sie eine regelmäßige Zeitspanne … eine Zeit, die in Ihren Tag eingefügt werden kann, anstatt sie einzuschieben. … Vielleicht kann die Zeit sogar auf einem Kalender vermerkt werden. … Es ist aber eine andere Art von Zeit … keine Zeit, um eine bestimmte Rolle einzunehmen oder etwas Bestimmtes zu tun … es ist vielmehr eine Zeit, die Sie sich nehmen, um zu sein, und nicht, um etwas zu tun. …
Haltung: Verbindlichkeit und Güte. Motivation und Geduld. Ernsthaft und sanft.
Nehmen Sie eine Haltung ein, in der eine tiefe Verbindlichkeit gegenüber der Praxis mit einer tiefen Güte gegenüber sich selbst im Gleichgewicht sind … in der Motivation und Geduld ins Gleichgewicht kommen. … Mit anderen Worten: Nehmen Sie es ernst, die Zeiten wahrzunehmen, und gehen Sie sanft mit sich um, wenn Sie sich zur Praxis hinsetzen. …

Erinnern Sie sich an das Nicht-Urteilen!
Erinnern Sie sich daran, dass es bei Achtsamkeit um absichtsvolle Aufmerksamkeit im gegenwärtigen Augenblick ohne Urteilen geht. …

Die notwendigen Informationen werden vielleicht am besten in Gesprächsform vermittelt, das bedeutet aber, dass die Lehrerin alle Lehrthemen in jedem Moment abrufbar haben muss – nicht nur, um auf die Fragen und Kommentare der Teilnehmer/innen antworten zu können, sondern auch, um zu dem zurückzukommen, was vergessen oder übersehen wurde.

Auch hier erfordert diese Aufgabe viel Zeit und Anstrengung. Die neue oder angehende Lehrerin kann beginnen, indem sie kurze, gut organisierte, vorbereitete Vorträge hält, in denen die wichtigsten Punkte berührt werden. Solche Vorträge können durch kurze Notizen unterstützt werden, die aus einiger Entfernung gelesen werden können – im Schoß oder auf dem Boden. Ein optimales Format ist hier ein Blatt Papier oder eine Karteikarte, die Schlüsselwörter enthält. Die Verwendung eines solchen Systems gewährleistet sowohl Ordnung und Vollständigkeit als auch eine frische, improvisierte Qualität beim Sprechen. Wiederholte Anwendung solch eines Systems wird schließlich dazu führen, dass die Lehrerin diese Unterstützung nicht mehr braucht – die Schlüsselwörter und -konzepte sind in der Gesprächsform leichter anwendbar. Wie das bei einer Lehrerin aussehen kann, zeigt das kurze Gespräch, dass wir unten wiedergeben, bei dem es darum geht, die Praxis der Sitzmeditation auf der konkretesten Ebene vorzustellen. Die fettgeschriebenen Schlüsselwörter wären die einzige Unterstützung der Lehrerin. Achten Sie darauf, wie die ganze Struktur in den ersten drei Wörtern des ersten Absatzes enthalten ist.

Die Arbeit mit poetischen Texten bietet auch für neue und angehende Lehrer viele Vorteile bei den einführenden homiletischen Aufgaben. So wie das überlegte Organisieren der Informationen in dem Gespräch, das wir oben wiedergegeben haben, den Lehrer dabei unterstützt, diese Themen mit der Zeit zum Teil seiner Autorität zu machen und mehr Freiraum für Improvisation zuzulassen, so bietet die Verwendung poetischer Texte eine Plattform für das Verinnerlichen, vielleicht sogar Erinnern des Textes, um die Spontaneität und die Gesprächsform zu unterstützen. Und es gibt noch einen weiteren Vorteil, der darin besteht, dass die Seite mit dem Text die Schlüsselwörter für Ihren Vortrag enthalten kann. Das kurze Beispiel eines Vortrags, den wir hier kursiv wiedergeben, könnte in einer ersten Kurseinheit verwendet werden, um den Teilnehmern zu helfen, sich sanfter und stabiler mit dem Atem in der Praxis zu verbinden.

Die Praxis des Gewahrseins des Atems ist wirklich sehr subtil und zart. Sie verbinden sich dabei mit etwas, das zugleich einfach und tief ist. Es ist eine Kraft, die alles Lebendige berührt – und alle, die gelebt haben, und alle, die noch leben werden. Rilke beschreibt diese Kraft in einem seiner Sonette an Orpheus:

Atmen, du unsichtbares Gedicht!
Immerfort um das eigne
Sein rein eingetauschter Weltraum. Gegengewicht,
in dem ich mich rhythmisch ereigne.

Einzige Welle, deren
allmähliches Meer ich bin;
sparsamstes du von allen möglichen Meeren, –
Raumgewinn.

Wieviele von diesen Stellen der Räume waren schon
innen in mir. Manche Winde
sind wie mein Sohn.

Erkennst du mich, Luft, du, voll noch einst meiniger Orte?
Du, einmal glatte Rinde,
Rundung und Blatt meiner Worte

(RILKE, 1923)

Können Sie in Ihrer Praxis diese Verbindung zum Atem erfahren? Ohne sich anzustrengen, ohne dass Sie die Erfahrung verändern oder verbessern müssen. … Kann der Atem Sie einfach nehmen und halten? Können Sie sich einfach rhythmisch ereignen?

Natürlich kann der Lehrer den Text auch ohne Anleitung oder Kommentare an die Gruppe weitergeben. Sie kann dabei auf das Lehrpotenzial des Textes und ihre eigene Intuition vertrauen, mit der er den Text ausgewählt hat, um die Teilnehmer/innen zu berühren. Zudem kann er in die Freiheit der Teilnehmer/innen vertrauen, die das aus dem Text annehmen werden, was ihnen hilft.

Die dritte homiletische Aufgabe ist die gewöhnlichste, die sich in jeder Kurseinheit mehrere Male stellt. Bei dieser Aufgabe geht es am eindeutigsten um das Gespräch und sie ist die herausforderndste. Wenn die Teilnehmer/innen ihre Erfahrung in Worte fassen, kann die Lehrerin antworten, indem sie ein Lehrthema herausgreift, das sich auf die Gruppe bezieht. So kann aus einer besonderen Begegnung ein allgemeiner Vortrag werden. Das hängt stark von der Authentizität der Lehrerin ab und ihrer Fähigkeit, in der Erfahrung eines Teilnehmers das Wichtige und Allgemeine zu erkennen, und etwas daraus zu machen, das auch für die anderen Teilnehmer/innen interessant und potenziell wirksam ist. Bei dieser Aufgabe gibt es nicht die Möglichkeit, Skizzen anzufertigen, zu ordnen oder Schlüsselwörter aufzuschreiben; es gibt nicht die Möglichkeit, sich darauf vorzubereiten. Die Lehrerin antwortet einfach aus ihrer eigenen Authentizität, mit einer Freundschaft, die sie veranlasst, einige Themen oder Einsichten mit der ganzen Gruppe zu teilen.

Das Beispiel unten ist ein klares Beispiel der Veränderung von einem individuellen Gespräch zu einer allgemeinen Information und der direkten Interaktion mit der ganzen Gruppe. Es kommt aus der zweiten Einheit eines MBSR-Kurses, zum Ende einer Sitzmeditation. In der zweiten Kurseinheit beginnen die Teilnehmer/innen die Kraft der Wendung nach innen zu verstehen, und sie spüren auch die tief greifende Veränderung, die das Nicht-Urteilen und der Anfängergeist in die Erfahrung bringen können.

Gehört werden: Die Entwicklung und Pflege der Stimme des Lehrers

Die Stimme ist eines der wichtigsten Werkzeuge des Lehrers. Die Kontrolle der Lautstärke, der Tonlage und Aussprache wirken sich auf die Homiletik, die Anleitung und die Reflexion aus, ob man nun zu 10 oder 50 Teilnehmern in einem Kreis spricht. In vielen verschiedenen Situationen kommt viel darauf an, dass der Lehrer seine stimmliche Fähigkeit trainiert. Aber bei den MBIs haben die Lehrer/innen einen Vorteil.

Die Grundlage der Stimme ist der Atem. Sich dem Atem zuwenden, mit dem Atem vertraut sein, steht im Zentrum der Achtsamkeitspraxis des Lehrers. Beim Stimmtraining (z. B. Linklater, 1976; Rodenburg, 2000) ist die Zentrierung im Körper und das Zulassen des natürlichen Atemflusses ein Schlüssel, um mit der Stimme arbeiten zu können, und Flexibilität, Lautstärke und Resonanz zu entwickeln. Zu den vielen Übungen gehört, dass man auf dem Rücken liegt und den Atem beobachtet oder lernt in natürlicher Übereinstimmung der Wirbelsäule mit der Schwerkraft zu sitzen oder zu stehen, damit der Atem nicht behindert wird. Wahrscheinlich hört sich das für Sie bekannt an?

Die Körperübungen des Lehrers stimmen auch sehr mit den Körperübungen beim Stimmtraining überein. Die Yoga-Dehungen im Stehen bei der MBSR-Methode sind ein Teil der Aufwärmübungen bei Schauspielern. In der Tat ist das Auf- und Zusammenrollen der Wirbelsäule – sich von der Hüfte hinunterbeugen, die Arme hängen lassen und wieder in die Vertikale aufrichten – an sich schon eine gute Aufwärmübung, um vor einer großen Gruppe zu sprechen. Alle körperzentrierten Disziplinen – Hatha-Yoga, Tai Chi, Qi Gong etc. – unterstützen durch ihre Verbindung von Atem und Bewegung die Entwicklung des Atems als Grundlage der Stimme.

Woran es in der Achtsamkeitspraxis oft fehlt, ist natürlich die Produktion von Klängen. Es ist aber möglich, einen einfachen Klang zu den Übungen hinzuzufügen, die Sie bereits praktizieren – Summen –, und dadurch auch in der stimmlichen Fähigkeit Fortschritte zu machen. In der Tradition der Sensory Awareness, einer westlichen Achtsamkeitspraxis, wird das Summen als eine Möglichkeit empfohlen, um mit dem Atem zu experimentieren (Speads, 1992). Summen Sie während des Ausatmens: Lassen Sie den Atem mit geschlossenen Lippen durch die Nasenlöcher hinaus, und lassen Sie die Stimmbänder in einem stetigen mmmmmmm-Klang vibrieren. Erzwingen Sie nichts, üben Sie keinen Druck aus, erlauben Sie einfach dem Atem, seinen Lauf zu nehmen, und beenden Sie den Atemzug mit einem Summen. Dann prüfen Sie, wie sich das auf den nächsten Atemzug auswirkt. Während sich die Atmung beruhigt, können Sie wieder einen Atemzug mit einem Summen beenden. Üben Sie sanft mit dem Atem und achten Sie dabei auf die Veränderungen. Wenn diese Übungen angenehmer werden, können Sie Vokale hinzufügen:

mmmaaa, mmmeee, mmmooo, mmmuuu und Ähnliches. Auch die Stimmlage kann sich durch ein vertiefendes Üben verändern. Carola Spreads merkt an (1992, S. 96): „Lehrer, Schauspieler, Sänger und Musiker haben von diesen Experimenten sehr stark profitiert. Ihre gewöhnliche Sprechstimme wird sich spürbar verbessern. Die Stimme wird meist voller, hat mehr Resonanz, ist fester und oft spürbar tiefer in der Tonlage."

Aus einem Gespräch entsteht ein Vortrag

Teilnehmer: *Ich fand jede Minute des Sitzens schrecklich. Naja, nicht jede Minute, denn als Sie sagten, wir sollten nicht sofort auf unangenehme Empfindungen reagieren, schlief mein Fuß gerade ein. Und ich bewegte mich nicht. Und es fühlt sich wirklich richtig gut an, wenn der Fuß einzuschlafen beginnt. Es ist sehr warm und angenehm.*

Lehrerin: *Toll. Sie haben sich gerade genau dem zugewendet, was im Augenblick geschehen ist. Und Sie haben etwas herausgefunden, was Sie nur durch das achtsame Beobachten lernen konnten. … (An alle gerichtet) Das bringt uns direkt zurück zur Definition von Achtsamkeit als absichtsvolle, nicht-urteilende Aufmerksamkeit im gegenwärtigen Moment. … So viel kann aus unserer Bereitschaft, einfach mit dem zu sein, was jetzt geschieht, entstehen. Jede Situation kann ganz anders sein, als wir sie erwarten oder als sie erscheint, wenn wir sie benannt und uns damit „auseinandergesetzt" haben – das heißt, sie losgelassen haben. Tom hätte sagen können: „Oh, ich kenne dieses Gefühl und weiß, wo es endet." Er hätte dieses angenehme warme Gefühl in seinen Füßen verpassen können. Vielleicht wollen Sie diese Metapher in der nächsten Woche in Ihrer informellen Praxis verwenden. Wie oft denken Sie, dass Sie wissen, was geschieht oder geschehen wird? Und was verpassen Sie, wenn Sie das tun? Können Sie in der nächsten Woche nur ein wenig Raum dafür lassen, um zu sehen, was Sie wirklich erfahren?*

Anleitung: Verbundenheit statt Leistung

Die Lehrer/innen leiten die Meditationen sowohl „live" im Raum, wobei die Teilnehmer/innen meist ihre Augen geschlossen haben, als auch durch Audioaufnahmen, die die Teilnehmer/innen für die Praxis zu Hause bekommen. Das zeigt, wie sehr die Anleitung von verbaler Kommunikation abhängt. Effektives Anleiten der Meditation erfordert die Kontrolle von vier miteinander verbundenen Dimensionen: Sprechen, Erlauben, Ausrichten und Verkörpern.

Sprechen

Hierbei geht es um die Wirkung der Wortwahl und der syntaktischen Strukturen auf die Erfahrung der Teilnehmer/innen während der Achtsamkeitspraxis. Es gibt verschiedene Möglichkeiten, dies genauer zu untersuchen, und jede davon führt zu einem bestimmten Stil.

In der MBSR-Arbeit lernen die Lehrer/innen durch das Center for Mindfulness, wie sie Meditationen anleiten sollten. Kabat-Zinn (2004) hat die Verwendung von Sprache in der Anleitung analysiert und einen bestimmten Stil entwickelt, der die Vermittlung von Achtsamkeit erleichtern und Widerstände – besonders gegenüber Autorität –, die einige Teilnehmer/innen haben könnten, umgehen soll. Er identifiziert vier Probleme, die durch verbale und nonverbale Kommunikation entstehen können, und die in den Teilnehmern „zu Widerstand führen" oder „mehr Wellen in der Gedankenstruktur hervorrufen" können: (1) Anstrengung, wie in „Wenn Sie das lange genug tun, werden Sie besser"; (2) Idealisierung, wie in „Ich weiß, wie das geht und ich werde es Ihnen beibringen" (3) Reparieren, wie in der Annahme, dass etwas mit Ihnen nicht stimmt, worauf Meditation eine Antwort sein kann; und (4) Dualismus, wie in Formulierungen, die erkennen lassen, dass es etwas Beobachtetes und einen Beobachter gibt. In Bezug auf die Sprache betont Kabat-Zinn besonders, dass niemand Kommandos mag – und dass der Lehrer stattdessen eher Angebote machen sollte. Anstatt zum Beispiel zu sagen: „Atmen Sie ein", was zu einer „Wer sind Sie, dass Sie mir sagen, was ich tun soll"-Reaktion führen kann, könnte man sagen: „Wenn Sie bereit sind, atmen Sie bitte ein …“ oder „Wir atmen jetzt ein …“. Die Verwendung solcher Formulierungen verringert die Lehrer-Teilnehmer-Hierarchie und die Subjekt-Objekt-Unterscheidung, betont die Erfahrung des gegenwärtigen Augenblicks, und führt zur Reflexion darüber wer oder was eigentlich atmet. Der Lehrer kann auch Raum für vertiefende Untersuchung und Reflexion schaffen, indem er statt des Possessivpronomens den bestimmten Artikel verwendet und zum Beispiel sagt: „Heben Sie *das* rechte Bein“, anstatt „Heben Sie *Ihr* rechtes Bein“. Kabat-Zinn empfiehlt, dass diese Regeln aber nicht zu eng gesehen werden sollten, weil eine übermäßige Verwendung solcher Formulierungen zur Ablenkung werden kann, während zu viel Distanzierung durch den bestimmten Artikel zu einer „Er meint mich nicht“-Reaktion führen kann.

Was nun folgt, ist der Beginn einer Meditation zum Gewahrsein des Atems, die den Sprachstil von MBSR benutzt. Achten Sie vor allem auf die Verwendung der Wir-Formulierung, des bestimmten Artikels und der erreichten Balance.

Eine Einführung in die Sitzmeditation

Wir beginnen mit dem Einnehmen unseres Platzes … und bringen den Körper auf dem Stuhl oder auf einem Meditationskissen auf dem Boden in eine aufrechte und würdevolle Haltung. …

Wir spüren unser Gewicht, das auf einer stabilen Grundlage ruht … auf den Füßen, Oberschenkeln und dem Gesäß, wenn wir auf einem Stuhl sitzen … auf dem Gesäß auf dem Kissen und den Beinen, Knien und Füßen, wenn wir auf dem Kissen sitzen. …

Wir erlauben dem Rumpf, ohne Anstrengung auf dieser Grundlage zu ruhen … und wehren uns nicht gegen die Schwerkraft. … Wir lassen uns von der Erde halten … wir bewegen uns leicht nach hinten und vorn und zu den Seiten, um diesen angenehmen Punkt, dieses Gefühl der Zentrierung zu finden. …

Wir spüren die Empfindung des sitzenden Körpers, vielleicht einen Druck, die Temperatur, das Gefühl der vorbeiwehenden Luft oder die Kleidung auf der Haut. … Wir spüren das Gefühl der Hände, ob sie nun auf unseren Oberschenkeln oder in unserem Schoß ruhen … wir spüren das Gesicht, lassen die Anspannung los, erlauben dem Unterkiefer leicht nach unten zu fallen, die Zähne auseinander, die Lippen geschlossen. …

Wir bringen die Aufmerksamkeit zum Atem … zum Ein- und Ausströmen des Atems im Körper … zu den Empfindungen in den Nasenlöchern, den Nasennebenhöhlen, im Mund und im Hals. … Wir spüren vielleicht die Bewegungen des Brustkorbs, die Erweiterung und Kontraktion … oder das Heben und Senken des Bauches. … Möglicherweise sind wir uns auch anderer subtiler Empfindungen in anderen Teilen des Körpers bewusst. … Wir fokussieren unsere Aufmerksamkeit auf den Ort im Körper, wo die Empfindung des Atems am lebendigsten ist. …

Ein anderer Ansatz des Sprechens, der Achtsamkeit unterstützt oder hervorbringt, wird in der Sensory Awareness angewendet (z. B. Littlewood und Roche, 2004). Hierbei werden zwei Elemente unterschieden: Toleranz und Hinterfragen. Das heißt, es wird eine radikale Freiheit gewährt, um irgendetwas im Bereich der Sinneswahrnehmung zu finden und zu untersuchen. Nichts ist sicher festgelegt; alles kann neu entdeckt werden. Das andere Merkmal ist das Hinterfragen, und dabei geht es nicht darum, Antworten zu finden, sondern Aufmerksamkeit und Neugier zu wecken. Eine Frage während des Gehens wie „Spüren Sie den Boden unter Ihren Füßen?“ bringt die Teilnehmer nicht so sehr in ihren Kopf, sondern näher zu ihren Füßen. Auf die Frage „Wie reagiert der Atem auf diesen Moment?“ gibt es so viele Antworten, wie es Menschen gibt, die sich diese Frage stellen, und führt oft zu einer Vertiefung der Aufmerksamkeit.

Sicher können diese Methoden zusammen verwendet werden, um eine größere Vielfalt zu ermöglichen und um den besonderen Bedürfnissen der Praxis im gegenwärtigen Augenblick gerecht zu werden. Diese Kombination könnte so aussehen, wie die Weiterführung der gleichen Meditation.

Es gibt eindeutige körperliche Empfindungen, die mit dem Atem einhergehen. ... Können Sie neugierig sein, wie sich der Atem wirklich in diesem Moment anfühlt? ... Kein Gedanke, keine Idee über das Atmen, sondern die Erfahrung des Atems selbst. ...

Vielleicht ist es möglich, sich des Atems bewusst zu sein, vom Beginn des Einatmens bis zum Wechsel, zur Veränderung, zur Pause, bevor sich der Atem dreht und zum Ausatmen wird, bis zu dem Moment, wo er sich wiederum dreht und zum Einatmen wird. ...

Den Atem einfach in seinem natürlichen Kreislauf spüren. ... Können Sie das Bedürfnis loslassen, ihn zu kontrollieren, zu verändern oder darüber nachzudenken? ... Lassen Sie dem Einatmen einfach ein Ausatmen und dann wiederum ein Einatmen folgen ... der Atem atmet den Körper, Atmen selbst ... ein Prozess, der unser Vertrauen verdient ... und unsere Aufmerksamkeit. ... (Lange Pause)

Können Sie sich jetzt mit Ihrer Aufmerksamkeit verbinden? Vielleicht ist sie auf den Atem gerichtet, oder sie könnte in eine Kette von Gedanken, eine Geschichte, Emotion oder eine Empfindung irgendwo im Körper abgeschweift sein. ... Wenn die Aufmerksamkeit abgelenkt wurde, sollten Sie wissen, dass das normal ist. ... Mit einem freundlichen Gefühl gegenüber sich selbst bringen Sie Ihre Aufmerksamkeit sanft aber bestimmt zum Atem zurück ... zum Einatmen oder Ausatmen, wie er in diesem Moment ist. ... Möglicherweise können Sie dem Atem erlauben, das Zentrum Ihrer Aufmerksamkeit zu sein, so dass Gedanken, Emotionen und andere Empfindungen außerhalb Ihres Gewahrseins sind ... an den Rändern. ... (Lange Pause)

Wo ist Ihre Aufmerksamkeit jetzt? Wenn Sie abgeschweift ist, bringen Sie sie sanft zum Atem zurück. ...

Zulassen

Ein zentrales Merkmal der Achtsamkeitspädagogik besteht darin, zu gewährleisten, dass jeder Teilnehmer die Freiheit erfährt, seine eigenen Erfahrungen zu machen, keine vom Lehrer oder der Gruppe „vorgegebene" Erfahrung. Das Zulassen ist entscheidend, weil es für den Lehrer ein Paradox darstellt: Wenn man in jedem Moment Details und Besonderheiten in die Anleitung einbringt, dann werden sich die Teilnehmer/innen gut mit der Achtsamkeit verbinden können, aber jede Person wird eine einzigartige Erfahrung davon haben. Die Lehrer/innen finden eine Balance, indem sie eine Reihe von Wahlmöglichkeiten anbieten und indem sie Angebote vorsichtig formulieren. Bei der Anleitung eines Körper-Scans bittet der Lehrer die Teilnehmer/innen vielleicht, sich auf die Stirn zu konzentrieren, indem er sagt: „Wir achten auf jede Anspannung und Entspannung in den Muskeln. … Vielleicht ist da ein Kribbeln, oder es ist überhaupt keine Empfindung da – und das ist O. K.; das ist einfach Ihre Erfahrung in diesem Moment." Solch eine Anleitung erlaubt alles, was auftauchen mag, und bestärkt die Untersuchung jenseits von gewohnten Antworten und die unbedingte Akzeptanz jedes Ergebnisses.

Beliebte Übungen: Lehrer/innen und Teilnehmer/innen sind nicht gleich

Wenn wir über das Zulassen sprechen, sollten wir uns daran erinnern, dass sich nicht alle Teilnehmer/innen mit den gleichen Übungen verbinden. In der Tat werden einige große Schwierigkeiten haben, sich mit allen Übungen zu verbinden. Noch wichtiger ist es, zu wissen, dass die Lehrer/innen andere Präferenzen und Bedürfnisse haben, als die Teilnehmer/innen ihrer Gruppen. Einige erste Studien in diesem Bereich (McCown et al., 2007) mit Gruppen von 25 Lehrern und 100 Teilnehmern deuten darauf hin, dass die Bedeutung der Unterschiede für den Unterricht erheblich sein kann, wenn sich die Lehrer/innen dessen nicht bewusst sind. Die Lehrer/innen neigen besonders dazu, die Attraktivität des Körper-Scans zu unterschätzen, oder sie überschätzen die Anziehungskraft von Yoga für die Teilnehmer (Bild 5.2). Im Bild deutet „Liebe" auf die Meditation der Liebenden Güte hin, und mit „Berg" ist die Berg-Meditation gemeint.

Einschätzung der Praktiken: Lehrer/innen vs. Teilnehmer/innen

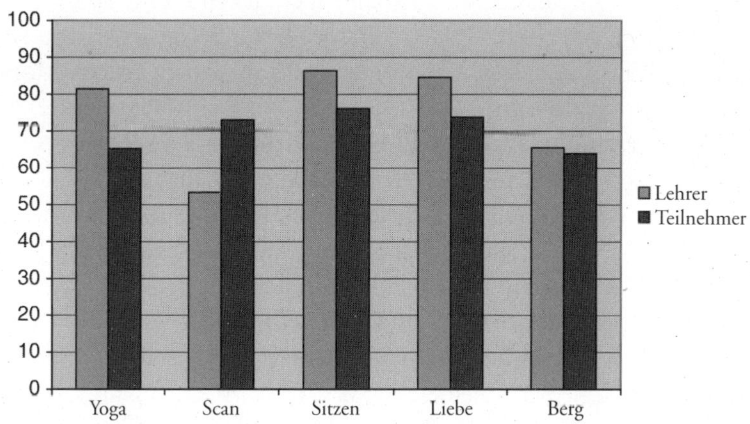

Bild 5.2.

Orientieren

Auch hier steht die Lehrerin einem Paradox gegenüber. Die Achtsamkeitspraxis macht unsere ganze Erfahrung zugänglich, so wie sie in jedem Moment entsteht, was auch beinhaltet, dass die Suche nach ordnenden Konzepten oder Geschichten der Praxis entgegenwirkt. Die Teilnehmer/innen werden aufgefordert, „die Geschichte fallen zu lassen" und die Aufmerksamkeit wieder auf das zu richten, was im Augenblick entsteht. Aber wenn die Teilnehmer/innen in der Achtsamkeitspraxis angeleitet werden, besonders in den ersten Kurseinheiten, brauchen sie auch ein Gefühl der Kohärenz und Richtung, um sich sicher und geschützt genug zu fühlen, um mit einer Praxis fortzufahren, die sich sehr von der Art und Weise unterscheidet, wie sie sich und die Welt sonst erfahren.

Das heißt also, dass die Lehrerin eine Art Ordnungsprinzip anwenden muss, damit die Anleitung akzeptiert wird. Einige Praktiken haben von sich aus eine erzählerische Form. Der Körper-Scan führt nacheinander durch die Empfindungen des Körpers, vom Kopf zu den Füßen oder andersherum. Achtsame Bewegungsübungen, wie Hatha-Yoga oder Qi Gong haben eigene Strukturen, sowohl in der individuellen Haltung als auch in der möglichen Abfolge. Auch die Sitzmeditation kann einen „erzählerischen Bogen" haben, wie in einer Meditation erweiterten Gewahrseins, die sich nacheinander den Erfahrungen des Atems, der Körperempfindung, dem Klang, dem Denken und der Emotion öffnet, um zu einem offenen Gewahrsein dessen zu kommen, was im gegenwärtigen Moment in jedem Bereich entsteht.

Andere Meditationen haben hingegen vielleicht kein inneres ordnendes Prinzip, so wie der ausgerichtete Fokus auf das Gewahrsein des Atems oder die Praxis des offenen Gewahrseins. Die Anleitung solcher Meditationen erfordert einen zusammenhängenden und integren Umgang mit der Sprache. Für die Lehrerin besteht eine grundlegende Fertigkeit darin, dass sie rein verbale Formulierungen findet, die eine sichere Grundlage bieten, von der aus die Teilnehmer/innen alles untersuchen können. Es gibt drei grundlegende Strategien, die diese Art von Zusammenhang und Sicherheit geben können, und diese können in jede Art der Praxis integriert werden.

Die *erste* Strategie ist ein einfacher Refrain, eine wiederkehrende Formulierung, die etwas Stabilität im Fluss der Erfahrung bietet. In einer

Meditation des offenen Gewahrseins kann zum Beispiel die Frage „Wo ist Ihre Aufmerksamkeit in diesem Moment?“ die Teilnehmer in ihre direkte Erfahrung zurückbringen.

Die *zweite* Strategie ist die kontinuierliche Ausarbeitung und das fortdauernde Erblühen eines Konzeptes. Die Lehrerin kann ein hilfreiches Prinzip der Praxis vorstellen und kann dann, während sie die Praxis weiterführt, dessen Definition erweitern und andere Gelegenheiten und Gründe beschreiben, um dieses Prinzip in der eigenen Praxis anzuwenden. Im Gewahrsein der Atemmeditation zum Beispiel kann die Lehrerin das Prinzip der Güte gegenüber sich selbst vorstellen und die Praxis der Kultivierung einer liebevollen Reaktion auf die eigenen Ablenkungen weiter ausführen – die Arbeit mit dem sanften Neuausrichten der Aufmerksamkeit, ohne Anstrengung oder Selbstverurteilung, wenn der Geist vom Atem abschweift.

Die *dritte* Strategie ist die Einbindung von Ereignissen in der Umgebung im jeweiligen Moment in den Fluss der Anleitung. Zum Beispiel im Kontext einer Großstadt oder großer Institutionen, in denen wir lehren, können Straßengeräusche, wie eine Sirene oder ein Presslufthammer, Geräusche im Gang, von rumpelnden Karren bis zu geflüsterten Gesprächen, und sogar die Unberechenbarkeit der Heizung und der Klimaanlage bemerkt und der Gruppe angeboten werden – „Was geschieht in Ihnen, wenn die Sirene immer näher kommt?“ Diese grundlegenden Strategien können kreativ miteinander kombiniert werden, um die Anleitung einer bestimmten Praxis für eine bestimmte Gruppe zu verbessern.

Verkörpern

Das ist die wichtigste Dimension der Anleitung: die Verbindung des Lehrers oder der Lehrerin zur Praxis während des Sprechens. Die Anleitung einer Meditation ist keine leere Vorführung; die Lehrerin ist beim Sprechen selbst mitten in der Praxis. Die verbalen Formulierungen, die sie findet, sind dadurch in ihrer Erfahrung verwurzelt. Ihre Strategien zur Orientierung sind nicht abstrakt, sondern entstehen aus der Erfahrung; das Aufblühen eines Begriffs oder eines Konzepts ist eine Beschreibung der Beobachtungen der Lehrerin, sowohl unmittelbar als auch aus der

Erinnerung. Sie bindet das, was in der gemeinsamen Umgebung geschieht, mit ein, und wird selbst zu einem Instrument der Wahrnehmung, lässt aber auch Raum für die unendliche Breite von möglichen subjektiven Erfahrungen der Teilnehmer/innen. Die Bedeutung des Verkörperns für die effektive Anleitung kann nicht genug hervorgehoben werden. Beim Training und der Entwicklung neuer Lehrer/innen ist es relativ einfach, zu erkennen, ob ein Lehrer „in der Praxis ist", die er anleitet; der Zuhörer wird eine spürbare Empfindung von Authentizität haben, wenn die Verbindung da ist. Wenn der Lehrer die Praxis verkörpert, reflektieren die Wortwahl, der Ton der Stimme und das Selbstvertrauen im Ausdruck Authentizität und helfen dabei, den Erfahrungen der Teilnehmer/innen eine Form zu geben.

Audioaufnahmen zur Anleitung von Übungen

Audioaufnahmen von Achtsamkeitsübungen unterscheiden sich wesentlich von den Übungen, die während des Kurses angeleitet werden. Es kommt vielmehr auf die Sprache an und es gibt keine Wirkung des Kontextes und der intersubjektiven Resonanz (oder nur das, was jeder Teilnehmer in seiner ko-kreierten Achtsamkeit mit sich trägt). Das heißt, dass Audioaufnahmen (in gewisser Weise) gelesen werden müssen, sie müssen korrigiert und verfeinert werden, bevor sie fertig sind und aufgenommen werden können. Die Sprache muss kurz und klar sein. Weil jede Praxis viele Male gehört werden wird, können die Informationen „dichter" sein, als in der Anleitung während eines Kurses, so dass die Teilnehmer/innen Inhalte hören, die zu verschiedenen Zeiten neu für sie sind.

Auch das Zulassen ist intensiviert, weil die Praxis viele Male wiederholt werden wird. Es muss klar sein, dass der Teilnehmer die Freiheit hat, jede Erfahrung zu haben, die an diesem Tag, in diesem Moment, auftaucht.

Die Möglichkeiten des Orientierens haben sich reduziert, weil es nicht möglich ist, sich mit dem gegenwärtigen Moment in der Umgebung zu verbinden. Zudem kann man die Aufnahme, die viele Male gehört werden wird, selbst als den erzählerischen Bogen sehen. Es ist wichtig, dies zu berücksichtigen, und das stärkste Zulassen von Erfahrungen zu gewähren, damit die Teilnehmer/innen interessiert bleiben.

Verkörpern wird ungemein wichtig, weil der Kontext reduziert wurde. Die nonverbale Dimension der sprachlichen Vermittlung des Lehrers muss den Kontext der Ko-Kreation von Achtsamkeit und die Empfindung intersubjektiver Resonanz tragen. All diese Elemente werden besser zu vermitteln sein, wenn der Lehrer die Praxis während der Aufnahme selbst übt – anstatt nur ein Skript vorzulesen.

Deshalb muss das Skript genau und geplant sein, wie wir es in den Skripten im 8. Kapitel sehen können. Sobald das Skript fertig ist, muss es im Augenblick der Aufnahme losgelassen werden, um dem zu folgen, was im Moment lebendig ist. Beachten Sie, dass der Lehrer die Praxis tatsächlich übt, während sie aufgenommen wird. Der Körper-Scan kann zum Beispiel im Liegen aufgenommen werden, während die Platzierung des Mikrofons bei Bewegungsübungen wie Hatha-Yoga oder Qi Gong vom Lehrer erfordert, sich in der Vorstellung mit der Praxis zu verbinden, anstatt sie wirklich auszuführen – obwohl Bewegungen hilfreich sein können, um die Verbindung aufrechtzuerhalten.

Für den Aufnahmeprozess bietet ein professionelles Studio die höchste Qualität. Aber auch mit minimalen Ausgaben für Equipment und Software können gute Aufnahmen an jedem ruhigen Ort gemacht werden. Dazu brauchen Sie einen Computer mit einem Aufnahmeprogramm (es kann einfach und preiswert sein; Sie brauchen nur eine Spur), ein gutes Mikrofon (gehen Sie in einen Musikladen und seien Sie vorbereitet ca. 100 € auszugeben), einen Mikrofonständer (am besten einen, der viele Anpassungen des Winkels ermöglicht) und einen Vorverstärker für das Mikrofon und eine Computerschnittstelle.

Von solchen Aufnahmen können professionell CDs vervielfältigt werden. Es ist hilfreich, wenn Sie die entsprechende Firma bitten, die Lautstärke der einzelnen Übungen auszugleichen. Das ist leicht möglich, wenn die Aufnahmen nur eine Spur haben.

Das Skript für die Aufnahme: Zeit und Rhythmus

Eine große Herausforderung bei der Vorbereitung des Skripts für die Aufnahme ist die richtige Zeiteinteilung. Wenn Sie es auf eine Länge von 20 oder 45 Minuten anlegen wollen, wie können Sie dann sicher sein, dass Sie in der Zeit bleiben, besonders wenn die Aufnahme aus vielen oder sogar vorwiegenden Momenten der Stille besteht? Wie beim Komponieren von Musik haben wir für uns ein System von Unterbrechungen und Zeichen geschaffen, das auf dem Atem basiert und ein Gefühl für die Struktur und das Timing gibt. Ein Atem wird als der volle Atemzug mit Ein- und Ausatmen gemessen, wenn der Lehrer „in" der Praxis ist, die er anleitet. Die Zeichen sehen dann also so aus:

(...) = ein Atemzug

Pause zwischen Absätzen = zwei Atemzüge

(Pause) = drei Atemzüge

(Lange Pause) = sechs Atemzüge

Jede längere Pause kann durch Kombinationen dieser Zeichen angezeigt werden. In diesem Modell hat jeder Atemzug eine zeitliche Entsprechung von ungefähr 10 Sekunden, damit dauert eine *Pause* 30 Sekunden und eine *lange Pause* eine Minute. Mit diesem Wissen ist es möglich, die Länge eines Skripts abzuschätzen und das Timing zu verändern, ohne zu proben und das Skript mehrere Male zeitlich einzuteilen. Wie schon vorher angemerkt, je frischer das Lesen sein kann, desto besser. Bob Dylan sang viele seiner Lieder zum ersten Mal bei der Aufnahme, was dem Gesang eine unsichere, aber energische Qualität gab, und er verwendete dann oft auch diesen ersten Versuch.

Gemeinsame Reflexion: Neugier für die Erfahrungen der Teilnehmer/innen

Ein großer Teil des transformierenden Effekts der MBIs ist wohl die dialogische Begegnung mit den Teilnehmern in der Gruppe. Santorelli (2001) sagt dazu: „Es ist empfehlenswert, dass eine gewisse Zeit in jedem Kurs verwendet wird, um die Erfahrung eines Teilnehmers während der formalen und informellen Achtsamkeitspraxis und anderen wöchentlichen Aufgaben tiefer zu erforschen." Das ist ein außerordentlich wichtiges und dynamisches Element in der Erfahrung der Teilnehmer/innen in den MBIs und ein Teil des Prozesses, der bisher in der empirischen Forschung nicht angemessen untersucht wurde.

Solch ein Dialog zwischen dem Teilnehmer und dem Lehrer im gemeinsamen Raum der Gruppe kann besonders dabei helfen, die Lehrabsichten der „Kultivierung des Beobachtens" und der „Annäherung an die Akzeptanz" fördern, wie sie im 6. und 7. Kapitel beschrieben werden. Der Dialog zwischen dem Teilnehmer und dem Lehrer ist ein „Erforschen" oder eine „Reflexion" der subjektiven Erfahrung des Teilnehmers – sein oder ihr prä-semantisches Wissen im gegenwärtigen Moment – mit der Absicht, bewusstere Bedeutungen zu finden, die dann für die weitere Vertiefung zugänglich sind. Die Kompetenz des Lehrers in dieser Arbeit ist eng mit dem Element der Begleitung aus den drei Kostbarkeiten verbunden. Der Lehrer muss die Freiheit des Teilnehmers gewährleisten, indem er einfach offen ist und ein ernsthaftes Interesse an der Erfahrung des Teilnehmers zeigt. Er muss die Zugehörigkeit des Teilnehmers schützen, indem er darauf achtet, dass dieser nicht auf dem „heißen Stuhl" sitzt, sondern ihm vielmehr dabei hilft, seine eigene Reflexion zu vertiefen. Und er muss aufmerksam sein für die intersubjektive Resonanz der Gruppe und diese bestärken, um den Prozess der tieferen Reflexion zu unterstützen.

Diese Reflexion ist aus der Sicht der Lehrerin die Begegnung von zwei subjektiven Erfahrungen, bei der niemand die Rolle des Experten einnimmt und beide in der Lage sind, aus einer Haltung des „Nicht-Wissens" zu arbeiten, um die Fülle der Möglichkeiten für Bedeutung zu untersuchen. Um bei der Reflexion mit den Teilnehmern besonders hilfreich zu sein, arbeitet die Lehrerin (1) beim Erforschen aus einer philosophischen

Haltung, die das „Nicht-Wissen“ unterstützt. Sie ist sich (2) der kulturellen und individuellen Widerstände, die es gegenüber dieser tieferen Reflexion geben kann, bewusst. Und sie ist (3) bereit, die Sprache zu verlassen und zur unmittelbaren inneren Erfahrung zurückzukommen, wenn der Dialog keine Bedeutung mehr geben kann, und (4) besitzt sie die Fähigkeit, gegenüber dem Ergebnis jedes Gesprächs mit einem Teilnehmer oder einer Gruppe offen zu sein.

Philosophische Ansätze

Batchelors (1997) Versuch, die Rolle des buddhistischen Lehrers für die heutige westliche Welt neu zu verstehen und als „Freundschaft“ zu bezeichnen, bildet eine vielsagende Parallele zum erwachsenen Lehrer, wie ihn Mezirow (2000) beschreibt. Sowohl das buddhistische Denken als auch die Disziplin der „Transformative Education“ waren wichtige Einflüsse für die Philosophie der MBSR-Pädagogik. Batchelor stellt sich den Lehrer aus der Perspektive des Schülers folgendermaßen vor (1997, S. 50–51):

> ***Diese Freunde sind Lehrer, weil sie in der Lage sind, aus jeder Situation etwas zu lernen. Bei diesen Freunden suchen wir nicht nach Vollkommenheit, sondern die vollständige Akzeptanz der menschlichen Unvollkommenheit. Weder Allwissenheit noch das ironische Eingeständnis von Unwissenheit. … Denn echte Freunde zwingen uns nicht dazu, und sei es auch sanft und angemessen, etwas zu glauben, dessen wir uns unsicher sind. Diese Freunde sind wie Geburtshelfer, die das unterstützen, was geboren werden will. Ihre Aufgabe besteht nicht darin, dass sie sich unersetzlich machen, sondern darin, dass sie sich überflüssig machen.***

Mezirow (2000, S. 26–27) verwendet den Begriff „Diskurs“, wenn er aus der Perspektive des Lehrers spricht, in ähnlicher Weise, wie wir hier den Begriff „Reflexion“ verwenden:

> *Der Diskurs ist der Prozess, in dem wir einen aktiven Dialog mit anderen führen, um die Bedeutung unserer Erfahrung besser zu verstehen. … Die Entwicklung des Diskurses mit dem Entschluss, eine Teilnahme zu ermöglichen, die von den Ablenkungen von Macht und Einflussnahme frei ist, ist ein etablierter Schwerpunkt von Lehrern in der Erwachsenenbildung. Das allgemein anerkannte Modell der Erwachsenenbildung beinhaltet die Übermittlung von Autorität vom Lehrer zu den Lernenden; der erfolgreiche Lehrer arbeitet so, dass er die Stellung des Lehrers verliert und zu einem Lernenden in Zusammenarbeit wird.*

Beide Begriffe, Diskurs und Reflexion, betonen die Wichtigkeit einer nicht-hierarchischen Beziehung, die Notwendigkeit einer gemeinsamen Haltung des Nicht-Wissens, die Kraft des „Ans-Licht-Bringens" der inneren Erfahrung des Teilnehmers und die Messung des Erfolgs des Lehrers an der Abnahme seines Status'.

Kulturelle und individuelle Widerstände

Mit dem vorherrschenden „Konto"-Modell der Pädagogik, bei dem der Lehrer Wissen in die Schüler investiert, können die ersten Begegnungen mit der Reflexion die Teilnehmer/innen enttäuschen. In der Rolle des Lehrers als Experte gibt es Sicherheit; und manche haben Angst, selbst die eigene Autorität zu entwickeln. Diesen Widerstand gegenüber der gemeinsamen Reflexion zu überwinden wird für die Teilnehmer zu einer informellen Achtsamkeitspraxis: Sie müssen die lebenslangen Gewohnheiten des Konto-Modells erkennen und transformieren – und daran arbeiten, sich ständig den eigenen Einsichten zu öffnen. Die Rolle des Lehrers besteht hier darin, mitfühlende Neugier und Nicht-Urteilen in die Begegnung zu bringen, und besonders wichtig ist, dass der Lehrer der Tendenz widersteht, etwas in Ordnung bringen zu wollen oder Ratschläge zu geben. Stattdessen sollte der Lehrer mit den Teilnehmern in einem Raum sein, in dem sich Bedeutung zeigen und entfalten kann. Wie so oft kann man sagen, dass vom Lehrer die Verkörperung der Achtsamkeit verlangt wird. Die authentische

Präsenz des Lehrers vervielfacht die Fähigkeit der Teilnehmer/innen, ihrem inneren Wissen zu vertrauen, nichts in Ordnung zu bringen und mit/in ihrer Erfahrung zu verweilen, was zu neuen Einsichten führen kann.

Sprache und Erfahrung

Oft ist es so, dass der Dialog in der gemeinsamen Reflexion dem Teilnehmer helfen kann, seine prä-semantische Erfahrung der formalen oder informellen Achtsamkeitspraxis mehr und mehr durch die Sprache ins Bewusstsein zu bringen. Die ernsthafte Neugier und schlichte Gegenwart des Lehrers (das heißt, ohne Vorstellungen gegenwärtig zu sein) kann in einfachen Fragen bezüglich einer Erfahrung ausgedrückt werden, zum Beispiel: „Wie ging es Ihnen damit?" Diese Frage kann zu einer ersten Antwort führen. Weiteres offenes Erforschen – „Können Sie mehr dazu sagen?" oder „Ist Ihnen noch mehr aufgefallen?" – führt zur Reflexion und einer Beschäftigung mit Sprache, die dem Teilnehmer ein tieferes Verstehen ermöglicht. Eine Teilnehmerin beschreibt ihre Erfahrung mit dem Körper-Scan zum Beispiel so: „Ich fühle mich jetzt verbundener." Die Frage des Lehrers: „Womit fühlen Sie sich stärker verbunden?", gibt die Motivation und den Raum für ein tieferes Erkennen: „Tiefer verbunden mit mir selbst, meiner Familie und anderen Menschen." Dann, nach einer langen Pause: „Am meisten mit mir selbst, das hat sich wirklich verändert." In gewisser Weise ist das einfach eine weitere Bedeutungsebene; aber andererseits ist es eine tiefe Erkenntnis und eine Erfahrung, die bisher nicht zugänglich war. Während eines solchen Gesprächs sind die anderen Teilnehmer/innen in der Gruppe sowohl Zeugen der Veränderung der Perspektive eines Einzelnen als auch Teilnehmende in ihren eigenen Reflexionen und Erkenntnissen. Reflexion ist eine gemeinsame Arbeit, die von der intersubjektiven Resonanz unterstützt wird.

Ein erforschender Dialog kann oft zu Verwirrung statt zu Klarheit führen. An einem solchen Punkt empfiehlt der Lehrer der Teilnehmerin möglicherweise, dass diese eine formale Achtsamkeitspraxis übt, um ihre Sinneswahrnehmungen, Gedanken und Emotionen noch tiefer prä-semantisch zu untersuchen. Solch eine Rückkehr zur Praxis öffnet die Teilnehmerin oft für eine größere emotionale Intensität und dem Dialog über die unmittelbare Erfahrung. Deshalb geht der Lehrer mit der Teilnehmerin und dem Rest der Gruppe vorsichtig um und fragt, ob die Teilnehmerin in dieser Richtung weitergehen möchte. Und der Lehrer lädt die Gruppe sowohl dazu ein, die gemeinsame Reflexion zu beobachten als auch ihren eigenen „inneren" Dialog aktiv weiterzuführen, in einer Richtung, die ihnen als potenziell wertvoll erscheint. Das Hin und Her zwischen prä-semantischer Erfahrung und offenem Dialog mit dem Lehrer kann eine Erfahrung und ihre Bedeutung klären. In solchen Situationen braucht er vor allem die Fähigkeit der Begleitung, die sich darin zeigt, dass er nur dorthin geht, wohin die Teilnehmerin selbst gehen möchte, und eine Sensibilität für das, was die Teilnehmerin und der Rest der Gruppe brauchen.

Die Förderung von Neugier zur Vertiefung der Reflexion

Neugier ist der Schlüssel zur gemeinsamen Reflexion. Auf einer Ebene wird der Teilnehmer ermutigt, sich mit seiner unmittelbaren Erfahrung auseinanderzusetzen. Auf einer anderen Ebene trägt die Neugier dazu bei, die Reaktivität zu verändern – sich von der Rückzugshaltung der Angst oder Stressreaktion zu lösen und sich Emotionen zuzuwenden, in denen eine viel tiefere Reflexion zugänglich ist.

Obwohl der Lehrer und der Teilnehmer jederzeit frei sind und im Prinzip überall hingehen können, stehen dem Lehrer zwei Richtungen zur Verfügung, die im Reflexionsprozess hilfreich sind. Die erste besteht darin, den Teilnehmer direkt auf die körperliche Erfahrung des gegenwärtigen Augenblicks zu verweisen. Dieser Verweis macht eine große Menge von Informationen für das weitere Erforschen zugänglich und vertieft die Reflexion. Ob es bei der Reflexion um körperlichen Schmerz, unangenehme Gedanken oder schwierige Emotionen geht, die Richtung der Untersuchung von Körperempfindungen ist oft den Hoffnungen der Teilnehmer entgegengesetzt – Reflexion ist eine Hinwendung. Die Frage, die der Lehrer stellt, lautet ungefähr so: „Sind Sie einverstanden damit, Ihren Körper zu Hilfe zu nehmen, um mit diesem Thema zu arbeiten?" Das gewährleistet die Freiheit des Teilnehmers.

Weil diese Art des Erforschens sich oft mit der Natur der vom Teilnehmer gewünschten Erfahrung reibt, kann der Lehrer dabei helfen, mehr Neugier zu generieren, und die Hinwendung einfacher machen, indem er spezifische Fragen stellt, die voraussetzen, dass man sich der eigenen Erfahrung zuwendet und noch einmal genauer hinschaut. Somit kann die direkte Frage in Bezug auf einen Schmerz – „Wie geht es Ihnen damit?" – allgemeine Informationen hervorbringen, wenn der Teilnehmer hinschaut und wieder wegsieht. Die Frage: „Wie würden Sie den Schmerz beschreiben – ist er scharf, taub, heiß, pulsierend?", fördert die weitere Vertiefung und bringt weitere Informationen für die Reflexion hervor. Solches Fragen kann nützlich sein, um den Teilnehmer auf seine eigene Erfahrung auszurichten – „Hat er eine Farbe?", „Eine Form?", „Ist er immer gleich?". – Jede Untersuchung und jede Antwort bringen weitere Informationen für die Reflexion hervor, und formen sie kontinuierlich neu.

Das Ziel ist nicht die Auflösung oder Linderung des Schmerzes, sondern Wissen – wie die Erfahrung in diesem Moment ist, und, noch wichtiger, das Wissen, dass der Teilnehmer sich seiner Erfahrung zuwenden und in und mit ihr sein *kann*. Der Lehrer sagt vielleicht: „Es war schwierig, dorthin zu gehen, es war schwer, zuerst Ihren Schmerz zu spüren, aber schauen Sie selbst, wie lange Sie ihn untersuchen konnten, ohne sich davon abzuwenden."

Offenheit gegenüber dem Ergebnis

Die gemeinsame Reflexion ist eine Einladung an die innere Weisheit des anderen, sich zu zeigen und in der Erfahrung und in der Sprache erkannt zu werden. Wenn diese einladende Haltung von der Lehrerin verkörpert und von der Gruppe unterstützt wird, kann sie auch zu einer Seinsweise für den Teilnehmer (und viele andere in der Gruppe) werden. Ein wertvoller Dialog kann sich entfalten, aber dessen Wert liegt nicht einfach in einer besonderen Einsicht oder Konstruktion der Erfahrung mit den Mitteln der Sprache. Der Wert liegt im Lösen des Griffs von Gewohnheiten im Denken, von Mustern im Reagieren und von engen Selbstkonzepten.

Das Potenzial der Reflexion ist eine neue Fähigkeit für Freiheit, die in der Metapher von den endlichen und unendlichen Spielen, wie sie Carse (1986) formuliert hat, gut beschrieben wird. Endliche Spiele haben bestimmte Regeln, damit wir das Spiel kennen und wissen, wie wir es gewinnen können, indem wir andere besiegen. Unendliche Spiele haben Regeln, die sich ständig verändern, damit wir unbestimmt lange spielen können, ohne zum Ende zu kommen. Wenn es wirklich funktioniert, dann bringt die Reflexion die Lehrerin, die Teilnehmer und die Gruppe in den Bereich des ständigen Spiels, was zu tiefen Erfahrungen der Einsicht führen kann, die bleibend sein können oder Samen säen, die in den nächsten Kurseinheiten (oder Jahren) wachsen werden. Das Spiel kann aber auch einfach unendlich weitergehen. Niemand verliert, alle profitieren.

Zudem hat die Lehrerin keine feste Rolle in der unendlichen Form des Reflexionsspiels. Besonders wenn die Teilnehmer ihre ko-kreierte Achtsamkeit und Resonanz annehmen, können sie es selbstständig untersuchen, entweder im „inneren" Dialog oder mit jemand anderem.

Das folgende Transkript eines reflektierenden Dialogs kommt aus der sechsten Session eines MBSR-Kurses; die Teilnehmer/innen haben also die Fähigkeit entwickelt, individuell mit dem inneren und/oder äußeren Dialog zu arbeiten. Die Gruppe hat einige Erfahrungen im Halten der Resonanz gesammelt, um die Teilnehmerin, die den Dialog führt, zu unterstützen. Der Dialog findet beim Check-in nach der eröffnenden Meditationspraxis statt.

Teilnehmerin: Seit acht oder neun Jahren habe ich nun diesen Schmerz in meinem Kiefer. Der Schmerz geht nicht weg. Ich fühle mich so, als könnte ich es nicht mehr aushalten. Ich kann nicht sagen: Lass den Schmerz doch da sein und sei freundlich zu ihm. Dazu braucht es soviel Geduld. Ich weiß nicht, ob ich das kann. Ich bezweifle, dass ich achtsam sein kann.

Lehrer: Spüren Sie jetzt einen Schmerz, wenn Sie dort sitzen?
Die Teilnehmerin auf die Erfahrung des gegenwärtigen Augenblicks verweisen, von den acht oder neun Jahren Geschichte wegbewegen.

T: Ja. Es ist nicht so schlimm, aber er ist da, er ist immer da und er wird schlimmer und unerträglich. Selbst wenn ich versuche, meine Muskeln nicht anzuspannen, so spannen sie sich irgendwie trotzdem an. Und das tut sehr weh.
Mehr Informationen werden zugänglich; immer noch eingebettet in die jahrelange Geschichte.

L: Sie spüren also jetzt einen Schmerz in Ihrem Kiefer, der momentan nicht so schlimm ist, und Sie zweifeln daran, dass Sie damit achtsam sein können. Sie zweifeln daran, dass Sie die Geduld haben, um mit dem Schmerz zu sein. Aber irgendwie sind Sie jahrelang damit klargekommen.
Zuerst auf die Erfahrung des gegenwärtigen Moments hinweisen, dann die Geschichte des „Klarkommens" mit dem Schmerz anerkennen.

T: Ich bin nur schwer damit klargekommen. …
L: Sind Sie bereit, nach innen zu gehen und darauf zu achten, was in diesem Moment geschieht, und ein bisschen damit zu arbeiten, was jetzt da ist, und es achtsam zu untersuchen?
Eine Einladung aussprechen und die Freiheit der Teilnehmerin berücksichtigen.

T: Ja.
L: (Zur Gruppe) Ich lade jeden und jede von Ihnen ein, nun mit Hope im gegenwärtigen Augenblick zu sein, während sie ihre Erfahrung untersucht … und sich dessen bewusst zu ein, was in jedem Moment für Sie auftaucht.
Erweiterung der Einladung: Begleitung der drei Kostbarkeiten der Gruppe – Freiheit, Zugehörigkeit und Resonanz.

L: (Zu Hope) Was spüren Sie nun, wenn Sie Ihren Körper – die Empfindungen in Ihrem Körper – wahrnehmen?
Sich der Erfahrung zuwenden.

T: Mein Kiefer tut weh.
Die allgemeine Information über einen zeitweisen „Gipfel“ der Erfahrung.

L: Können Sie diese Empfindung beschreiben?
Frage nach Besonderheiten; Neugier generieren.

T: Es ist wie ein warmer durchdringender Kreis. Es gibt Momente, in denen es so unerträglich wird.
Bewegung vom genauen Beobachten zum Rückzug in die Geschichte.

L: Es gibt Momente, in denen es unerträglich ist, aber ist es jetzt unerträglich?
Wieder auf den Moment und den Körper ausrichten.

T: Ich denke, die Hartnäckigkeit dieser Situation ist so unerträglich, ich kann nicht anders, als mich darüber zu ärgern. Ich kann es nicht ausstehen. Ich versuche, es zu bemerken und nicht zu urteilen. Aber das bringt nichts. … Es ist immer da.
Bleibt bei der Geschichte; entfernt sich von der körperlichen Erfahrung.

L: Sie haben also bestimmte Gedanken über diesen Schmerz: „Er ist unerträglich“, „Ich kann es nicht aushalten“, „Er ist immer da“. … (Pause) Wenn Sie nun den Kieferbereich wahrnehmen, was spüren Sie in diesem Moment?
Die Gedanken und die Geschichte anerkennen, dann wieder zum Körper zurückkommen.

T: Es ist warm. … Es fühlt sich an, als würde es wachsen (die Hände und das Gesicht spannen sich an).

L: *Die Empfindung ist also warm und der Gedanke sagt, dass der Schmerz zunehmen könnte – ein Gedanke über die Zukunft, die Möglichkeit, dass sich der Schmerz verschlimmern könnte.*

Den Wechsel in die Geschichte benennen.

T: *Ich habe Angst.*

L: *Sie bemerken also, dass Sie Angst haben? … (Lange Pause) … Wo spüren Sie momentan den Schmerz im Körper?*

Die Angst anerkennen und mit der Teilnehmerin gegenwärtig sein, bevor die Aufmerksamkeit wieder auf die Erfahrung des Körpers gerichtet wird.

T: *In meinen Schultern, die sind zusammengedrückt. … Ich spüre Anspannung, der Schmerz könnte stärker werden.*

Aufmerksamkeit auf den Körper, weitere Informationen, dann wird die Aufmerksamkeit wieder vom Körper abgewendet.

L: *Sie spüren also eine Spannung in den Schultern, Sie fühlen sich zusammengedrückt und Sie denken an die Zukunft und machen sich Sorgen, dass der Schmerz stärker werden könnte. … Versuchen Sie, Ihre Aufmerksamkeit direkt in den Körper zu bringen, um mit diesen Empfindungen zu sein. …*

Anerkennen; den Unterschied zwischen Gefühlen und Gedanken aufzeigen. Die Freiheit wahren (sehen Sie, ob es Ihnen gelingt) und die Aufmerksamkeit wieder auf den Körper richten.

T: *Meine Schultern sind angespannt.*

Information ohne Geschichte.

L: *Noch etwas?*

Sanft mit der Neugier des Augenblicks arbeiten.

T: *Mein Gesicht ist angespannt. … Der Schmerz im Kiefer wird stärker.*

L: *Was ist mit dem warmen Kreis passiert?*

Ehrliche Neugier.

T: Der ist schärfer, ein scharfer Schmerz, stärker.
L: Können Sie darin verweilen?
Freiheit gewährleisten; bestärken.

T: Ich überlege gerade, ob meine Haltung es verschlimmert.
Die Aufmerksamkeit wandert wieder in die Geschichte und ins Denken.

L: Anspannung trägt sicher zum Schmerz bei. Es ist natürlich, dass Sie wissen wollen, was den Schmerz erleichtert oder verstärkt. Können Sie aber jetzt bei den Körperempfindungen bleiben?
Das Interesse anerkennen, aber die Hinwendung zum Schmerz bestärken.

T: Der Schmerz hat sich nach unten bewegt, er bewegt und verändert sich.
L: Der Schmerz bleibt also nicht gleich? Er ist nicht statisch, er verändert sich. … Können Sie Raum machen, damit dieser Schmerz sich bewegen und verändern kann?
Ein erweitertes Gebiet für die Untersuchung anbieten.

T: NEIN!
L: Wie fühlt sich dieses NEIN im Körper an?
Anerkennen; Freiheit gewährleisten; weitere Untersuchung anbieten.

T: (Verschränkt Arme, macht Fäuste, zieht sich zusammen) Eng und angespannt.
L: Was geschieht in Ihrem Kiefer, wenn Sie sich anspannen?
Ehrliche Neugier; Rückkehr zum Erforschen.

T: Der Schmerz wird schlimmer. Ich möchte ihn beschimpfen.
L: Spüren Sie jetzt irgendwelche Emotionen?
Ehrliche Neugier.

T: Vorhin habe ich mich traurig gefühlt, aber nun habe ich das Gefühl, dass ich meine Emotionen unterdrücke.

L: Wie fühlt es sich im Körper an, wenn Sie Ihre Emotionen unterdrücken? (Wendet sich zur Gruppe und fragt rhetorisch) Wie fühlt es sich für Sie an, wenn Sie Emotionen unterdrücken?

Resonanz verstärken; die Neugier aufrechterhalten.

T: Ich spüre mehr Anspannung, es fühlt sich an, als würde ich zusammengedrückt.

L: Spüren Sie in diesem Augenblick einen Schmerz in Ihrem Kiefer?

Zur Reflexion zurückkehren.

T: Ja, er ist da. Ich will diesen Schmerz nicht!

L: Sie wollen den Schmerz nicht. Und jetzt ist der Schmerz da. Was geschieht, wenn ich sage, dass es in diesem Augenblick so ist?

Die „Wahrheit" des Augenblicks anbieten.

T: Ich sage, das ist nicht richtig (bedeckt das Gesicht mit den Händen, zieht die Beine zusammen).

L: Aber, Hope, die Wirklichkeit dieses Augenblicks ist nun mal so.

T: Ich spüre Widerstand dagegen.

L: Das verstehe ich und ich sehe, dass auch andere hier nicken, sie verstehen es auch.

Anerkennen; Zughörigkeit und Resonanz stärken.

T: Ich fühle, als ob ich damit kämpfen würde, mit Ihnen kämpfen würde.

L: Ich verstehe, dass Sie Widerstand spüren und dass Emotionen auftauchen, die Sie dazu veranlassen, mit dem Schmerz zu kämpfen und mit mir zu streiten. Aber, Hope, wie fühlt sich das in Ihrem Körper an?

Die „Wahrheit" des Augenblicks aufzeigen.

T: Mehr Schmerz. …

L: Ich lade Sie jetzt ein, in diesem Augenblick eine Entscheidung zu tref-

fen und Ihnen selbst zu erlauben, mit der Wirklichkeit dessen, was ist, zu sein. Öffnen Sie sich wenigstens ein Prozent mehr gegenüber dem, was wirklich da ist … der Schmerz, die Enge, einschließlich des Widerstands, der auch da ist. (Pausieren, nonverbal beobachten, was mit Hope und den anderen Teilnehmern geschieht, dann an alle gewandt) Was immer für Sie da ist, das ist die Wirklichkeit des gegenwärtigen Augenblicks. Achten Sie darauf, ob Sie dem Augenblick Widerstand leisten und wie sich das anfühlt, oder ob Sie sich dem Augenblick öffnen und wie sich das anfühlt. … (Lange Pause, dann zu Hope gewandt) Was geschieht jetzt?

T: Ich spüre weniger Anspannung in meinen Schultern, fühle mich nicht mehr zusammengedrückt. Ich bin mir des Schmerzes in meinem Kiefer bewusst, und dass es eine Tendenz gibt, schnell dorthin zu gehen und zu sagen: „Der Schmerz ist immer noch da."

L: Sie sind sich also der Tendenz bewusst, schnell zum Bereich des Schmerzes zu gehen, und Sie hören auch, was Sie sich selbst über den Schmerz sagen?

Anerkennen, ihr erlauben, ihre eigene Aussage zu hören.

T: Ja. (Leichtes Lächeln, Körper entspannter, offenere Haltung … lange Pause)

L: Es braucht viel Mut, sich dem Schmerz zuzuwenden, sich dem zu öffnen, was man nicht will. Und ich sehe viele Köpfe nicken. Sehen Sie das, Hope? Die anderen Teilnehmer schätzen Ihren Mut. …

L: (Zur Gruppe) Lassen Sie uns jetzt kurz meditieren. … (Nach einigen Minuten zur Gruppe) Welche Qualität oder Qualitäten nehmen Sie jetzt wahr?

Zugehörigkeit und Resonanz stärken.

T2: Stärke.

T3: Mitgefühl.

T4: Unterstützung.

T5: Gefühl des Verstehens.

L: Wie fühlt sich das im Körper an?

Präferenz für verkörpertes Wissen zeigen.

T5: Friedlich.

T6: Nicht anerkennen, was geschieht, kann mehr Schmerz verursachen, als es anzuerkennen.

TEIL 3

Auf dem Weg zu einem „leeren“ Curriculum

6 Die Lehrabsichten als System

Wenn wir lernen Achtsamkeit professionell zu unterrichten, sind die Fragen, *was* gelehrt wird und *wann* es gelehrt wird, genauso wichtig wie die Frage, *wie* der Unterricht durchgeführt wird. In den achtsamkeitsbasierten Interventionen (MBIs), besonders jenen, bei denen Meditation ausdrücklich Teil des Programms ist, wurden viele der Antworten auf die Fragen des *Was* und *Wann* (und des *Wie*) aus der Lehrplanstruktur der Achtsamkeitsbasierten Stressreduktion (MBSR) übernommen. Wie im 1. Kapitel beschrieben, basieren viele der MBIs, wie die Achtsamkeitsbasierte Kognitive Therapie (MBCT), die Achtsamkeitsbasierte Beziehungstherapie (MBRE) und die Achtsamkeitsbasierte Vorbeugung von Rückfällen bei Alkoholkranken (MBRP), auf dem grundlegenden MBSR-Curriculum der formalen Achtsamkeitsmeditation als dem Ausgangspunkt für spezifische didaktische Informationen und speziell weiterentwickelter Meditationen und erfahrungsorientierter Reflexionen für die jeweiligen besonderen Zielgruppen. In dieser Weise entfaltet sich Achtsamkeitspädagogik relativ gleichmäßig von Intervention zu Intervention. Wir glauben, dass der messbare Erfolg und die spannenden Möglichkeiten der MBIs zu einem großen Teil auf die MBSR-Grundlage zurückzuführen sind – eine Metastruktur für das *Was* und *Wann* der Achtsamkeitspädagogik.

Diese Metastruktur wurde in über 30 Jahren reflektierenden Lehrens entwickelt und verfeinert. Sie wurde von vielen Einflüssen geformt. Die lange bestehenden Ansätze in den weltweiten Weisheitstraditionen formen den Hintergrund, wobei die buddhistische Tradition mit den vier veredelnden

Tabelle 6.1

Auf dem Weg zu einem „leeren" Curriculum: Einflüsse und Ausdrucksformen in den acht Wochen des MBSR-Kurses

Die Vier Veredelnden Wahrheiten (weitere Informationen finden Sie im 3. Kapitel)	Die Grundlagen der Achtsamkeit (weitere Informationen finden Sie im 3. Kapitel)	Das MBSR-Curriculum: Themen und Inhalte jeder Woche	Das MBSR-Curriculum: Formale Praxisaufgaben für zu Hause für jede Woche	Das Spektrum der Lehrabsichten (aufgelistet nach der Intensität des Fokus in der Kurseinheit)
• Das Leiden vollkommen verstehen	• Achtsamkeit auf den Körper	**1:** An Ihnen ist mehr richtig als falsch **2:** Wahrnehmung und kreatives Reagieren	**1&2:** Körper-Scan-Meditation (plus Sitzmediation mit dem Fokus auf den Atem)	• Neue Möglichkeiten erfahren • Körperlichkeit entdecken
• Die Gier loslassen	• Achtsamkeit auf die Gefühle	**3:** Freude und Kraft der Präsenz (angenehme Ereignisse) **4:** Der Schatten des Stress' (unangenehme Ereignisse)	**3&4:** Den Körper-Scan mit stehender oder liegender Yoga-Praxis abwechseln (plus Sitzmediation mit dem Fokus auf den Atem)	• Körperlichkeit entdecken • Das Beobachten kultivieren
• Befreiung verwirklichen	• Achtsamkeit auf die Geisteszustände	**5:** Raum für das Reagieren finden **6:** Mit schwierigen Situationen arbeiten	**5&6:** Sitzmeditation mit offenem Gewahr-sein mit Yoga abwechseln; Gehmeditation hinzufügen	• Das Beobachten kultivieren • Annäherung an die Akzeptanz
• Den Pfad kultivieren	• Achtsamkeit auf die Geistesinhalte	**7:** Güte kultivieren **8:** Ein neuer Anfang	**7&8:** Wählen Sie die Übungen, die Ihnen am besten gefallen	• Annäherung an die Akzeptanz • Wachsendes Mitgefüh

Wahrheiten und den vier Grundlagen der Achtsamkeit das zentrale Modell beisteuert (siehe Diagramm 6.1 und das 3. Kapitel für eine ausführliche Behandlung dieses Themas). Dieser ordnende Impuls wurde durch die Ergebnisse der empirischen Forschung, das Studium der Reaktionen von Teilnehmern und der Intuitionen, mutigen Experimentierfreude und tiefen Authentizität und Autorität von Jon Kabat-Zinn, Saki Santorelli und den erfahrenen Lehrern am Center for Mindfulness (CFM) an der University of Massachusetts Medical School (UMASS) bestärkt und verstärkt.

Als sich MBSR immer mehr ausbreitete, ist die Verfeinerung des Curriculums und der Pädagogik zu einer gemeinsamen Aufgabe geworden, nicht nur am CFM, sondern auch in der Gemeinschaft der Lehrer/innen in den MBIs, die in der ganzen Welt Kurse leiten. Viele in der Gemeinschaft der Lehrer/innen haben ihr eigene Authentizität und Autorität genutzt, um Antworten auf das, was unter besonderen Umständen in jedem Moment erscheint, zu finden. Diese Untersuchung, Kritik und Innovation wurde von Beginn an in der Ausbildung der Achtsamkeitslehrer/innen gefördert. Von Beginn an hat Kabat-Zinn (1996) eine Offenheit für Veränderungen erkennen lassen, was in den Ausbildungsunterlagen des CFM explizit formuliert wurde:

> ***Wir betonen, dass es viele verschiedene Wege gibt, um Programme in Achtsamkeitsbasierter Stressreduktion zu strukturieren und durchzuführen. Die optimale Form der Vermittlung hängt entscheidend von den lokalen Faktoren und dem Maß der Erfahrung und des Verstehens der Lehrer/innen ab. Statt einen einheitlichen Ansatz „zu klonen" oder als „Franchise" zu benutzen, erfordert Achtsamkeit letztendlich die effektive Nutzung des gegenwärtigen Augenblicks als den wichtigsten Anhaltspunkt für die Angemessenheit bestimmter Entscheidungen.***

Trotz dieses Angebots an die Gemeinschaft der Lehrer/innen konzentrierten sich die Veränderungen und Verfeinerungen interessanterweise mehr auf das *Wie* der Pädagogik anstatt auf das *Was* und *Wann* des Curriculums. Für diese Zurückhaltung bei der Veränderung gibt es viele mögliche

Erklärungen: vielleicht die persönliche Anerkennung dieser Paradigmen brechenden Arbeit; möglicherweise die Achtung vor dem buddhistischen Hintergrund; vielleicht ein wissenschaftlicher Konservatismus unter klinisch arbeitenden Fachkräften, die auf den empirischen Erfolg der MBSR mit einer Haltung des „Wenn es funktioniert, dann lass es laufen" reagieren; und es mag auch eine praktische Zurückhaltung bestehen, weil man die Kontinuität aufrechterhalten möchte, um die empirischen Ergebnisse kontinuierlich zu untersuchen. Aber der wahrscheinlichste Grund, warum die Metastruktur für Jahrzehnte unverändert geblieben ist, liegt wohl einfach in seiner extrem kraftvollen intuitiven Logik – es *fühlt* sich für die Lehrer/innen richtig an – viele konnten die jahrelange Entwicklung ihrer persönlichen Achtsamkeitspraxis mit der achtwöchigen MBSR-Erfahrung vergleichen. Kurz gesagt: Sie fanden in diesem Ansatz eine unbestreitbare Integrität.

Obwohl die Metastruktur in MBSR in keiner Weise als der optimale Ansatz für die Achtsamkeitspädagogik *bewiesen* werden kann, ist sie sicher weithin akzeptiert und die empirischen Messungen des Erfolgs sind beeindruckend. Deshalb erscheint es als eine nützliche Übung für Lehrer/innen, die mit dem Curriculum vertraut sind, die Metastruktur von MBSR reflektierend und kritisch zu untersuchen. Das kann die Absichten des Lehrers in Bezug auf die Entwicklung von Achtsamkeit durch die Teilnehmer während des Curriculums explizit zum Ausdruck bringen. Weil diese Absichten im *Was* und *Wann* der Achtsamkeitserfahrung und -praxis impliziert sind, wird es hilfreich sein, das Curriculum und die Praktiken im Verlauf der einzelnen Kurseinheiten nacheinander neu anzuschauen.

Das MBSR-Curriculum

Das Muster des MBSR-Programms (Kabat-Zinn, 1990) ist ein achtwöchiger Kurs mit neun Kurseinheiten, der pädagogisch, erfahrungsorientiert und klientenzentriert ist. Die Teilnehmer besuchen einmal in der Woche eine zweieinhalbstündige Kurseinheit und einen ganzen Tag (sieben Stunden) zwischen der sechsten und siebten Kurseinheit. Die Zeit in den wöchentlichen Kurseinheiten wird wie folgt aufgeteilt: formale Meditationspraxis, Präsentationen von verschiedenen didaktischen Informationen durch den Lehrer, kleine und große Gruppengespräche und gemeinsame Reflexion der Erfahrung des gegenwärtigen Augenblicks mit einzelnen Teilnehmern im Kontext der ganzen Gruppe. Zu den wichtigsten formalen Achtsamkeitsübungen, die unterrichtet werden, gehören ein Körper-Scan, Sitzmeditation mit konzentriertem Fokus auf den Atem, achtsamer Hatha-Yoga, Sitzmeditation zur Erweiterung der Aufmerksamkeit und Übungen in offenem Gewahrsein. Zu den zusätzlichen Meditationen, die in der ganztägigen Kurseinheit vorgestellt oder vertieft werden, gehören Gehmeditation, eine Meditation der Liebenden Güte und die Bergmeditation.

Dieses Musterprogramm wird je nach der lokalen Zielgruppe, der Umgebung und den Bedürfnissen des Lehrers verändert. Die Frequenz und Länge der Kurse kann sich erheblich unterscheiden. Verschiedene Studien berichten von unterschiedlichen Kurslängen von 4–10 Wochen (Jain et al., 2007; Rosenzweig et al., 2003; Speca et al., 2000) und kürzeren Kurseinheiten von 1½ bis 2 Stunden (Astin, 1997; Jain et al., 2007; Roth und Cale-Mesa, 2006; Rosenzweig et al., 2003). Die Veränderungen, die notwendig sind, um die Kurse auf diese unterschiedlichen Zeiten anzupassen, betreffen vor allem die Menge und Art der vermittelten didaktischen Informationen und die Möglichkeiten für Gruppengespräche und gemeinsame Reflexionen und weniger die Vermittlung und Übung der zentralen Meditationen. In den Beispielen von Programmen, die wir hier aufgezählt haben, wurden alle zentralen Übungen berücksichtigt – und auch in der Abfolge des Musterprogramms.

Die folgende Übersicht beschreibt Themen, Lernschwerpunkte und besondere Übungen, die typischerweise in jeder neuen Einheit eines MBSR-Kurses, der auf dem Musterprogramm basiert, vermittelt werden. Die Themen und Übungen werden mit jeder weiteren Woche vertieft und bauen aufeinander auf.

Ein Muster für ein MBSR-Kursprogramm

1. Kurseinheit: Thema: An Ihnen ist mehr richtig als falsch.

Lernfokus: Mit Problemen kann gearbeitet werden, und das MBSR-Programm bietet die Möglichkeit, das in einer unterstützenden Umgebung zu tun. Das Gewahrsein von Körperempfindungen, Gedanken und Emotionen ist die Grundlage dieser Arbeit, denn nur in der Gegenwart können wir lernen, wachsen und uns verändern. Dazu zählt auch eine didaktische Präsentation zum Thema: „Was ist Achtsamkeit?“

Vermittelte Übungen: Gewahrsein des Atems, Körper-Scan.

2. Kurseinheit: Thema: Wahrnehmung und kreatives Reagieren.

Lernfokus: Wie Sie die Situationen sehen oder nicht sehen, wird entscheiden, wie Sie darauf reagieren. Nicht die Ereignisse selbst, sondern wie Sie damit umgehen, hat einen Einfluss auf Ihren Körper und Ihren Geist.

Vertiefte Übung: Körper-Scan. Vermittelte Übung: Sitzmeditation (mit dem Fokus auf das Gewahrsein des Atems)

3. Kurseinheit: Thema: Die Kraft und Freude der Präsenz.

Lernfokus: Wir verpassen viele unserer angenehmen Momente, weil wir uns vielleicht nur auf die unangenehmen konzentrieren, wie zum Beispiel Krisen und Schmerzen. Aber es ist auch möglich, angenehme Momente zu erleben, wenn Sie Krisen oder Schmerzen erfahren. Tieferes Verstehen und gegenwärtige Verbindung mit dem Dreieck des Gewahrseins entwickeln: Körperempfindungen, Gedanken und Emotionen.

Vermittelte Übungen: Achtsamer Yoga (auf dem Boden). Vertiefte Übungen: Körper-Scan, Sitzmeditation (Gewahrsein für den Atem).

4. Kurseinheit: Der Schattenseiten von Stress.

Lernfokus: Die Kultivierung von Achtsamkeit kann die negativen physiologischen und psychologischen Effekte der Stressreaktion reduzieren und auch dabei helfen, effektive Wege zu entwickeln, um positiver und proaktiver auf stressvolle Situationen und Erfahrungen zu reagieren. Beinhaltet didaktische Präsentationen über die Stressphysiologie.

Vermittelte Übungen: Achtsamer Yoga (Haltungen im Stehen), Sitzmeditation (Erweiterung des Fokus vom Gewahrsein für den Atem zu Körperempfindungen und Geräuschen). Vertiefte Übungen: Körper-Scan, Sitzmeditation (Gewahrsein für den Atem).

5. Kurseinheit: Thema: Den Raum für Entscheidungen öffnen.

Lernfokus: Verbindung von Achtsamkeit mit der Wahrnehmung, Einschätzung und Entscheidung im entscheidenden Moment. Besondere Aufmerksamkeit wird darauf gelegt, Gedanken als Ereignisse zu beobachten und Ereignisse von Inhalten zu unterscheiden – „Sie sind nicht Ihre Gedanken."

Vermittelte Übungen: Sitzmeditation (Erweiterung des Gewahrsein für alles, was im gegenwärtigen Augenblick auftaucht – „offenes Gewahrsein"). Vertiefte Übung: Yoga.

6. Kurseinheit: Der Umgang mit schwierigen Situationen.

Lernfokus: Wie Sie Ihre Mitte wahren, gewohnheitsmäßige Muster in Beziehungen erkennen und angemessene Optionen in stressvollen Interaktionen finden. Enthält eine didaktische Präsentation und erfahrungsorientierte Übungen, um Möglichkeiten der Kommunikation zu demonstrieren, sowohl im nonverbalen als auch im verbalen Bereich.

Vermittelte Übung: Gehmeditation. Vertiefte Übung: Sitzmeditation (offenes Gewahrsein)

Ganztägige Kurseinheit: Springen Sie hinein!

Lernfokus: Vertiefung des achtsamen Gewahrseins von Erfahrungen durch formale Kultivierung von Achtsamkeit über eine längere Zeit, Unterstützung der Möglichkeit für tiefere Selbsterkenntnis und Einsicht in die Vergänglichkeit angenehmer und unangenehmer Zustände von Körper und Geist.

Übungen: Das ganze Spektrum der Übungen aus den vorangegangenen Kurseinheiten wird vertieft und zwei neue Übungen werden neu vermittelt – Bergmeditation und die Meditation der Liebenden Güte.

7. Kurseinheit: Thema: Eine freundliche Haltung gegenüber sich selbst und anderen kultivieren.

Lernfokus: Denkweisen und Übungen, um eine Haltung der Großzügigkeit in der formalen Meditation zu entwickeln, damit sie in Ihrem täglichen Leben leichter zum Ausdruck kommen kann. Weiterführende Arbeit mit der interpersonellen Kommunikation.

Vertiefte Übungen: Sitzmeditation (offenes Gewahrsein), Liebende Güte.

8. Kurseinheit: Thema: „Die achte Woche ist der Rest Ihres Lebens".

Lernfokus: Wie halten Sie die Bewegung und Disziplin, die Sie in den vergangenen sieben Wochen der Achtsamkeitspraxis entwickelt haben, aufrecht? Bietet ein breites Spektrum von Ressourcen in der MBSR-Gemeinschaft, wie Bücher, Audioaufnahmen, Programme für Fortgeschrittene und andere Übungsmöglichkeiten, die eine kontinuierliche Praxis unterstützen. Eine Meditation und eine Möglichkeit des gemeinsamen Austauschs in der Gruppe beenden diese Kurseinheit und den ganzen Kurs.

Vertiefte Übungen: Körper-Scan, Bergmeditation, Sitzmeditation (offenes Gewahrsein), Liebende Güte.

Ein Spektrum der Lehrabsichten

Reflexionen über unsere Begegnungen mit den Themen, Lernzielen und Übungen des MBSR-Curriculums durch Studium, Unterricht und Forschung haben uns dabei geholfen, die Metastruktur der MBSR als eine Sammlung von *Lehrabsichten* zu beschreiben. Diese unterscheiden sich von *Lernzielen,* weil sie vom Lehrer mit Leichtigkeit gehalten werden sollten, statt den Teilnehmern aufgedrückt zu werden. In dieser Weise kann die Pädagogik des neu entstehenden Augenblicks die Integrität der Metastruktur des Curriculums zum Ausdruck bringen. Das Curriculum wird zu einem Raum der Möglichkeit, in dem der jeweilige Inhalt ko-kreiert werden kann – der Lehrer, die Teilnehmer und die ganze Gruppe haben die Freiheit, auf den Impuls und die Absicht des gegenwärtigen Augenblicks zu antworten.

Der Ansatz eines „leeren Curriculums", den wir hier beschreiben, scheint momentan sowohl für die Praxis nützlich zu sein als auch Kritik und Innovation zu fördern. Wir beschreiben diesen Ansatz im Sinne einer

Haltung der „zeitweiligen Wahrheit“ gegenüber theoretischen Erkenntnissen, die Achtsamkeit voraussetzt, die Verfestigung von Konzepten vermeidet und Vergänglichkeit kontempliert. Obwohl das Diagramm weiter unten (Bild 6.1) jeder Lehrabsicht einen einzelnen Balken zuordnet, sollte die Grafik eher als ein Spektrum vorgestellt werden – aus zwei wichtigen Gründen. Stellen Sie sich zunächst einen Regenbogen vor. Er ist eine kontinuierliche Abstufung von Farbtönen, von denen nur wenige für das menschliche Auge sichtbar sind. Die sieben Farben, die wir sehen, sind eine soziale Konstruktion, eine sprachliche Überlagerung, auf die wir uns geeinigt haben und die wir gemeinschaftlich definiert haben. Sie korrespondiert nicht mit einer unveränderlichen Essenz oder „Wahrheit“ des Regenbogens. In unserer westlichen Sicht des Farbenspektrums haben wir uns in engerem oder breiterem Maße über die Bestimmung „rot“ geeinigt und das hilft uns zum Beispiel dabei, über Äpfel und Computergrafiken zu sprechen. In gleicher Weise überlagern die Lehrabsichten die fünf Kategorien der Achtsamkeitspädagogik in den MBIs. Die Bestimmung von „Körperlichkeit entdecken“ als eine Absicht ist nur dazu da, den Lehrern und Teilnehmern zu helfen, Erfahrungen zu untersuchen und darüber zu berichten, in denen die zentrale Bedeutung des Körpers in den Vordergrund der Aufmerksamkeit gerückt wird. Der zweite Grund dafür, die Lehrabsichten als ein Spektrum zu sehen, ist ihre Verbundenheit. Die Erfahrungen beim Erlernen von Achtsamkeit gehen oft über die Grenzen der Sprache hinaus; Ereignisse und Einsichten entstehen aus dem Geheimnis des Nicht-Wissens und lösen sich wieder darin auf. Deshalb ist es am besten, wenn wir die hier definierten Absichten mit Leichtigkeit behandeln – und offen sind für die unendlichen Schattierungen, wenn sich eine Absicht mit der anderen verbindet und sich in jedem neuen Moment der Erfahrung oder Reflexion unvorhersehbare Möglichkeiten zeigen können. Und als Letztes sollten wir uns daran erinnern, dass dieser Regenbogen der Absichten in einem Kontext steht – in einem Himmel von Beziehung und Resonanz.

Ein Spektrum der Lehrabsichten, abgeleitet aus dem MBSR-Curriculum

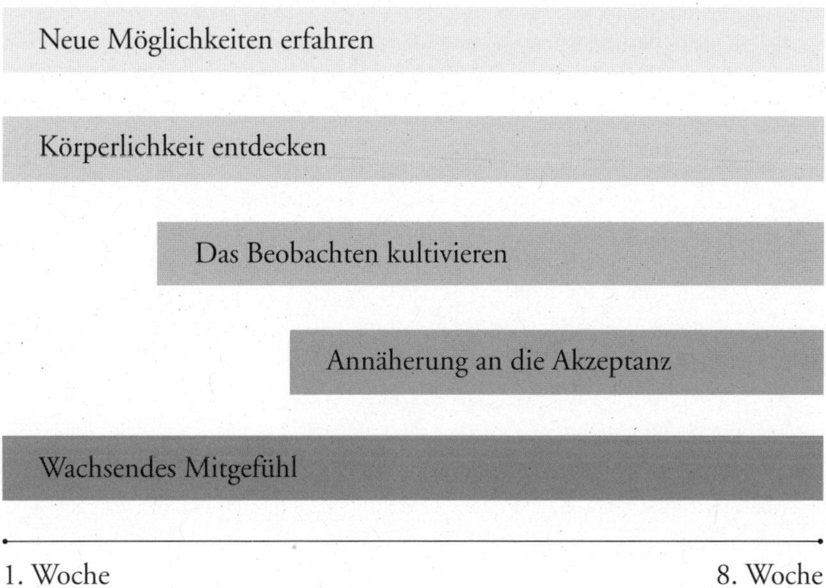

Bild 6.1. Sowohl die vertikalen als auch die horizontalen Strukturen des Spektrums der Lehrabsichten reflektieren die theoretischen Grundlagen der MBSR-Metastruktur. Die vertikale Struktur legt die Entfaltung des Kurses für die Teilnehmer zwischen die Erfahrung neuer Möglichkeiten und dem wachsenden Mitgefühl. Das bezieht sich auf die Wechselwirkung und Gleichzeitigkeit der drei Axiome der Achtsamkeit – Absicht, Aufmerksamkeit und Haltung – im Modell von Shapiro et al. (2006). Die horizontale Struktur bezieht sich auf die aufeinander aufbauende und erfahrungsorientierte Natur des Kurses, in der das Wissen nicht an die Teilnehmer/innen weitergegeben wird, sondern in Reflexion der Bedeutung der griechischen Wurzel des englischen Verbs „to educate“ (zu lehren), aus jedem Teilnehmer „herausgezogen“ wird – sanft, in feinen Schattierungen, die die einzigartige Erfahrung des Einzelnen im gegenwärtigen Augenblick reflektieren.

Paradox

Je mehr Sie praktizieren, desto mehr praktizieren Sie

In den MBIs, bei denen eine formale Meditationspraxis zum Programm gehört, wird die häusliche Praxis als integraler Bestandteil des Kurses verstanden. Die Bedeutung der häuslichen Praxis wird den Teilnehmern schon bei der Anmeldung mitgeteilt und wird von den Lehrern im Laufe des Kurses immer wieder aktiv unterstützt. Im MBSR-Musterprogramm des CFM werden die Teilnehmer/innen gebeten, täglich 45 Minuten eine formale Praxis verbindlich zu üben, die durch eine Audioaufnahme angeleitet wird. Aber worum gebeten wird und was dann tatsächlich geübt wird, kann voneinander abweichen. Die durchschnittliche Zeit, die von Teilnehmern des CFM-Programms berichtet wird, erreicht selten die geplante Zeitspanne und beträgt in Abhängigkeit von der jeweiligen speziellen Praxis zwischen 16–20 Minuten pro Tag für die Sitzmeditation und achtsame Bewegungsübungen und 31–35 Minuten für die Praxis des Körper-Scans (Carmody und Baer, 2008). In anderen MBSR-Programmen werden kürzere Zeiten der formalen häuslichen Praxis vorgegeben; diese reichen von 15 bis 35 Minuten (Chang et al., 2004; Reibel et al., 2001; Jain et al., 2007; Rosenzweig et al., 2003; Roth und Calle-Mesa, 2006) und erreichen positive Ergebnisse für die Gesundheit, die mit denen des CFM-Programms übereinstimmen.

In der Forschung gibt es keinen Konsens über die Beziehung zwischen der Dauer und Frequenz der häuslichen Praxis und den Ergebnissen für die Teilnehmer. Einige Studien zeigen keine bedeutsame Korrelation zwischen der Zeit für formale Praxis zu Hause und den Ergebnissen (Astin, 1997; Carmody et al., 2008; Davidson et al., 2003), während andere Korrelationen zwischen Zeit für häusliche Praxis und bestimmten positiven Effekten für die Gesundheit finden (Speca et al., 2000; Carmody und Baer, 2008).

Ob die Forscher wirklich einen Konsens in dieser Frage finden, hat für die Praxis oder Pädagogik der Achtsamkeit vielleicht nur wenig Bedeutung. Diese Frage kommt aus einer ganz anderen Dimension. Die Wissenschaft hat sich seit Galileo auf das Messbare beschränkt (Whitehead, 2008) und auch die Achtsamkeitsforscher arbeiten heute in diesem Paradigma. Obwohl die Uhrenzeit und die Kalenderzeit angemessene Wege sind, um die horizontale Dimension des *Habens* zu beschreiben, geben sie uns keine nützlichen Informationen über die vertikale Dimension des *Seins* (Batchelor, 1983; Fromm, 1976; Marcel, 1949). Wenn Sie eine Achtsamkeitspraxis *haben,* kann sie also darauf reduziert werden, wie viele Tage, Monate, Jahre Sie praktiziert haben; wie oft in der Woche oder am Tag Sie praktizieren; und für wie viele Minuten Sie praktizieren. Aber achtsam *sein* ist nicht messbar. Nur in der vertikalen Dimension sind Sie vollkommen präsent, dort, wo spirituelle und ästhetische Erfahrungen zu finden sind und die Uhrenzeit die Augenblicke nicht zählen kann. Das ist das Ziel unserer Praxis und Pädagogik.

Authentische Momente der Achtsamkeit, wie und wann wir ihnen auch begegnen, können der Auslöser für Veränderungen sein, die von Forschern über längere Zeiträume gemessen werden. Das Aufbrechen des ängstlichen, horizontalen Lebens im Haben durch einen vertikalen Moment des Seins – sei es nun ein einzelner Moment oder eine kontinuierliche Serie – ist eine kraftvolle Unterbrechung. Es scheint angemessen, einen Dichter über diese Erfahrungen und ihre Auswirkungen sprechen zu lassen. Rilke beschreibt die Unausweichlichkeit und Aufladung solch eines Augenblicks des Seins in dieser ästhetischen Begegnung mit einem archaischen Torso Apollos (Rilke, *Archaischer Torso Apollos*, 1908):

Wir kannten nicht sein unerhörtes Haupt,
darin die Augenäpfel reiften. Aber
sein Torso glüht noch wie ein Kandelaber,
in dem sein Schauen, nur zurückgeschraubt,

sich hält und glänzt. Sonst könnte nicht der Bug
der Brust dich blenden, und im leisen Drehen
der Lenden könnte nicht ein Lächeln gehen
zu jener Mitte, die die Zeugung trug.

Sonst stünde dieser Stein entstellt und kurz
unter der Schultern durchsichtigem Sturz
und flimmerte nicht so wie Raubtierfelle;

und bräche nicht aus allen seinen Rändern
aus wie ein Stern: denn da ist keine Stelle,
die dich nicht sieht. Du mußt dein Leben ändern.

Wir wissen nur soviel: Teilnehmer/innen, die eine Meditationspraxis *haben,* die sie an sechs Tagen in der Woche 45 Minuten täglich üben und Teilnehmer/innen, die einfach in einem Moment achtsam *sind,* haben beide Zugang zur vertikalen Dimension. Und beide können ihr Leben ändern.

Eine Definition der Lehrabsichten im Kontext der MBIs

Neue Möglichkeiten erfahren

Vom ersten Moment der Begegnung mit dem Curriculum werden die Erwartungen der Teilnehmer/innen unterminiert. Ihre gewohnheitsmäßigen Weltsichten werden sanft destabilisiert. Zum Beispiel Teil einer heterogenen Gruppe zu sein, die Menschen umfasst, die Leiden ganz unterschiedlicher Art und Stärke erfahren, trägt eine Botschaft, die durch eine Aussage unterstützt wird, die in MBSR oft zitiert wird: „… solange, wie Sie atmen, ist an Ihnen mehr richtig als falsch, egal, wie hoffnungslos oder krank Sie sich auch fühlen mögen“ (Kabat-Zinn, 1990, S. 2). Viele Teilnehmer, die sich sehr eng mit ihrer eigenen Situation identifizieren, sind nun mit einer Umgebung konfrontiert, in der ihre Situation plötzlich nicht mehr so interessant ist – für alle anderen. Das mag Angst machen oder befreiend sein. Aber ganz sicher ist es neu. Diese Erfahrung, dass Referenzrahmen, die als gegeben angenommen wurden, für Reflexion und eine Neubetrachtung zugänglich werden, wiederholt sich während des Kurses immer wieder. Diese Lehrabsicht betont also die besonderen Merkmale der Gruppe und trägt dadurch zur Entwicklung der *Communitas* (Turner, 1969) bei und ist ein Katalysator für die Resonanz.

Körperlichkeit entdecken

Unsere heutige westliche Kultur gibt dem kognitiven Bereich eine größere Bedeutung als den Bereichen der Emotion und des Körpers. Die direkte Erfahrung wird, in Hamlets Worten, „vom bleichen Überzug der Gedanken krankhaft überdeckt". Im Gegensatz dazu werden die MBSR-Teilnehmer schon in der ersten Kurseinheit eingeladen, die auftauchenden Körperempfindungen ohne Urteil zu erfahren. Die einführende Anleitung der Körper-Scan-Praxis und die gemeinsame Reflexion der Reaktionen der Teilnehmer auf diese Praxis hilft den Teilnehmern dabei, ihre unmittelbare Erfahrung aus den Geschichten *über* die Erfahrung zu lösen und Erwartungen oder Meinungen von dem gegenwärtigen Geschehen zu trennen. Diese frühe Betonung des Verkörperns hilft, die interozeptiven (inneren) Körperempfindungen zugänglich zu machen, die die Resonanz mit anderen unterstützen und vertiefen. In den gesamten acht Wochen kehrt die gemeinsame Reflexion der Erfahrung immer wieder zum Körper zurück und führt die Teilnehmer/innen aus dem überbetonten kognitiven Bereich und vom Wissen zum Noch-Nicht-Wissen. In der Reflexion der Erfahrung ist die holistische Beziehung des Dreiecks des Gewahrseins entscheidend. Wenn eine Teilnehmerin zum Beispiel eine starke Emotion spürt, kann die Lehrerin sie einladen, die „Geschichte" loszulassen – die Gedanken, die sie unterstützen – und einfach ohne Beurteilung mit/in den Körperempfindungen des Augenblicks zu sein. Solch eine Reflexion von, sagen wir, Wut, kann zu der Entdeckung führen, dass die Körperempfindungen an sich energetisch und sogar angenehm sind, was dann sanft zu einem neuen Verstehen führen kann.

Das Beobachten kultivieren

Das ist die Verwirklichung der Meta-Methode der neuen Wahrnehmung, die im Achtsamkeitsmodell von Shapiro et al. (2006) mit den drei Faktoren Absicht, Aufmerksamkeit und Haltung beschrieben wird. Die Teilnehmer/innen kommen sehr oft an den Punkt, wo sie die Fähigkeit entdecken, ihre eigenen inneren Erfahrungen zu spüren. Diese Erkenntnis kann schon in der zweiten Woche auftauchen, wenn sich die erste Herausforderung des MBSR-Ansatzes gelegt hat. Und es ist kein Zufall, dass dies auch die Woche ist, in der die Sitzmeditation zum ersten Mal vermittelt wird. In der formalen Praxis des Körper-Scans und der Sitzmeditation in der zweiten Kurseinheit hilft die Anleitung den Teilnehmern *mit* dem „abschweifenden Geist“ zu arbeiten, anstatt *gegen* ihn. Wenn sie bemerken, wann und wohin der Geist abgeschweift ist, beginnen die Teilnehmer/innen, das beobachtende Bewusstsein zu entdecken, das dies bemerkt. Und sie können nun diese Fähigkeit nutzen, um sich ihrer gegenwärtigen Erfahrung zu öffnen oder sie sogar neu zu verstehen.

Annäherung an die Akzeptanz

Das ist der Ausdruck der *Haltung* von Achtsamkeit, dem dritten Axiom im Modell von Shapiro et al. (2006). Es ist eine subtile Empfindung der Fürsorge, die ihre Wurzeln im Nicht-Urteilen hat, und sich zu einer „empathischen, mitfühlenden Qualität … einem Gefühl der offenherzigen Präsenz und des freundlichen Interesses“ entfaltet (Kabat-Zinn, 2003, S. 145, zitiert in Shapiro et al., 2006). Wenn wir uns an die Akzeptanz annähern, ist das nicht nur ein Nebenprodukt der verringerten Reaktivität des einzelnen Teilnehmers, es wird auch durch die authentische Präsenz des Lehrers und der ko-kreierten Achtsamkeit der Gruppe unterstützt, die den Einzelnen in einer Weise halten kann, die den Zustand niedrigerer Reaktivität auch im Angesicht schwieriger Empfindungen, Gedanken und Emotionen im gegenwärtigen Augenblick aufrechterhält.

Wachsendes Mitgefühl

Über die Dauer des achtwöchigen MBSR-Kurses zeigt sich das Mitgefühl von selbst. Zuerst implizit und zumeist auf das Selbst bezogen und später dann explizit und auf die anderen und das Selbst erweitert. Mitgefühl ist in der nicht-urteilenden Haltung implizit, mit der in den ersten Wochen des Kurses formale und informelle Achtsamkeitsübungen vermittelt und untersucht werden. Später wird eine explizite Praxis der Liebenden Güte eingeführt – oft während einer ganztägigen Session, wenn die Teilnehmer mehrere Stunden Achtsamkeit kultiviert haben und die Gruppe eine intra- und interpersonelle Resonanz aufgebaut hat, die Zugang zu solchen zarten und verletzlichen Emotionen ermöglicht und unterstützt. Diese Praxis mit Wünschen für Glück, Sicherheit, Wohlergehen und Leichtigkeit hilft vielen Teilnehmern dabei, ihre persönliche Praxis mit der Dimension der Beziehungen zu verbinden. Sie entdecken den potenziellen Effekt ihrer individuellen Transformationen auf ihre Familien, sozialen Beziehungen und Arbeitsplätze, auf ihr Gewahrsein für politische, soziale und ökologische Situationen und auf ihr religiöses und spirituelles Leben. Mitgefühl wird für sie zu einer starken Kraft.

Die Anwendung der Lehrabsichten, um Lehrpläne zu entwerfen und Reaktionen anzuleiten

Es gibt vier Gründe, warum das Denken im Kontext dieses Spektrums der Lehrabsichten für den professionellen Achtsamkeitslehrer nützlich sein kann. (1) *Die Anpassung von Standardinhalten:* In der Achtsamkeitspädagogik können sich Grenzen zeigen, die mit der Zeit und/oder dem Ort, dem kulturellen Hintergrund, der kognitiven Fähigkeit und anderen Merkmalen der Teilnehmer/innen zusammenhängen und eine Veränderung der Inhalte erfordern, die durch die Autorität des Lehrers und den Bezug zu den wichtigsten Absichten bestimmt werden sollten. (2) *Anleitung der Reflexion:* Die professionellen Achtsamkeitslehrer/innen können dieses einfache Schema verwenden, um im neu entstehenden pädagogischen Moment die Richtung für die Reflexion mit den Kursteilnehmern zu bestimmen.

(3) *Improvisation beim Einzelunterricht:* In pädagogischen oder therapeutischen Dyaden können die Absichten ein flexibles Werkzeug sein, um sich mit den einzigartigen und wiederkehrenden Themen des Klienten zu beschäftigen. Dies ermöglicht es dem Lehrer, dem Klienten im jeweiligen Moment dort zu begegnen, wo er ist, indem er aus den zur Verfügung stehenden Inhalten der Curricula oder den Informationen, die in der Session selbst sichtbar werden, den einzigartigen Inhalt generiert. (4) *Einzigartige Inhalte schaffen:* Neue MBIs können entstehen, indem das leere Curriculum mit konkretem Inhalt gefüllt wird, um die Achtsamkeitspraxis in der Arbeit mit neuen Zielgruppen anzuwenden. Die Lehrabsichten sind auch wertvoll in der Schaffung von Curricula, die aus den grundlegenden achtsamkeitsbasierten Interventionen entstehen – sogenannte „Fortgeschrittenenkurse“ bei denen ehemalige Teilnehmer/innen ihre Fähigkeiten auffrischen und neue Übungen und Anwendungen erforschen können.

Der Rest dieses Kapitels bietet Beispiele dafür, wie das Spektrum der Lehrabsichten in jeder der vier soeben beschriebenen Arten angewendet werden kann. Die Beispiele werden als Illustrationen von *Denkweisen* dargestellt und sollten nicht als konkrete Antworten oder Programme verstanden werden. Sie sind einfach Ausdruck der Authentizität, Autorität und Freundschaft der Autoren und beziehen sich auf spezifische Situationen und auf bestimmte Beziehungen. In der Arbeit als professioneller Achtsamkeitslehrer wird die Reaktion jedes Lehrers im gegenwärtigen Moment und für diesen Moment entstehen und eher aus dem kommen, wer der Lehrer ist, als aus dem Wissen, das er hat. Kurz gesagt, diese Beispiele dienen der Inspiration und nicht der Imitation.

Das folgende 7. Kapitel behandelt dann das philosophische und pädagogische Verständnis jeder Absicht. Jede Ausführung verbindet die jeweilige Intention mit den theoretischen und praktischen Aspekten der Arbeit als professioneller Achtsamkeitslehrer, wie sie im ersten und zweiten Teil dargestellt wurden. Weiterhin bietet jeder Abschnitt Beispiele für den typischen Inhalt des MBSR-Curriculums sowie ergänzende Curricula, die hilfreich sein könnten. Für die zentralen MBSR-Übungen werden kommentierte Skripte aufgeführt, die am ehesten mit der jeweiligen Absicht verbunden sind. Und wir bieten auch Skripte mit Übungen für jede Lehrabsicht, die vielleicht zeigen können, wie sie in einem bestimmten Setting oder mit einer spezifischen Zielgruppe zum Ausdruck kommen können. Zudem geben wir Skizzen von individueller Reflexion und Gruppenreflexion, um zu zeigen, wie die Reflexion angewendet werden kann, um die Teilnehmer/innen an die jeweilige Lehrabsicht heranzuführen.

1. Beispiel: Die Anpassung von Standardinhalten

Von einer Redakteurin des Magazins *Prevention* (Foley, 2006; Reibel und McCown, 2007) wurden wir gebeten, einen „Feldversuch" zur Wirkung von Achtsamkeit durchzuführen. Die Redakteurin wollte über ein einmaliges Training für eine kleine Gruppe von Teilnehmern mit unterschiedlichen Gründen für das Interesse an der Achtsamkeitspraxis berichten. Zu den Symptomen, die von den Gruppenmitgliedern angeführt wurden, zählten Angst, Depression, Schlafprobleme, chronischer Schmerz, Herz- und Kreislauferkrankungen, Asthma, gastrointestinale Erkrankungen, Arthritis und Fibromyalgie – alle Gruppenmitglieder berichteten verschiedene Symptome. Wir glaubten nicht, dass eine Session genug Raum wäre, damit die Gruppenteilnehmer all das, was wir ihnen gern vermitteln wollten, erfahren und verstehen könnten. Deshalb schlugen wir eine intensivere Alternative vor – das achtwöchige MBSR-Programm. Unser Vorschlag war sinnvoll und interessant, aber das Projekt hatte starke Einschränkungen in Bezug auf die örtliche Verfügbarkeit und die Zeit der Teilnehmer/innen und die finanziellen Möglichkeiten des Projektes. Die Teilnehmer/innen kamen aus verschiedenen Mittelatlantikstaaten; wir mussten den Veröffentlichungstermin des Magazins einhalten; und das Budget erforderte eine kreative Lösung, um das zu vermitteln, was wir für essenzielle Lernmöglichkeiten hielten.

Unsere Anpassungsstrategie begann mit den Lehrabsichten. Wir entwarfen einen Kurs, der in einer Weise durchgeführt wurde, so dass zu Beginn die drei Lehrabsichten „neue Möglichkeiten erfahren", „Körperlichkeit entdecken" und „wachsendes Mitgefühl" sehr stark betont werden konnten, während eine Plattform entstand, von der die anderen zwei Lehrabsichten „Beobachten kultivieren" und „Annäherung an die Akzeptanz" im Laufe des Kurses untersucht und vertieft werden konnten.

Der Entwurf eines dreiteiligen Unterrichtsmoduls

1. *Ein ganztägiger Einführungsworkshop:* Die Teilnehmer kamen für sieben Stunden zusammen und erhielten einen Unterricht, der einem MBSR-Minikurs entsprach. Sie wurden in das ganze Spektrum der Übungen eingeführt: Körper-Scan, Sitzmeditation mit dem Gewahrsein für den Atem, Yoga-Stretching, Sitzmeditation mit der Öffnung zum offenen Gewahrsein, Gehmeditation und Meditation der Liebenden Güte. Zusätzlich gaben wir die didaktischen Präsentationen, die wir für essenziell hielten: eine Definition der Achtsamkeit, eine Untersuchung der Stressphysiologie und Erfahrungen zu den Grenzen der Wahrnehmung.
2. *Sechs Wochen Praxis und Unterstützung:* Die Teilnehmer/innen folgten einem wöchentlichen Zeitplan mit formalen und informellen Übungen und dem Lesen von Abschnitten aus *Full Catastrophe Living*. Am Ende jeder Woche traf sich die Gruppe zu einer Telefonkonferenz. Die Zeit am Telefon wurde mit gemeinsamer Praxis, der Untersuchung der Erfahrung von Teilnehmern und dem Austausch über Einsichten, die durch die Hausaufgaben entstanden waren, verbracht. Die Gruppe hielt die Verbindung untereinander und mit den Lehrern durch Gruppen-E-Mails und individuelle E-Mails aufrecht.
3. *Ein halbtägiges Schweige-Retreat:* Die Teilnehmer reisten an und trafen sich wieder, um das Gefühl der Verbundenheit zu stärken, die formalen Meditationen zu vertiefen, einen Geschmack von einer längeren Praxiszeit zu bekommen, mehr über Ressourcen für weitere Unterstützung zu lernen und den Kurs zusammen zu beenden.

Der ganztägige Einführungsworkshop

Dem Entwurf des Workshops lag die Absicht zugrunde, in der Gruppe eine persönliche Verbundenheit und intersubjektive Resonanz zu schaffen, und das aus zweierlei Gründen: Erstens war das wichtig, damit jeder Teilnehmer in der häuslichen Praxis in den nächsten Wochen von der erinnerten und verinnerlichten Unterstützung der Lehrer/innen und der Gruppe profitieren konnte, auch wenn jeder allein meditierte. Zweitens war es wichtig, damit die intersubjektive Resonanz in der reduzierten interpersonellen Umgebung einer wöchentlichen Telefonkonferenz leichter wiederhergestellt werden konnte, wo die einzigen Hinweise auf die Gegenwart des anderen der Inhalt der verbalen Kommunikation und die paralinguistischen vokalen Informationen (Stimmlage etc.) sind.

Diese Überlegungen beeinflussten die Präsentation jeder Erfahrung (s. Kasten). In Anbetracht der kurzen Zeit direkter Interaktion im allgemeinen Design des Kurses hätte die konzentrierte Arbeit mit nur einem Lehrer das Potenzial für Verinnerlichung bei den Teilnehmern verstärkt. Aber angesichts anderer Verpflichtungen und Termine der Lehrer/innen waren zwei Lehrer/innen notwendig. Um die Verbundenheit mit dem Lehrer wirksam zu fördern und aufrechtzuerhalten, wurden die Übungen und Erfahrungen von dem einen oder anderen Lehrer angeleitet, Grundlage dafür war der Plan der sechs wöchentlichen Telefonkonferenzen. Die Praxis wurde von dem Lehrer angeleitet, der auch die Telefonkonferenzen leitete, und die CDs mit den Aufnahmen der Praxis wurden den Teilnehmern für die häusliche Praxis mitgegeben. Um während des Workshops die Verbindungen zwischen den Gruppenmitgliedern zu fördern, wurden Möglichkeiten für den Austausch in Zweiergruppen geschaffen. Viel Zeit wurde für Einführungen verwendet. Und dann katalysierten die Achtsamkeitsübungen natürlich die Möglichkeit intersubjektiver Resonanz in der Gruppe. Zudem trafen sich die Teilnehmer in der Stille nach der Praxis zuerst in Zweier- oder Dreiergruppen – jedes Mal mit anderen Partnern –, bevor die Reflexion in der gesamten Gruppe begann.

Die drei Lehrabsichten der neuen Möglichkeiten, der Körperlichkeit und des Mitgefühls hatten auch einen Einfluss auf die Gestaltung des Kurses. Diese drei Elemente wechselten in jedem Moment in ihrer Wichtigkeit, aber sie unterstützten und beeinflussten einander ständig.

Das Entdecken neuer Möglichkeiten dominierte in der Einführung und den Modulen über die Definition der Achtsamkeit. In der Einführungsübung wurde die Frage „Was bringt Sie zu diesem Kurs?“ immer wieder in die Meditation „geworfen“. Für viele kamen jedes Mal andere Antworten zum Vorschein und waren eine Einführung in die Unsicherheit und das Potenzial für Veränderung in den Achtsamkeitsübungen. Im Modul über die Definition der Achtsamkeit wurden die Vorstellungen der Teilnehmer herausgefordert:

Stress ist subjektiver und leichter zu kontrollieren, als es uns erscheint, und Rosinen sind ganz anders, wenn man sich immer nur auf eine konzentriert.

Das meiste Gewicht während dieses Tages lag aber auf der Körperlichkeit. Von Übung zu Übung galt das Hauptaugenmerk der Anleitung und der ersten Reflexionen den Körperempfindungen. Die Reihenfolge der Übungen baute auf das auf, was erfahren wurde: von der Interozeption des Körper-Scans zur Propriozeption (Wahrnehmung von Körperbewegung und -lage im Raum) und von der Abfolge von Yogaübungen im Stehen und auf dem Boden direkt in eine erste Übung der Sitzmeditation mit dem Gewahrsein für den Atem, worin die Freiheit und Sensibilität aus den vorhergehenden Übungen zu einer intimeren Verbindung zu den groben und subtilen Bewegungen und Wirkungen des Atems auf den Körper führen konnte. Es ist auch möglich, dass diese Betonung des Gewahrseins der Körperempfindungen – besonders während der intrasubjektiven Resonanz – dazu beigetragen hat, dass die Erfahrung der intersubjektiven Resonanz intensiviert wurde und dadurch stärkere Verbindungen in der Gruppe schaffen konnte.

Das Mitgefühl der Teilnehmer/innen für sich selbst und die anderen war von Beginn der Einführung an ein sichtbares Potenzial. Die wiederholte Frage „Was bringt Sie in diesen Kurs?" ging der persönlichen Motivation auf den Grund, und der Austausch der persönlichen Geschichten von Leiden und Hoffnung machte empathische Gefühle wahrscheinlicher und zugänglicher. Die Definition von Achtsamkeit enthält natürlich die Haltung des Nicht-Urteilens, in der Mitgefühl impliziert ist, während die Vermittlung der Definition diese Haltung explizit zum Ausdruck brachte. Dabei wurde Wert darauf gelegt, zu vermitteln, dass die Praxis der Achtsamkeit unseren gewohnten Wünschen nach Stabilität und Sicherheit entgegenwirkt, und deshalb braucht diese Praxis etwas Anstrengung und sehr viel Rücksicht und Freundlichkeit gegenüber uns selbst. Auch hier machte das Potenzial der Entdeckung einer unvorhergesehenen intersubjektiven Resonanz in den Übungen und den darauf folgenden Zweiergruppen, Gruppengesprächen und Lehrer-Teilnehmer-Interaktionen die Kultivierung von Achtsamkeit wahrscheinlicher und möglich. Das Ende des Workshops mit einer Praxis der Liebenden Güte brachte die Aufmerksamkeit des Mitgefühls und ihre zwei Bewegungen zum Selbst und zum anderen zum Schluss noch einmal in den Vordergrund.

Für die Redakteurin war die Erfahrung des Tages eine Begegnung mit all den „urteilenden Fantasien, To-do-Listen, Hoffnungen, verpassten Gelegenheiten und verrücktem Zeug aus den verborgenen Winkeln des Unbewussten" (Foley, 2006, S. 159). Was sie aus dem Workshop mitnahm, zeigt, dass die Lehrabsicht der neuen Möglichkeiten Wirkung gezeigt hatte: „Wenn dieses Plappern die ganze Zeit in meinem Kopf herumschwirrt, ist es kein Wunder, wenn ich oft damit kämpfe, dass ich kein Wort nach dem anderen schreiben kann. … Und es hat mich getroffen. Deshalb also ist es wichtig, im gegenwärtigen Moment zu sein. Der ständige Kampf, um sich mit der Vergangenheit auszusöhnen und die Zukunft zu kontrollieren, ist vergeblich – und anstrengend" (S. 159).

Entwurf für den ganztägigen Einführungsworkshop

9:30 Einführungsmodul

- Die Lehrer/innen stellen sich vor
- Erfahrung: Meditation mit Wiederholung der Frage: „Was bringt Sie in diesen Kurs?"
- Die Teilnehmer/innen stellen sich vor und beantworten die Frage

9:50 Was ist MBSR?

- Ausfüllen der Fragebögen

10:20 Modul zur Definition der Achtsamkeit

- Definition von Stress und Übergang zur
- Praxis: Entspannende Seufzer
- Definition der Achtsamkeit und Übergang zur
- Erfahrung: Achtsam eine Rosine essen
- Praxis: Körper-Scan
- Dialog über die Übungen, zuerst in Zweiergruppen, dann in der Gruppe

11:30 Praxis: Yoga (direkt in die nächste Praxis übergehend)

11:50 Praxis: Sitzmeditation mit dem Gewahrsein für den Atem

12:15 Dialog über beide Übungen, zuerst in Zweiergruppen (mit verschiedenen Partnern), dann als Gruppe

12:30 Mittagessen

- gemeinsames Essen im Schweigen, danach Ruhezeit

13:15 Praxis: Gehmeditation

- Dialog über die Praxis, zuerst in Zweiergruppen (wieder mit einem anderen Partner), dann als Gruppe

13:50 Experimente zur Wahrnehmung

- Präsentation einer DVD mit Experimenten
- Dialog über die Erfahrung; zuerst in Dreiergruppen, dann berichten diese der ganzen Gruppe

14:10 Erfahrung: Die Erfahrung des gegenwärtigen Augenblicks in Zweiergruppen beschreiben

- Gruppengespräch über die Erfahrung

14:30 Praxis: Sitzmeditation mit Öffnung zum offenen Gewahrsein

- Dialog über die Praxis, zuerst in Zweiergruppen (wieder mit einem anderen Partner), dann als Gruppe

15:20 Praxis: Yoga im Sitzen

15:35 Beschreibung der Logistik für die Telefonkonferenzen in den folgenden sechs Wochen und Gespräch darüber

15:50 Praxis: Meditation der Liebenden Güte

16:00 Achtsame Verabschiedung

Die sechs Wochen der Praxis

Die sechs Wochen häuslicher Praxis, die von wöchentlichen einstündigen Telefonkonferenzen unterstützt wurden, führten die zunehmende Betonung der Lehrabsichten weiter (siehe Kasten). In der Gestaltung des Kurses gingen wir davon aus, dass der Schwerpunkt des Unterrichts nun auf die Lehrabsichten gelegt werden konnte, in Anknüpfung an das Entdecken neuer Möglichkeiten und dem wachsenden Mitgefühl. Die Erfahrungen der Telefonkonferenzen waren aufseiten der Lehrer/innen und Teilnehmer/innen sehr reich; die Stimmen waren in der Tat dazu in der Lage, die körperliche Anwesenheit der einzelnen Teilnehmer/innen wieder in Erinnerung zu rufen, die wir während des Workshops kennengelernt hatten. Die Phasen der Stille während der Telefongespräche erschienen natürlich, voller Mitgefühl und Resonanz. Und die ganze Telefonkonferenz wurde als unterstützend und erfrischend wahrgenommen.

In der ersten Woche wurde durch die tägliche formale Praxis des Körper-Scans und die informelle Praxis des achtsamen Essens die Erforschung der Körperlichkeit vertieft. Die erste Telefonkonferenz, bei der die Richtung der Aufmerksamkeit während des Körper-Scans umgedreht wurde, zeigte, wie schnell sich Gewohnheiten einstellen und was es bedeutet, eine frische, unverbrauchte Erfahrung zu haben – dadurch wurde die Lehrabsicht der Entdeckung neuer Möglichkeiten vertieft. Durch die Hinzunahme der Sitzmeditation (Gewahrsein des Atems) und des Suchens und Aufschreibens angenehmer Erfahrungen, denen man jeden Tag begegnet, wurde auch auf die „Kultivierung des Beobachtens" hingewiesen.

Die dritte Woche mit ihrem Schwerpunkt auf Erkennen und Berichten von unangenehmen Ereignissen half, die Lehrabsicht der Akzeptanz in den Vordergrund zu bringen. Dies wurde in der Telefonkonferenz am Ende der Woche, zu der die Teilnehmer/innen eingeladen wurden, durch einen Körper-Scan explizit gemacht, bei dem die Teilnehmer/innen gebeten wurden, die Aufmerksamkeit auf einen Ort in ihrem Körper zu richten, der irgendwie auf sich aufmerksam machte – was oft als unangenehme Empfindung interpretiert wurde. Die Teilnehmer/innen wurden gebeten, ihre Aufmerksamkeit auf die unangenehme Empfindung zu richten und „mehr Raum zu geben" oder diesen Bereich „zu lockern", damit sie mit einer fürsorglichen Neugier beobachten konnten, welche Empfindungen in jedem Augenblick auftauchten. In der Reflexion mit dem Lehrer konnten die Teilnehmer/innen sehen, dass sich durch Neugier und Akzeptanz ihre Erfahrung mit der Zeit veränderte – in unterschiedlicher und nicht vorherbestimmbarer Weise. In der vierten und fünften Woche war Raum

Zeitplan: Häusliche Praxis und Telefonkonferenzen.

Erste Woche Formale Praxis: Körper-Scan
Informelle Praxis: Achtsames Essen
Praxis in der Telefonkonferenz: Körper-Scan in der entgegengesetzten Richtung – von den Füßen zum Kopf statt vom Kopf zu den Füßen.

Zweite Woche Formale Praxis: Abwechselnd Körper-Scan und Sitzmeditation (Gewahrsein für den Atem)
Informelle Praxis: Kalender der angenehmen Ereignisse
Praxis in der Telefonkonferenz: Sitzmeditation (Gewahrsein für den Atem)

Dritte Woche Formale Praxis: Abwechselnd Körper-Scan und Yoga
Informelle Praxis: Kalender der unangenehmen Ereignisse Praxis in der Telefonkonferenz: Körper-Scan, Verweilen in einem Bereich des Körpers, der „nach Ihnen ruft"

Vierte Woche Formale Praxis: Abwechselnd Sitzmeditation (Gewahrsein für den Atem) und Yoga
Informelle Praxis: Achtsames Duschen
Praxis in der Telefonkonferenz: Meditation der Liebenden Güte

Fünfte Woche Formale Praxis: Abwechselnd Yoga und Sitzmeditation (offenes Gewahrsein)
Informelle Praxis: Achtsames Gehen
Praxis in der Telefonkonferenz: Meditation der Liebenden Güte

Sechste Woche Formale Praxis: Sitzmeditation (offenes Gewahrsein)
Informelle Praxis: Achtsames Zuhören

für eine vertiefte Reflexion dieser Themen. Der Fokus der Praxis verlagerte sich zur Sitzmeditation mit offenem Gewahrsein, wodurch die Lehrabsichten der Körperlichkeit, des Beobachtens und der Akzeptanz gestärkt und miteinander verbunden wurden. Die Praxis der Meditation der Liebenden Güte brachte in der Telefonkonferenz in der fünften Woche das Mitgefühl vom Hintergrund in den Vordergrund und dadurch wurde es möglich, das Mitgefühl auch auf andere auszuweiten. Die Redakteurin fasste die Wochen drei bis fünf zusammen, indem sie die Veränderung beschrieb, die sie in ihrem Verhältnis zur gegenwärtigen Erfahrung wahrnahm: „Ich begann zu erkennen, dass ich falsch gelegen hatte, wenn ich das Sein „im Augenblick" gescheut habe – die Anstrengung, um Schmerz zu vermeiden, verlängert den Schmerz nur. Die Meditation verändert nicht das, was uns begegnet, sondern hilft uns dabei, unsere Reaktion zu verändern" (Foley, 2006, S. 160). Die sechste Woche mit einem Schwerpunkt auf Sitzmeditation mit offenem Gewahrsein bot eine Auseinandersetzung mit dem ganzen Spektrum der Lehrabsichten und leitete in den abschließenden halbtägigen Workshop über.

Das halbtägige Schweige-Retreat

Die Teilnehmer/innen trafen sich zum zweiten Mal persönlich an einem warmen und sonnigen Tag, der es möglich machte, dass das Retreat im Freien in einer ruhigen, parkähnlichen Umgebung stattfinden konnte. Wie in der Planung dieses Tages vorgesehen, wurden alle Lehrabsichten angewendet. Mitgefühl war sofort spürbar, als die Teilnehmer/innen zusammenkamen, einige von ihnen waren während des Kurses durch gesundheitliche Krisen und Familientragödien gegangen. Die Umgebung, die Disziplin des Schweigens, das Vermeiden von Augenkontakt, der ungebrochene Fluss von einer Praxis in die andere bestärkten die Entdeckung neuer Möglichkeiten in der Praxis und in der Haltung der Teilnehmer/innen. Die Lehrer/innen leiteten die formalen Übungen (siehe Kasten) mit der Betonung auf dem Verkörpern – und luden die Teilnehmer/innen dazu ein, sich immer näher mit der sensorischen, propriozeptiven und interozeptiven Erfahrung des Augenblicks zu verbinden. Das verkörperte Zusammensein nach den Wochen, in denen die Stimmen der einzige Kontakt gewesen waren, half der verstärkten Wahrnehmung von Gefühlen der intra- und intersubjektiven Resonanz. Mit diesen Gefühlen als Hintergrund wurden das Beobachten und die Akzeptanz erleichtert. Zudem brachten die Übungen die Teilnehmer/innen in eine tiefere Wahrnehmung der Stille, der inneren Ruhe und des Wohlbefindens, wie sich in den Beobachtungen der Lehrer/innen und den Berichten der Teilnehmer/innen zeigte. Wir brachen das Schweigen in einem Council Circle (Zimmerman und Coyle, 1996) und boten damit einen Raum für Resonanz, damit die individuelle Reflexion langsam zu einem Dialog werden konnte. Der Tag endete mit einem Essen und Gesprächen.

Die Redakteurin beschreibt die Ergebnisse des gesamten Kurses wie folgt: „Mit der Zeit ermöglichten mir meine täglichen Meditationen allem, was geschah, mit Neugier und Freundlichkeit zu begegnen, ohne das unbewusste Geplapper und die sofortigen Beurteilungen, die mich verrückt gemacht hatten. … Die meisten der anderen Kursteilnehmer/innen hatten ähnliche lebensverändernde Erfahrungen" (Foley, 2006, S. 160). Ein Blick auf die Daten zu den Ergebnissen zeigt, dass das keine Übertreibung ist. Von den neun Teilnehmern, die mit dem Programm begonnen hatten, konnten acht es beenden. Ihre Erfahrung von Veränderung zeigt sich in den Antworten auf die 18 Fragen des „Brief Symptoms Inventory" (BSI-18) (Dreogatis, 2000), das eine allgemeine Messung der psychologischen Funktionsfähigkeit ermöglicht, die als „Global Severity Index" (GSI) bezeichnet wird. Zudem können noch andere Messdaten ermittelt werden, die Depression, Angst und körperliche Symptome erfassen (Bild 6.2). Die Gruppe zeigte vor und nach der Intervention große Unterschiede im GSI und in den Werten für Depression und Angst, aber nicht für die körperlichen Symptome. Der GSI verringerte sich um 52 %, die Depression um 70 % und der Wert für Angst um 55 %. Natürlich war das nur eine kleine Studie; aber die Vergleiche mit den typischen Ergebnissen dieser Werte bei gängigen MBSR-Kursen für medizinische Patienten (z. B. Reibel, 2001) zeigen vergleichbare, wenn nicht stärkere, Veränderungen.

Veränderungen der psychologischen Symptome bei Teilnehmern eines Achtsamkeitsprogramms mit Telefonkonferenzen

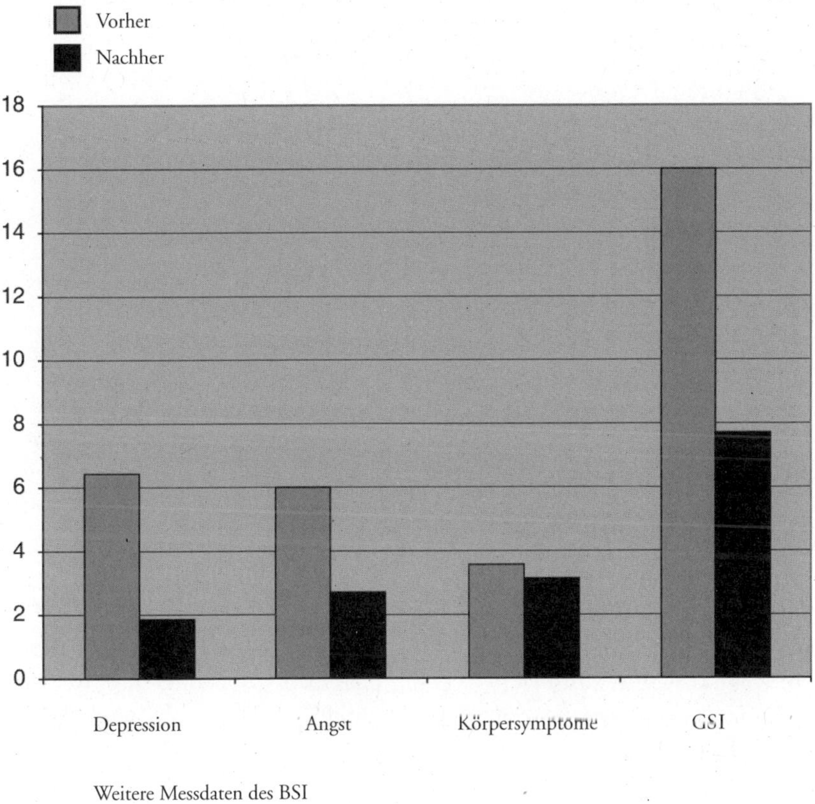

Bild 6.2. Die Teilnehmer/innen zeigten im Vergleich von Vorher und Nachher starke Verbesserungen in drei von vier Messwerten. Depressive Symptome verbesserten sich um 70 % ($p<0.05$). Angstsymptome verbesserten sich um 55 % ($p<0.01$). Die körperlichen Symptome zeigten keine nennenswerten Veränderungen. Und der Global Severity Index, ein Maß für die gesamten psychologischen Symptome, verbesserte sich um 52 % ($p<0.001$) (Reibel und McCown, 2007).

Halbtägiges „Abschluss-Retreat“

13:00 Ankunft und Begrüßung

13:10 Sitzmeditation

13:30 Yoga

13:50 Körper-Scan

14:10 Gehmeditation

14:25 Bergmeditation

14:40 Gruppenprozess, Council Circle-Format (Wie hat Ihnen der Kurs geholfen? Was sind Ihre Absichten, um von hier aus weiterzugehen?)

15:20 Meditation der Liebenden Güte

15:30 – 16:00 Ausfüllen der Fragebögen; Verabschiedung

Einführungskurse

Ein Einführungsworkshop ist in der Vermittlung der MBIs ein Format, dass oft angefragt wird. Das Spektrum der Lehrabsichten kann hilfreich sein, um solch eine Präsentation zu gestalten. Dadurch erhält der Lehrer eine Struktur und kann sicher gehen, dass er die Arbeit authentisch und in ihrer ganzen Breite – und Tiefe – vorstellt.

Einführungen in MBSR für Menschen am Arbeitsplatz ist ein oft gewünschtes Thema. Die Zeit, die für solche Präsentationen zur Verfügung steht, liegt in der Regel zwischen einer und drei Stunden. Nach unserer Erfahrung (McCown und Reibel, 2008) ist es sehr schwierig, mit weniger als 90 Minuten zurechtzukommen und Verhandlungen für einen noch längeren Zeitrahmen zahlen sich aus, weil dadurch mehr Raum für die erfahrungsorientierten Reflexionen in der Gruppe bleibt. Das leere Curriculum empfiehlt ein Musterprogramm (siehe Kasten), das veröffentlicht wurde und als Information für mögliche Interessenten verwendet werden kann. Es kann aber auf die jeweilige Situation abgestimmt werden oder sogar völlig improvisiert werden, wenn der Dialog zwischen der Lehrerin und den Teilnehmern interessante Richtungen eröffnet. Detaillierte Beschreibungen von allen Elementen und Meditationsübungen, die in der folgenden Übersicht erwähnt werden, finden sich im 7. Kapitel.

Ein kurzer Workshop kann mit der Erfahrung neuer Möglichkeiten beginnen – und damit die erwartete Einführung und Übersicht über das Programm vermeiden. Eine kleinere Gruppe mit mehr Zeit könnte mit einer Übung beginnen, während die Lehrerin die Teilnehmer/innen bittet, mehrere Male innezuhalten, um die inneren Erfahrungen der Körperempfindungen, Gedanken und Emotionen wahrzunehmen. Die Übung „reisende Bälle", bei der Gummibälle untereinander ausgetauscht werden, während sich die Gruppe zufällig im Raum bewegt, kann dazu verwendet werden, um einige der Gefühle zu generieren, denen man in der Arbeitsumgebung begegnen kann, indem man die Bälle immer schneller untereinander austauscht, oder sie formell, ungezwungen oder heimlich tauscht. Eine größere Gruppe, der weniger Zeit zur Verfügung steht, kann vielleicht durch eine kurze Untersuchung der gemeinsamen Erfahrung im Augenblick zu neuen Möglichkeiten gebracht werden. Solch eine Untersuchung kann je nach der unmittelbaren Situation des Lehrers leicht improvisiert werden, wie zum Beispiel in der angeleiteten Erfahrung des Sitzens in einem bestimmten Raum, auf einem bestimmten Stuhl. Eine einfache Übung wie „Die Sohlen der Füße", in der eine Art von Neugier auf diesen Bereich gerichtet wird, kann nützlich sein. Einführungen oder andere formelle Informationen können dann in einem Dialog vermittelt werden, der auf der gemeinsamen Erfahrung basiert. Dies ermöglicht eine Vielzahl von Überleitungen zum Rest des Workshops und Schattierungen, die in alle anderen Lehrabsichten hineinreichen.

Ein didaktisches Modul über Stressphysiologie kann den Teilnehmern helfen, die Körperlichkeit zu entdecken, obwohl das vielleicht erst nur kognitiv verstanden wird. Aber wenn dem eine Übung des „entspannenden Seufzens" folgt, können diese Einsichten in die direkte Erfahrung gebracht werden, weil diese Übung den Teilnehmern ermöglicht, von der Kampf-oder-Flucht-Reaktion des sympathischen Nervensystems zur parasympathischen Ruhe-und-Regenerations-Reaktion zu wechseln. Obwohl der entspannende Seufzer keine unverzichtbare Achtsamkeitspraxis ist, so vertieft sie doch das Verständnis der Teilnehmer/innen für die Verbindung von Körper und Geist. Zudem weißt sie darauf hin, dass die Erkenntnis der eigenen Befindlichkeit im gegenwärtigen Moment und die Entdeckung des Raumes, in dem Entscheidungen getroffen werden können, der Beginn eines neuen Lebens sein kann.

Neue Möglichkeiten, Körperlichkeit und Beobachten sind alle aktiv, bevor Achtsamkeit überhaupt definiert wurde. Wenn die Definition dann präsentiert wird, sollte das kognitive Verstehen in der Erfahrung gegründet sein – wie zum Beispiel eine Essmeditation oder ein Körper-Scan. Die Definition und die Anleitung der Erfahrung werden notwendigerweise immer wieder auf das nicht-urteilende Bewusstsein und die freundliche Neugier Bezug nehmen, was dabei hilft, die Lehrabsichten der Akzeptanz und des Mitgefühls in den Vordergrund zu bringen – besonders das Mitgefühl gegenüber sich selbst. Und damit sind alle Lehrabsichten aktiv.

In einem längeren Workshop bietet eine Pause den Teilnehmern die Möglichkeit, den Raum zu verlassen und dann wieder mit einer Übung des achtsamen Stretchings zu beginnen – das bringt sie nach möglichen Ablenkungen zurück in den Körper und den gegenwärtigen Moment. In einem kürzeren Workshop kann die Übung des Stretching die Pause sein. Die Praxis kann die Lehrabsichten der Körperlichkeit vermitteln, und die Teilnehmer/innen können erkennen, dass sie, wenn sie ihre Symptome im Augenblick beobachten, die Wahl haben, sie zu akzeptieren, oder, wenn es möglich ist und gewünscht wird, sie zu verändern. Die Veränderungen in der Erfahrung, die durch das achtsame Stretching möglich werden, können sehr schnell den Weg durch das ganze Spektrum ebnen – beginnend mit den neuen Möglichkeiten.

Das Beobachten kommt durch das Erforschen des gegenwärtigen Moments in der Sitzmeditation in den Vordergrund. Die Verwendung von „Achtsamkeits-Dyaden“ kann vielen Teilnehmern helfen, die Praxis des offenen Gewahrseins – das Sein mit/in der Erfahrung jedes neu entstehenden Augenblicks – zu verstehen. Jeder in der Dyade beschreibt seine Erfahrung des gegenwärtigen Augenblicks, dabei hört der andere einfach achtsam zu. In der Auswertung kann nicht nur Raum sein für die Untersuchung der Fähigkeit des Beobachtens, sondern auch für Erfahrungen des achtsamen

Zuhörens und der Empfindung, gehört zu werden – was sich oft am Arbeitsplatz als eine seltene Erfahrung erweist. Die Achtsamkeitsdyaden bilden natürlich einen flüssigen Übergang zu Praxis der Sitzmediation – die mit dem verkörperten Fokus auf Körperempfindungen und Atem beginnen kann, bevor sie sich zum offenen Gewahrsein erweitert. In einem längeren Workshop kann nach diesem Modul eine Anleitung des Drei-Minuten-Atemraumes folgen, als eine Praxis, die auch zu Hause geübt werden kann; in einem kürzeren Workshop kann der Drei-Minuten-Atemraum im Zentrum der Übung stehen.

MBSR-Einführungsworkshop (1,5–3 Std.): Ein Standardprogramm

1. Beginn mit einer Übung
   – anschließend Gruppendialog und Einführungen/Infos
2. Didaktische Präsentation über Stressphysiologie
   – „Übung des entspannenden Seufzens" zur Selbstregulierung
3. Präsentation: „Was ist Achtsamkeit?"
   – Achtsamkeit selbst erfahren
4. Pause
   – Achtsames Stretching
5. Den gegenwärtigen Moment erforschen
   – „Achtsamkeitsdyaden"
   – Sitzmeditation
6. Gruppengespräch
   – Die nächsten Schritte?
7. Abschlussmeditation:
   – „Bedingungslose Freundlichkeit" bzw. Liebende Güte

Mit einem Gruppengespräch über die nächsten Schritte kommt der Workshop zu einem natürlichen Ende; dies geht oft mit der Einladung einher, an einem achtwöchigen MBSR-Kurs teilzunehmen. Einen formellen Schluss – und eine Betonung der Lehrabsicht der Entwicklung von Mitgefühl – bildet die Anleitung einer Meditation der Liebenden Güte durch die Lehrerin. An gemeinnützigen, sozial orientierten Arbeitsplätzen wird der Begriff „Liebende Güte" meist gut angenommen; in anderen Organisationen ist ein Begriff wie „bedingungslose Freundlichkeit" vielleicht angemessener und stößt nicht auf so viel Widerstand, was es den Teilnehmer/innen erleichtert, sich in die Praxis zu begeben.

2. Beispiel: Nutzung der Lehrabsichten für die gemeinsame Reflexion

Sogar die Reflexion einer einzigen Frage wird von einer Vielzahl von Einflüssen innerhalb eines typischen MBSR-Kurses mitbestimmt. Zu den wichtigen Faktoren zählen: der Zeitpunkt innerhalb der acht Wochen, die Praxis oder Übung, aus der sich die Möglichkeit ergibt, die Situation des Teilnehmers im gegenwärtigen Moment – und die Geschichte früherer Reflexionen mit dem Teilnehmer –, der Zustand der Gruppenresonanz und das innere Wissen der Lehrerin über die nonverbale Kommunikation des Teilnehmers mit der Gruppe. Das Abwägen all dieser Informationen braucht vielleicht nur den Bruchteil einer Sekunde oder eine lange Pause. Aber wie dem auch sei, der Bezug auf das Spektrum der Lehrabsichten kann hier eine Richtung vorgeben oder eine bestimmte Reaktion bestätigen und damit sehr hilfreich sein.

Die nun im Folgenden wiedergegebene Reflexion wurde grundlegend durch den Kontext geformt und durch den Bezug auf die Lehrabsichten bestätigt. Der Kurs befindet sich in der 5. Kurseinheit. Soeben wurde die Klangschale geschlagen, um eine 30-minütige Praxis der Sitzmeditation zu beenden, in der der Fokus der Aufmerksamkeit Schritt für Schritt bis zum offenen Gewahrsein ausgeweitet wurde. Die Gruppe war während der Praxis ruhig und still und erscheint der Lehrerin nun intersubjektiv in Resonanz zu sein und es wirkt so, als ob niemand das Schweigen brechen möchte. Die Lehrerin erlaubt noch einige Zeit lang dieses angenehme Schweigen, aber schließlich bricht sie es sanft.

Lehrerin: Gab es irgendwelche Entdeckungen, als wir mit unserem Gewahrsein vom Atem zum Körper, zu Klängen, Gedanken, Emotionen und schließlich zu allem, was auftaucht, gingen?

Diese Frage bildet den Einstieg. Sie bringt eine bestimmte Sprache in die Gruppe, indem sie die Erfahrungen der Praxis benennt. Und sie richtet den Fokus der Teilnehmer/innen auf das Entdecken – die Überraschung, das Neue, neue Möglichkeiten. Schließlich ergreift eine der Teilnehmerinnen das Wort.

Teilnehmerin: Den ganzen Morgen tat mir mein Fuß weh … vor der Meditation war der Schmerz sehr stark. Aber als wir mit der Praxis begannen, fühlte ich die Luft an meinem Gesicht … und dann hörte ich Klänge im Raum … und dann wurde mir bewusst, dass der Schmerz immer noch da war – er vereinnahmte aber nicht mehr so viel von meiner Aufmerksamkeit.

Diese Teilnehmerin hatte schon in anderen Sessions über ihren Schmerz gesprochen. Sie reagierte gleich zu Beginn des Kurses auf die Aussage der Lehrerin, dass das mögliche Ergebnis des Kurses nicht ein Ende des Schmerzes sei, sondern eine andere Beziehung zum Schmerz. Zu dem Zeitpunkt, als sie nun das Wort ergriff, hatten der Körper-Scan und die Yoga-Praxis und die Dialoge über diese Übungen in der Gruppe ihr geholfen, ihre körperliche Erfahrung klarer zu spüren und zu artikulieren. Die Lehrerin erkannte, dass eine Reflexion in dieser Richtung aus der Absicht der Körperlichkeit heraus – über das, was sie im jeweiligen Moment erfährt – sie nicht viel weiter bringen würde. Die Aussage der Teilnehmerin, dass „er aber nicht so viel meiner Aufmerksamkeit vereinnahmte“ war anders, frisch und eine Einsicht. Sie bemerkte eine gewisse Distanz von ihrem Schmerz, die nicht einfach nur durch Ablenkung zustande kam. Das fasziniert sie, ist aber für sie nicht notwendigerweise ein Trost, deshalb wäre es für die Lehrerin zu früh, dies aus der Absicht der Akzeptanz zu reflektieren. Die Wahl der Lehrerin wurde getroffen und bestätigt: die Reflexion aus der Absicht der Kultivierung des Beobachtens. Die Frage richtet sich an die Teilnehmerin und an die Gruppe.

Lehrerin: Ist im Gewahrsein des Schmerzes selbst auch ein Schmerz?

Die Reaktion der Teilnehmerin und der Gruppe ist Schweigen. Die Frage fiel genau in die reifende Erfahrung von vielen Teilnehmern in der Gruppe. Das Moment des Curriculums hatte sich verstärkt in diese Richtung bewegt. Die Teilnehmerin antwortet laut, enthusiastisch und spricht für viele in der Gruppe:

Teilnehmerin: NEIN! Es erkennt … Es erkennt einfach!

Hier findet sich eine Übereinstimmung von Curriculum, der Absicht der Lehrerin und der Erfahrung der Teilnehmerin, so dass in der Gruppe im weiteren Verlauf neue Entdeckungen und bereichernder Dialog möglich wurden.

3. Beispiel: Improvisation beim Einzelunterricht

Die Gruppeneffekte der MBIs sind kraftvoll, und wir empfehlen, dass die Patienten oder Klienten wenn möglich immer auch im Zusammenhang einer Gruppe praktizieren. Aber es gibt zwei Umstände, in denen der Einzelunterricht eine sinnvolle Lösung sein kann: (1) weil es die zweckmäßigste Lösung ist – die Teilnehmer/innen haben vielleicht nicht die Zeit, um regelmäßig an einem Kurs teilzunehmen, oder sie haben möglicherweise ein Symptom oder eine Persönlichkeit, welche die Teilnahme an einer Gruppe unmöglich machen; (2) als Zusatz zu einer anderen Einzelarbeit – ein strukturierter Ansatz der Achtsamkeitspädagogik kann in der Beratung und Psychotherapie, im Coaching und in der spirituellen Beratung sinnvoll sein, um nur einige Anwendungsbereiche zu nennen.

In solchen Situationen sollten wir uns daran erinnern, dass die dyadische Beziehung viele der Vorteile der Gruppe bietet – und noch einige andere zusätzliche Vorteile. Achtsamkeit in einer Dyade ist eine sehr fokussierte Ko-Kreation. Die Anleitung und Erforschung der Übungen kann im gegenwärtigen Moment vom Feedback des Teilnehmers beeinflusst werden: verbal, weil der Lehrer während der Praxis Fragen stellen kann, auf die der Teilnehmer direkt antworten kann; und nonverbal, weil die Nähe und die Möglichkeit für ausgedehnte Beobachtung wertvolle Informationen geben können. Interpersonelle Resonanz erleichtert die Unterstützung und Reflexion, obwohl sie möglicherweise nicht so stabil ist, wie in der Gruppe, und es mehr vom Lehrer abhängt, die Resonanz zu generieren und aufrechtzuerhalten. Der gemeinsame Dialog, der aus der Erfahrung der Praxis entsteht, ist möglich, wenn auch der Lehrer authentisch mitteilt, wie die Praxis für ihn in dem jeweiligen Augenblick ist. Zudem können öfter als in einer Gruppe Gelegenheiten entstehen, die dazu einladen, im gegenwärtigen Moment mit einem bestimmten Thema zu arbeiten, das für den Teilnehmer wichtig ist.

Wenn Zweckmäßigkeit der wichtigste Grund für die Formung der Lehrer-Teilnehmer-Dyade ist, spielt das Spektrum der Lehrabsichten seine typische Rolle, indem es eine Struktur vorgibt und darin einen Handlungsspielraum ermöglicht. Der typische Inhalt eines MBSR-Kurses kann zum Beispiel in acht einstündigen Sessions vermittelt werden – wobei sichergestellt werden sollte, dass zwischen den Kurseinheiten genügend Zeit bleibt, um die häusliche Praxis zu erfahren. Es könnte sein, dass der Teilnehmer verbindlich einen Kurs mit acht Kurseinheiten bucht. Oder die Lehrerin und die Teilnehmerin verhandeln über den Zeitrahmen unter Berücksichtigung der besonderen Bedürfnisse der Klientin – für den Fall, dass es hilfreich erscheint, zusätzliche Sessions zu planen, um achtsam mit persönlichen Themen zu arbeiten, wenn diese auftauchen, oder für den Unterricht, der über das typische Curriculum hinausgeht und Fragen aus speziellen Bereichen behandelt, für die sich die Klientin interessiert. Ein Teilnehmer könnte sich zum Beispiel wünschen, etwas mehr Zeit zu haben, um achtsam mit den Symptomen einer chronischen Erkrankung zu arbeiten, oder eine Teilnehmerin möchte zusätzliches Wissen über achtsame Kommunikation in ihren persönlichen Beziehungen und am Arbeitsplatz vermittelt bekommen. Was immer die jeweiligen Bedürfnisse sein mögen, das Spektrum der Lehrabsichten kann hilfreich sein, um die Sessions zu planen und Fortschritt festzustellen. Bei der Arbeit als professioneller Achtsamkeitslehrer geht es bei solchen Planungen und Beurteilungen nicht um das Erwarten bestimmter Ergebnisse, sondern vielmehr darum, sicherzugehen, dass jede Lehrabsicht in den Vordergrund gerückt wird und dem Teilnehmer eine authentische Reaktion erlaubt.

Wenn die Achtsamkeitspädagogik mit anderen dyadischen Methoden kombiniert wird, vom Coaching bis zur spirituellen Beratung, wird das Spektrum der Lehrabsichten verwendet, um die gemeinsame Arbeit zu planen und zu beurteilen. In solchen Situationen gibt es für die Lehrerin zwei mögliche Ansätze. Sie kann die andere Methode für eine Weile ruhen lassen und einige Sessions reservieren, um eine Auswahl von Achtsamkeitsübungen zu vermitteln und zu vertiefen, vielleicht sogar, indem sie das Curriculum einer MBI anwendet. Oder sie kann sich dafür entscheiden, Achtsamkeitsübungen in den Prozess der Sessions zu integrieren – oder einzuträufeln –, so wie sie es für angemessen hält.

Der erste Ansatz bedeutet eine Unterbrechung des Prozesses und erfordert eine gewisse Überzeugungsarbeit vonseiten des Lehrers und eine bereitwillige Kooperation vonseiten des Teilnehmers. Der wichtigste Vorteil hierbei ist, dass die formale und informelle Achtsamkeitspraxis als eine mögliche Ressource eingeführt wird, welche der Lehrer und der Teilnehmer in ihrer weiteren gemeinsamen Arbeit nutzen können, wenn sie es als angebracht empfinden. Der zweite Ansatz ist subtiler und braucht weniger Überzeugungsarbeit und weniger Verbindlichkeit vonseiten des Teilnehmers, obwohl das Ergebnis im Laufe der Zeit das gleiche ist wie beim ersten Ansatz. Die Lehrerin kann die Anwendung von formalen und informellen Achtsamkeitsübungen vorschlagen, um eine Erfahrung, die im gegenwärtigen Augenblick in der Session entsteht, zu untersuchen. Solch eine Bewegung würde die Absicht des Entdeckens neuer Möglichkeiten in den Vordergrund rücken, und im Sinne des Spektrums der Lehrabsichten wäre es eine ausgeglichene Anwendung, wenn die Praxis auch die Körperlichkeit betont. Sobald die Achtsamkeit mit etwas Erfolg eingeführt wurde, kann die Dyade weiterhin die verschiedenen Lehrabsichten aufgreifen, wenn sich Gelegenheiten ergeben und Bedürfnisse vorhanden sind. Eine Frau kam zum Beispiel zur Psychotherapie, weil sie besser mit den neurologischen Problemen fertig werden wollte, deren Ursache eine Borreliose war, und zu denen Gelenkschmerzen und Gefühle der Depersonalisation und des Wirklichkeitsverlustes gehörten. Wegen der letzteren Symptome lehnte sie die Meditationspraxis ab. Sie fand heraus, dass einfache, körperzentrierte Übungen, wie „Die Sohlen der Füße“ oder der Körper-Scan, auf sie stabilisierend wirkten und ihr ein Gefühl der Erdung gaben. Bei

Anwendung dieser Übungen und der Nutzung des ganzen Spektrums der Lehrabsichten konnte sie mit der Zeit zu einem Gefühl der Akzeptanz kommen – „... das ist nicht das, was ich wirklich bin, das ist nur das, was ich fühle". In der spirituellen Beratung oder anderen dyadischen Ansätzen, die spirituelle Übungen erforschen, kann das Spektrum der Lehrabsichten als eine Anleitung für die Einschätzung der Situation des Übenden und der Wahl der richtigen Übung verwendet werden. Ein Mann in einer spirituellen Beratung zeigte Offenheit, verkörperte Achtsamkeit, die Fähigkeit zum Beobachten und ein tiefes Mitgefühl für andere. Mitgefühl mit sich selbst und Akzeptanz waren aber sehr viel weniger entwickelt. Das wurde ihm klar, als man ihm riet, auf seine innere Haltung zu achten, wenn in einer fokussierten Sitzmeditation seine Aufmerksamkeit vom Atem abschweifte. In der Arbeit mit seinen Reaktionen in der formalen Meditationspraxis und indem er die Meditation der Liebenden Güte acht Wochen lang täglich übte, begann er im Alltag eine Veränderung in seinem Verhalten zu bemerken.

4. Beispiel: Einzigartige Inhalte schaffen

Es gibt unzählige Gründe dafür, neue achtsamkeitsbasierte Kurse zu gestalten, zum Beispiel, um neue Zielgruppen zu erreichen, um bestimmte Themen oder Themenkomplexe anzusprechen oder um den Teilnehmern, die eine MBI „abgeschlossen" haben, dabei zu helfen, die Achtsamkeitspraxis weiter zu vertiefen. In jedem dieser Fälle kann das Spektrum der Lehrabsichten direkt als eine Vorlage benutzt werden, um ein Curriculum zu entwickeln, das mit der Entfaltung eines MBSR-Kurses übereinstimmt. Oder das Spektrum kann indirekt als eine Sammlung essenzieller theoretischer Elemente verwendet werden, welche den Achtsamkeitsunterricht und das Lernen unterstützen, obwohl sich die Betonung und die Abfolge wegen der spezifischen Inhalte verändern können. Wir haben das folgende Beispiel gewählt, weil es eine ganze Spannbreite von Herausforderungen für die Entwicklung eines solchen Kurses zeigt und weil die Elemente des Kurses wegen seiner Kürze begrenzt sind und prägnant vermittelt werden.

Der Kurs *Begegnung mit der Aggression* wurde als ein Kurs „für Fortgeschrittene“ entworfen, um ihn Teilnehmern anzubieten, die einen MBSR-Kurs abgeschlossen haben oder die in einer anderen Ausbildung Erfahrungen in der Achtsamkeitsmeditation gesammelt haben. Die Struktur und der Inhalt wurden gewählt, um Männer anzusprechen, weil diese in MBI-Kursen mit ungefähr 25 % oft in der Minderheit sind (z. B. Baer, 2003; Coelho et al. 2007; McCown et al., 2007). Deshalb wurden in diesem Curriculum die Körperübungen stärker betont, im Zentrum stand dabei eine vereinfachte Form des Tai Chi Chuan, das ursprünglich von den Kampfkünsten abgeleitet wurde. Weitere Elemente waren Texte, Filme und Gespräche, die alle das Bild des achtsamen Kriegers zum Thema hatten. Die Sprache, die in der Ankündigung des Kurses verwendet wurde, zeigt, worum es gehen soll:

> *In unserem täglichen Leben begegnen wir scheinbar ständig Aggressionen – von innen und außen. Dieser vierwöchige Kurs wird die gewohnheitsmäßigen Körperhaltungen, intellektuellen Ansichten und emotionalen Stimmungen untersuchen, die wir in solchen Situationen erleben. Helfen sie uns wirklich? Oder gibt es angemessenere Wege, um mit der Energie der Aggression zu arbeiten?Wir werden eine ganze Reihe von achtsamen Körperübungen, von Tai Chi Chuan bis zu gemeinsamen Spielen, nutzen, um zu erfahren, was uns Geist und Körper zu sagen haben. Wir werden unsere Praxis der Achtsamkeitsmeditation vertiefen, um unsere eigenen aggressiven Positionen und Haltungen zu entdecken und zu verstehen. Und wir werden in kleinen und großen Gruppengesprächen zusammenkommen, um Klarheit und Mitgefühl zum Ausdruck zu bringen. Eine CD mit neuen Übungen und Texte aus den kontemplativen Traditionen werden die persönliche Vertiefung der Themen zwischen den Kurseinheiten unterstützen.*

Die vierwöchige Struktur (s. Kasten) richtet sich nach dem Fluss des Spektrums der Lehrabsichten, wobei die Absichten aufeinander aufbauend behandelt werden. Übungen, Texte und Aktivitäten bringen immer zwei Absichten in den Vordergrund, wodurch sich die potenziellen Lernerfahrungen von Woche zu Woche überlappen und einander bestärken. In der vierten Woche werden dann Übungen besprochen, welche die ersten vier Absichten berühren – bevor die fünfte, Mitgefühl, in einer Schlussrunde explizit ausgedrückt wird, um die weitere Praxis in der Zeit nach dem Kurs zu unterstützen.

Die erste Kurseinheit konzentriert sich auf das Erfahren neuer Möglichkeiten und das Entdecken der Körperlichkeit. Der Kurs beginnt mit der Aktivität „Chaos und Systeme", bei der sich jeder Teilnehmer in einem Kreis befindet und einen Ball in Händen hält. Allein schon den Ball zu sehen und zu halten kann zu Erinnerungen und Ideen über Aggression gegenüber sich selbst und anderen führen, die von dieser einfachen Übung ausgelöst werden. Zu Beginn dieser Übung werden einfache und lustige Anleitungen gegeben, welche die Gruppe mit Leichtigkeit zusammenbringen. Später bringen die Anleitungen die Gruppe zu mehr Disziplin und die Teilnehmer werden gebeten, ihre Handlungen gezielt auszuführen, um eine Aufgabe zu erfüllen – und das immer schneller und mit größerer Präzision. Wenn die Teilnehmer dann Rollen einnehmen, die Autorität ausdrücken, entstehen schnell verschiedene Erfahrungen der Aggression gegenüber sich selbst und anderen, die dann der achtsamen Untersuchung zugänglich sind, die vom Lehrer mit der Betonung des Körpers geleitet wird: „Was fühlen Sie jetzt?" Schließlich wird diese Untersuchung verbal in Dialogen und Reflexionen in der Gruppe weitergeführt und viele sehen, dass die Gruppe von der Leichtigkeit, in der sie einfach nur mit Freude im gegenwärtigen Augenblick zusammen war, zur Angst und Aggression des Tuns, um etwas zu erreichen, gekommen ist. Die Einzelnen sehen auch die oft gewohnheitsmäßigen Strategien, die sie benutzt haben, um ihre Schwächen zu schützen – oder auszunutzen. Die Einsichten und Informationen, die sich hierbei gezeigt haben, können nun im ganzen weiteren Kurs immer wieder angesprochen werden. Das Kursthema der Begegnung mit der Aggression wird durch die Einführung der zehn Haltungen des Tai Chi Chuan betont, einer Abfolge von Übungen, die sich in sich zu widersprechen scheinen – als eine Kampfkunst, deren Bewegungen gleichzeitig Verteidigung und Angriff enthalten, als eine achtsame Bewegungsübung mit Würde und Schönheit, die auf potenzieller Gewalt gründet. Der Lehrer demonstriert jede der Haltungen, während ein freiwilliger „Gegner" in Zeitlupe die starken Kräfte erfährt, die dabei im Spiel sind: die neuen Möglichkeiten in einer Körperübung, verstärkt durch die Empfindung der darin enthaltenen Energie. Die Praxis *Präsent sein* ist eine Meditation im Liegen, die durch kleine Bewegungen – wie das Heben eines Armes, ohne den Kontakt zum Boden zu verlieren – die Möglichkeiten der Aggression gegenüber der eigenen Erfahrung untersucht. In der Anleitung wird jede Empfindung, in der wir eine bestimmte Erfahrung wollen und sie nicht einfach so sein lassen, wie sie ist, als Aggression bezeichnet. Überraschend kann sein, dass es auch kleine, kaum spürbare Widerstände auf körperlicher Ebene gibt. (Diese Praxis wird im 7. Kapitel beschrieben und angeleitet, so wie auch andere Übungen aus diesem Curriculum.) Schließlich werden die wöchentlich empfohlenen Texte mit der Einführung einer kontemplativen Lesepraxis verbunden. Statt aggressiv zu lesen, um Wissen und „Wahrheit" anzusammeln, lernen die Teilnehmer eine Methode, um mit dem Text *zu sein,* statt mit ihm etwas *zu tun* – eine verkörperte und keine nur kognitive Auseinandersetzung.

In der zweiten Kurseinheit liegt der Hauptfokus auf der Entdeckung der Körperlichkeit und der Kultivierung des Beobachtens. Die *Tai Chi Chuan*-Praxis wird durch neue Haltungen in der Abfolge erweitert und die Praxis *Präsent sein* wird gemeinsam besprochen und ausgewertet. Die neue Praxis *Offen sein* ist eine zehnminütige Meditation im Stehen, was allein schon für viele eine körperliche Herausforderung ist. Wenn Sie den Körper für eine längere Zeit still und aufrecht halten, werden Sie viel wahrnehmen können; die Herausforderung besteht dann darin, Ihre gegenwärtige Erfahrung zu respektieren, statt darauf mit Aggression zu reagieren – sie „noch einmal anzuschauen", was die Bedeutung der Wurzel des Wortes Respekt ist. Die Teilnehmer werden gebeten, offen zu bleiben, zu beobachten und angemessen und ohne Aggression zu reagieren. Das wird in einer Szene des Films *Gettysburg* (Esparza et al., 1993) eindrucksvoll zum Ausdruck gebracht, die den Ausgangspunkt für den Gruppendialog und die kontemplative Lesepraxis der Woche bildet.

Begegnung mit der Aggression: Ein Kurs für Fortgeschrittene

1. Kurseinheit: Sein und Tun

„Alle Menschen suchen zuerst einmal nach Frieden in sich selbst."

... Thomas Merton

Übungen im Kurs:

- Die zehn Haltungen des Tai Chi Chuan (1. bis 3. Haltung lernen)
- Einführung *Präsent sein*
- Einführung in die Praxis des kontemplativen Lesens

Wöchentliche Lesepraxis:

- Thomas Merton (1955): „Being and Doing"

2. Kurseinheit: Der Krieger

„Das Prinzip, das den Krieger leitet, liegt in der Entscheidung, verfügbar und präsent zu sein." ... Angeles Arien

Übungen im Kurs:

- Die zehn Haltungen des Tai Chi Chuan (1. bis 3. Haltung üben, 4. bis 6. Haltung lernen)
- Vertiefung *Präsent sein*
- Einführung *Offen sein*

Filmszene und Dialog über das Thema

- *Gettysburg* – die Entscheidung, präsent zu sein

Wöchentliche Lesepraxis:

- Angeles Arrien (1993): *„Der Weg des Kriegers"*

3. Kurseinheit: Der weise Anführer

„Weil der weise Anführer einfach so ist, wie er ist, vergleicht er sich nicht ständig mit anderen." … The Denma Translation Group

Übungen im Kurs

– Die zehn Haltungen des Tai Chi Chuan (1. bis 6. Haltung üben, 7. bis 10. Haltung lernen)

– Vertiefung *Offen sein*

– Einführung *Für andere da sein*

Filmszene und Dialog über das Thema:

– *To Kill a Mockingbird* (Wer die Nachtigall stört) – sich nicht mit anderen vergleichen

Wöchentliche Lesepraxis:

– The Denma Translation Group (2002): Kommentar zu „The Sage Commander"

4. Kurseinheit: Den Ruf des Mitmenschen hören

„Der Mensch neben dir leidet nicht nur, er ruft in seinem Leiden … er ruft nach dir." … Stephen Batchelor

Übungen im Kurs:

– Wiederholung der 10 Haltungen des Tai Chi Chuan

– Vertiefung *Präsent sein*

– Vertiefung *Offen sein*

Schluss

– Council Circle zum Thema: Den Ruf des Mitmenschen hören

– Vertiefung *Für den anderen da sein*

– Verabschiedung

Wöchentliche Lesepraxis:

– Stephen Batchelor (2004): „Hearing the Call of the Other"

Achtsamkeit bei Gettysburg

Im amerikanischen Bürgerkrieg kommandiert Colonel Joshua Chamberlain das 20. Maine Regiment aufseiten der Unionstruppen. Eines Tages, kurz vor der Schlacht bei Gettysburg, werden 120 Deserteure vor den Colonel geführt mit der Option, jeden, der nicht weiter marschieren oder kämpfen will, erschießen zu lassen. Aber statt sie so zu behandeln, wie es wohl die anderen Offiziere getan hätten, zeigt er ihnen gegenüber Respekt – und sieht ein zweites Mal hin – und behandelt sie mit Fürsorge und Rücksicht. Weil er ihre Menschlichkeit anspricht, gewinnt Chamberlain ihr Vertrauen und ihre Kooperation: In der Tat nehmen fast alle Männer die Waffen wieder auf, um an seiner Seite zu kämpfen. Wenn sie das nicht getan hätten, wäre es ungewiss, ob das 20. Regiment den Angriffen der Konföderationstruppen am Little Round Top standgehalten hätte, was aber für den Sieg der Unionsarmee bei Gettysburg entscheidend war. Viele Teilnehmer sehen und fühlen die Kraft, die Chamberlains Präsenz und respektvolle Haltung auf die Männer hat – sowohl vor als auch in der Schlacht.

In der 3. Kurseinheit verlagert sich der Fokus auf das Beobachten und Akzeptieren. In der *Tai Chi Chuan*-Praxis wird die ganze Abfolge der zehn Haltungen geübt, mit der Betonung auf dem Verkörpern der Übung, um das Gleichgewicht von Sein und Tun, Aggression und Nicht-Aggression weiter für den Dialog offenzuhalten. Die Praxis *Offen sein* vertieft die Idee des Beobachtens durch Urteilsvermögen und Respekt. Für viele Teilnehmer war die Praxis in der letzten Woche herausfordernd, manchmal wussten sie nicht, ob sie auf eine unangenehme Erfahrung mit Meditation oder Bewegung reagieren sollten, oder wann sie besser mit Akzeptanz reagieren sollten. Die Reflexion und der Dialog darüber können zur Einführung der neuen Praxis *„Für andere da sein"* überleiten, in der die Fähigkeit, sich dem Leiden zu öffnen, untersucht wird – dabei wird die Absicht der Akzeptanz hervorgehoben, in der man einfach in/mit einer

Erfahrung ist, so wie sie gerade ist. Diese Kontemplation bittet die Teilnehmer, sich vier verschiedene Szenen des Leidens vorzustellen. Als Erstes stellen sich die Teilnehmer ein kleines Kind vor, das sie nicht kennen, und das sich wehgetan hat – nichts Schlimmes. Dann stellen sie sich vor, sie wären selbst ein Kind, das sich wehgetan hat, und untersuchen die Möglichkeiten, um offen zu bleiben. Dann versuchen sie, sich ihrem eigenen Leiden in diesem Moment zuzuwenden und offen dafür zu sein. Und schließlich wählen sie jemanden, für den sie gern praktizieren würden. Die Praxis mit jeder dieser Szenen hat den Zweck, dem Teilnehmer ein Modell zu geben, wie er in dieser Situation einen Weg finden kann, um mit/in der eigenen Erfahrung des Augenblicks zu sein, sich ihr zuzuwenden und sich dem zu öffnen, was ist: Jede Szene endet damit, dass der Teilnehmer sich vorstellt, dass er die Hand auf die Schulter des Leidenden legt und sagt: „Ich wünschte, du würdest nicht leiden."

Wer die Nachtigall stört

Die Filmausschnitte aus *Wer die Nachtigall stört* (Pakula und Muligan, 1962), die als Ausgangspunkt des Gruppendialoges dienen, zeigen den Anwalt Atticus Finch (Gregory Peck), wie er das Angebot annimmt, den fälschlicherweise beschuldigten Afroamerikaner Tom Robinson zu verteidigen, obwohl er weiß, dass dadurch auf ihn und seine Familie Schwierigkeiten zukommen werden. Dann wird sein fehlerfreier, aber erfolgloser Auftritt im Gerichtssaal gezeigt, wo er den Hass und die Vorurteile seiner Mitbürger entlarvt. In Finchs Fähigkeit zur Akzeptanz – in jedem Moment so zu sein, wie es dieser verlangt – gibt es keine Kapitulation, aber sie leugnet auch nicht die Erfolglosigkeit seiner Anstrengungen oder irgendeine der Schwierigkeiten und Konsequenzen für ihn selbst, seine Familie und Freunde, für den Angeklagten und seine Familie oder die lokale afroamerikanische Bevölkerung. Aber durch seine Seinsweise gibt es die Möglichkeit der Transformation.

Die Teilnehmer folgen diesem Thema weiter in der kontemplativen Lesepraxis dieser Woche, ein Kommentar zu Sun Tzus *Art of War* (Denma Translation Group, 2002), in dem das Kernprinzip *Ganzheit respektieren* ausgedrückt wird: „Der wahre Sieg ist der Sieg über die Aggression, ein Sieg, der die grundlegende Menschlichkeit des Feindes respektiert und dadurch weitere Konflikte unnötig macht."

Das ist der Sieg, den auch Johanna von Orléans erreichen wollte, als sie im 14. Jahrhundert versuchte, den Kampf zwischen England und Frankreich zu beenden und die weitere Geschichte zu verändern: Respekt und Akzeptanz, die direkt in die Absicht des Mitgefühls übergehen.

Die vierte Kurseinheit ist als ein Retreat gestaltet – in der ersten Stunde geht eine Praxis in die andere über, während Schweigen praktiziert wird. Dadurch werden die Absichten der Körperlichkeit, des Beobachtens und der Akzeptanz verstärkt. Wenn die Gruppe dann zum Dialog zusammenkommt, bietet der Text aus *Art of War* ausreichend Gesprächsstoff, in der Hoffnung, dass die Übungen, die die Gruppe zusammen praktiziert hat, den Teilnehmern dabei hilft, anders mit Aggression umzugehen. Die Übungen haben sich vor allem darauf konzentriert, mit Aggressionen umzugehen, die von innen kommen. Nun geht es darum, wie man mit Aggressionen umgeht, die von außen kommen. Somit kommt als Letztes die Absicht des Mitgefühls in den Vordergrund. In der Präsenz und Offenheit, die Joshua Chamberlain seinen „wahren Sieg" bei Gettysburg brachte, und in der Offenheit und Akzeptanz, die Atticus Finch einen „wahren Sieg" im Gerichtssaal der Stadt Maycomb, Alabama, einbrachten, zeigt sich das Mitgefühl. Im Dialog wird untersucht, wie Mitgefühl in die ganz konkreten Situationen gebracht werden kann, mit denen die Teilnehmer zu tun haben. Der Dialog wird mit der Praxis *Für andere da sein* beendet; und zum Schluss stehen alle auf und die Teilnehmer legen, wenn es vom anderen gewünscht wird, nacheinander allen anderen Teilnehmern die Hand auf die Schulter, schauen ihnen in die Augen und wünschen dem Gegenüber alles Gute. Mit der Erinnerung von so vielen Gesichtern entwickelt die letzte wöchentliche Lesepraxis eine besondere Bedeutung, weil der Text beschreibt, dass das Gesicht des anderen nach uns ruft und nach einer mitfühlenden Antwort verlangt.

7 Die Erfüllung der Lehrabsichten

Wenn wir in der professionellen Achtsamkeitspädagogik unsere Authentizität, Autorität und Freundschaft leben, dann ist jede Session neu und anders, wie eine neue Welle, die auf den Strand trifft. Jeder Fortschritt in einem Kurs ist einzigartig. Die Teilnehmer/innen und Lehrer/innen finden – zusammen – neue Wege des sprachlichen Ausdrucks, der Vermittlung, des Lernens und Verstehens. Die Teilnehmer/innen und Lehrer/innen sind nie dieselben, von Kurs zu Kurs, von Session zu Session, so wie der Fluss, der vorbeifließt. Sie sind niemals dieselben Menschen, weil sie sich in jedem Augenblick verändern. Es wird nie wieder dieselben Leiden, dieselben Fragen, dieselben witzigen Situationen oder Freuden geben – jede ist eine Herausforderung für den Lehrer und alle anderen. Und deshalb gibt es nie wieder dieselben Antworten. Seien wir uns dessen bewusst. Reflektieren wir darüber. Und sitzen wir mit dem Schrecklichen, mit dem, worauf es keine Antwort gibt, mit dem Ausgelassenen, dem besonders Guten.

Wegen dieser fließenden Natur des Lehrens muss das Curriculum leer sein. Nicht, damit es gefüllt werden kann, sondern damit es erfüllend sein kann.

Das ist die Herausforderung dieses Kapitels: Möglichkeiten des Denkens, Organisierens, Gestaltens und Reagierens anzubieten, die zur Erfüllung führen. Keine Gesetze, keine Regeln, keine Schritt-für-Schritt-Anleitungen können das leisten. Nur der Lehrer und die Teilnehmer/innen können es tun, wenn sie ihre Erfahrung im gegenwärtigen Augenblick ko-kreiren. Dieses Kapitel und dieses Buch können also kein Rezeptbuch sein, dem wir einfach folgen, um immer wieder den gleichen Auflauf zuzubereiten. (Erstaunlicherweise gibt es Kochbücher für Praktizierende und Klienten, die behaupten, dass sie Rezepte für integrative Erfahrungen bieten – aber dieses Buch gehört ganz sicher nicht dazu.) Es kann kein Ausmalbuch sein, in dem man das Schaf diesmal, sagen wir, blau ausmalt. Und es ist auch kein „Mad Libs"-Spiel, bei dem unendliche Varianten der gleichen Geschichte formuliert werden können. Stattdessen ist unsere Darstellung des Spektrums der Lehrabsichten hier eine Serie von elementaren Bewegungen oder Gesten, die die Anwesenheit einer Absicht – und deren Effekte – zeigen. Wie die Wasserspuren am Flussufer oder die Linien der Gezeiten am Strand sind die nun folgenden Beschreibungen jeder Lehrabsicht Spuren von etwas, das gleichzeitig majestätischer, zerbrechlicher, erschütternder und schöner ist, als wir es uns jemals vorstellen oder vorhersagen könnten. Unsere Ausführungen sind eine Möglichkeit, ein Versuch, um die zentrale Bewegung jeder Absicht zu verstehen. Unsere Strategie hierbei besteht darin, die Beschreibungen skizzenhaft, breit und abstrakt zu halten, damit sie leichter in der Ko-Kreation der Achtsamkeit und des Curriculums zwischen Lehrern und Teilnehmern angewendet werden können. Jede Absicht wird sowohl durch eine (wie wir hoffen) einfache Beschreibung erklärt als auch durch andere beschreibende Methoden vertieft, die dabei helfen, sie für die eigene Reflexion und Anwendung zugänglich zu machen. Es gibt auch grafische Erklärungen, die buchstäblich versuchen, die entsprechenden Bewegungen aufzuzeichnen. Es gibt wortgetreue Auszüge aus Reflexionen mit Gruppen oder individuellen Teilnehmern, die zeigen, wie die abstrakte Bewegung einer isolierten Absicht dem tatsächlichen chaotischen Moment der Ko-Kreation sowohl nah als auch fern sein kann. Und es gibt Geschichten, Gedichte und Einsichten aus der erfahrenen Gemeinschaft der MBSR-Lehrer/innen, die die Bandbreite der Schwingungen, Farben, Töne und Frequenzen erweitern, in denen die Absichten identifiziert und angewendet werden können. Es gibt zudem auch Überlegungen zur Entwicklung eines Curriculums. Im 8. Kapitel finden Sie schließlich Vorlagen für grundlegende Übungen, die das Spektrum der Lehrabsichten reflektieren, und im Anhang gibt es Auflistungen von Ressourcen, die Lehrern und potenziellen Lehrern helfen können, die Möglichkeiten ihrer sich ständig verändernden Authentizität, Autorität und Freundschaft zu erweitern.

Die Erfahrung neuer Möglichkeiten

Diese Absicht ist oft die erste, die von den Teilnehmern erfahren wird. Achtsamkeitsbasierte Interventionen (MBIs) unterscheiden sich von fast allen anderen Kursen, Gruppen oder individuellen therapeutischen Ansätzen, welche die Teilnehmer/innen bisher erfahren haben. Diese Unterschiede können sofort Erwartungen enttäuschen oder bekannte Konzepte herausfordern, in einer Weise, die eine Offenheit gegenüber anderen Perspektiven und anderen Seinsweisen erzeugt. Es gibt eine ganze Reihe dieser destabilisierenden Faktoren, die man in drei Kategorien einteilen kann, die, so hoffen wir, dabei helfen, die Dimensionen dieser Absicht etwas klarer werden zu lassen. Die erste Kategorie, *neu geordnete Beziehungen,* reflektiert die besondere Natur der achtsamkeitsbasierten Gruppe, die sich in einer Art Übergangsphase befindet. Es gibt keine festen Rollen oder Identitäten für die Teilnehmer/innen und letztendlich auch nicht für den Lehrer. Die zweite Kategorie, *radikale Neudefinitionen,* bezieht sich auf den „Inhalt" der Kurseinheiten; der Kontext, die Erfahrungen und die Sprache verändern sich sehr stark in Bezug auf ihre Bedeutung und Gewichtung. Die dritte Kategorie, *transformative Orientierungen,* spricht die Art und Weise an, wie die Achtsamkeit in der Gruppe eine ko-konstruierte Definition erhält; in diesem Prozess katalysiert der Lehrer oft wichtige Entdeckungen.

Neu geordnete Beziehungen

In der ersten Kurseinheit werden die Teilnehmer/innen gebeten, sich ihre bisherigen medizinischen und sozialen Identitäten genauer anzuschauen. Besonders in der heterogenen Zusammensetzung der MBSR-Gruppen ist die Diagnose des Teilnehmers als Selbst-Definition letztendlich nicht ausreichend und auch nicht hilfreich. Die implizite und explizite Aussage des Lehrers, dass „solange Sie atmen mit Ihnen mehr richtig als falsch ist" eröffnet für viele möglicherweise eine Neuformulierung der eigenen Identität. Diese Neuformulierung kann auch in der sozialen Identität des Teilnehmers ausgelöst werden, wenn sich zeigt, dass der sozioökonomische Status und das Bildungsniveau bei der Auseinandersetzung mit den

Herausforderungen des Curriculums nur von geringem Nutzen sind. Das verstärkt noch die besondere Situation der Gruppe als eine Übergangsphase, in der die Teilnehmer/innen mit dem Ziel der Transformation zusammenkommen, wodurch sich *Communitas* entwickeln können.

Die Teilnehmer/innen erkennen und akzeptieren möglicherweise aufgrund von zwei zentralen Merkmalen der Arbeit mit der praktischen Untersuchung der Achtsamkeit eine egalitärere, demokratischere Perspektive. Das erste Merkmal besteht darin, dass es in der Fähigkeit, achtsam zu sein, keine graduellen Unterschiede gibt; jeder in der Gruppe kann sich seiner eigenen Erfahrung bewusster werden und sich mehr dafür öffnen. Diese gleichen Fähigkeiten widersprechen sicher den Erwartungen der westlichen Gesellschaft, in der sich eine Gruppe schnell nach Graden oder Rängen aufteilt. Aber plötzlich sind Unterschiede im Verständnis der Menschen nicht mehr so wichtig. In der Tat wird jede Möglichkeit der Konkurrenz von der größeren Vision des Kurses vereitelt – es geht nicht um Verbesserung oder Veränderung, sondern darum, mehr der zu werden, der man schon ist. Jeder arbeitet also auf das gleiche Ziel hin, das für jeden einzigartig ist. Das zweite Merkmal besteht darin, dass die Sprache – für jeden – nicht mehr ausreicht, wenn die Arbeit der Erforschung der eigenen Erfahrung beginnt. Es wird schnell klar, dass die verbale Sprache, die in fast allen Gruppen das wichtigste Kommunikationsmittel ist, ein Werkzeug ist, das man schwer kontrollieren kann. Sie widersetzt sich und entgleitet der Hand des authentischen Lehrers – genauso wie jedem anderen. Sie ist selten dazu in der Lage, das volle Gewicht der empfundenen Bedeutung zu vermitteln (z. B. Gendlin, 1962). Die Beziehungen werden in der Tat neu geordnet – und dabei sitzen alle im gleichen Boot.

Radikale Neudefinitionen

Der Kurs selbst muss von Anfang an neu definiert werden. Die Teilnehmer/innen kommen mit bestimmten Erwartungen in die erste Kurseinheit, die schon bald verändert oder herausgefordert werden. Bei den MBSR-Kursen besteht die zentrale Herausforderung darin, wie die Teilnehmer/innen den Begriff Stressreduktion verstehen. Sie kommen in den Kurs mit dem

MBSR-Perspektiven beim Erfahren neuer Möglichkeiten

Wir können das sofortige Unterminieren von Erwartungen und die Destabilisierung bekannter Konzepte aus verschiedenen Perspektiven betrachten, die mehr oder weniger als Einflüsse auf die Entwicklung des MBSR-Curriculums und seiner Pädagogik anerkannt sind (Santorelli, 2004).
Die buddhistische Perspektive wird von Daniel Goleman prägnant formuliert: „Bei der Achtsamkeit konfrontiert sich der oder die Meditierende mit den konkreten Tatsachen seiner Erfahrung und sieht jedes Ereignis so, als würde es zum ersten Mal auftauchen.“ (1988, S. 20). Das wird in dem Ausdruck „Anfängergeist“ explizit zum Ausdruck gebracht, eine der Grundeinstellungen in MBSR. Wie Kabat-Zinn (1990, S. 35) erklärt: „Zu oft erlauben wir unserem Denken und unserem Glauben in Bezug auf das, was wir „wissen“, uns davon abzuhalten, die Dinge so zu sehen, wie sie wirklich sind.“

Eine andere anerkannte Perspektive ist die der „Transformative Education“, die von ihrem Begründer Jack Mezirow (2000, S. 7–8) folgendermaßen definiert wurde: „... wir transformieren unsere für wahr gehaltenen Referenzrahmen (Perspektiven der Bedeutung, Gewohnheiten des Verstandes und Denkarten), damit sie mehr aufnehmen können, besser unterscheiden können, offener werden, emotional zu Veränderung und tieferer Reflexion fähig werden, damit sie Glaubenssätze und Meinungen hervorbringen, die sich als wahrer oder gerechtfertigter erweisen, um unsere Handlungen zu führen.“

Eine Perspektive, die sehr nützlich ist, aber nicht so explizit anerkannt wird, ist das Konzept des „Reframing“, das am deutlichsten in den Schriften zur Familientherapie von Paul Watzlawick et al. (1974, S. 95) definiert wird: „ ... die konzeptuelle und/oder emotionale Umgebung oder Sichtweise zu verändern, in deren Zusammenhang eine Situation erfahren wird, und sie in einem neuen Rahmen zu verstehen, der genauso gut oder sogar besser zu den ‚Tatsachen‘ derselben konkreten Situation passt, und dadurch ihre Bedeutung vollkommen verändert.“

Glauben, dass sie lernen werden, wie sie ihren unruhigen und quälenden Geist abschalten und entspannen können. Und dann hören sie, dass sie stattdessen gebeten werden, sich ihren quälenden Gedanken zuzuwenden – und sie *willkommen* zu heißen! Ihre Erwartungen werden vielleicht noch in anderer Hinsicht enttäuscht. Eine Lehrerin kann zum Beispiel sagen: „Sie denken vielleicht, Sie haben sich zu einem Kurs angemeldet, der einmal in der Woche stattfindet und ein paar Hausaufgaben beinhaltet, aber es ist sinnvoller, es als sechs Tage Hausaufgaben mit einem wöchentlichen Kurs zu verstehen."

Und auch der Kurs kann durch seine Aktivitäten – und ihre Reihenfolge – neu definiert werden. Die erste Session kann zum Beispiel damit beginnen, die Teilnehmer/innen sofort in die Tiefe ihrer eigenen Erfahrung zu stoßen. Ohne große Einführung, ohne Vorstellung der Gruppe kann die Lehrerin mit einer Erfahrung beginnen – eine kontemplative Praxis, ein Spiel, eine Geschichte –, die Gelegenheit für Neuentdeckungen und Reflexion bietet. Die Teilnehmer/innen müssen ihre Fragen zum Was und Wer zurückhalten. Für eine gewisse Zeit müssen sie im *Nicht-Wissen* leben, was noch eine Möglichkeit für neue Entdeckungen und Reflexion ist. Ein Teilnehmer in einem Kurs an der Universität schrieb in sein Tagebuch: „Ich hatte erwartet, dass wir uns nacheinander im Kreis vorstellen, unsere Namen sagen und etwas über uns erzählen würden. Als ich mich hinsetzte und mir überlegte, was ich sagen würde, bat uns unser Lehrer, dass wir uns mit einem Ball in Gruppen zusammenfinden. Die Übung war hervorragend. Ich war nicht mehr nervös und konnte mich an die anderen Studenten im Seminar gewöhnen. Nach der Übung wusste ich nicht mehr, was ich von diesem Kurs erwarten sollte, aber ich wusste, es würde anders sein als jeder Kurs, den ich bisher besucht hatte."

Auf einer größeren Ebene sind viele der Aktivitäten des Kurses, besonders die formalen Meditationsübungen, jenseits des Bereichs der tagtäglichen Erfahrung der meisten Teilnehmer/innen. Wenn man gebeten wird, sich für den ersten Körper-Scan auf den Boden zu legen, mag man denken, dass in diesem Kurs noch alles Mögliche geschehen kann. Aber alles wird als etwas ganz Einfaches und nichts Besonderes vermittelt. Und das ist ganz sicher eine Neudefinition.

Transformative Orientierungen

Wenn die Gruppe und der Lehrer mit der Ko-Kreation einer Definition und Erfahrung der Achtsamkeit beginnen, öffnen sich oft Räume für die Erfahrung neuer Möglichkeiten. Diese Räume entstehen auf unterschiedliche Weise. Sehr oft kommen sie aus vier Orientierungen.

Die erste Orientierung richtet sich auf das Nicht-Urteilen. Wir sagen „auf etwas richten", weil diese Haltung so schwer zu praktizieren ist; dies kann ein Stolperstein in der Definition von Achtsamkeit sein. Nicht-Urteilen ist vermutlich nicht unsere unmittelbare Reaktion in einer Erfahrung. Es ist wahrscheinlicher, dass Nicht-Urteilen eine Reaktion ist, die mehr oder weniger leicht im gegenwärtigen Augenblick entstehen muss. Der Lehrer begegnet den Teilnehmern mit dieser nicht-urteilenden Haltung, die im inneren Dialog gefunden wird – oder sogar durch Brüche und neue Verbindungen im Gruppendialog bestärkt wird. Dann verstehen die Teilnehmer/innen das Nicht-Urteilen in ihrer direkten Erfahrung. Und wenn sie es in dieser Weise verstehen, erkennen sie vielleicht auch die Möglichkeiten, wie daraus Akzeptanz und Mitgefühl entstehen können.

Die zweite Orientierung bezieht sich auf den gegenwärtigen Augenblick. Das manifestiert sich in der ständigen Ko-Kreation der Achtsamkeit als die Betonung der direkten Erfahrung. Die Teilnehmer/innen werden gebeten, ihre bekannten Geschichten zu hinterfragen, in denen sie definieren, *wer sie sind.* Den Teilnehmern wird vorgeschlagen genau zu beobachten, *wie sie sind,* um wertvolle und gültige Informationen zu erhalten. Damit nehmen die Teilnehmer/innen eine Perspektive ein, die den gewohnten Praktiken in der westlichen Kultur entgegengesetzt ist – besonders in weiten Teilen des Diskurses in den Geisteswissenschaften und den beruflichen Orientierungen, in denen die Perspektive der Geschichte der Anhaltspunkt für das psychologische und moralische Wohlbefinden ist. Der verstärkte Widerstand gegen die Dominanz der Geschichte (z. B. Abbott, 2007; Strawson, 2004) unterstützt den Wert einer *episodischen* oder *lyrischen* Perspektive auf die Selbsterkenntnis, wie sie in den MBIs implizit vorhanden ist und sich in der erstaunlichen Verwendung von lyrischer Poesie als Lehrmittel zeigt.

Die dritte Orientierung bezieht sich auf die Vergänglichkeit. Die Teilnehmer/innen werden sensibel für den ständigen Fluss der Erfahrung; was jemand wertschätzt und fürchtet, kann als etwas erkannt werden, das sich ständig verflüchtigt. Die Teilnehmer/innen befinden sich in einer Umgebung, in der Veränderung eine Konstante ist, in der sie nicht *erwarten*, dass ihr Zustand fest und bleibend sein wird, sondern sich von Moment zu Moment verändern wird.

Die vierte Orientierung ist die Körperlichkeit. Das ist natürlich eine graduelle Überlappung im Regenbogen zur nächsten Lehrabsicht im Spektrum. Die Entdeckung der Körperlichkeit wird im nächsten Abschnitt ausführlich besprochen werden. An dieser Stelle ist es genug zu erwähnen, dass die Grundfrage in der Erforschung der Erfahrungen nicht die Frage „Was denken Sie?", sondern die Frage „Wie spüren Sie es im Körper?" ist. Dadurch werden die Teilnehmer/innen Antworten finden, die sie nie für möglich gehalten hätten.

Überlegungen zum Curriculum

Wenn diese Orientierungen für die Sensibilitäten der bestimmten Zielgruppe geschickt angepasst werden, dann werden die Teilnehmer/innen sich weder verschließen, wenn ihre verfestigten Erkenntnisse und Identitäten herausgefordert werden, noch werden sie sich in ein Gefühl des Sicheren und Bekannten einlullen lassen, das ernsthafte Untersuchung verhindert. In einem Kurs an einer Universität haben die Teilnehmer/innen zum Beispiel die körperlichen und emotionalen Ressourcen, um ohne Einführung in eine Erfahrung geworfen zu werden, die sich wie ein sinnloses Chaos anfühlt, wie in der Übung mit den Spielbällen (1. Übung). Oder in einem Kurs mit Patienten, in dem Krankheiten und ein fortgeschrittenes Alter zu den Bedingungen zählen, können die Teilnehmer/innen durch eine Kontemplation, die sie mit einer Frage konfrontiert, die immer wieder wiederholt wird, zur Entdeckung neuer Möglichkeiten geführt werden (2. Übung).

In der ersten Kurseinheit des MBSR-Musterprogramms am Center for Mindfulness (CFM) wird die Erfahrung neuer Möglichkeiten explizit in zwei angeleiteten Übungen angeboten (Santorelli und Kabat-Zinn, 2003). Die erste Übung ist das achtsame Essen einer Rosine. Durch die angeleitete Wahrnehmung einer Rosine werden die Teilnehmer/innen in das Nicht-Wissen und die Begegnung mit dem gegenwärtigen Moment gestoßen. Indem sie die Rosine mit allen Sinnen untersuchen, werden gewohnte Sichtweisen durch neue Informationen herausgefordert. Wenn man zum Beispiel aufgefordert wird, die Rosine „zu hören", öffnet sich eine Dimension, die man bisher noch nicht bedacht hat, und die Teilnehmer/innen reagieren mit Humor und echter Neugier. Durch solch eine kontemplative Herangehensweise an eine alltägliche Handlung fühlen sich die Teilnehmer/innen in ihrem Verstehen und gewohnheitsmäßigen Mustern herausgefordert. Vor Kurzem bemerkte eine Teilnehmerin in einem Kurs: „Ich esse Rosinen, solange ich denken kann, weil ich Süßes mag und Rosinen sind sehr süß. Aber nun mag ich sie nicht mehr so. Sie sind zwar süß, aber ich habe jetzt die Konsistenz, die Haut und das Fruchtfleisch gespürt. ... Und das finde ich nicht besonders angenehm." Die zweite Übung ist das Neun-Punkte-Rätsel, das oft als Hausaufgabe nach der ersten Kurseinheit gegeben wird. Versuchen Sie es selbst; die Antwort wird weiter unten gegeben. Wenn man mit diesem Rätsel ringt und dann die „Out of the Box"-Lösung sieht, zeigt das die Kraft der Erfahrung neuer Möglichkeiten. Zufällig sprachen auch Wätzlawick et al. (1974) in ihrer Arbeit über das Neun-Punkte-Rätsel und den nachhaltigen Effekt, den es hat, wenn man die Lösung sieht: „Sobald uns jemand die Lösung des Neun-Punkte-Rätsels erklärt hat, ist es fast unmöglich, zu unserer früheren Hilflosigkeit zurückzukehren, besonders zu unserer Hilflosigkeit in Bezug auf eine sinnvolle Lösung" (S. 99). Die „Erfahrung neuer Möglichkeiten" als Lernergebnis legt den Schwerpunkt auf diese Verringerung der Hilflosigkeit und Hoffnungslosigkeit. Im Verlauf der acht Wochen und im Übergang zum Leben nach dem Kurs vertrauen wir als Lehrer/innen darauf, dass sich an der Grenze der Erfahrung der Teilnehmer/innen neue Möglichkeiten zeigen und dass das Potenzial für eine Neuordnung (Reframing) der Erfahrung von einem angeleiteten Angebot vonseiten der Lehrerin zu einer persönlichen Fähigkeit des Teilnehmers wird.

Die Neun Punkte: Ein Rätsel

Anleitung: Ziehen Sie, ohne den Stift vom Papier zu heben, vier Linien, so dass alle Punkte miteinander verbunden werden.

Die Körperlichkeit entdecken

Diese westliche Kultur, in die die Teilnehmer/innen (und Lehrer/innen!) eingebettet sind, schafft auf viele Arten eine Distanz zur körperlichen Erfahrung. Vielleicht können drei allgemeine Perspektiven dabei helfen, diese Distanzierung zu definieren und zu zeigen, wie die Lehrabsicht der Entdeckung der Körperlichkeit in einem achtsamkeitsbasierten Curriculum zum Ausdruck kommen kann.

Erstens, die gegenwärtige Kultur unterstützt ein Leben, das routinemäßig „im Kopf" stattfindet, bis hin zur völligen Vernachlässigung des Körpers. Wir bevorzugten das kognitive Verstehen auf Kosten des inneren, direkten Verstehens und das auf Sprache basierende Wissen auf Kosten des unaussprechbaren Wissens. Das zeigt sich zum Beispiel in der ungleichen Behandlung von handwerklichen und künstlerischen Fähigkeiten in unserem Bildungssystem. Sogar die MBIs wurden für ihre Bevorzugung des Kognitiven kritisiert und dafür, dass sie Gedanken und Körperempfindungen miteinander verbinden und beide als kognitive Ereignisse verstehen (Drummond, 2006). Und denken Sie auch an die überwältigende Dominanz der visuellen und auditiven Medien. Fernsehen, Radio, Internet, unsere grafische Umgebung und andere Technologien geben uns eine Beschreibung oder Sicht der Wirklichkeit statt einer direkten Erfahrung. Wir verbringen viele Stunden des Tages in einer simulierten Wirklichkeit, die auf unsere Köpfe hindeutet – dem Ort der Augen und Ohren, der Bildschirme und Kopfhörer. Die Erfahrung wird von Technologien „medialisiert" und unter einem kulturellen Imperativ des Individualismus entwickelt, der dazu führt, dass wir uns von anderen Menschen und unserem eigenen Körper isolieren. Es ist vielleicht leichter, „im Kopf" zu bleiben, statt die Veränderungen in der Haltung, dem Atem, der Herzfrequenz, der Muskelspannung und des Energieflusses zu spüren, die von dem Krimi oder einem Handyanruf ausgelöst werden.

Zweitens, und direkt von unserer Betonung des Sichtbaren abgeleitet, gibt es die Tendenz, den Körper als Objekt zu sehen statt als Subjekt. Wir erleben den Körper oft als etwas, das wir von außen sehen können, und nicht als den Ort der Wahrnehmung unserer tatsächlich gelebten Erfahrung. Die Frage „Lässt mich dieser Anzug dick erscheinen?" ist scheinbar viel interessanter als die Frage „Was fühle ich, während ich mich auf dieses Treffen vorbereite?".

Drittens, und an die Wahrnehmung des Körpers als Objekt anknüpfend, fokussieren wir uns oft auf den Körper als ein Ziel oder eine erreichte Leistung. Wir haben eine bestimmte Vorstellung davon, wie wir aussehen wollen, vielleicht in Übereinstimmung mit den kulturellen Normen, und wir ordnen den Körper in drastischer und subtiler Art und Weise unserem Willen unter. Ob wir uns dafür entscheiden, uns durch Schönheitsoperationen so verändern zu lassen, dass wir einem Schönheitsideal entsprechen, oder eine Diät und ein Übungsprogramm annehmen, um ein in Aussicht gestelltes Ideal von Gesundheit zu erreichen: Immer wird dabei die eigene Stimme und Weisheit des Körpers vergessen.

Alles in allem ist es gut möglich, dass die Teilnehmer/innen in den MBIs sehr wenig über ihren Körper wissen – von dem Schmerz, Unbehagen und anderen Symptomen, vor denen sie weglaufen wollen, einmal abgesehen. Sie können von großen Bereichen ihrer eigenen Erfahrung

– und ihres Lebens – völlig abgetrennt sein. Die Lehrabsicht der Entdeckung der Körperlichkeit hilft uns, diese wichtige Verbindung wiederherzustellen, sowohl zur Erfahrung der Beweglichkeit in der äußeren Welt – der Propriozeption – als auch der Ereignisse in der inneren Welt – der Interozeption. Durch die Verbindung mit der Schwerkraft und dem Atem als Symbole der Propriozeption und Interozeption können die Teilnehmer/innen beginnen, sich wieder mit ihrer Körperlichkeit zu verbinden.

Anleitung zur Verbindung mit unserer Körperlichkeit

Wie wir schon bei der vorhergehenden Lehrabsicht gezeigt haben, werden die Teilnehmer/innen fast sofort eingeladen, ohne zu urteilen, „mit" oder „in" der Erfahrung zu sein, die gerade im Bereich der Körperempfindungen auftaucht. Die Erfahrung des Körper-Scans, die erste Praxis, die in vielen MBIs vermittelt wird, ist ein nützliches Beispiel. Die Anleitung des Lehrers versucht, die Teilnehmer/innen zu einer unmittelbaren Erfahrung ihres Körpers zu führen. Diese Anleitung erlaubt die Anwesenheit *jeder* Erfahrung; wir beginnen zum Beispiel am Scheitel und bitten die Teilnehmer/innen, ihre Aufmerksamkeit dorthin zu richten, und bieten Worte an, die eine Fülle von Erfahrungen benennen können: von Veränderungen in der Temperatur bis zu kitzeln, jucken, Druck oder „überhaupt nichts" – mit der Betonung darauf, dass „überhaupt nichts" eine mögliche und akzeptable Erfahrung ist. Zudem lernen die Teilnehmer/innen zwischen direkten Erfahrungen und Geschichten *über* die Erfahrung zu unterscheiden, und eine Erwartung oder Meinung von den Ereignissen des gegenwärtigen Augenblicks zu unterscheiden. Die Entdeckungen sind oft prä-semantisch, liegen also vor dem sprachlichen Ausdruck und werden erst später in der Sprache wiedergegeben, zum Beispiel mit Sätzen wie „Ich fühle mich starker mit mir selbst verbunden" oder „Ich wusste, dass mein Rücken wehtut, aber bisher wusste ich nicht, wie sich das wirklich anfühlt". Die Entdeckungen reflektieren vielleicht auch die intersubjektive Dimension der Achtsamkeit, die in der Gruppe ko-kreiert wird, wie zum Beispiel in dieser Aussage: „Ich verstehe es nicht ganz, aber wenn ich hier mit der Gruppe zusammen bin, habe ich das Gefühl, dass meine Praxis besser ist – ich gehe tiefer."

Die Entdeckungen, die durch die Körperlichkeit zugänglich werden, vervielfachen und vertiefen sich mit der Zeit, wenn die Teilnehmer/innen lernen, sich im Bereich der Körperempfindungen immer besser zurechtzufinden. Um das zu erreichen, brauchen die Teilnehmer/innen vielleicht Unterstützung, um solche Erfahrungen zu lokalisieren und sich ihnen zuzuwenden. Der Lehrer kann dabei helfen, im Curriculum Möglichkeiten zu finden und zu schaffen, um implizit und explizit die wichtigsten Orientierungsmittel zu betonen: die Schwerkraft und den Atem. Diese beiden Erfahrungen sind die wichtigsten Punkte auf dem Kompass, der die Teilnehmer/innen dabei unterstützt, mit ihrer Erfahrung im gegenwärtigen Moment in einer Weise zu arbeiten, die sie weiterbringt (siehe Bild 7.1).

Die neun Punkte: Eine Antwort

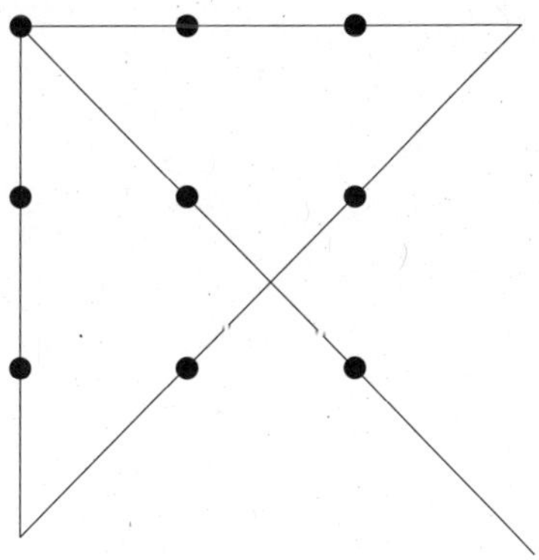

Lösung: Die „Schachtelform" der Punkte führt zu der Annahme, dass die Lösung in den Grenzen der Punkte gefunden werden kann. Nur wenn man entdeckt, dass die Linien über die Schachtelform hinausgezogen werden können, werden Lösungen möglich.

Reflexion: Die „Ergebnisse" eines Körper-Scans

In der Arbeit mit Teilnehmern in der ersten Session, kurz nach dem Körper-Scan, viele sitzen auf dem Boden und sind einander zugewandt. Einige wenige Fragen können auf neue Möglichkeiten und die Körperlichkeit hinweisen.

Lehrer/in: Was fühlen Sie jetzt?
Eine offene Frage, in die Stille geworfen. Kurze Antworten werden erwartet und gegeben.

Teilnehmer/in 1: Entspannt.
T2: Friedlich.
T3: Schläfrig. … Ich wusste bis jetzt nicht, wie müde ich bin.
L: Es ist gut, sich die Zeit zu nehmen, um diese Dinge herauszufinden … zu sehen, was wirklich geschieht, nicht wie wir es brauchen oder haben wollen. …
Das Erforschen unterstützen; neue Möglichkeiten ansprechen.

L: Wie ist es mit Angst … Frustration? Fühlt sich jemand angesprochen? Es ist nicht immer ein problemloses Gleiten durch den Körper-Scan. …
Die Breite möglicher Erfahrungen ansprechen. Erlaubnis geben.

T4: Ich konnte nicht still sein. Ich musste mich bewegen und dann schaute ich mich um, um zu sehen, was die anderen machen – um zu sehen, ob ich es richtig mache … ob ich O. K. bin. …
L: Sie sind völlig O. K. … (Pause) Sie haben also bemerkt, dass sich Ihr Körper unangenehm anfühlt?
Bestätigen. Nicht urteilen. Eine Richtung der Reflexion wählen, die Toleranz berühren könnte.

T4: Oh ja!
L: Und Sie waren sich dessen bewusst, dass Sie sich bewegen und herumschauen?

T4: Klar.

L: Dann würde ich sagen, dass Sie der Praxis sehr genau gefolgt sind und es genau richtig gemacht haben. Sehen Sie nur, was Sie alles herausgefunden haben. …

Noch mehr Bestätigung. Die Erfahrung neu verstehen als etwas, bei dem es um Lernen und Wissen geht.

T4: So habe ich es noch nie gesehen.

L: (An alle gewandt) Das ist eine ganz einfache Praxis, sich nur durch den Körper bewegen und darauf achten, was im gegenwärtigen Moment da ist. Wir müssen nichts hinzufügen. Und wenn Sie bemerken, dass Sie urteilen und reagieren, dann geschieht das auch im Körper im gegenwärtigen Moment, und auch das können Sie bemerken. … In der Praxis hat alles Platz, alles gehört dazu. …

Die Urteile, die jeder Sprecher zum Ausdruck gebracht hat, ansprechen, ohne irgendjemanden direkt zu kommentieren.

T5: In meinen Beinen habe ich aber nichts gefühlt.

L: Haben Sie bemerkt, dass Sie das bewerten?

T5: Also da scheint einfach etwas nicht zu stimmen.

L: In dieser Praxis gibt es kein Richtig oder Falsch … da gibt es nur das Gewahrsein des gegenwärtigen Augenblicks und bei Ihnen war das einfach, dass Sie nichts in Ihren Beinen gespürt haben. … Der nächste gegenwärtige Moment könnte anders sein.

Jetzt ein Punkt der Entscheidung; ein Grund, um wieder zur Praxis zurückzukehren, sich wieder auf den Körper zu fokussieren.

L: Vielleicht können Sie es gleich selbst nachprüfen. … Was fühlen Sie jetzt im Moment in Ihren Beinen?

T5: Ja, es ist … es ist anders. Ich kann spüren, wie sie gegen den Boden drücken, kann ihr Gewicht spüren … meine Füße sind kalt … da ist eine Art Kitzeln. … O. K., ja, ich hab's begriffen, manchmal fühle ich etwas und manchmal nicht.

Das Geheimnis der Schwerkraft

Schwerkraft ist solch eine alles durchdringende Kraft, dass sie kaum unter ihrem eigenen Namen erforscht und beleuchtet wird. Stattdessen wird sie meist im Zusammenhang mit der körperlichen Lebendigkeit erfahren (Selver und Brooks, 2007). Der Körper bewegt sich gegen die Schwerkraft oder mit ihr, mit unterschiedlichem Energieaufwand und verschiedenen Graden der Bewegung nach *oben* reagiert er auf den ständigen Zug nach *unten*. Das geschieht unablässig. Wir können dem nicht entkommen. Und in vieler Hinsicht ist das tröstlich. Wenn wir zum Beispiel aus dem Sitzen ins Stehen kommen wollen, brauchen wir dazu ganz unterschiedliche Mengen von aufwärtsgerichteter Energie, vom dem starken Impuls beim Beginn des Ausstehens über die kleineren Bewegungen, wenn die Knie und das Becken in eine vertikale Haltung kommen, bis zu den ganz feinen Anpassungen, die uns in ein angenehmes Stehen bringen. Das ist ein Vorgang oder eine Beziehung, bei der die Schwerkraft die meiste Arbeit leistet, indem sie uns in der Vertikalen hält. Diese Beziehung und die Überlegungen dazu können wir auf jede unserer Haltungen übertragen. Sitzen, stehen, liegen, gehen, in jeder dieser Haltungen gibt es eine offene Einladung, um zu spüren, wie wir der Anziehungskraft der Erde nachgeben oder ihr Widerstand leisten. Diese Beziehung kann nicht nur übertragen, sondern auch übersetzt werden – wenn die Objekte, mit denen wir umgehen, sich durch uns auf die Schwerkraft beziehen. Heben, halten, tragen, hinlegen, in jeder Handlung mit dem, was im Moment gegeben ist – ein Buch, eine Teetasse, ein Montierhebel, ein Stein –, können wir noch viel lernen. Was ist das richtige Maß von nach *oben* gerichteter Kraft beim Anheben der Teetasse, und woher wissen wir das? Was ist nötig, um die Bewegung nach unten zu kontrollieren, wenn wir die Tasse auf die Untertasse stellen, ohne dass wir sie fallen lassen oder mit zu viel Druck hinstellen?

In allen formalen Achtsamkeitsübungen mit den Teilnehmer/innen können wir also anregen, dass die Beziehung des Körpers mit der kontinuierlich wirksamen Schwerkraft tiefer untersucht wird. Wenn sie mit dieser unnachgiebigen Kraft und ihren eigenen Energien arbeiten – manchmal siegreich, manchmal vergebens –, können sie Kampf, Behaglichkeit, Hingabe und Erfrischung erforschen. Sie können das „Nach-Unten" der

Schwerkraft und ihr eigenes „Nach-Oben“ nutzen, um sich selbst zu orientieren und sich selbst als eine körperliche Präsenz an diesem gegenwärtigen Ort zu entdecken. Auf einer feineren Ebene können sie das Auf und Ab und ihr eigenes Nachgeben und Widerstehen der Schwerkraft nutzen, um ein bestimmtes Ereignis im Körper zu verstehen, zu untersuchen und sogar zu beruhigen. Das zeigt den fließenden Übergang zur nächsten Farbe des Regenbogens, dem Kultivieren des Beobachtens.

Bei informellen Achtsamkeitsübungen können die Teilnehmer/innen mit dieser grundlegenden Beziehung experimentieren – sagen wir zum Beispiel in der Dusche, wenn sie im Bus sitzen, ein Paket tragen oder abwaschen. Sie können sie auch anwenden, wenn sie körperliche Ereignisse verstehen und damit arbeiten wollen. Diese Aufmerksamkeit kann sie in den gegenwärtigen Moment bringen.

Das Geheimnis des Atems

Der Atem ist genauso allgegenwärtig wie die Schwerkraft, aber in anderer Weise. Er ist konstant in seiner Flüchtigkeit, er fließt ständig und gibt uns ein Gefühl des *Ein* und *Aus* (oder des *Innen* und *Außen*) – die anderen beiden wichtigen Punkte auf dem Kompass. Die Bewegung des Atems, sein Kreislauf, ist normalerweise eine beruhigende Wiederholung und die eingeatmete Luft ist fast immer mehr, als wir brauchen. Wenn wir unsere Aufmerksamkeit auf den Atem richten, kann das zu einem Gefühl des Wohlbefindens führen, einem Gefühl des unbehinderten Flusses von einem Augenblick zum anderen.

Der Kreislauf des Ein- und Ausatmens schafft und bestimmt einen Zeitpunkt und markiert die „vertikale“ Zeit des *Jetzt.* Daniel Stern betont in seinem Versuch, den gegenwärtigen Augenblick zu definieren, die Beziehung des Jetzt zu unseren Wahrnehmungen, unseren verbalen und nonverbalen Verhaltensweisen, unserem rationalen Verstehen und unseren mentalen Prozessen und gibt für all diese Inhalte des gegenwärtigen Augenblicks eine Dauer von drei bis fünf Sekunden an. Die meisten gesprochenen Sätze dauern ungefähr drei, höchstens fünf Sekunden; eine musikalische Note dauert ebenfalls drei bis vier Sekunden und eine Pause, die länger als drei Sekunden ist, deutet auf das Ende des Musikstückes hin.

Alle Punkte auf dem Kompass.

Die Beziehung zur Schwerkraft und zum Atem bringt die wichtigsten Punkte auf dem Kompass zum Vorschein, mit dem die Teilnehmer/innen sich in ihrer direkten Erfahrung zurechtfinden können, aber es gibt auf dem Kompass noch eine unendliche Anzahl anderer Punkte. Jede Sinneserfahrung, jede Form des Wissens trägt zu dem bei, was wir in der alltäglichen Sprache als „sich selbst finden" bezeichnen. Dieses Gedicht von David Wagoner (1976) wird in vielen MBI-Kursen und MBSR-Zusammenhängen benutzt, um diesen Prozess zu beschreiben. Es bezieht sich auf eine Lehrgeschichte der amerikanischen Ureinwohner aus dem Nordwesten Amerikas, wo das Abkommen vom Weg in den dichten Wäldern eine desorientierende Erfahrung sein konnte. Lesen Sie diese Zeilen wie eine Anleitung:

Verirrt

Steh still. Die Bäume vor dir und die Büsche neben dir
Haben sich nicht verirrt. Wo immer du auch bist, ist Hier,
Und du musst sie wie einen mächtigen Fremden behandeln,
Musst um Erlaubnis fragen, um sie zu kennen und erkannt zu werden.
Der Wald atmet. Höre. Er antwortet,
Ich habe diesen Ort, der dich umgibt, geschaffen,
Wenn du ihn verlässt, wirst du vielleicht wiederkommen
Und sagen: Hier.
Für den Raben gleicht kein Baum dem anderen.
Für den Zaunkönig gleicht kein Zweig dem anderen.
Wenn du das, was ein Baum oder ein Busch tut, nicht verstehst,
Dann hast du dich ganz sicher verirrt. Steh still. Der Wald weiß,
Wo du bist. Du musst dich von ihm finden lassen.

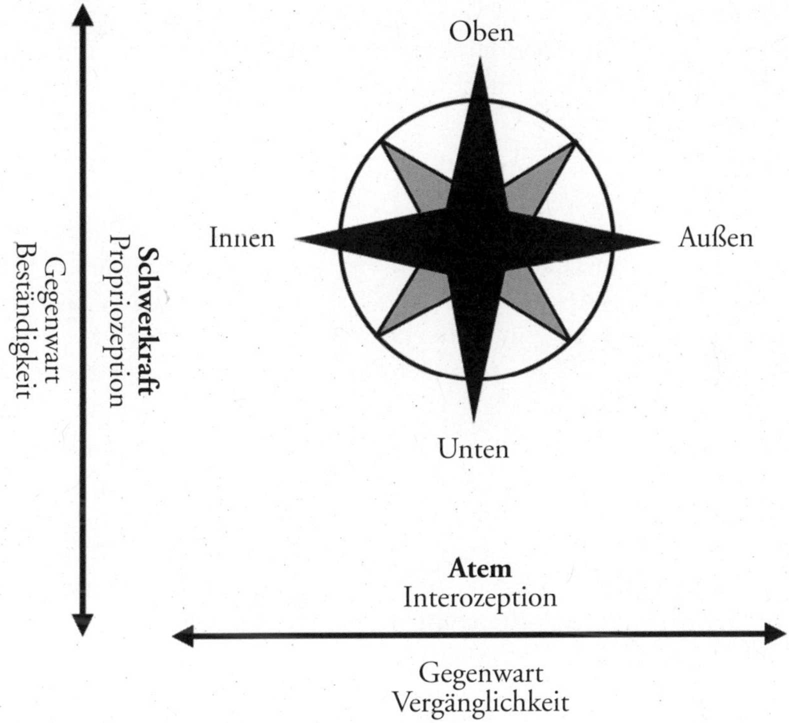

Bild 7.1. *Ein Kompass für die Orientierung in der direkten Erfahrung.* Dieses einfache Instrument kann mit dem Dreieck des Gewahrseins kombiniert werden, um den Teilnehmern dabei zu helfen, die direkte Erfahrung zu lokalisieren und sich ihr zuzuwenden. Dabei wird die Schwerkraft dazu benutzt, um den Körper im Raum zu zentrieren und zu einer Grundhaltung der Stille und Stabilität zu kommen. Dann erlauben wir dem Atem, den Körper in der Zeit zu zentrieren, in der Flüssigkeit und Vergänglichkeit des gegenwärtigen Augenblicks. Mit diesen Koordinaten hat der Teilnehmer eine gewisse körperliche und psychologische Freiheit, um sich den Fluss der Körperempfindungen, Gedanken und Emotionen, die jetzt auftauchen, etwas genauer anzuschauen.

Das Sprechen eines Babys und die nonverbale Kommunikation zwischen Mutter und Kind wurden gemessen und man kam auch hier auf einen Wert zwischen zwei und fünf Sekunden. Und wenn Erwachsene kommunizieren und der Sprechende wechselt, brauchen wir dafür zwei bis drei Sekunden. Der Atemkreislauf aus Ein- und Ausatmen dauert auch ungefähr drei Sekunden – ein gegenwärtiger Augenblick.

In allen formalen Meditationsübungen können die Teilnehmer/innen den Atem benutzen, um die Körperlichkeit zu erforschen. Wenn sie den Körper in die Stille und zur Ruhe bringen, wird es ihnen vielleicht gelingen, den Einfluss des Atems an überraschenden Orten und in einer überraschenden Weise zu spüren. In einem Körper-Scan können die Auswirkungen des Atems vielleicht in den Armen und Händen, in den Hüften und den Füßen gespürt werden. Durch die wachsende Empfindung, dass der Atem überall ist, können wir ihn benutzen, um konstante und vorübergehende Körperempfindungen zu erforschen, von Schmerz bis zu Freude, vom Kopf bis zu den Füßen. Durch dieses Bekanntwerden mit dem Atem können die Teilnehmer/innen die Fähigkeit entwickeln, den Atem wie ein Instrument zu „dirigieren", um einen bestimmten Bereich des Körpers zu finden, zu berühren, zu umschließen oder sogar zu beruhigen. Und das reflektiert wieder die nächste Lehrabsicht.

In der informellen Praxis können die Teilnehmer/innen ihre Aufmerksamkeit auf die Reaktion des Atems auf verschiedene Tätigkeiten üben, wie zum Beispiel beim Zähne putzen, in einem langweiligen Meeting, beim Boden wischen, beim Streicheln der Katze oder wenn sie sich zum Schlafen hinlegen. Oder sie können mit etwas mehr Ausrichtung ganz bestimmte Körperempfindungen erforschen und damit arbeiten. Aber auf jeden Fall können die Teilnehmer/innen den Atem benutzen, um *jetzt* diese Erfahrung zu machen.

Überlegungen zum Curriculum

Schwerkraft und Atem, unten und oben, innen und außen treffen sich im Hier und Jetzt. Die Lehrerin kann Möglichkeiten des Curriculums eröffnen oder kreieren, damit die Teilnehmer/innen engere Beziehungen zur Schwerkraft und zum Atem entwickeln. Durch Standardangebote im MBSR-

Curriculum, wie dem Körper-Scan (3. Übung) und achtsamer Hatha-Yoga (4. Übung), besonders in der wiederholten Übung mit den Audioaufnahmen für die häusliche Praxis, zeigen sich mit der Zeit viele der Facetten dieser Beziehungen. Das Gefühl der Körperlichkeit kann entdeckt und vertieft werden, wenn wir die Voraussetzungen für die Kultivierung des Beobachtens schaffen, wie sich am Übergang zur nächsten Farbe des Regenbogens zeigt.

Reflexion: Während einer achtsamen Dehnungsübung

Zu Beginn der dritten Kurseinheit eines MBSR-Kurses. Nach einigen stehenden Dehnungsübungen, wobei eine spiralförmige Drehung eingeführt wurde – mit den Händen an den Hüften, den Körper von der Taille aus drehen, während die Hüften sich nicht bewegen und der Blick zur Seite und nach hinten geht. Dann darum bitten, die Muskeln, die jetzt nicht gebraucht werden, zu entspannen.

L: Was spüren Sie jetzt? Möchte jemand etwas sagen? Alles ist erlaubt. …

Den Augenblick wählen, um nachzufragen und dabei die wahrnehmbaren Veränderungen im Ausdruck und in den Haltungen ansprechen. Viel Raum und Zeit für Antworten lassen.

T1: Leichter.

T2: Nicht so ermüdend.

T3: Ich wusste nicht, dass ich so festhalte.

T4: Ich kann mich nun wirklich etwas weiter drehen.

T5: Mein Atem ist leiser, langsamer.

L: Sie tun also genau das, was die Situation von Ihnen verlangt, nicht mehr, nicht weniger. … Das ist achtsame Praxis. … Und mit Gedanken und Emotionen ist es genauso. Ist es „genau das richtige Maß von Anstrengung“, wenn Sie sich andauernd Sorgen machen?

Das neue, verkörperte Wissen als größer hervorheben, so dass man damit bei allen „Spannungen“ arbeiten kann, die die Teilnehmer/innen vielleicht erfahren.

T3: Oh mein Gott, nein! (Alle lachen)

Das Beobachten kultivieren

In den ersten Sessions passiert so viel mit den neuen Möglichkeiten und der Körperlichkeit, dass diese dritte und zentrale der fünf Lehrabsichten oft erst in den späteren Kurseinheiten vom Lehrer explizit angesprochen und von den Teilnehmern intuitiv freigelegt wird.

Im Flow des Curriculums beginnen die Teilnehmer/innen in ihrer häuslichen Praxis stabil zu werden und lernen die neuen Möglichkeiten, die sich durch ihre Teilnahme eröffnen, wertzuschätzen. An einem bestimmten Punkt verbinden sie sich mehr und mehr mit ihrer Fähigkeit, bestimmte Ereignisse zu bemerken – Körperempfindungen, Gedanken, Emotionen. Die Aufmerksamkeit beim Körper-Scan schweift ab, vielleicht zu einem Gedanken und sie sehen, dass das geschehen ist. Sie nehmen dann oft die Grundhaltung ein: „Ich habe diesen Gedanken". Dabei wird das „Ich" mit dem Gedanken identifiziert. Diese Haltung des Selbst als Subjekt ist natürlich, logisch und extrem limitierend. Die eingefahrenen und bekannten Weisen der Erfahrung, die dieses Selbst-als-Subjekt unterstützen, erhalten diese Begrenzungen aufrecht. Die Gedanken oder Ereignisse, die mit diesem „Ich" identifiziert sind, werden durch Erwartung, Erinnerung und Verlangen bewertet. Dieser kalte Krankenhausstuhl, dieses gedämpfte Licht, dieser dumpfe Schmerz, diese wiederkehrenden Todesgedanken, dieser ängstliche Puls: Das ist meine Welt, meine *kleine* Welt. Darin ist ein Gefühl der Enge und die Erfahrung hat fast eine klaustrophische Qualität, wie es in Bild 7.2 auch grafisch dargestellt ist. Solch ein Leiden kratzt an den Grenzen der kleinen Welt des „Ich", in einer Art und Weise, die sie klar erkennbar werden lässt.

Der Dreh- und Angelpunkt dieser Lehrabsicht zeigt sich, wenn „ich" das „Ich" sehe, das leidet, und erkenne, dass die Identifikation dieses „Ich" mit dem Gedanken, dem Schmerz oder der Emotion nicht wahr ist. Die Teilnehmer/innen machen dann selbst folgende Aussagen: „Ich bin nicht dieser Gedanke", „Ich bin nicht dieser Schmerz", „Ich bin nicht diese Angst". Das Ereignis wird herausgelöst und beobachtbar. Das zweite beobachtende „Ich" ist ein Zurücktreten vom ersten „Ich" und ermöglicht einen erweiterten Raum, in dem die Ereignisse reflektiert werden können. Wenn das zweite „Ich" das erste sehen kann, wird zudem der

Weg für ein drittes Ich geöffnet, das sehen kann, wie das zweite „Ich" das erste sehen kann – und so immer weiter, wie in den unendlichen Bildern, die entstehen, wenn zwei Spiegel einander gegenüberstehen. Diese beobachtenden „Ichs" sind dann weder fest noch von zentraler Bedeutung. Und sie sind auch nicht getrennt. Jedes ist einfach eine vergängliche, aber nützliche Plattform für das Beobachten innerhalb der Einheit des Gewahrseins. Nun ist das konstruierte „Ich" Teil eines viel größeren Kontexts und hat Raum für Erweiterung, wie es in den Bildern 7.2 und 7.3 angedeutet wird.

Rūmī reflektiert über die Einheit des Gewahrseins

Bei all diesen Erklärungen über das Zurücktreten, Beobachten und die Erkenntnis, dass Gedanken und Körperempfindungen „nicht Ich" sind, sollten wir uns von der mystischen Literatur daran erinnern lassen, dass wir nicht getrennt, sondern ganz sind. In den verschiedenen Traditionen in der ganzen Welt wird immer wieder die Einheit des Gewahrseins betont. In der Poesie, in Liedern oder in der Kunst ist das nicht nur eine abstrakte Idee, es ist eine spürbare Bedeutung. Rūmīs dichterische Meditation (Barks und Moyne, 1997) macht diese Wahrheit in einer Weise zugänglich, die buchstäblich „Sinn ergibt".

Wir sind der Spiegel und das Gesicht darin.
Wir schmecken in dieser Minute den Geschmack
Der Ewigkeit. Wir sind der Schmerz
Und die Heilung des Schmerzes. Beides. Wir sind
Das süße kalte Wasser und das Gefäß,
das es ausgießt.

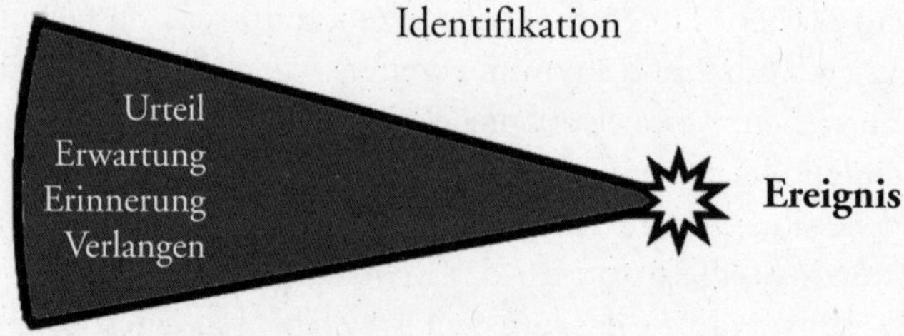

Bild 7.2. Das kleine „Ich" beobachtet ein Ereignis, sagen wir einen Gedanken oder einen Schmerz, und identifiziert sich sofort damit: „Das ist mein Schmerz." Dieses Urteil, das auf der Erwartung, der Erinnerung und dem Verlangen basiert, intensiviert die Identifikation und im Falle des Schmerzes verengt sie uns im Leiden, wie die Enge des Streifens zeigt. Angenehme und neutrale Ereignisse haben ebenfalls diese Struktur, aber die gefühlte Qualität des „Schmerzes" ist oft nicht so spürbar – jedenfalls für eine gewisse Zeit.

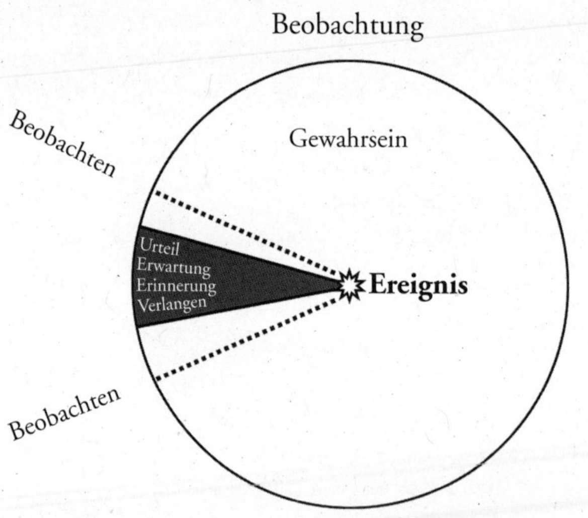

Bild 7.3. Ein zweites „Ich", das das erste beobachtet, ist ein größerer Kontext für das Ereignis und das kleine „Ich". Es ist ein Kontext, in dem das Gewahrsein sich um das kleine Ich herum erweitert und dadurch vertiefte Untersuchung und einen größeren Raum ermöglicht, in dem sich die Beengtheit auflösen kann. (Bemerken Sie, dass die Darstellung des Kreises eine Grenze zieht, wo es keine gibt: Das Gewahrsein ist grenzenlos).

Überlegungen zum Curriculum

Die Herausforderung bei der Anwendung dieser Absicht im Unterricht, besonders nach der ersten Kurseinheit, besteht darin, Möglichkeiten für die Teilnehmer/innen zu fördern oder zu schaffen, um diese Fähigkeit für erweitertes Beobachten zu erkennen und zu kultivieren. Im MBSR-Musterprogramm werden die Teilnehmer/innen es vielleicht zum ersten Mal während der formalen Praxis oder Reflexion des Körper-Scans, des Hatha-Yoga oder der Praxis des Gewahrseins für den Atem erfahren. Das zeigt, dass die Absicht der Kultivierung des Beobachtens im Spektrum der Absichten graduell aus dem Entdecken der Körperlichkeit entsteht. Und das geschieht, wenn die Teilnehmer/innen verstehen, dass die grenzenlose Erweiterung des Gewahrseins und das Leben des Körpers zusammenfallen. Einengung und Erweiterung haben eine spürbare Bedeutung, die der Schwerkraft und dem Atem eine Sprache geben – das Schwere und Leichte, Anstrengung und Entspannung, Tiefe und Oberflächlichkeit, Hemmung und Fluss.

Wenn das beobachtende Gewahrsein einmal zugänglich ist, wird es im MBSR-Musterprogramm am ehesten durch die formale Praxis des erweiterten Gewahrseins (5. Übung) ausdrücklich kultiviert. Diese Praxis ermöglicht es zunächst, dass man bestimmte Bereiche erforschen kann, wie zum Beispiel den Atem, die Körperempfindungen, Klänge, Gedanken und schließlich die Emotionen. Und dann geht es zum offenen Gewahrsein über, bei dem die Fähigkeit des Beobachtens dadurch kultiviert wird, dass man sich wirklich jedem Ereignis zuwendet, auf das sich die Aufmerksamkeit während der ständigen Erweiterung des Gewahrseins richtet. Eine Meditation im Stehen, wie diejenige über das „Offen sein" (6. Übung), kann weitere unbekannte Perspektiven eröffnen, besonders weil sie direkt mit dem visuellen Bereich und dem propriozeptiven Empfinden arbeitet.

Möglichkeiten für die Reflexion mit der Gruppe und einzelnen Teilnehmern sind aus zwei Gründen bei der Kultivierung des Beobachtens wichtig: Erstens, um auf die Weite des Gewahrseins und ihre unendlichen Möglichkeiten für Erweiterung verweisen zu können. Zweitens, um sicher zu gehen, dass das Gewahrsein als eine Einheit verstanden wird, und die beobachtenden „Ichs" nicht vergegenständlicht (also zu „Dingen" gemacht) werden, sondern als fließend verstanden werden. Die großen Fragen zur Reflexion beim Entdecken der Körperlichkeit sind „Was"-Fragen – „Was bemerken Sie?" – und beim Kultivieren des Beobachtens sind es „Wer"-Fragen – „Wer bemerkt das?" oder „Wessen Gedanke ist das?".

Diese Absicht und die nächste, Annäherung an die Akzeptanz, sind eng miteinander verbunden und es ist schwer, sie in der graduellen Abstufung des Regenbogens voneinander zu trennen. Sie sind in gleicher Weise verbunden, wie Entdecken und Erforschen – darin gibt es eine immer wiederkehrende Gleichzeitigkeit wahrer Fülle.

Reflexion: „Nun sehe ich"

Nach einer Praxis des erweiterten Gewahrseins, Öffnung zur Bewegung – den Dreh- und Angelpunkten des Beobachtens, die früher und später, unaufgefordert und geklärt, zugänglich werden.

L: *Was haben Sie während dieser Praxis entdeckt?*
Offen, bestätigend, alles einladen.

T1: *Ich habe mir heute wirklich Sorgen darüber gemacht, dass ich mir ständig Sorgen mache. … Vor der Meditation machte ich mir Sorgen, weil ich dachte, ich könnte nicht meditieren, weil ich mir über etwas, das zu Hause passiert war, bevor ich zum Kurs kam, so viele Gedanken gemacht hatte. Ich mache mir immer so viele Sorgen. … Aber als Sie während der Meditation sagten: „Bemerken Sie einfach den Prozess des Denkens und lassen Sie die Gedanken einfach sein", erkannte ich, dass Gedanken da waren – aber das war mir egal! Ich versuchte nicht, sie wegzudrücken, sie loszuwerden. Ich erkannte, dass sie einfach da sein werden und ich beurteilte sie nicht. Ich werde weiterhin sorgenvolle Gedanken haben, aber wenn ich mich nicht auf sie fokussiere und sie nicht bekämpfe, kommen und gehen sie einfach … und es ist in Ordnung, dass sie da sind. Das ist wirklich ein Aha-Moment für mich.*

Während der Praxis des erweiterten Gewahrseins mit der Absicht, das Beobachten zu kultivieren, zeigt sich unaufgefordert der Dreh- und Angelpunkt des Beobachtens. Im Gewahrsein öffnet sich Raum für das, was da ist, und es kann gesehen und erkannt werden und sich im eigenen Zeitverlauf verändern.

Zu einem späteren Zeitpunkt in diesem Gespräch bemerkt eine Teilnehmerin, dass sie sich das Leben schwer macht, weil es für sie so herausfordernd ist, klar zu beobachten, was gerade anwesend ist.

T: *Es ist sehr schwer für mich, herauszufinden, was ich fühle. Ich weiß, dass es da ein Gefühl gibt, und es fühlt sich sogar bekannt an; aber ich weiß nicht, was es ist. Und ich bemühe mich herauszufinden, was passiert und was für ein Gefühl das ist. Und dann beginne ich mich selbst zu fragen, wie diese Meditation mir wirklich helfen kann.*

L: *Wie würden Sie dieses „Wie-wird-mir-diese-Meditation-helfen?" nennen?*

Hilfe beim Identifizierungsprozess anbieten. Das nutzen, was im gegenwärtigen Augenblick gegenwärtig ist.

T: *(Nach einem Moment der Stille) Ich schätze, es ist ein Gedanke.*

L: *Es ist ein Gedanke … und es ist zudem ein Gedanke, der sich in die Zukunft erstreckt. Wenn Sie bemerken, dass dieser Gedanke auftaucht, können Sie ihn mit einem Flüstern benennen: „Denken", und wieder zu Ihrem Atem, oder auf was Sie sich gerade fokussieren, zurück kommen. Wenn Sie bemerken, dass Sie sich anstrengen, und versuchen herauszufinden, was geschieht, können Sie es auch benennen: „Versuchen, es herauszufinden" oder „Anstrengen".*

Das Benennen ist eine Strategie, um Klarheit zu unterstützen und Reaktivität gegenüber etwas, das sich wie ein Durcheinander von Erfahrungen anfühlt, zu reduzieren.

L: *Wie, denken Sie, fühlt sich Ihr Körper, wenn – … Also, besser als darüber nachzudenken, wäre vielleicht, wenn Sie es jetzt in einer direkten Erfahrung erforschen. Wären Sie dazu bereit?*

(In der Gruppe umsehen und alle anderen nonverbal einladen, sich in ihr eigenes Erforschen zu begeben.)

Eine Entscheidung treffen (und erneuern), um sich wieder in die Praxis zu begeben, zum Körper zurückkehren, um Hilfe bei der Klärung der Erfahrung zu finden. Während nun alle mit ihrer Erfahrung arbeiten, achten Sie darauf, dass diese Rückkehr zur Praxis sich auf die intersubjektive Resonanz auswirkt und dadurch eine erweiterte Umgebung für diesen reflektierenden Dialog entsteht.

T: Gut.

L: Nehmen Sie sich nun also einen Moment, um Ihren Körper und Geist wahrzunehmen und zu sehen, was da ist.

T: (Setzt sich auf dem Stuhl in eine Meditationshaltung, langes Schweigen) Es ist ein bekanntes Gefühl, so als würde ich mich anstrengen, als müsste ich etwas herauszufinden.

L: Wie fühlt sich das im Körper an?

Das Gefühl im Raum des Körpers lokalisieren, dort, wo es beobachtet werden kann.

T: Ich bin angespannt … so verkrampft. Das ist Angst.

L: Wenn Sie Gedanken bemerken, die Ihnen sagen, dass Sie etwas herausfinden müssen, benennen Sie sie als Gedanken und kommen Sie zu Ihrem Atem zurück.

Auf die Anstrengung, das Wissen-Müssen des „Es ist Angst", reagieren. Den Denkprozess beobachtbar machen.

T: (Nach langem Schweigen) Was bemerken Sie?

Entscheidet er sich zu fragen, veranlasst durch leichte Veränderungen der Körperhaltung und der Atmung.

T: Ich entspanne mich. Das ist wunderbar. Ich hatte nicht gewusst, was ich da tue, als ich so sehr versuchte, alles in meinem Kopf zu verstehen. Und wie mich das so angespannt und ängstlich macht. Nun sehe ich. Das ist wunderbar.

Annäherung an die Akzeptanz

Während die Absicht der Kultivierung des Beobachtens der Dreh- und Angelpunkt ist, auf dem das Curriculum schwingt, ist diese Absicht der Annäherung an die Akzeptanz das Schwingen selbst, und sie nutzt die ganze Bewegungskraft des Lehrers und der Teilnehmer/innen. Es ist die „Hinwendung zu den Symptomen", eine der historischen Wurzeln der MBIs. Es ist das Sein in/mit der Erfahrung, die wichtigste Einladung an die Teilnehmer/innen. Es ist die Transformation, durch welche die Teilnehmer/innen herausfinden, dass sie „groß genug" sind und innerlich „genug Raum" haben – in ihrem Gewahrsein –, um das, was im Moment entsteht, zu halten.

Es ist also nicht überraschend, dass die Annäherung an die Akzeptanz den Großteil der Arbeit in der achtsamkeitsbasierten Gruppe oder Einzelarbeit darstellt. Es kommt ziemlich oft vor, dass dieser Absicht mehr Zeit gewidmet wird, als jeder anderen Intention. Diese Absicht ist in vielerlei Hinsicht reich und wichtig, während sie gleichzeitig aus Sicht des Curriculums die Intention mit der größten „Leere" und Unfassbarkeit ist. Die Reflexion der Erfahrungen der Teilnehmer/innen ist hierbei die wichtigste Aktivität der Wahrnehmung, was vor allem den späteren Sessions eine forschende, unvorhersagbare und improvisierte Qualität gibt.

Das Geheimnis des äußeren Raumes

Die Umgebung der Achtsamkeit und der intersubjektiven Resonanz, die vom Lehrer und den Teilnehmern ko-kreiert werden, sind der Kontext, der es den Teilnehmern erlaubt, zu reflektieren, zu erforschen und sich der Akzeptanz anzunähern. Die ideale Umgebung für jede Session ist von einer ständigen Abnahme des Urteilens gekennzeichnet und von einer Verringerung der Bedeutung von Erwartung, Erinnerung und Verlangen, wenn die Einzelnen ihre Geschichten erzählen. Das bringt die Teilnehmer/innen dazu, Sätze zu sagen, wie „Ich fühle mich hier sicher" und „Diese Gruppe ist für mich jede Woche ein Ort der Zuflucht" und „Ich dachte nie, dass ich das laut sagen würde". Die Umgebung ist dann ein äußerer Ausdruck des Raumes des Gewahrseins, der der Kontext für das

Kultivieren des Beobachtens ist. Es ist eine intersubjektive Version der Fülle des Kreises im Bild 7.2 aus dem vorhergehenden Abschnitt, die das Gewahrsein repräsentiert.

Obwohl die direkte Reflexion mit dem Lehrer die wahrnehmbarste Form des Erforschens in jeder Kurseinheit ist, wäre es nicht hilfreich, es als das wichtigste Mittel für die Annäherung an die Akzeptanz hervorzuheben. Mit der Umgebung der intersubjektiven und intrasubjektiven Resonanz können die Teilnehmer/innen, die einfach beobachten, wie andere ihre Erfahrung reflektieren, in der Tat tiefere Prozesse verfolgen. Sie arbeiten für sich, nähern sich der Akzeptanz an und verändern sich, ohne davon zu berichten. Sie konzentrieren sich vielleicht auf verschiedene Facetten der gesprochenen Reflexion, wie sie sich in den zwei ausgewählten Beispielen für Reflexionen von Teilnehmern des gleichen Kurses weiter unten zeigen. Die erste Teilnehmerin wurde dabei unterstützt, sich einem Schmerz im unteren Rücken zuzuwenden, ihn zu lokalisieren und sich ihm zu öffnen. Dazu wurde in der Reflexion Neugier angestoßen, indem sie darüber befragt wurde, wie sich diese Empfindung anfühlt, einschließlich der Frage, ob sie eine Größe, Form oder Farbe hat, und mit der Empfehlung, Schwerkraft und Atem zu benutzen. Der zweite Teilnehmer war einer von mehreren, die sprachen, nachdem sie lange Zeit für sich gearbeitet hatten.

> *Teilnehmerin 1:* ***An einem Dienstag während des Kurses tat mir nach der Meditation mein Rücken weh. Sie sagten mir, ich solle meine Augen schließen, und mich auf den Schmerz und seine Lokalisation konzentrieren. Sie fragten mich, wie sich die Empfindungen des Schmerzes anfühlen würden – ob sie eine bestimmte Größe, eine Form oder sogar eine Farbe hätten. Zunächst habe ich das nicht verstanden. Aber plötzlich spürte ich, dass die Form rechteckig war und die Farbe blau. Als ich mich auf den Bereich konzentrierte, lies der Schmerz langsam nach. Es war wirklich erstaunlich. Noch erstaunlicher war, dass andere in der Gruppe dies auch taten und eine ähnliche Reaktion hatten.***

*Teilnehmer 2: **Als wir nach dem Körper-Scan aufstanden, stellten Sie uns ein paar Fragen über die Übung. June sprach darüber, dass sie keine angenehme Haltung finden konnte, weil ihr Rücken extrem wehtat. Mein Rücken schmerzte auch. Sie gaben uns eine Atemübung, bei der wir uns direkt auf unseren Rücken konzentrierten. Der Schmerz begann sich zu bewegen, es fühlte sich wie Wellen in meinem Rücken an. Es war merkwürdig. Ich sah den Schmerz in der Tat als eine Farbe. Er war blau. Ich fand das total witzig. Es war cool, den Atem auf den Schmerz zu fokussieren, und er ging wirklich weg.***

Natürlich erforschen und reflektieren die Teilnehmer/innen vollkommen selbstständig, wenn der intersubjektive Kontext das innere Erforschen unterstützt oder sogar auslöst. Diese unsichtbare Aktivität ist auch ein Teil des ko-kreierten Curriculums, ob sie sich nun im Außen ausdrückt – oder wahrgenommen wird –, oder nicht.

Schönheit, Dankbarkeit und ein Gewahrsein voller Angst

Mit dem Verlauf der Sessions zeigt sich, dass die Achtsamkeitspraxis ein ganz anderer Ansatz ist, als die Bewältigungsstrategien oder „Auswege" aus einer ungewünschten Situation, die sich die Teilnehmer/innen vielleicht gewünscht oder vorgestellt haben. Wenn sie die Grenzenlosigkeit des Gewahrseins und die Annäherung an die Akzeptanz erforschen, verstehen sie vielleicht, dass es nicht um Veränderung geht, sondern um Freiheit – die Freiheit, einfach mit/in der Erfahrung des Augenblicks zu sein, ohne sie zu bewältigen oder daraus zu flüchten.

Der Psychiater, spirituelle Lehrer und Abenteurer Gerald May (2006) erinnert sich an eine Situation, die er allein bei einem Zelturlaub erlebt hat, und in der das Potenzial der Akzeptanz offensichtlich wird. Er ist in einer Gegend, in der Bären leben, es ist mitten in der Nacht. Er hat sein Zelt gesichert und Essen und andere Dinge, die auf Bären anziehend wirken, ins Auto gebracht.

Aber trotzdem fühlt er sich nicht sicher – er hat wirklich Angst. Eine Nacht voller ängstlicher Gedanken und unruhigem Schlaf und dann ein Bär:

> *Der Bär ist genau neben mir, seine Flanke berührt das Zelt, sein Brummen ist tief, laut und langsam. Das ist kein Traum und ich habe Angst und fühle trotzdem eine merkwürdige Ruhe, es ist schwer, zu beschreiben. Es ist wie in einer Art wilder Umarmung.*
>
> *Zum ersten Mal in meinem Leben erfahre ich reine Angst. Ich bin darin vollkommen präsent, an einem Ort jenseits von allen Bewältigungsmechanismen, weil es nichts zu tun gibt. Nie zuvor habe ich solch eine klare, unverfälschte Reinheit der Emotion erfahren. Diese Angst ist nackt. Während dieser langsam vorbeiziehenden Momente besteht sie aus meinem schlagenden Herzen, meinem schnellen, aber völlig ruhigen Atem, meinem Körper, der zu allem bereit ist, meinem Geist, der vollkommen leer ist und wartet. Ich bin Angst. Es ist wunderbar. (S. 31-32)*

Die Angst bewegt sich frei im Raum des Gewahrseins und kann genau als das erkannt werden, was sie ist – die körperliche Erfahrung – und wie sie ist – wunderbar. Das Ergebnis, als der Bär verschwindet und May sein Zelt verlässt, ist ein Hochgefühl bei Betrachtung der Schönheit der sternklaren Nacht und ein Gefühl der Dankbarkeit:

> *Das wahre Geschenk dieser Nacht war, dass ich nichts gegen die Angst vor dem Bären machen konnte. Als ich da im Zelt lag, konnte ich nicht weglaufen; ich konnte den Bären nicht wegscheuchen; ich konnte nicht sicher sein, dass alles gut ausgehen wird; ich konnte meinen Geist nicht dazu bringen, an irgendetwas anderes zu denken. Ich konnte nichts tun und das war das Geschenk. Ich konnte nur da sein, in der tatsächlichen Situation, und ehrlich sein, Angst sein. (S.34)*

Für uns als professionelle Achtsamkeitslehrer/innen zeigt Mays Reflexion seiner eigenen Erfahrung wie verschieden von vielen gegenwärtigen Ansätzen in den helfenden Berufen unsere Arbeit wirklich ist:

> *Wie oft habe ich in meiner psychiatrischen Praxis Patienten dabei geholfen, mit ihren Gefühlen umzugehen und die Kraft ihrer Emotionen zu zähmen? Ich glaube heute nicht mehr, dass das hilfreich war. Auch wenn ich Menschen geholfen habe, lang unterdrückte Emotionen zu spüren, habe ich sie doch nur selten dazu ermutigt, die Lebenskraft dieser Emotionen zu genießen.*
> *Stattdessen habe ich ihnen meistens geholfen, die Emotionen zu bewältigen. Heute hasse ich dieses Wort, weil wir uns von etwas trennen müssen, wenn wir es bewältigen wollen. Wilde, ungezähmte Emotionen sind voller Lebensgeist. Sie müssen nicht ausgedrückt werden, aber sie müssen auch nicht gezähmt werden. Sie sind Teil unserer inneren Wildnis; sie können einfach so sein, wie sie sind.*

Bei unserer Arbeit geht es nicht darum, dass wir uns von unserer Erfahrung trennen, sondern es geht um das Entdecken, Erforschen und die Tendenz zur Einheit.

Das Geheimnis des inneren Raumes

Es gibt eine Bewegung vom Makrokosmos zum Mikrokosmos, vom Raum, in dem der Lehrer und die Teilnehmer/innen interagieren, zum Raum des Gewahrseins, der körperlich von einem Teilnehmer wahrgenommen wird. Es ist ein Raum, der sich dem Erforschen öffnet: Das Beobachten wurde kultiviert, der Raum wird weiter. Deshalb ist das Erforschen des Gewahrseins *gleichbedeutend* mit der Annäherung an die Akzeptanz. Die Teilnehmer/innen erhalten den Hinweis und die Möglichkeit, die Ereignisse, die problematisch für sie sind – vielleicht Gedanken oder Schmerzen –, in einem Kontext zu beobachten, der sich erweitern kann, bis der Blick darauf annehmender sein kann. Das wird grafisch in den Bildern 7.4

und 7.5 gezeigt, die als Weiterführung der Grafik zur Kultivierung des Beobachtens gesehen werden können.

Es gibt zwei traditionelle Metaphern, die die erweiternde Absicht der Annäherung an die Akzeptanz in einer Weise zeigen, die für die Sinne zugänglich ist. In der ersten Metapher wird das Ereignis mit einem wilden Tier, sagen wir einem Pferd in einem kleinen Gehege verglichen. Aus der Nähe, direkt am Zaun, ist das Bocken, Aufbäumen und Galoppieren furchterregend – und unkontrollierbar. Aber wenn man den Zaun immer weiter zurückschiebt, bis das Pferd eine große Wiese zur Verfügung hat, kann man es kontrollieren. In der Tat zeigen die ehemals furchterregenden Energien und Bewegungen eine kostbare Anmut und Schönheit. In der zweiten Metapher wird die Situation mit einer Handvoll Salz verglichen. Wenn man es in einem Glas Wasser auflöst, ist der Geschmack extrem salzig. Wenn man es in einen Stausee schüttet, ist das Salz kaum messbar. Es ist nur eine kleine Menge eines natürlichen Nährstoffs.

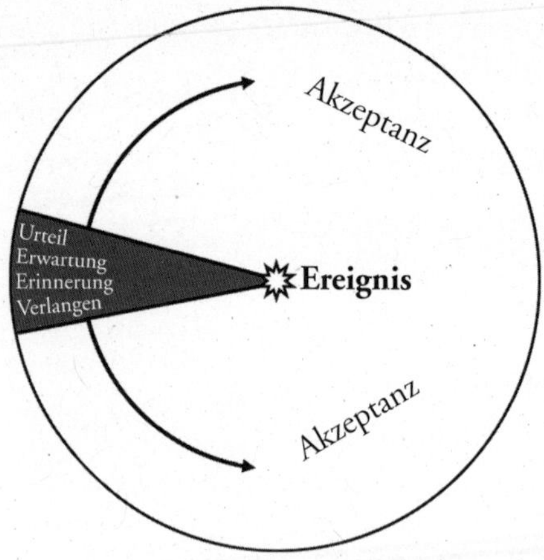

Bild 7.4. *Die Annäherung an die Akzeptanz ist gleichbedeutend mit der Erweiterung des Gewahrseins.* Die Bewegung dieser Absicht ist eine umfassende Öffnung der Beengtheit des kleinen „Ich“, das von den begrenzenden Faktoren von Urteil, Erwartung, Erinnerung und Verlangen bestimmt wird. Wenn die Beengtheit in einem immer weiter werdenden Raum des Gewahrseins gesehen wird, wird die Akzeptanz von einer Möglichkeit zu einer Wirklichkeit.

Überlegungen zum Curriculum

Die Herausforderung besteht also darin, in jeder Session – und darüber hinaus – Möglichkeiten zu finden, um die Ereignisse in einem immer größeren Kontext zu sehen. Wenn diese Absicht mehr in den Vordergrund rückt, wird das Lehrmaterial fast notwendigerweise weniger strukturiert und geplant sein und freier wählbar und mehr in Übereinstimmung mit den gegenwärtigen Erfahrungen der Teilnehmer/innen und des Lehrers. So wie sich die Lehrerin und die Teilnehmer/innen in den ersten Kurseinheiten immer mehr dazu hingezogen fühlen, Achtsamkeit und intersubjektive Resonanz zu ko-kreiren, so werden sie in den späteren Kurseinheiten dazu

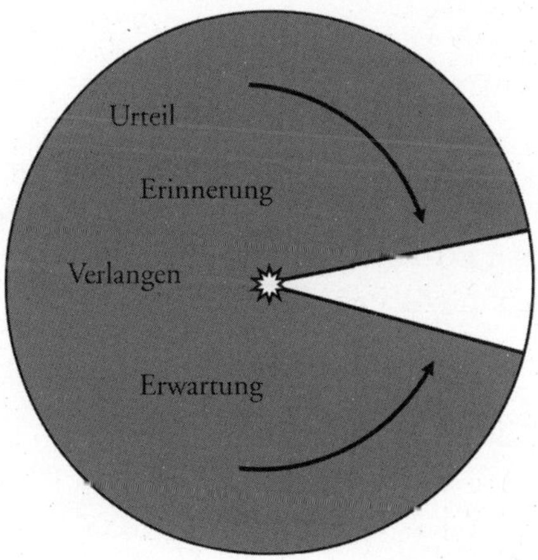

Bild 7.5. *Die Erweiterung des Gewahrseins ermöglicht eine größere Leichtigkeit.* Durch die umfassende Öffnung der Beengtheit wird das Universum zu einer weiten Wiese, auf der das Ereignis – ein Gedanke, eine Körperempfindung, eine Emotion – sich bewegen kann. In diesem grenzenlosen Raum werden die Energie, Anmut und Schönheit des Ereignisses sichtbar. Und um auch unsere andere Metapher zu verwenden: Wenn die einengenden Faktoren wie eine Handvoll Salz in einem Stausee verstreut werden, dann verlieren sie ihre Bitterkeit. Die Annäherung an die Akzeptanz ist eine Erweiterung des Gewahrseins, die den Teilnehmern eine größere Leichtigkeit bringt.

motiviert, mehr und mehr das Curriculum selbst miteinander zu gestalten. Das Material dazu kommt aus den Erfahrungen der Teilnehmer/innen und aus der Authentizität, Autorität und Freundschaft der Lehrerin.

Formale Übungen während der Sessions können dazu benutzt werden, um Möglichkeiten für die Annäherung an die Akzeptanz zu schaffen. Beim Körper-Scan können die Teilnehmer/innen aufgefordert werden, ihre Aufmerksamkeit einem Bereich des Körpers zuzuwenden, der „nach ihnen ruft". Eine Sprache, die „unangenehme Ereignisse" anspricht, lässt natürlich auch Raum für die Untersuchung von angenehmen Ereignissen. Die Neugier der Teilnehmer/innen kann geweckt werden und sie können angeleitet werden, um einen bestimmten Bereich des Körpers zu untersuchen und das Gewahrsein für diesen Teil des Körpers zu öffnen – einen Schritt zurückzugehen, Raum zu machen, zu entspannen. Das Gleiche kann mit einer Praxis des erweiterten Gewahrseins geübt werden. Oder die Übungen können so gestaltet werden, dass sie die Teilnehmer/innen explizit bei der Annäherung an die Akzeptanz unterstützen (s. die 7. und 8. Übung). Solche Übungen führen oft zu einer aktiven und mitfühlenden Reflexion, während der es hilfreich ist, wenn man immer wieder zur körperlichen Erfahrung der formalen Praxis zurückkehrt.

Die Annäherung an die Akzeptanz in der informellen Praxis wird einfach zu einem Leben, das mit einem größeren Gewahrsein gelebt wird. Die Teilnehmer/innen werden von ihrer eigenen Neugier eingeladen und von ihren eigenen Erfahrungen bestärkt, um herauszufinden, was in ihrer gegenwärtigen Erfahrung akzeptiert werden will und wie sie sich dieser Akzeptanz annähern können. Sei es in der Gesundheit, bei der Arbeit, in der Karriere oder in Beziehungen, Moment für Moment kommen Ereignisse ins Gewahrsein – und durch unsere Reaktion können sie sich einengen oder erweitern.

Reflexion: Einengung und Erweiterung in der Angst

Diese Reflexion kam nicht aus einer Übung, sondern fand vor einer Übung statt. Es ist die sechste Kurseinheit eines MBSR-Kurses und die Teilnehmer/innen haben eine Woche lang mit der Praxis der erweiterten Achtsamkeit geübt. Die Lehrerin beschreibt eine Übung, die beim Verstehen des offenen Gewahrseins helfen soll, und bei der die Teilnehmer/innen einem Partner flüsternd den Fluss der Erfahrung im gegenwärtigen Augenblick berichten. Eine Teilnehmerin ist sichtbar verärgert und wird von der Lehrerin nonverbal zum Sprechen aufgefordert.

T: Ich bin sehr ängstlich. … Ich möchte davonlaufen. … Ich fühle mich verletzlich.

L: Das spüren Sie also jetzt … sehr viel Angst und Verletzlichkeit. … Können Sie jetzt damit allein sein und es nur aussprechen, oder gibt es etwas, das Ihnen zusätzlich noch helfen würde?

Bestätigen. Der Situation erlauben, so zu sein, wie sie ist. Vertrauen, dass die Teilnehmerin weiß, was hilft.

T: Ich bin mir nicht sicher. Die Verletzlichkeit spüre ich sehr stark.

L: Wo spüren Sie diese Verletzlichkeit im Körper?

Ein abstraktes Gefühl im Körper sichtbar machen und ihm Grenzen und eine Definition geben.

T: Mein Bauch und mein Rücken … mein Rücken tut weh.

L: Wie fühlt es sich an, wenn Sie Ihre Aufmerksamkeit auf Ihren Bauch oder Ihren Rücken richten?

Raum schaffen, es ist ein Abstand nötig, um sehen und reflektieren zu können.

T: Ich möchte das nicht sagen, aber es fühlt sich so an, als müsste ich mich übergeben.

L: Warum wollen Sie das nicht sagen?

Ehrliche Neugier und Nicht-Urteilen.

T: Ich möchte nicht, dass das bei irgendjemand unangenehme Gefühle auslöst.

L: Sie möchten also, dass andere keine unangenehmen Gefühle haben, aber das ist nun mal Ihre Wahrheit im gegenwärtigen Moment. (Stille) In diesem Moment ist Ihnen übel. Verweilen Sie so sehr Sie können bei den Empfindungen Ihres Körpers. …

Auf den Wert der gegenwärtigen Erfahrung verweisen. Wieder zur beobachtbaren körperlichen Erfahrung zurückkehren.

L: (Nach einem Moment der Stille) Was bemerken Sie jetzt?

Einladend, neugierig. Auf nonverbale Veränderungen achten.

T: Ich bin traurig.

L: Es hat sich etwas verändert und Sie spüren eine Emotion, Traurigkeit.

Wertschätzen. Bei der Erfahrung bleiben.

T: (Nach einer Zeit der Stille) Ich bemerke, dass ich an meinen Finger nägeln kratze und versuche, mich abzulenken. … Ich gehe abwechselnd in das Gefühl und dann wieder hinaus.

L: Sie gehen also abwechselnd in das Gefühl und wieder hinaus? Ist die Übelkeit noch da?

Wertschätzen. Mit sanftem Nachdruck zur Beobachtung im Körper zurückkehren.

T: Nein, sie ist weg. Ich bin nur traurig. (Nach langem Schweigen) Mein Verstand sagt mir, ich kann damit nicht umgehen.

L: Haben Sie Gedanken oder Glaubenssätze, die Ihnen sagen, dass Traurigkeit und der Umgang mit dieser Situation nicht zusammengehören können?

Lokalisieren, Gedanken beobachten.

T: Ja, ich musste immer stark sein und kann mich nicht gehen lassen.

L: Gibt es da noch einen anderen Glauben, der Ihnen sagt, dass Sie die

Kontrolle verlieren werden und nicht länger funktionieren können, wenn Sie die Traurigkeit zulassen?

T: Ja.

L: Wenn wir uns erlauben, Traurigkeit zu fühlen, dann heißt das nicht, dass wir schwach sind, und wenn wir die Kontrolle verlieren, heißt das nicht, dass wir nicht mehr funktionieren können – sich gehen zu lassen kann der Schritt vor einer Neuordnung sein, um sich in neuer Weise wieder zu finden, vielleicht stärker und weiser als zuvor.

Die Möglichkeit für eine Veränderung anbieten. Beachten Sie die Verwendung des Plurals, was den Bezug zu den anderen Teilnehmern schafft.

L: (Nach einer Zeit der Stille) Was bemerken Sie jetzt im Körper?

Mit sanftem Nachdruck zum zugänglichen Raum des Körpers zurückkehren.

T: Ich fühle mich so, als müsste ich weinen. … Es geht mir aber besser. … Es ist in Ordnung.

Mehr Raum.

L: Haben Sie immer noch das Gefühl, wegrennen zu wollen, so wie vorhin?

Perspektiven öffnen.

T: Nein, aber meine Gedanken drehen sich darum, dass ich schwach bin. … Ich habe viele Urteile über mich selbst und das macht mich so traurig. (Weint leise; Stille) Ich bin nicht perfekt. … (Mit sanfter Stimme, ehrlich).

Nun gibt es Raum zum Beobachten, Identifizieren und Analysieren der Erfahrung.

L: Das scheint eher wie die freundliche Wertschätzung des Menschseins als ein Urteil.

Ehrlich neugierig.

T: Vielleicht ein bisschen urteilen, aber ich spüre jetzt wirklich eher Güte.

L: (Nach einer Zeit der Stille) Wie fühlt sich das an?

Eine Aufforderung, sich vom Abstrakten zum Beobachtbaren zu bewegen.

T: Mein Geist ist friedlich. Ich fühle mich sanft, fast zart. Mein Körper schmerzt nicht. … Mein Körper schmerzt nicht. Ich achte nur auf meinen Atem.

L: Lasst uns das alle tun … für ein paar Augenblicke unseren Atem spüren.

Die Aufmerksamkeit der Gruppe auf die individuelle Erfahrung richten. Zeit und Raum geben, um zusammen zu sein, niemand steht dabei im Zentrum.

Wachsendes Mitgefühl

Am unteren Ende des abgestuften Spektrums der Lehrabsichten können wir das wachsende Mitgefühl als eine Unterstreichung des Vorhergehenden verstehen, als eine besondere Betonung der vier Absichten darüber. Alle Absichten werden mit einer Intention wachsenden Mitgefühls gehalten. Es ist eine Konstante, die sowohl implizit als auch explizit in das Curriculum integriert ist. Es zeigt sich von der ersten bis zur letzten Kurseinheit in den Handlungen und Interaktionen zwischen dem Lehrer und den Teilnehmern. Aber das Mitgefühl hat von der ersten bis zur letzten Session nicht die gleichen Eigenschaften. Es gibt eine Veränderung, die mit dem Dreh- und Angelpunkt der Kultivierung des Beobachtens und der darauffolgenden Transformation in der Annäherung an die Akzeptanz einhergeht. Um diese Veränderung vollkommen zu verstehen und um sie in der Erfüllung eines achtsamkeitsbasierten Curriculums zu nutzen, ist es hilfreich, wenn wir die Definition von Mitgefühl und ihre beiden ergänzenden Bewegungen so verstehen, wie sie hier vorgestellt werden. Es ist auch hilfreich, wenn wir uns daran erinnern, dass diese Darstellung des Mitgefühls einfach und „leer" gehalten wird, um möglichst viel Flexibilität und Anwendungsmöglichkeiten im Augenblick des Unterrichts zu erreichen.

Definition

Mitgefühl wird hier nicht genau mit *Karunā* gleichgesetzt, dem „Wunsch, das Leiden der anderen zu lindern", wie es im 3. Kapitel in den vier *Brahmavihāras* des Buddhismus beschrieben wird, wobei dieser Wunsch das Mitgefühl natürlich beeinflusst. Es ist aber auch nicht die emotionsgeladene Definition aus dem Wörterbuch mit den Bedeutungen von Sympathie, Sorge, Mitleid und Erbarmen und der lateinischen Wurzel „Leiden mit anderen", wobei auch sie die Bedeutung des Mitgefühls beeinflussen (Webster's 1961). Und wie wir schon gesehen haben, wird es vom buddhistisch inspirierten psychologischen Konzept des Selbstmitgefühls inspiriert, ist aber damit nicht identisch (Neff, 2003). Diese Idee des Selbstmitgefühls hat drei Komponenten: „(1) sich selbst mit einer Haltung der Freundlichkeit und des Verstehens zu begegnen, statt mit strenger Selbstkritik und Beurteilung; (2) die eigene Erfahrung als Teil der größeren menschlichen Erfahrung zu erkennen, statt getrennt und isoliert; (3) die eigenen schmerzhaften Gedanken und Gefühle in einem ausgeglichenen Gewahrsein zu halten, statt sich zu stark mit ihnen zu identifizieren" (S. 224). Mitgefühl im Kontext des „leeren Curriculums" wird eher als ein größerer, umfassender und weniger emotional aufgeladener Begriff verstanden, der seine Beziehung zu den anderen vier Absichten und die ko-kreierte Beziehung zwischen Lehrer und Teilnehmern reflektiert.

Der protestantische Theologe Paul Tillich (1957, 1963) spricht über die *Liebe* in einer Weise, die wir in der Definition von Mitgefühl für die Achtsamkeitspädagogik hinzuziehen können. Tillich sagt: „Liebe ist der Drang zur Wiedervereinigung des Getrennten" (1963, S. 134). Diese treibende Kraft in Richtung der Vereinigung sieht er als grundlegend an, als Natur des Lebens selbst. Wenn wir uns an diesem Drang ausrichten, könnten wir das als Mitgefühl bezeichnen – wir leiden mit den Getrennten und wünschen uns, die Einheit wiederherzustellen, und tun alles, um das Leiden zu verringern. Übertragen auf das Achtsamkeitscurriculum zeigt sich das besonders klar bei einem Teilnehmer, der das kleine „Ich", das sich in einem bestimmten Ereignis verengt hat, in einem größeren Kontext sehen kann und dieses Ereignis akzeptiert und darin die Einheit des Gewahrseins erkennt. Solch eine Handlung hat oft die Wirkung, das Leiden des Teilnehmers zu verringern, und seine Fähigkeit, mit/in einer Erfahrung zu sein, erweitert sich. Seine wachsende Fähigkeit, mit/in dem zu sein, was gerade auftaucht, macht ihn auch für andere in der Gruppe – und in der Welt – zugänglicher und präsenter. Einfach durch seine größere Fähigkeit, präsent zu sein, und sich seinem eigenen Leiden oder dem Leiden anderer Menschen zuzuwenden, statt sich davon abzuwenden, ist er mitfühlend.

Sollten explizite Übungen zur Kultivierung von Mitgefühl Teil der MBIs sein?

Seit Langem wird in der MBSR-Gemeinschaft eine Diskussion darüber geführt, ob Übungen im Zusammenhang mit Mitgefühl in einen Kurs, bei dem es um die Entwicklung von Achtsamkeit geht, integriert werden sollten. Kabat-Zinn (2005) merkt an, dass er aus pädagogischen und praktischen Gründen zurückhaltend damit war, solche Übungen mit ins Programm zu nehmen, weil sie implizit in allen Unterrichtssessions und Übungen enthalten sind. Und zudem könnte es die Teilnehmer/innen, die nur Achtsamkeit lernen wollen, verwirren, weil es ein Element des *Tuns* mit hineinbringt, weil „... bestimmte Gefühle und Gedanken angesprochen und gewünschte Zustände des Geistes und des Herzens angestrebt werden" (S. 286). Aber Kabat-Zinn befürwortet die maßvolle Vermittlung von Übungen zur Entwicklung von Liebender Güte, weil „die Anleitungen von einer tieferen Ebene betrachtet nur *scheinbar* etwas auslösen. Wenn man tiefer schaut, habe ich den Eindruck, dass sie vielmehr Gefühle offenbaren, die wir tatsächlich schon spüren, die aber so tief verborgen sind, dass es eine ständige Einladung und außergewöhnliche Geduld braucht, um sie zu berühren" (S. 286).
Andere MBSR-Lehrer/innen haben eine solche pädagogische Dissonanz nicht bemerkt oder lehren an Orten, wo schon früh die Einführung von Übun-

gen zur Kultivierung von Mitgefühl angebracht ist. Deshalb haben sie entsprechende Adaptionen des Curriculums entwickelt, die schon in den ersten Wochen des Kurses Übungen der Liebenden Güte und andere Übungen im Zusammenhang mit Mitgefühl beinhalten. Sie berücksichtigen diese Übungen auch regelmäßig bei der kontinuierlichen häuslichen Praxis der Teilnehmer/innen, die von Audioaufnahmen unterstützt werden kann. Um jede Dissonanz zwischen Tun und Sein zu zerstreuen, können die Übungen mit wiederholten Anleitungen begleitet werden, wie zum Beispiel: „Achten Sie darauf, wie es Ihnen jetzt geht im Körper, in Ihren Gefühlen und Gedanken" und „Denken Sie daran, dass Sie (zum Beispiel) Liebende Güte in diesem Augenblick mit allem, was Sie sind, geben können – ob Sie nun gerade Liebende Güte, Wut, Traurigkeit oder irgendeinen anderen Seinszustand spüren". Aus dieser Perspektive können die Teilnehmer/innen gleichzeitig ihre eigene Erfahrung zulassen und eine mitfühlende Absicht verfolgen.

Zwei Bewegungen

Zu Beginn der ersten Kurseinheit leiden die Teilnehmer/innen oft an der Trennung von einem Teil ihrer selbst. Sie sind in ihrer Beziehung zur Erfahrung ihres Lebens eingeengt, und das zeigt sich in unangenehmen Empfindungen im Körper und in unangenehmen Gedanken und Emotionen. Vielleicht versuchen sie durch Mitgefühl mit dieser Trennung und den damit einhergehenden unangenehmen Erfahrungen zu arbeiten. Einige finden heraus, dass sie besonders in den ersten Sessions das Mitgefühl anderer, besonders des Lehrers, brauchen. Sie ziehen Mitgefühl mit einer zentripetalen Kraft an, die es in sie hineinzieht und dabei hilft, ihre Beengtheit zu lockern. Andere Teilnehmer/innen werden erfahren, dass sie Schwierigkeiten haben, das Mitgefühl anderer anzunehmen, und dass sie etwas Erleichterung von ihrer Beengtheit in einer zentrifugalen Bewegung finden, in der sie ihr Mitgefühl mit anderen teilen. Natürlich ist jede Kombination und Abstufung dieser beiden Bewegungen möglich, einschließlich der völligen Verweigerung von Mitgefühl.

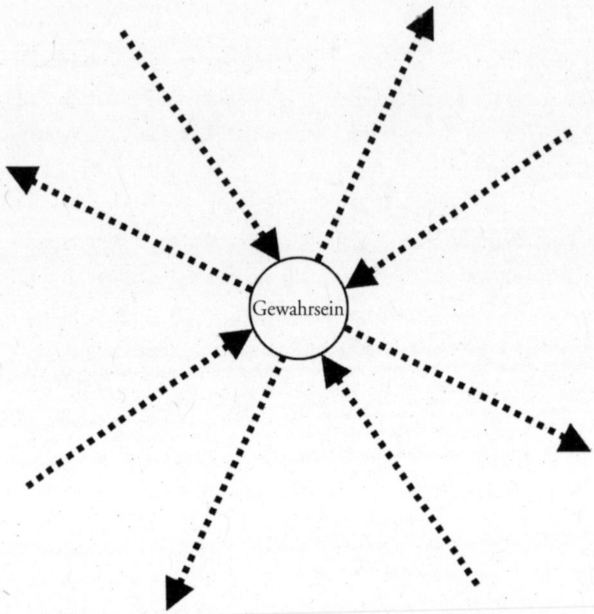

Bild 7.6. Zentripetales und zentrifugales Mitgefühl in den ersten Kurseinheiten. Wenn sich das Gewahrsein um ein Ereignis herum verengt, könnte ein Teilnehmer eine gewisse Erleichterung empfinden, wenn er Mitgefühl bekommt – meist vom Lehrer. Es ist aber auch möglich, dass ein Teilnehmer kein Mitgefühl in sein verengtes „Ich" aufnehmen kann und deshalb Erleichterung darin gefunden wird, anderen Mitgefühl zu geben – was sich oft als ein „In-Ordnung-Bringen" des anderen zeigt. Wie die dünnen gepunkteten Linien anschaulich machen, sind solche Erfahrungen des zentripetalen oder zentrifugalen Mitgefühls in diesem eingeengten Kontext relativ schwach, unregelmäßig und „berühren kaum die Oberfläche" des Leidens.

Die Veränderung

Zentripetale und zentrifugale Bewegungen des Mitgefühls gibt es weiter von Session zu Session, aber im Verlauf der Zeit verändert sich die Qualität jeder Bewegung. In den ersten Kurseinheiten hat die zentripetale Bewegung eine fokussierte und bedürftige Qualität. Sie wendet sich meist an den Lehrer, dessen Sein in vielen Fällen ein etwas offeneres und eins-gewordenes Gewahrsein zeigt, in dem es weniger urteilende Ansichten und eine großzügige Grundhaltung gibt. Deshalb ist der Lehrer mehr für die anderen da, als die meisten anderen Teilnehmer/innen. Gleichzeitig hat die zentrifugale Bewegung aber auch eine ängstliche Qualität. Das Bedürfnis, Erleichterung von der Trennung und der Beengtheit zu finden, kann sich in dem Drang zeigen, persönliche Geschichten zu erzählen, Ratschläge zu geben, kurz andere „heilen" zu wollen. Aus dieser Perspektive können das erweiterte Gewahrsein und die größere Fähigkeit des Aushaltens beim Lehrer frustrierend sein, weil es nicht in den klassischen Rahmen des *Helfens* passt.

Wenn der Kurs fortschreitet und die Teilnehmer/innen in der Lage sind, ihr enges kleines „Ich" zu beobachten und sich zu öffnen, verändert sich die Qualität des Mitgefühls tatsächlich. Mit einer Erweiterung des Gewahrseins, einer Verringerung der begrenzenden Faktoren und der Annäherung an die Akzeptanz können sich die Teilnehmer/innen möglicherweise wieder mit ihrer Erfahrung verbinden. Mit dieser Wandlung verändert sich auch die Qualität des zentripetalen Mitgefühls spürbar. Weil die Beengtheit abnimmt, gibt es eine größere Rezeptivität gegenüber dem Lehrer und den Teilnehmern. Das Neue dabei ist, dass die Teilnehmer/innen nun auch Mitgefühl aus sich selbst schöpfen können, weil das Gewahrsein sich erweitert hat und weil in gewissem Maße eine Wiedervereinigung des Getrennten stattgefunden hat. Und damit geht auch eine Veränderung in der Qualität des zentrifugalen Mitgefühls einher, weil das eingeengte kleine „Ich" sich erweitert und der andere nicht mehr als so weit entfernt, anders und angstauslösend erlebt wird. Es gibt nicht mehr so ein großes Bedürfnis, das kleine „Ich" mit einer Geschichte zu vergrößern, durch Ratschläge Kompetenz zu demonstrieren oder andere „zu heilen". Gleichzeitig transformieren die Präsenz und Authentizität, die durch diese Wiedervereinigung des Getrennten– die nicht mehr so reaktive Beziehung des Teilnehmers mit seiner eigenen Erfahrung – entstehen, alles, was gesagt und getan wird, in etwas Wertvolles und Unterstützendes für die anderen.

Die Teilnehmer/innen, die eine tiefere Einheit erfahren und deren Gewahrsein sich erweitert, bemerken auch, dass andere von ihnen Mitgefühl erhalten. Ein professionelles Beispiel findet sich in den Reflexionen einer Teilnehmerin in einem Achtsamkeitsprogramm für Studenten, in dem die letzte Kurseinheit aus drei Stunden stiller Praxis – einem Kurz-Retreat – bestand:

> *Ich hatte eine wirklich tolle Erfahrung bei der Arbeit. Es war am Tag nach unserem Kurz-Retreat. An diesem Tag erzählten mir beim Test drei Patienten erstaunliche und sehr emotionale Geschichten. Eine Frau, die vor Kurzem eingewandert war, begann zu weinen, als wir über ihre Vergangenheit in ihrer Heimat sprachen. Sie vermisste ihre Heimat, und ihre Familie hat Schwierigkeiten, sich hier einzugewöhnen. … Eine andere Frau erzählte von ihrer behinderten Schwester und dem metastasierenden Krebs ihrer Mutter. … Eine andere Patientin kam vorbei, um mir ihr Neugeborenes zu zeigen. Sie hatte selbst einige Probleme mit ihrer Gesundheit, sah aber sehr gut aus. Sie sagte – oh, das hätte ich fast vergessen –, sie hätte sich gerade von ihrem Mann getrennt. … Die Patienten berichten oft persönliche Geschichten, wenn sie mit mir zusammen sind, aber die Anzahl und Tiefe der Emotionen, die sie an diesem Tag mit mir teilten, waren bemerkenswert. Ich fragte mich, ob ich nach dem Kurz-Retreat offener und präsenter war, so dass es ihnen leichter fiel, sich mir anzuvertrauen. Oder war es einfach ein Zufall?*

Diese Teilnehmerin spürte die zentripetale Kraft des Mitgefühls, und obwohl sie nichts über ihre eigenen Reaktionen sagt, spürt man, dass jemand, der auf diese Erfahrungen achtet, zentrifugal mit Fürsorge reagiert.

Natürlich können diese zwei Bewegungen und diese bedeutsame Veränderung auf viele verschiedene Weisen verstanden und angesprochen werden. Eine Beschreibung, die auf der intra- und intersubjektiven Resonanz basiert, die sich mit jeder Kurseinheit entwickeln und die Gruppe und die individuellen Teilnehmer/innen beeinflussen, wäre zum Beispiel eine andere Möglichkeit, um die gleichen Bewegungen und Veränderungen zum Ausdruck zu bringen.

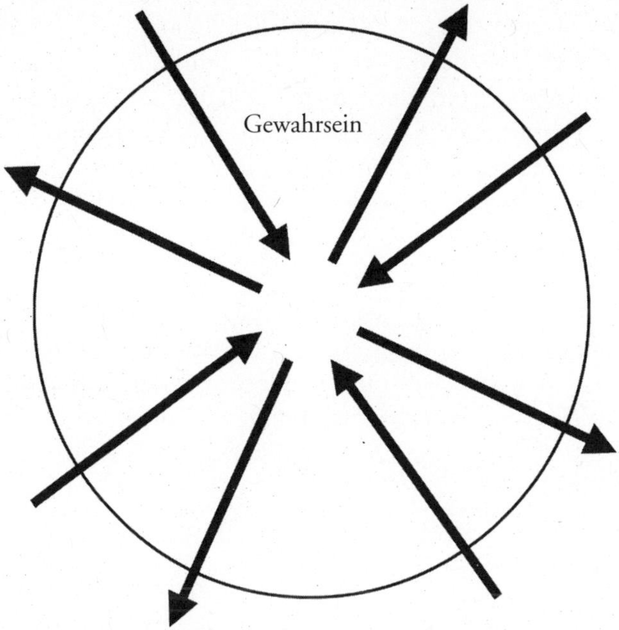

Bild 7.7. *Veränderte Qualität des zentripetalen und zentrifugalen Mitgefühls in späteren Kurseinheiten.* Wenn sich das Gewahrsein erweitert, so dass die Teilnehmer/innen etwas Freiheit haben, um ihre Erfahrung zu beobachten, nimmt das Mitgefühl eine andere Qualität an. Zentripetales Mitgefühl wird nicht mehr so intensiv verlangt und kann vollkommener und kontinuierlicher angenommen werden. Zentrifugales Mitgefühl wird sanfter und aus einem tieferen Verstehen des gemeinsamen Menschseins gegeben. Wie die Grafik zeigt, ist solch ein Mitgefühl wirksamer, stabiler und mehr mit der Erfahrung des gegenwärtigen Augenblicks verbunden.

Überlegungen zum Curriculum

Mitgefühl, besonders in seiner zentripetalen Bewegung, ist in den formalen und informellen Achtsamkeitsübungen und im didaktischen Material, das in den ersten Kurseinheiten des MBSR-Musterprogramms vermittelt wird, ein implizites Thema. Das heißt, die Rolle der Lehrerin in diesen ersten Kurseinheiten macht es offensichtlich, besonders durch Nicht-Urteilen, Großzügigkeit und authentische Empathie. Die zentrifugale Bewegung wird in diesen ersten Wochen am ehesten in der Reflexion zwischen Lehrer und Schüler, dem Gruppendialog und den freundschaftlichen Beziehungen innerhalb der Gruppe erfahren. Wenn sich der Fokus des Curriculums auf die Kultivierung des Beobachtens und die Annäherung an die Akzeptanz verschiebt, vollzieht sich diese Veränderung für viele Teilnehmer/innen. Dadurch können sich auch die begleitende Reflexion und der sprachliche Ausdruck der Praxis dementsprechend verändern, so dass die Möglichkeiten eines größeren zentripetalen Mitgefühls aus dem Inneren des Teilnehmers selbst und mehr zentrifugales Mitgefühl für andere in der Klasse und im Leben der Teilnehmer/innen erforscht werden.

Im MBSR-Musterprogramm des CFM wird eine explizite Praxis der Liebenden Güte zwischen der fünften und siebten Kurswoche eingeführt, oft während der ganztägigen Session. Diese Praxis beinhaltet Wünsche für Glück, Sicherheit, Wohlergehen und innerer Zufriedenheit und ist so gestaltet, dass das Thema des zentripetalen Mitgefühls sehr großzügig angesprochen wird, damit die Teilnehmer/innen es mit einer geringen Reaktivität anschauen können. Eine Version der Praxis der Liebenden Güte, die wir verwenden (9. Übung), gibt den Teilnehmern ganz ungezwungen die Möglichkeit, Absichten der Liebenden Güte auf sich selbst und andere zu richten, egal, in welchem emotionalen Zustand sie sich gerade befinden. In dieser Praxis geht es nicht darum, die eigenen Gefühle zu verändern, sondern darum, sie anzuerkennen und durch sie und mit ihnen Absichten der Liebenden Güte zu formulieren. Dadurch wird sichergestellt, dass wir wirklich unsere ganze Erfahrung akzeptieren. Die Praxis der Liebenden Güte ist oft ein Mittel der Verbindung, das vielen Teilnehmern hilft, ihre persönliche Praxis mit ihren Beziehungen im privaten und beruflichen Leben in Einklang zu bringen. Des Weiteren entdecken sie die Wirkung ihrer eigenen Transformation auf die Familie, ihr soziales Umfeld, den Arbeitsplatz und auf ihr politisches, soziales, ökologisches Bewusstsein und auf ihre Spiritualität.

Außerhalb des MBSR-Musterprogramms integrieren viele MBSR-Lehrer/innen Übungen des Mitgefühls in viel früheren Kurseinheiten. Einige Teilnehmer/innen haben zu diesem Zeitpunkt die Wandlung zu einem erweiterten Gewahrsein und die Annäherung an die Akzeptanz bereits durchlaufen, andere nicht. Aber die Hinzunahme der Übung des Mitgefühls kann eine zusätzliche Erleichterung von der Beengtheit des kleinen „Ich" ermöglichen. Die Vermittlung von Übungen des Mitgefühls ist bei Kursen mit Studenten allgemein üblich – und bei den Teilnehmern sehr beliebt. Im 8. Kapitel finden Sie auch eine Übung des Mitgefühls, die ausdrücklich mit der Beziehung des erweiterten Gewahrseins – der Fähigkeit, offen zu bleiben – arbeitet, um sich der Akzeptanz anzunähern.

Reflexion: Einige Bewegungen und Richtungen des Mitgefühls

In der sechsten Session eines MBSR-Grundlagenkurses; es ist eine gemischte Gruppe mit Teilnehmern aus helfenden Berufen und Patienten. Diese Tatsache gibt dem Dialog eine besondere Bedeutung.

T: Wenn Sie mich heute Morgen gefragt hätten, wie ich mich fühle, hätte ich gesagt, ich fühle mich gut, sogar glücklich. Aber als Sie uns baten zu meditieren und achtsam zu sein, bemerkte ich erst, wie schlecht ich mich fühle.

Es gibt etwas, das mich ärgert, und jedes Mal, wenn ich mich an diesem Wochenende zum Meditieren hinsetzte, gab es viele unangenehme Gefühle. Ich konnte kaum meditieren. Alles, was auftauchte, war unangenehm – viel Traurigkeit und darunter Angst und darunter Verzweiflung. Das spüre ich. Und mit der Wut kämpfe ich am meisten. Es ist schwer, sie in der Meditation auszuhalten. Da ist jede Menge Wut. Und ich erkannte, wie tief nach innen sie geht. Einige meiner eigenen Entscheidungen machten mich wütend. Jemand antwortete nicht auf meine Anrufe und ich spürte Hilflosigkeit. Aber je mehr ich damit in der Meditation verweilte, desto mehr ärgerte ich mich über mich selbst. Es ist schwer, das zuzugeben, aber mit dieser Hilflosigkeit tauchte sehr viel Selbsthass auf.

Es ist witzig, dass ich diese Woche etwas über achtsame Kommunikation gelesen hatte. Verdammt noch mal, ich würde achtsam kommunizieren, wenn er mich anrufen würde. Und ich würde sogar verdammt mitfühlend dabei sein. (Lachen in der Gruppe) Aber ich rief ihn vier Mal an und bekam keine Antwort. Je wütender ich wurde, desto mehr spürte ich, wie tief es nach innen geht und sich gegen mich selbst richtet.

L: Sie spüren jede Menge Emotionen.

T: Oh ja. Es ist schrecklich!

L: Es ist schwer, mit all dem achtsam zu sein.

Anerkennung. Mitgefühl fließt sowohl zentripetal als auch zentrifugal.

T: (Seufzend, weinend; dann, nach einer Zeit der Stille) Ich bin Therapeutin und arbeite mit Menschen, die sich selbst verletzen. Oh Gott, ich verstehe jetzt, warum jemand so was tut. Es ist peinlich, das zu sagen, aber zum ersten Mal überhaupt verstehe ich wirklich, warum sich jemand selbst schneiden würde. Und ich möchte das nicht. …

Authentisches Mitgefühl äußern.

L: Sie spüren solch einen starken Schmerz?

Authentisches Mitgefühl anerkennen.

T: (Weinen) Ja, ich möchte es (den Schmerz) selbst leichter machen, weil es keine andere Erleichterung gibt.

(Weinen, dann) Wenn ich es laut sage, fühle ich mich schon besser.

L: Das ist genau die Frage, die ich Ihnen jetzt gestellt hätte: Wie geht es Ihnen in diesem Augenblick?

T: Es war mir peinlich, aber es ist wirklich wahr. Es ist die Wahrheit und ich fühle mich besser.

(Hört mit dem Weinen auf) Ich fühle mich ruhig. …

L: (Stille, sieht sich in der Gruppe um) Lassen Sie uns für einen Moment meditieren. Anna hat sich sehr authentisch mitgeteilt. Bemerken Sie, was für Sie jetzt auftaucht. Achten Sie darauf, ob Sie es einfach nur bemerken können, ohne etwas zu verändern oder zu tun.

Raum für das Beobachten öffnen.

L: (Nach einer Zeit der Stille): Was bemerken Sie? Was taucht für Sie auf? Sagen Sie spontan ein oder zwei Worte dazu.

Erlaubnis geben. Eine Möglichkeit, sich auszudrücken, sich zu verbinden und das zentripetale und zentrifugale Mitgefühl anzuerkennen.

Gruppe: Mitgefühl … Empathie … Wahrheit … Spannung … Traurigkeit … Menschsein … Verbundenheit …

L: Anna, wie geht es Ihnen jetzt? Was bemerken Sie?

T: Erleichterung … Dankbarkeit. … Ich bin müde und etwas erschöpft. … Und in diesem Augenblick geht es mir gut.

8 Praxis-Skripte und Beschreibungen

Dieses Kapitel präsentiert Skripte für verschiedene Übungen, einschließlich der Kernübungen der Achtsamkeitsbasierten Stressreduktion (MBSR) und Übungen, die sich den Lehrabsichten aus verschiedenen Perspektiven nähern. Dies sind spezifische Ausdrucksformen der „entleerten" Bewegungen und Gesten der Lehrabsichten, die aus unserer eigenen Authentizität, Autorität und Freundschaft kommen. Wenn das 7. Kapitel die Wasserspuren am Ufer oder die Gezeitenlinie der Absichten beschrieben hat, dann sind die Übungen dieses Kapitels die Objekte, die wir an diesen Linien finden können: ein Stück Treibholz, eine schöne Muschel, ein geschliffenes Stück Glas. Sie sind genauso konkret und einzigartig. Vielleicht erschließt sich ihr Nutzen, wenn wir daran denken, wie so ein Stück Treibholz von einem Künstler genutzt werden könnte: Er nimmt es mit nach Hause, schaut es genauer an und macht dann daraus einen Kunstgegenstand. Nutzen Sie diese Beispiele zur Inspiration, nicht zur Imitation. Spüren Sie die Gesten, die sich an den Rändern zeigen, aber folgen Sie ihnen nicht.

Übungen zur Erfahrung neuer Möglichkeiten

1. Übung: Aufmerksam sein – Ein Spiel

Ungefährer Zeitrahmen: 15–20 Minuten

Diese Übung kann eine gemeinsame Erfahrung vermitteln, die leicht in einen Dialog über Achtsamkeit übergehen kann. Für die grundlegenden Gesten in den Einzeldialogen und in den Versuchen zur Einbeziehung der ganzen Gruppe gibt es unzählige Variationen.

Diese Praxis wird als Meditation angeleitet – und sie kann ganz schön wild werden. Die Beschreibung, die hier gegeben wird, ist tatsächlich nur ein Ausschnitt aus dem, was damit getan werden kann. Das „Ziel" des Lehrers besteht darin, Anleitungen zu improvisieren, die die Erwartungen und Erfahrungen der Teilnehmer/innen zwischen Ordnung und Chaos, Freude und Frustration, oder was auch immer sonst in der Gruppe auftaucht oder sich dem Lehrer anbietet, hin-und herspringen lassen. Die Verwendung einer einladenden Sprache ist wichtig, genauso wie die Verwendung einer Klangschale oder einer anderen Methode, um im Chaos der Gruppe die Aufmerksamkeit auf sich ziehen zu können.

Den Stuhlkreis auflösen, bevor er benutzt wurde und das Gesetz der Vergänglichkeit benennen.
Die Teilnehmer/innen in den körperlichen Kontakt mit etwas möglicherweise

Beginnen Sie damit, im Raum so viel Platz wie möglich freizumachen, bringen Sie eventuell alle Stühle an den Rand. Dann können Sie jedem Teilnehmer einen Spielball geben – egal, was für einen, es kann ein schwerer Gummiball, ein leichter Wasserball, ein Fußball oder ein Tennisball sein, das hängt von den Kindheitserinnerungen des Lehrers, den zugänglichen Möglichkeiten oder der Höhe des Budgets ab.

Angenehmem, aber ganz sicher Unerwartetem bringen.

Die Anleitung zu diesem Zeitpunkt kann ungefähr so lauten: „Achten Sie darauf, wie es Ihre Erfahrung, Ihren Körper, Ihr Denken und Fühlen verändert, wenn Sie den Ball in Händen halten. Vielleicht ist das ein Teil Ihrer Geschichte … von Siegen … oder Traurigkeit … oder peinlichen Situationen. … Seien Sie sich einfach dessen bewusst, was es mit Ihnen macht."

Die enorme Spannbreite möglicher Erfahrungen anerkennen und das Dreieck des Gewahrseins einführen.

Dann können Sie die grundlegenden Regeln bestimmen: „Das wird nicht unbedingt ein ruhiges Experiment werden, aber versuchen Sie bitte, nicht zu reden. Beschränken Sie sich auf die nonverbale Kommunikation. Folgen Sie den Anleitungen so gut, wie Sie sie verstehen. Von Zeit zu Zeit werde ich eine Klangschale erklingen lassen. Wenn Sie das hören, halten Sie einfach dort inne, wo Sie gerade sind … und bringen Sie Ihre Aufmerksamkeit auf das, was in Ihnen spürbar ist. … Vielleicht schließen Sie die Augen, wenn Ihnen das hilft und sich im Moment angenehm anfühlt. Wenn Sie wieder einen Klang hören, fahren Sie einfach mit der Übung fort.

Einen Flow verschiedener Zustände von Körper und Geist begleiten.

Beginnen Sie die Übung, indem Sie die Teilnehmer/innen bitten, beliebig im Raum umherzulaufen, und erklären Sie, dass sie jedes Mal, wenn sie Augenkontakt haben, den Ball mit dem Gegenüber austauschen sollen und sich dann weiterbewegen. Wenn die Teilnehmer/innen einen Rhythmus gefunden haben, verändern Sie die Anleitung alle ein bis zwei Minuten, indem Sie sie bitten, die Übergabe anders zu vollziehen. Zum Beispiel: „Übergeben Sie den Ball … aus der Ferne … aus der Nähe … in einer formellen Weise … in einer informellen Weise … ungewöhnlich … über einen hohen Zaun … ohne jemanden zu sehen … einhändig … hinter dem Rücken …“ Erinnern Sie sich daran, dass das eine Improvisation ist, und nehmen Sie deshalb wahr, was in der Gruppe geschieht, und verändern Sie die Anleitungen, um die aktuelle Handlung, Geschwindigkeit, Stimmung, oder was immer Ihre Aufmerksamkeit und Neugier auf sich zieht, zu verstärken oder eine entgegengesetzte Richtung einzuschlagen.

Die Aufmerksamkeit der Teilnehmer/innen von der äußeren zur inneren Aktivität verschieben. Wieder das Dreieck des Gewahrseins erforschen.

Immer wenn sich die Teilnehmer/innen in Zuständen befinden, die sie für eine vertiefte Untersuchung interessant finden, schlagen Sie die Klangschale und richten Sie die Aufmerksamkeit der Teilnehmer/innen auf das, was im Moment geschieht: „Kommen Sie zur Ruhe und richten Sie Ihre Aufmerksamkeit auf die Energie im Raum; wie fühlt sich diese jetzt an? … Und wenn sie sich angenehm anfühlt, schließen Sie die Augen und stimmen Sie sich auf den Körper ein: Wie geht es Ihnen dabei? … Achten Sie auf den Atem … möglicherweise die Herzfrequenz. … Achten Sie auf das Denken – nicht so sehr auf den Inhalt, sondern auf die Geschwindigkeit, Dichte und Qualität der Gedanken … und achten Sie auf die Gefühle – Wie fühle ich mich jetzt?“

Schlagen Sie die Klangschale noch einmal und bitten Sie die Teilnehmer/innen, die Übung fortzusetzen. In einem dieser Wechsel können Sie die Anleitung so verändern, dass Sie in etwa sagen: „Machen Sie die Übergabe genau.“ Damit geben Sie den Teilnehmern die Möglichkeit, nach einer Pause und innerer Reflexion das Potenzial größerer Klarheit zu erfahren.

Beziehungen neu ordnen.

Wenn die Übung zur Routine wird – oder besser noch vorher – können Sie die Teilnehmer/innen bitten, in Gruppen von sechs bis zehn Leuten zusammenzukommen, was von der Gruppengröße abhängt. Vielleicht finden Sie eine interessante Improvisation, um die Gruppe aufzuteilen, oder Sie machen einfach eine zufällige Aufteilung. Lassen Sie jede Gruppe einen Kreis bilden, und bitten Sie alle Teilnehmer/innen außer einem, ihre Bälle abzulegen. Dann kann dieser eine Ball zu irgendjemandem aus der Gruppe geworfen werden. Derjenige, der den Ball fängt, sagt dann seinen Namen und wirft den Ball jemand anderem zu. Wenn sich ein Rhythmus entwickelt, können Sie von Gruppe zu Gruppe gehen und einer anderen Person einen der Bälle geben, die auf dem Boden liegen, damit mehr Bälle ins Spiel kommen. Lassen Sie die Gruppen herausfinden, wie viele Bälle sie ins Spiel bringen können. Das kann ziemlich chaotisch werden – und Spaß machen.

Schlagen Sie die Klangschale in einem chaotischen Moment. Sie werden wissen, wann ein guter Zeitpunkt ist. Und reflektieren Sie wie vorher und gehen Sie unter Verwendung des Dreiecks des Gewahrseins von der äußeren zur inneren Erfahrung. Dann lassen Sie die Gruppe wieder weitermachen und bitten Sie sie, jetzt auch den Namen der Person zu sagen, der sie den Ball zuwerfen. Fügen Sie im Verlauf der Übung weitere Bälle hinzu. Schlagen Sie die Klangschale, lassen Sie Ruhe einkehren und geben Sie die Möglichkeit zur Reflexion.

Eventuell den Unterschied zwischen fließender körperlicher Erfahrung und einer von Gedanken und Urteilen

Verändern Sie die Übung noch einmal, und erlauben Sie den Teilnehmern, nun zu sprechen, und bitten Sie sie, einen Weg zu finden, um alle Bälle im Spiel zu haben – aber sie dürfen den Ball nicht einfach nur ihrem Nachbarn geben.

dominierten Erfahrung aufzeigen.

Wenn die Teilnehmer/innen miteinander verhandeln, schlagen Sie wieder die Klangschale, lassen Sie sie zur Ruhe kommen und geben Sie die Möglichkeit, die Erfahrungen im Körper, in den Gedanken und Emotionen wahrzunehmen.

Besonders die Themen neu geordnete Beziehungen, radikale Neudefinitionen und transformative Orientierungen reflektieren.

Verändern Sie ein letztes Mal die Übung und bewegen Sie sich von der Dominanz des Denkens und Urteilens weg. Erlauben Sie den Teilnehmern, dass sie den Ball einfach an den Nachbarn weitergeben, damit sich die Bälle im Kreis bewegen. Wenn alle Bälle in Bewegung sind, bitten Sie die Teilnehmer/innen Variationen zu finden, wie zum Beispiel eine höhere Geschwindigkeit, größere Präzision, vollkommenes Chaos – Sie können dann in den Gruppen das, was Ihre Aufmerksamkeit anzieht, verstärken oder in eine andere Richtung lenken. Schlagen Sie wieder die Klangschale, lassen Sie Ruhe einkehren und reflektieren Sie. Dann können Sie den Stuhlkreis wieder zusammenbringen und einige Zeit im Dialog darüber verbringen, was die Teilnehmer/innen in Bezug auf die individuelle Erfahrung und die Erfahrung in der Gruppe bemerkt haben.

2. Übung: Brunnenmeditation (aus dem Unterricht von Saki Santorelli, EdD)

Ungefährer Zeitrahmen: 10 Minuten

Das ist eine geführte Kontemplation, für die keine Einführung in die Achtsamkeit nötig ist. Für sich allein ist sie als eine Erfahrung zum Beginn der ersten Kurseinheiten nützlich. Die Informationen, die für die Teilnehmer/innen durch eine wiederholte Frage zugänglich werden, berühren oft tiefe menschliche Sehnsüchte und Sorgen. Im Dialog nach der Kontemplation zeigen sich oft die gleichen Themen, und Beziehungen werden neu geordnet. Man hat den Eindruck, dass die geteilte menschliche Erfahrung im Vordergrund steht und dass Alter, Geschlecht, Rasse, Diagnose und professionelle Identität in den Hintergrund treten.

Die Erlaubnis geben, dass bei der Übung Bilder verwendet werden können.

Wir sitzen in einer angenehmen Haltung und richten unsere Aufmerksamkeit auf den Körper. … Wir spüren die Unterstützung durch den Boden unter uns. … Wir achten auf unseren Atem, dort wo wir ihn momentan am lebendigsten spüren, dabei strömt die Luft durch die Nasenlöcher ein und aus … und die Brust und der Bauch heben und senken sich. Wir folgen einfach unserem Atem von Augenblick zu Augenblick.

Die Frage wiederholen

Wenn Bilder für Sie hilfreich sind, können Sie sich einen tiefen Brunnen vorstellen … und neben dem Brunnen einen Kieselstein. … Sie heben den Kieselstein auf und spüren ihn in Ihrer Hand. … Der Kieselstein bringt eine Frage … und wenn Sie bereit sind, dann werfen Sie bitte den Kieselstein mit seiner Frage in den Brunnen. … „Warum sind Sie hier?" … Bitte achten Sie darauf, welche Antwort heraufplätschert". Sitzen Sie in der Stille und hören Sie.

Die Frage wiederholen. Möglichkeit für radikale Neudefinitionen, andere Antworten, als sie ursprünglich „dachten".

„*Warum sitzen Sie hier in diesem Seminar?*" … Sitzen in Stille.

„Und wenn nun der Kieselstein tiefer ins Wasser sinkt, achten Sie darauf, ob sich auf diese Frage *Warum sind Sie hier?* noch andere Antworten aus diesem tieferen inneren Ort bemerkbar machen."

Für Einführungen und für das Mitteilen der Antworten vorbereiten – „soviel, wie Sie mitteilen möchten".

„Und wenn Sie bereit sind, bringen Sie Ihre Aufmerksamkeit wieder zum Atem zurück … achten Sie einfach auf das Ein- und Ausatmen … und spüren Sie den Körper, wie er hier sitzt. … Und wenn Sie bereit sind, können Sie Ihre Augen öffnen …"

Praktiken zur Entdeckung der Körperlichkeit

3. Übung; Körper-Scan

Ungefährer Zeitrahmen: Einführung: 3 Minuten, Übung: 25 Minuten

Dies ist ein Skript für die Audioaufnahme dieser zentralen Praxis des MBSR-Curriculums und vieler Interventionen, die die Unterrichtsvorlage von MBSR benutzen. Innerhalb der Forschung, die MBSR als Intervention benutzt, beginnt diese Praxis vorzugsweise mit den Füßen und bewegt sich dann zum Kopf. Die Version, die wir hier vorstellen, beginnt mit dem Kopf. Aber diese Übung kann im Prinzip überall begonnen oder beendet werden, und es gibt viele Möglichkeiten, sich durch den Körper zu bewegen. Man kann sich zum Beispiel von Bereich zu Bereich bewegen; oder erst die eine dann die andere Seite untersuchen; oder einem Kreis oder Ring folgen, der sich um den Körper zieht und der sich fortschreitend nach unten oder oben bewegt. All diese Möglichkeiten können in bestimmten Momenten im Unterricht nützlich sein, je nach der Absicht, die wir dabei verfolgen. Die Absicht bei dieser Version besteht darin, das „Entdecken der Körperlichkeit" effektiv zu initiieren und zu unterstützen.

Einführung

Das ist die Aufnahme eines achtsamen Körper-Scans, die Sie regelmäßig benutzen können, um eine aktive und kraftvolle Wirkung auf Ihre eigene Gesundheit und Ihr Wohlbefinden zu erfahren.

Am besten ist es, wenn Sie während des Hörens – und der Übung, die in dieser Aufnahme beschrieben wird – an einem bequemen Platz sind, wo Sie sich sicher und geschützt fühlen und nicht unterbrochen werden. … Sehen Sie diese Zeit der Übung als eine Möglichkeit, sowohl *allein* als auch *in tiefer Begegnung mit sich selbst* zu sein. … Es ist eine Möglichkeit, sich zu stärken und sich dem

Potenzial von innerer Stärke und Heilung zu öffnen und es zu erfahren.

Eine radikale Neudefinition, die Körperlichkeit den kognitiven, verbalen Prozessen vorzieht.

Unsere Kultur zwingt uns dazu, so viel Zeit unseres Lebens in den Gedanken und in unserem Kopf zu verbringen, dass wir manchmal vergessen, dass der *ganze Körper* fühlt und weiß … und dass es eine Weisheit jenseits der Worte gibt. Wir haben vielleicht Gewohnheiten entwickelt, die die Möglichkeiten, unsere eigene Lebendigkeit zu fühlen, ignorieren, verringern oder vollkommen verhindern. … Der Körper-Scan ist eine Möglichkeit, um den Körper intensiver zu spüren – dieses wunderbare Spürinstrument, das Sie mit sich selbst, mit der Welt und anderen verbinden kann. … Diese Übung bietet die Gelegenheit für die sanfte Erforschung jedes *gegenwärtigen* Moments.

Nicht-Urteilen hervorheben. Möglichkeiten anbieten.

Die Möglichkeit, körperliche Erfahrungen tiefer zu untersuchen, kann sehr hilfreich sein. … Sie können beginnen zu spüren, was sich gut anfühlt, was Sie meiden, wann Sie sich verspannen und wann Sie sich Raum geben können. … Es ist eine Zeit, um einfach Ihre Erfahrung zu *sein* … einfach zu *sein,* wie Sie sind … ohne zu kritisieren und zu urteilen, ohne Wünsche oder Versuche, die Erfahrung in irgendeiner Weise zu verändern. … Obwohl viele Menschen es vorziehen, den Körper-Scan auf dem Rücken liegend zu üben, kann der Körper-Scan in jeder Haltung geübt werden, liegend oder sitzend … auf dem Boden, auf einem Bett oder auf einem Stuhl … wirklich wichtig ist Ihre Präsenz im Augenblick. Wirklich wichtig ist, dass Sie sich entscheiden, wirklich für das da zu sein, was gerade *jetzt* geschieht.

Die Körper-Scan Übung

Wir liegen auf dem Rücken, unsere Arme und Hände an der Seite, die Beine gestreckt … oder mit gebeugten Knien und den Fußsohlen auf dem Boden, wenn das bequemer ist … oder wir sitzen in einer entspannten Haltung in einem Stuhl … und wir entscheiden uns, uns zu erlauben, in diesem Augenblick genau der zu sein, der wir sind. …

Den Atem und seine wohltuenden Möglichkeiten erfahren.

Wir spüren sanft unseren Atem … der Atem ist solch ein grundlegendes Merkmal des Lebens, das wir oft ignorieren … wir nehmen uns jetzt also Zeit für den Atem … wir spüren wirklich die Empfindungen, wenn der Atem in seinem eigenen Rhythmus in den Körper strömt und ihn wieder verlässt. … Wir erlauben dem Atem seinem eigenen Kreislauf von Ein- und Ausatmen zu folgen, ohne ihn zu kontrollieren. … Wenn wir wollen, können wir unsere Aufmerksamkeit auf den Bauch, den unteren Bauchraum richten und das Heben und Senken im Wechsel des Atems spüren. … Wenn wir möchten, können wir unsere Hände auf den Bauch legen. … Wir spüren die Bewegung des Atems, den Rhythmus, die Atemwellen. … Wir lassen uns einfach im gegenwärtigen Augenblick auf den Wellen unseres Atems treiben.

Einen sicheren Zufluchtsort anbieten.

Wenn wir diesem Körper-Scan zuhören und die Körperempfindungen irgendwann zu unangenehm werden, oder Emotionen auftauchen, die zu schwierig sind, ist es gut, zu wissen, dass wir immer zum Atem als einem sicheren Ort zurückkommen können, einem Ort der Zuflucht, einem Rückzugsort, an dem wir uns ausruhen können, bis wir wieder bereit sind, den Körper-Scan fortzusetzen … egal, wo die Audioaufnahme dann sein sollte.

Wie weit können wir den Atem spüren?

Wenn wir unsere Hände auf den Bauch gelegt haben, nehmen wir sie herunter und richten unsere Aufmerksamkeit auf den Scheitel des Kopfes. ... Wir achten darauf, dass sich Empfindungen einstellen können, wenn wir die Aufmerksamkeit auf einen bestimmten Punkt richten ... vielleicht ein Kribbeln, vielleicht Druck, vielleicht ein Gefühl für den Atem oder den Puls, die diesen Bereich beeinflussen ... oder vielleicht gibt es keine Empfindung – auch das ist in Ordnung, das ist einfach unsere Erfahrung in diesem Moment.

Und wenn wir bereit sind, bringen wir unsere Aufmerksamkeit zur Stirn. ... Wir beobachten alle Empfindungen ... vielleicht angespannte Stirnfalten oder ein Kribbeln oder ein entspanntes Gefühl. ... Wir erlauben uns, das zu fühlen, was wir gerade fühlen.

Reflexion mit Licht und Atem.

Jetzt bewegen wir unsere Aufmerksamkeit von der Stirn zu den Augen und Augenlidern. ... Wir achten darauf, wie wir sie halten. ... Wie viel oder wie wenig Druck ist nötig, um sie geschlossen zu halten? Wir erfahren die Augen von innen, hinter den Augenlidern ... sind die Augäpfel ruhig oder bewegen sie sich? Ist es dunkel? Hell? Gibt es Farben? Wie wirkt der Atem in diesem Bereich?

Die Aufmerksamkeit vom Inneren zum Äußeren des Körpers verschieben.

Wenn es sich für uns richtig anfühlt, dann richten wir unsere Aufmerksamkeit auf die Wangen. ... Wir spüren die Knochen, die Muskeln, die Haut der Wangen ... wir achten auf das Spiel der Luft, Empfindungen von Kühle oder Wärme. ... Wir bemerken vielleicht, dass einige Empfindungen eine Weile bleiben, während andere schnell vorübergehen ... und dass sich die Intensität in der einen oder anderen Weise verändert, wenn wir unsere Aufmerksamkeit darauf richten. … Jetzt richten wir unsere Aufmerksamkeit auf die Nase, von der Mitte bis zu den Rändern der Nasenlöcher. … Vielleicht spüren wir den Atem, wie er durch die Nasenlöcher ein- und ausgeht … wir bemerken die Temperatur, Feuchtigkeit, möglicherweise die Empfindungen an der Oberlippe. …

Interozeption des „Echos" der Bewegungen des Kiefers fördern.

Wie bewegen die Aufmerksamkeit nun zum Kiefer … und sind uns der Anspannung oder Entspannung bewusst. … Wir erlauben dem Unterkiefer, sich etwas nach unten zu bewegen und wir achten auf alle Veränderungen der Empfindungen in den Gesichts- und Nackenmuskeln oder in anderen Teilen des Körpers, die durch diese kleine Bewegung entstehen können. … Dann erweitern wir den Fokus unserer Aufmerksamkeit auf den Mund und die Lippen … auf das Innere des Mundes, auf die Empfindung der Zunge an den Zähnen und in der Mundhöhle. … Wenn wir möchten, können wir durch die Nase einatmen und durch den Mund ausatmen. … Dabei können wir beim Ausatmen mit der Luft spielen. … Wir beobachten die Empfindungen von Feuchtigkeit, Trockenheit, Wärme oder Kühle …

Sich von Konzepten zur direkten Erfahrung bewegen.

und wir erweitern die Aufmerksamkeit, so dass sie das gesamte Gesicht umfasst … kein Bild unseres Gesichts in unserem Geist, sondern wir spüren wirklich die Empfindungen in dem Bereich, den wir als Gesicht bezeichnen. … Was spüren wir dort? … Wir können uns auch aller Gedanken und Emotionen bewusst werden … und wenn Gedanken oder Emotionen auftauchen, erlauben wir ihnen einfach, in unsere Aufmerksamkeit zu kommen und vorbeizuziehen, wie Wolken am Himmel.

Wir bringen die Aufmerksamkeit nun zum Nacken. … Wir spüren, wie sich die großen Muskeln im hinteren Bereich des Nackens anfühlen, von der Schädelbasis bis zu den Schultern … bis zur Kehle. … Möglicherweise spüren wir das Spiel der Luft oder die Berührung der Kleidung … und wir sind in dieser Erfahrung ganz präsent. …

Der Atem dient zur Navigation.

Jetzt bewegen wir uns zu den Schultern und spüren, wie es ihnen in diesem Augenblick geht. Gibt es irgendeine Anspannung oder Entspannung? Wir erkennen, dass das einfach *jetzt* der augenblickliche Zustand ist … wir akzeptieren es und wissen, dass es nicht anders sein muss, als es ist … und wir wissen auch, dass sich die Gegebenheiten ändern können. … Wir achten darauf, ob wir den Atem in den Schultern spüren können. … Wie viel unseres Körpers wird vom Atem beeinflusst?

Nun erlauben wir unserer Aufmerksamkeit sich zum oberen und mittleren Rücken zu bewegen. … Wir spüren die Muskeln, und ob sie angespannt oder entspannt sind … wir sind uns möglicherweise der Empfindungen des Gewichts des Körpers an dieser Stelle bewusst … wir spüren den Druck gegen den Boden oder die Lehne des Stuhls, wir fühlen die Beschaffenheit der Kleidung … und wir achten darauf, wie sich der Atem in diesem Bereich bewegt. …

Schwerkraft dient zur Navigation und für die Präsenz in angenehmen und unangenehmen Momenten.

Wir bringen nun unsere Aufmerksamkeit zum unteren Rücken, zum Gefühl des Kontaktes oder fehlenden Kontaktes zum Boden oder zum Stuhl, dem Gefühl des Nachgebens oder Widerstandes gegenüber der Schwerkraft, wir spüren jede Anspannung oder Entspannung. … Wir achten auf jede Tendenz, eine Empfindung, einen Gedanken, ein Gefühl oder ein Urteil, die auftauchen mögen, abzulehnen oder davon angezogen zu werden … und wir erinnern uns daran, dass das einfach der Zustand unseres unteren Rückens in diesem Augenblick ist. …

Sich von Konzepten und Sprache wegbewegen.

Und wir erfahren nun den ganzen Rücken, von den Schultern bis zur Basis der Wirbelsäule. … Wir sind uns der subtilen und gröberen Bewegungen beim Atmen bewusst … wir verweilen in den Empfindungen unseres Rückens und beobachten ihn nicht mit dem Kopf … wir wissen nun einfach das, was unser Rücken weiß. …

Schwerkraft und Atem.

Jetzt gehen wir zu den Armen … zu den Ober- und Unterarmen. … Wir spüren den Zug der Schwerkraft und das Gewicht der Arme … wir spüren die Muskeln und Gelenke, die Berührung und den Stoff der Kleidung … und wir erweitern unsere Aufmerksamkeit auf die Handgelenke und die Hände. … Wir spüren Wärme oder Kühle, Kribbeln, ob unsere Hände feucht oder trocken sind. … Welche Wirkung hat der Atem auf die Arme und Hände? Können wir hier den Puls spüren? Wir sind einfach mit dem gegenwärtig, was im Augenblick da ist. …

Interozeptive Möglichkeiten erforschen.

Und wenn wir bereit sind, bewegen wir unsere Aufmerksamkeit zur Brust … wir sind uns unserer Lungen und unseres Herzens in diesem Bereich bewusst. … Vielleicht spüren wir nach innen und merken, wie sich die Lungen füllen und leeren. … Möglicherweise achten wir auf den Herzschlag, den Rhythmus des Herzens zusammen mit dem Atem … wir sind uns dieser Empfindungen des Lebens bewusst … und wir spüren die Hautoberfläche, die Berührung der Kleidung, jedes Gefühl von Bewegung. …

Die Möglichkeiten der Interozeption explizit machen.

Und nun erweitern wir unsere Aufmerksamkeit in den Bauchraum und spüren erst das Innere des Bauches … den Ort, wo unser Bauchgefühl lokalisiert ist – es gibt hier wirklich Nerven, die spüren und wissen –, und wir spüren die Bewegung des Zwerchfells, das Gefühl des Atems im Bauchraum. …

Schwerkraft und Atem nutzen, um in einer potenziell unangenehmen physischen oder psychologischen Situation die Orientierung zu bewahren.

Und wenn es sich richtig anfühlt, dann bringen wir die Aufmerksamkeit in den Beckenbereich, von einer Hüfte zur anderen. … Wir werden uns der Wirkungen der Schwerkraft bewusst, des Gewichts des Unterkörpers … wie das Gesäß zum Boden oder auf den Stuhl drückt und was wir in den Hüftgelenken spüren. … Wir spüren die Leistengegend, die Genitalien … den unteren Bauchbereich … und wir stimmen uns in die Empfindung des Atems und in den Puls in diesem Bereich ein. … Wie weit reichen sie? Und wir bemerken die Gedanken und Gefühle, die auftauchen … wir sind uns unserer Urteile bewusst, und wenn es für uns möglich ist, lassen wir sie gehen. …

Dann richten wir unseren Fokus auf die Oberschenkel … wir sind uns der Wirkung der Schwerkraft bewusst, des Drucks gegen den Boden oder auf den Stuhl, des Gefühls der Kleidung auf der Haut und dann spüren wir nach innen … und spüren die Muskeln, wie angespannt oder entspannt sie sind. … Können wir den Knochen spüren?

Lebendigkeit.

… Und wir erweitern die Aufmerksamkeit auf die Unterschenkel, die Waden und die Schienbeine. … Wir bemerken Punkte des Kontakts oder fehlenden Kontakts mit dem Boden oder dem Stuhl, wir sind uns der Schwerkraft bewusst und spüren, wie lebendig unsere Beine sind – wie wirkt der Atem auf sie? Was ist mit dem Puls – können wir das Strömen des Blutes spüren?

Wenn wir bereit sind, erforschen wir weiter … die Füße … wir spüren, wo sie sind, den Boden, vielleicht ein Gefühl für die Temperatur … Wärme oder Kühle … ein Gefühl des Atems oder vielleicht des Herzschlags?

Der Trost der Schwerkraft und des Atems.

Und nun erweitern wir unsere Aufmerksamkeit, so dass sie den ganzen Körper von den Fußsohlen zum Scheitel des Kopfes umfasst. … Wir sind uns hier in diesem Augenblick der Ganzheit der Erfahrung des Sitzens oder Liegens bewusst. … Vielleicht spüren wir den Atem – und wir sehen, dass er unser ständiger Begleiter war und wie er den ganzen Körper zusammenbringt … so wie auch der Puls, der Herzschlag. … Wir spüren die Schwerkraft, das Gefühl sanft gehalten zu werden, nah und unablässig … wir verweilen in den Gefühlen des Körpers … im Wissen des Körpers. …

In den letzten Momenten dieses Körper-Scans geben wir uns selbst Anerkennung, weil wir uns die Zeit und Energie genommen haben, uns selbst in dieser Weise zu unterstützen … weil wir weiterhin Entscheidungen treffen werden, um ein gesünderes, erfüllenderes Leben zu leben … und wir wissen, dass wir dieses Gewahrsein für die tiefe Weisheit unseres Körpers über diese Übung hinaustragen können in jeden Augenblick des Tages, wo auch immer wir gerade sind.

4. Übung: Yoga auf dem Boden (Skript für die Aufnahme)

Ungefährer Zeitrahmen: Einführung: 2 Minuten; Übung: 25 Minuten

Das ist ein Skript für die Audioaufnahme einer achtsamen Hatha-Yoga-Übung, wie sie im MBSR-Curriculum empfohlen wird. Obwohl viele Bewegungsübungen leicht als Achtsamkeitspraxis vermittelt werden können, ist Hatha-Yoga nach unserer Erfahrung am besten, um die Absicht der Entdeckung der Körperlichkeit zu erfüllen. Die Teilnehmer/innen finden schnell eine Verbindung zu ihrem Körper und in vielen Fällen erleben sie dabei Freude. Wichtig bei der Vermittlung der Praxis ist die Großzügigkeit, mit der sie vermittelt wird. Sie wird mit dem Ziel angeboten, den Körper in Bewegung zu erforschen, ohne Erwartungen, einen objektiven Standard zu erreichen oder seine „Leistung" oder Fähigkeiten zu verbessern – Ideen, die die Teilnehmer/innen vielleicht in den oberflächlichen Vorstellungen über Hatha-Yoga in der Mainstream-Kultur gehört haben.

Einführung

Das Schema des Dreiecks des Gewahrseins aktivieren.

Dieses Programm des sanften Yoga-Stretchings ist eine Einladung, tiefer in das Leben des Körpers einzudringen … den Geist und den Körper als eines, als eine Einheit, zu erfahren … sie zusammenzubringen, wie die Bedeutung des Wortes Yoga – Joch oder Verknüpfung – suggeriert. Und wie bei allen Achtsamkeitsübungen geht es beim Yoga um Aufmerksamkeit für die Empfindungen, Gedanken und Gefühle, die in jedem Augenblick in unserem Gewahrsein auftauchen. …

Großzügigkeit.

Die Bewegungen in diesem Programm sind so gestaltet, dass sie auf dem Boden geübt werden können, wo eine Yogamatte oder eine Decke einen bequemen Untergrund bieten. … Wenn es schwierig ist, auf dem Boden zu üben, können Sie ein Bett verwenden – vorzugsweise eines mit einer festen Matratze. …

Alternativen anbieten.

Wenn Sie dieses Programm üben, sollten Sie so tief wie möglich und ohne zu urteilen in die Erfahrung des Körpers eindringen. … Hier geht es nicht darum, eine bestimmte Leistung zu bringen, die Bewegungen in irgendeiner idealen Weise für ein kritisches Publikum vorzuführen. … Stattdessen üben wir sie, um uns enger mit dem Körper zu verbinden und ihn besser zu verstehen. … Wir forcieren die Bewegungen nicht, sondern entspannen uns in sie hinein. … Nehmen Sie keinen Teil des Programms an, der für Sie unangemessen erscheint, nutzen Sie stattdessen das Wissen Ihres eigenen Körpers und seiner Grenzen, um Sie zu führen und die Anleitungen wenn nötig nicht zu beachten, oder die Bewegungen so anzupassen, dass sie für Sie funktionieren. … Oder Sie lassen sie ganz weg und stellen sich vielleicht nur vor, wie Sie die Übung ausführen, und fühlen sie in der Stille, was an sich schon eine wertvolle Praxis ist. …

Yoga-Übung auf dem Boden

Beginnen wir in der Ruhehaltung. … Wir liegen auf dem Rücken … und erlauben so viel wie möglich vom Körper mit dem Untergrund Kontakt zu haben, vom Kopf zu den Fersen. … Wenn wir Schwierigkeiten mit dem unteren Rücken haben, können wir die Knie beugen und die Fußsohlen auf den Boden stellen, so als würden wir stehen. … Dann richten wir die Schultern, Hüften und Füße so aus, dass die Wirbelsäule gerade ist. … Wenn wir möchten, können wir den Kopf leicht anheben und das Kinn etwas anziehen und den Kopf wieder absetzen … wir bemerken die Empfindung der geraden Wirbelsäule … wir spüren die gerade Wirbelsäule von der Schädelbasis bis hinunter zur Leiste. … Die Beine sind etwas auseinander, die Füße fallen leicht nach außen … die Arme liegen an der Seite des Körpers, und wenn es angenehm ist, können wir die Hände so drehen, dass die Handflächen nach oben zeigen. …

Mit Schwerkraft und Atem orientieren.

Wir achten darauf, wie uns der Untergrund aufnimmt, wie die Schwerkraft für uns arbeitet … und wir bringen unsere Aufmerksamkeit zu den Empfindungen des Atems im Körper. … Wir sind uns der Empfindungen des Hebens und Senkens, Erweiterung und Kontraktion beim Ein- und Ausatmen bewusst … und mit jedem Atemzug erlauben wir dem Boden mehr von unserem Gewicht aufzunehmen. … Wir strengen uns weniger an, wir vertrauen und akzeptieren mehr. …

Ein- und Ausatmen … und wenn wir bereit sind, atmen wir ein und heben sanft die Arme und lassen sie sich in einem Bogen nach oben bewegen – wir achten auf die Empfindungen, wenn sich die Arme durch die Luft bewegen – und dann lassen wir sie wieder herunter und strecken sie über dem Kopf aus. …

Die Finger zeigen auf die Wand hinter uns und gleichzeitig drücken wir die Fersen in die andere Richtung. … Wir dehnen den ganzen Körper … dann entspannen wir die Dehnung und atmen aus und wir bewegen unsere Arme in einem Bogen zurück – langsam; wir sind uns dabei der Empfindungen der Bewegung bewusst – dabei erwarten wir nicht, dass die Arme wieder auf den Boden zurückkehren; wir können hier ein Element der Frische mit hineinbringen, wenn wir spüren, wie die Arme wieder an unserer Seite zum Liegen kommen. … Wir liegen nun still und nehmen wahr, wie sich unser Körper nach dieser einen achtsamen Dehnung anfühlt. …

Wir atmen noch einmal ein und bewegen die Arme in einem Bogen nach oben. … Wir spüren die Veränderungen in der Intensität der Anstrengung, wenn die Schwerkraft uns zieht und unterstützt … bis die Arme wieder über unserem Kopf auf dem Boden liegen. … Wir strecken die Finger in einer Richtung und die Fersen in die andere, und wir spüren die Dehnung überall dort im Körper, wo wir sie wahrnehmen können … wir achten auf Gedanken oder Gefühle, die in unser Gewahrsein treten und so gut es geht lassen wir sie einfach kommen und gehen, wie Wolken am Himmel. … Wir halten unsere Aufmerksamkeit in den Empfindungen des Körpers zentriert.

Jetzt entspannen wir die Dehnung in der rechten Seite des Körpers und dehnen die linke Seite weiter … wir spüren die Dehnung in der linken Seite … und wir achten auch auf die Empfindungen in der rechten Seite. …

Nun entspannen wir die linke Seite und dehnen die rechte Seite und wir achten auf die Empfindungen in beiden Körperhälften … und mit dem Ausatmen bringen wir die Arme wieder in einem Bogen zurück an unsere Seite.

Wieder auf die Körperlichkeit fokussieren.

Wir sind uns bewusst, wie wir uns in der Ruhehaltung fühlen … wir sind uns der Gedanken und Emotionen bewusst und so gut es geht lassen wir sie gehen und fokussieren uns jetzt auf die Körperempfindungen … in diesem Augenblick. …

Mit Schwerkraft und Atem Beziehung untersuchen.

Wir bewegen die Arme an den Seiten nach oben, so dass wir gedehnt wie ein „T“ liegen … und wenn die Knie nicht schon gebeugt sind, dann beugen wir sie und stellen die Fußsohlen auf den Boden. … Wir sind uns der Körperempfindungen in dieser Haltung bewusst, wir sind uns des Atmens bewusst … und mit dem Ausatmen spannen wir den unteren Bauchbereich an und drücken den unteren Rücken zum Boden, wir heben leicht das Steißbein und machen so viel Kontakt zwischen Rücken und Boden, wie uns angenehm ist. … Wir spüren diese Dehnung … und mit dem Einatmen entspannen wir dann die Bauchmuskeln und drücken das Steißbein hinunter, um den unteren Rücken anzuheben, und wir achten auf Empfindungen, die durch diesen Bogen entstehen. … Und mit dem Ausatmen spannen wir den Bauch wieder an und heben das Steißbein … und mit dem Einatmen entspannen wir den Bauch und drücken das Steißbein nach unten. … In unserer eigenen Zeit folgen wir unserem Atem und bewegen schaukelnd die Leiste … wir achten auf Gedanken und Gefühle, lassen sie wie Wolken am Himmel vorüberziehen und fokussieren uns auf die Körperempfindungen. …

Wir halten inne … wir sind uns nun der Stille und der Empfindungen bewusst.

Dann ziehen wir die Knie bis zur Brust und umfassen sie mit den Armen. … Vielleicht können wir die Finger verschränken … und wir atmen … und mit dem Ausatmen versuchen wir, die Knie noch etwas näher zur Brust zu ziehen. … Wir finden die Grenze, wo es noch angenehm für uns ist, und überschreiten sie nicht. … Dann beginnen wir mit kleinen Bewegungen, schaukeln sanft von einer zur anderen Seite und massieren so den Rücken. … Wie viel Anstrengung brauchen wir, um damit zu beginnen? …

An welchem Punkt wird die Schwerkraft zu stark und zieht unseren Körper zum Boden? … Wir sind uns der Empfindungen im Rücken bewusst … und wenn es angenehm ist, bewegen wir den Kopf in Richtung der Knie, auch hier achten wir darauf, dass es sich noch angenehm anfühlt, und überschreiten unsere Grenze nicht. … Wir lernen die Grenzen des Augenblicks zu akzeptieren und wissen, dass sich diese Grenzen in der einen oder anderen Weise in jedem Moment und mit der Zeit verändern. … Wir bringen den Kopf wieder zurück auf den Boden … und kommen zur Ruhe.

Notwendige Anstrengung von zusätzlicher Anstrengung unterscheiden.

Dann strecken wir das rechte Bein auf dem Boden, während wir das linke Knie zur Brust drücken. … Wir dehnen die rechte Ferse in Richtung Wand und ziehen gleichzeitig das linke Knie näher zur Brust. … Wir achten darauf, wie viel unseres Körpers an dieser Dehnung beteiligt ist … wir können zum Beispiel auf das Gesicht achten … ist dort Spannung entstanden? Und wir können die Notwendigkeit dieser Spannung untersuchen. … Wie fühlt sich die Dehnung im rechten Bein ohne diese Spannung im Gesicht an? Ist es in dieser Haltung möglich, nur mit den Beinen und Armen zu arbeiten? … Dann entspannen wir das linke Bein, strecken es und dehnen es auf dem Boden, gleichzeitig ziehen wir das rechte Bein zur Brust und umfassen es mit den Armen … wir ziehen und dehnen das linke Bein am Boden. … Wie viel Spannung oder Lockerheit brauchen wir dafür? Und wenn wir bereit sind, entspannen wir das rechte Bein und legen es wieder neben dem linken Bein auf den Boden. … Wir sind uns der Empfindungen im ruhenden Körper bewusst.

Nun drehen wir uns in unserer eigenen Geschwindigkeit auf den Bauch und stellen uns auf die Hände und Knie, der Rücken ist dabei parallel zur Decke – wie ein Tisch. … Dann bewegen wir die Knie etwas nach außen und die Füße nach innen, die großen Zehen können sich dabei berühren. … Dann bewegen wir das Gesäß in diesem offenen Dreieck nach unten und hinten … der Kopf und der Rumpf bewegen sich währenddessen nach unten, und die Arme können gedehnt werden und die Stirn kann den Boden berühren, oder wenn es angenehmer ist, können wir die Hände übereinanderlegen und die Stirn darauf legen. … Das ist die Kind-Haltung, eine Ruhehaltung für diese Übung auf dem Boden. … Wir passen die Haltung an, so dass sie für uns angenehm ist und wir darin ruhen können. … Wir atmen in diese Haltung und erfahren die Körperempfindungen in diesem Moment …

Wir drücken die Hände gegen den Boden und heben das Gesäß, so dass wir wieder auf den Händen und Knien stehen, wie ein Tisch. … Mit dem Einatmen wölben wir den Rücken, so dass der Bauch sich zum Boden bewegt, und heben den Kopf und richten den Blick nach oben und vorn vor uns. … In dieser Kuh-Haltung atmen wir ein und aus … und mit dem Ausatmen spannen wir den Bauch an und bewegen uns in die Katzen-Haltung, indem wir den Rücken zur Decke wölben und den Kopf zwischen den Armen nach unten ziehen. … Dann wechseln wir wieder in die Kuh-Haltung, entspannen den Bauch und wölben den Rücken, so dass sich der Bauch zum Boden bewegt, und bringen den Kopf nach oben und blicken nach oben und vorn. … Und wenn wir bereit sind, wechseln wir wieder in die Katzen-Haltung, mit angespanntem Bauch, dem Rücken zur Decke gewölbt, dem Kopf zur Brust gezogen. Jetzt bewegen wir uns in unserer eigenen Geschwindigkeit hin und her zwischen Katze und Kuh und folgen dabei unserem Atem. … Wenn wir uns irgendwann ausruhen müssen, in dieser oder der nächsten Abfolge von Bewegungen, dann können wir jederzeit in die Kind-Haltung zurückkehren. …

Die Beziehung zur Schwerkraft erforschen; die Erfahrung mit den Empfindungen von Atem und Puls verstehen.

… Wir kommen wieder in die Tisch-Haltung zurück und sind uns der Empfindungen bewusst – wir spüren vielleicht den Atem oder den Herzschlag. … Wie weit können wir beides in unserem Körper spüren? Wenn wir nun unsere visuelle Aufmerksamkeit auf einen Punkt vor uns richten, um uns innerlich zu stabilisieren, entlasten wir das rechte Knie und strecken das rechte Bein hinter uns aus und halten es parallel zum Boden, dabei zeigen die Zehen nach hinten. … Dann verlagern wir das Gewicht auf die rechte Hand und heben den linken Arm auf Schulterhöhe, parallel zum Boden und strecken ihn nach vorn, die Finger zeigen nach vorn und wir halten das Gleichgewicht. … Wir achten darauf, was notwendig ist, um diese Übung auszuführen. … Welche kleinen Bewegungen? Welche Wechsel und Anpassungen? So oft, wie nötig, können wir uns wieder abstützen, um stabil zu bleiben – relativ (mit humorvoller Stimme) –, und nun ziehen wir den Arm und das Bein wieder ein und kehren in die Tisch-Haltung zurück. … … Dann verlagern wir das Gewicht auf das rechte Knie und heben und strecken das linke Bein zurück, gleichzeitig verlagern wir das Gewicht auf die linke Hand und strecken den rechten Arm … dehnen … halten … korrigieren. … In diesem Moment sind wir uns der Beteiligung des ganzen Körpers bewusst. … Nun ziehen wir den Arm und das Bein zurück und kommen wieder zur Ruhe. … Wir spüren in diesem Augenblick den Atem und vielleicht den Herzschlag und vielleicht ein Gefühl der Wärme von der Anstrengung.

Dann kommen wir zurück auf den Boden und ruhen auf unserem Bauch. … Wir sind uns unserer Beziehung zur Schwerkraft und zum Atem bewusst … wir sind uns in diesem Moment der Empfindungen, Gedanken, Gefühle bewusst … wir lassen die Gedanken und Gefühle vorbeiziehen, ohne ihnen zu folgen, ohne uns an ihnen festzuhalten.

Und wenn für uns der richtige Zeitpunkt dafür ist, drehen wir uns wieder auf den Rücken. … Wir beugen die Knie und setzen die Fußsohlen auf den Boden, so als würden wir stehen, dabei sind die Füße eng zusammen … die Arme bringen wir in eine „T"-Haltung … und lassen beide Knie ganz langsam zur rechten Seite fallen. … Wir lassen die Schwerkraft arbeiten. … Wir lassen die Schultern auf dem Boden und drehen den Kopf, so dass er zur linken Seite schaut … wir richten unseren Blick über den linken Arm und die linke Hand … und wir spüren die Drehung der Wirbelsäule im ganzen Körper. … Wie weit reicht dabei unser Gewahrsein? … Dann bringen wir die Knie wieder langsam zurück in die Mitte … und lassen sie langsam zur linken Seite fallen, während wir den Kopf nach rechts drehen, so dass wir über den rechten Arm und die rechte Hand schauen. … In unserer eigenen

Geschwindigkeit machen wir einige dieser Drehungen. … Wir sind uns der Empfindungen entlang des Rückens und im ganzen Körper bewusst … und bringen die Knie wieder in die Mitte und kommen zur Ruhe. … Und mit dem Ausatmen strecken wir die Beine wieder auf dem Boden.

Wir nehmen die Ruhehaltung ein … und ruhen uns nun am Ende dieser Übung aus. … Es fühlt sich richtig an und wir erkennen die Anstrengung, die Sorgfalt und die Fürsorge für uns selbst, mit der wir diese Praxis üben. …

Übungen zur Kultivierung des Beobachtens

5. Übung: Das Gewahrsein erweitern

Ungefährer Zeitrahmen: Einführung: 2 Minuten; Übung: 30 Minuten

Dies ist ein Skript für eine Audioaufnahme dieser Kernpraxis der MBSR. Das ist die Praxis, die vielleicht den vielschichtigsten Ausdruck der Lehrabsichten ermöglicht.

Als zentrale Praxis für die meisten professionellen Achtsamkeitslehrer/innen wird die Anleitung dieser Übung sich durch konstante Veränderungen und Verfeinerungen ständig entwickeln – wobei der Lehrer die unzähligen Facetten der Praxis entdeckt und davon angezogen wird.

Einführung

Die Unausweichlichkeit des Urteilens anerkennen.

In unserer formalen Praxis der Sitzmeditation setzen wir uns mitten in unser Leben. Wir bringen uns absichtlich in eine direkte und intime Beziehung mit dem gegenwärtigen Moment und dem, was darin für uns auftaucht – und so weit wie möglich, ohne zu urteilen.

Möglichkeiten, um das kleine „Ich“ zu transzendieren.

In dieser Übung haben wir die Möglichkeit, unsere Aufmerksamkeit zu erweitern, um Körperempfindungen, Klänge, Gedanken und Emotionen zu untersuchen, und, wenn wir bereit sind, uns all diesen Erfahrungen zu öffnen – zur vollen Bandbreite von inneren und äußeren Ereignissen, die sich bewegen und verändern, und im Gewahrsein erscheinen und verschwinden. Wir nehmen uns die Zeit, uns in jedem Moment mehr mit dem vertraut zu machen, was wir sind, jenseits von allem Wollen, Haben und Tun. …

Die Bereitschaft, mit dem, was auftaucht, präsent zu sein, wird unterstützt.

In gewisser Weise ist diese Praxis ein vollkommener Ausdruck unserer eigenen einzigartigen Präsenz in dieser Welt. … Es ist also hilfreich, diese Übung mit einem Gefühl der Güte und Fürsorge für uns selbst zu beginnen … und eine Würde und Größe auszudrücken, die der besonderen Bedeutung der Zeit, des Ortes und der Haltung unserer Meditationspraxis gerecht werden. … Wir sollten eine regelmäßige Zeit dafür frei halten, so dass wir nicht unterbrochen werden. Einen ruhigen und angenehmen Ort, der unsere Praxis unterstützt. Und wir sitzen, sei es auf einem Stuhl oder einem Kissen, in einer Haltung des Selbstvertrauens und der Stabilität – wir beschäftigen uns nicht mit irgendetwas Bestimmtem und vermeiden auch nichts, wir sind einfach demgegenüber, was jetzt geschieht, offen und präsent.

Die Praxis des erweiterten Gewahrseins

Orientierung mit Schwerkraft.

Wir sitzen in einer aufrechten Haltung mit geradem, aber entspanntem Rücken. Würdevoll … wir verkörpern Selbstvertrauen … Wir spüren den Boden oder den Stuhl oder das Kissen unter uns, wie es uns unterstützt. Wir spüren, wie uns die Schwerkraft hält und die Erde uns annimmt. Wir finden einen Punkt des Gleichgewichts, wo uns die Schwerkraft angenehm aufrecht hält, ohne Anstrengung. Wir lassen den Körper zur Ruhe kommen. …

Orientierung mit dem Atem.

Und wir bringen unsere Aufmerksamkeit zur Empfindung unseres atmenden Körpers, wie der Atem in den Körper strömt und ihn wieder verlässt. Wir begegnen diesem Moment mit Neugier und Frische … und achten darauf, wo wir die Empfindung des Atems jetzt am lebendigsten spüren … und wir fokussieren dort unsere Aufmerksamkeit. …

Vergänglichkeit wird betont.

Wir atmen einfach ein und aus. Wir bemerken, dass es beim Einatmen einen Anfang, eine Mitte und ein Ende gibt und dass es bei jedem Ausatmen ebenfalls einen Anfang, eine Mitte und ein Ende gibt. … (Lange Pause).

Wir beobachten das ganze Einatmen, vom Anfang bis zum Ende.

Wir achten auf den Augenblick, den Raum oder die Pause, wenn das Einatmen zum Ausatmen wird …und dann beobachten wir das Ausatmen, von seinem Anfang bis zu dem Punkt, wo es zum Einatmen wird. … (Lange Pause).

Wir lassen den Atem im Zentrum unserer Aufmerksamkeit sein und wir lassen die Gedanken kommen und gehen wie Wolken am Himmel. … (Lange Pause).

Wenn die Aufmerksamkeit vom Atem abgeschweift ist, bringen wir sie sanft, aber bestimmt zurück und machen den Atem wieder zum Zentrum, zum Fokus der Aufmerksamkeit. …
(Lange Pause).

Und wenn wir bereit sind, können wir nun unsere Aufmerksamkeit über den Atem hinaus ausweiten, um den gesamten Körper und die sitzende Haltung zu umfassen. … Wir werden uns der Empfindungen im Körper bewusst. … Möglicherweise die Empfindung der Berührung mit dem Stuhl oder dem Kissen. … Vielleicht die Berührung der Kleidung am Körper oder wie sich die Hände im Moment anfühlen. Empfindungen der Temperatur. Wir sind mit allen auftauchenden Empfindungen präsent.

Vergänglichkeit wird betont.

Wir achten darauf, dass Empfindungen manchmal nur für eine kurze Zeit bleiben und zu andern Zeiten länger andauern. … Wir bemerken, wie sie ihre Intensität verändern, wechseln und verschwinden, wenn neue Empfindungen auftauchen … so wie der Atem haben sie einen Anfang, eine Mitte und ein Ende. … (Lange Pause).

Während der Meditation bleiben wir mit den Empfindungen im Körper in Berührung. … Wenn die Aufmerksamkeit abschweift, bemerken wir es und entscheiden uns, sie mit Fürsorge und Güte wieder zum Gewahrsein des Körpers und des Atems zurückzubringen … (Lange Pause).

Möglichkeiten und Erlaubnis, um die Erfahrung zu untersuchen.
An die Vergänglichkeit erinnern.

Wenn Empfindungen im Körper auftauchen, die sehr intensiv sind und es schwierig machen, sich auf den Körper oder den Atem zu fokussieren, gibt es zwei Möglichkeiten damit umzugehen: Wir entscheiden uns vielleicht dazu, unsere Haltung achtsam zu verändern und sind uns dabei der Empfindungen bewusst. … Oder wir entscheiden uns dazu, die Aufmerksamkeit direkt auf die Intensität der Empfindung selbst zu richten. … Und wir untersuchen sie mit einer sanften Neugier … und achten auf Nuancen in der Empfindung

… vielleicht Gedanken oder Urteile. … Vielleicht Widerstand oder Verspannung … und so weit wie möglich treten wir zurück, um zu beobachten, um im Gewahrsein mehr Raum zu öffnen, und vielleicht, um sanfter zu werden. Und wir achten auf die Dauer – und achten darauf, dass sich die Empfindungen verändern, dass sie einen Anfang, eine Mitte und ein Ende haben. … (Lange Pause).

Klänge beobachten.

Jetzt lassen wir unsere Aufmerksamkeit vom Atem und vom Körper zum Gehörsinn wechseln … Dabei suchen wir nicht nach bestimmten Klängen, sondern nehmen die Klänge, die gerade hörbar sind, auf … sei es aus dem Inneren unseres Körpers oder aus der nahen fernen Umgebung. … Wir werden uns des Hörens besonders bewusst. … Wir achten darauf, dass das Gewahrsein Klänge ohne Anstrengung empfängt. … (Lange Pause).

An die Vergänglichkeit erinnern. Umfassendes Beobachten wird unterstützt.

Wir werden uns bewusst, dass Klänge einen Anfang, eine Mitte und ein Ende haben … und dass einige sehr kurz und andere lang sind. … Wie sie sich unterscheiden und aus was sie bestehen … dass es zwischen den Klängen Pausen gibt. … Wir achten darauf, wie der Geist die Klänge benennt, Meinungen über Klänge hat und bestimmte Klänge mag oder nicht mag. … Wir achten auf jeden Wunsch, uns von bestimmten Klängen zu entfernen oder uns anderen Klängen zu nähern … und so weit wie möglich öffnen wir einen Raum, damit wir die Klänge so erfahren können, wie sie sind. … (Lange Pause).

Gedanken beobachten.

Und wenn wir bereit sind, lassen wir unsere Aufmerksamkeit sich vom Hören abwenden und erweitern sie dieses Mal auf das Denken – dem Reich der Gedanken. … Dabei sehen wir Gedanken nicht als Ablenkungen, sondern richten unsere

Aufmerksamkeit vielmehr direkt auf den Denkprozess selbst.

An die Vergänglichkeit erinnern. Den Vordergrund und Hintergrund des Gewahrseins einführen, um den Raum des Gewahrseins zu erweitern.

Wir achten darauf, wie die Gedanken entstehen, kurz oder für eine längere Zeit verweilen und dann vergehen … Anfang, Mitte und Ende. … Wir verlieren uns also nicht in den Inhalten der Gedanken … wir lassen die Gedanken im Vordergrund des Gewahrseins sein, während die Klänge, Körperempfindungen und der Atem im Hintergrund sind. … (Lange Pause).

Das Gewahrsein erweitern, um Körperempfindungen zu beobachten.

Wir bemerken Gedanken … darin kann es um alles Mögliche gehen – Schlaf, Pflichten, die Vergangenheit, die Zukunft. … Wenn wir uns im Strom der Gedanken verlieren, dann kommen wir zurück zum Beobachten der Gedanken als getrennte Elemente, die kommen und gehen … Gedanken, die sich durch einen offenen und weiten Geist bewegen. … (Lange Pause).

Wir bemerken auch, dass im Körper und Geist Emotionen entstehen. … Vielleicht Frustration, Ruhelosigkeit, innerer Frieden, Traurigkeit, Freude oder Angst.

Emotionen beobachten. Oft leichter zugänglich, wenn sie als Stimmungszustände verstanden werden.

Wir richten unsere Aufmerksamkeit nun auf die Emotionen … unsere Stimmung. … Wie geht es uns jetzt? … Achten Sie darauf, wo im Körper bestimmte Emotionen präsent zu sein scheinen. … (Lange Pause).

Wir untersuchen nun die Emotionen. … Wir achten darauf, dass die gegenwärtigen Emotionen gewollt oder ungewollt sein können … Dass es eine Tendenz gibt, an einer Emotion festzuhalten, die wir als angenehm bewerten … und dass wir Schwierigkeiten mit anderen haben, die wir als negativ bewerten – wie zum Beispiel Traurigkeit oder Angst. … (Lange Pause).

An die Vergänglichkeit erinnern.
Ein körperliches Beobachten unterstützen, das zur Einsicht in die Beziehung zu Gedanken und Gefühlen führen kann.

Wir achten darauf, welche Emotionen im gegenwärtigen Augenblick entstehen … wir wissen, dass sie einen Anfang, eine Mitte und ein Ende haben. … Vielleicht beobachten wir sie einfach im Körper – und lassen damit einhergehende Gedanken oder Geschichten los. … (Lange Pause).

Die großzügige Möglichkeit anbieten, sich aus einer schwierigen Reflexion zurückzuziehen.

Wenn die Emotionen oder Empfindungen irgendwann zu unangenehm werden, erinnern wir uns daran, dass wir immer zum Atem zurückkehren können. … Im Fokus auf den Atem finden wir einen sicheren Hafen, bis wir wieder bereit sind, uns hinauszuwagen. … (Lange Pause).

Wechsel zum offenen Gewahrsein.

Wenn wir möchten, können wir uns in das offene Gewahrsein begeben. … Wir entscheiden uns dafür, unsere Aufmerksamkeit nicht auf irgendetwas Bestimmtes zu richten. … Wir sitzen einfach und sind uns vollkommen dessen bewusst, was sich uns im gegenwärtigen Augenblick zeigt.

Wenn Klänge auftauchen, lassen wir die Klänge zum Zentrum unserer Aufmerksamkeit werden. … Wenn Körperempfindungen auftauchen, werden diese zum Zentrum unserer Aufmerksamkeit … Bis zur nächsten Wahrnehmung, die eine andere Körperempfindung oder ein Gedanke über diese Empfindung oder eine Emotion sein kann. … (Lange Pause).

In einem bestimmten Moment ist vielleicht der Atem dominant, und im nächsten sind es vielleicht Klänge. … Wir verweilen einfach mit einem offenen Gewahrsein und achten auf das, was sich zeigt … (Lange Pause).

Die Fähigkeit des Beobachtens kultivieren.

Wir beobachten, was sich uns in diesem Augenblick zeigt. … Wir sind mit dem, was auftaucht, in offenem Gewahrsein (Lange Pause).

Wir sitzen in Stille mit allem, was kommt und geht. … (Pause) … Mit allem gegenwärtig sein. … (Pause) … Hier und Jetzt sein. … (Pause) … Wir öffnen uns der Ganzheit unserer Erfahrung. … (Pause) … Wir werden ganz Mensch … (Lange Pause).

Rückkehr zur Orientierung an der Schwerkraft und am Atem.

Nun kehren wir mit unserer Aufmerksamkeit zum Körper in sitzender Haltung zurück. … Wir spüren den Atem kommen und gehen. … Wir bleiben ganz gegenwärtig mit dem Körper und dem Atem. … (Lange Pause).

Und wenn wir nun diese Meditation beenden, erkennen wir, dass wir durch die absichtsvolle Achtsamkeitspraxis unsere Fähigkeit, im Alltag vollkommen präsent zu sein, vergrößern. …

Es fühlt sich gut an und vielleicht beglückwünschen wir uns, dass wir uns diese Zeit und Energie genommen haben, um uns selbst zu unterstützen und uns um uns selbst zu kümmern. … Wir erinnern uns daran, dass diese Art der Praxis dabei hilft, den Zugang zu einer weiteren, tieferen und offeneren Seinsweise in unserem Leben zu erhalten. Darin können wir klarer sehen und treffen bewusstere Entscheidungen für unsere Gesundheit, unser Wohlergehen und unsere Freiheit. …

Übungen zur Annäherung an die Akzeptanz

7. Übung: Präsent sein

Ungefährer Zeitrahmen: Einführung: 2 Minuten; Übung: 15 Minuten

Ein Skript für die Audioaufnahme einer Übung im „Universitätskurs" für Achtsamkeit mit dem Titel Umgang mit Aggression, *der im 6. Kapitel beschrieben wurde. Obwohl der Text besonders auf Aggression eingeht, können die zentralen Bewegungen und Gesten der Praxis in jedem Kontext vertieft werden. Diese Übung bietet eine ausgesprochen körperorientierte Praxis, die verschiedene Möglichkeiten offenhält. Durch das Einbeziehen von Bewegung hat die Übung* Präsent sein *möglicherweise eine besondere Anziehungskraft für bestimmte Zielgruppen – in denen die Verbindung zur Bewegung die Fähigkeit zum Fokussieren verstärken kann.*

Einführung

Um mit der Aggression arbeiten zu können, müssen wir sie von innen her kennen. Diese Meditation über das Präsentsein ist eine Möglichkeit für uns, das natürliche Wechselspiel zwischen Aggression und Nicht-Aggression im Verhältnis zu unserer eigenen Erfahrung zu beobachten. Dadurch sehen wir, dass sich unsere wahre Stärke und unser wahrer Charakter dann zeigen, wenn wir uns einfach erlauben, so zu sein, wie wir sind. Dann sehen wir auch, dass es uns von der Kraft der Gegenwart abschneidet, wenn wir unsere Erfahrung anders möchten, als sie in diesem Augenblick ist.

Wir können auch Aggression und Nicht-Aggression mit Akzeptanz und Nicht-Akzeptanz vertauschen.

In dieser Meditation werden wir wahrscheinlich ein ganzes Spektrum von Aggression und Nicht-Aggression (oder An- und Abwesenheit von Aggression) erfahren. Wir sollten daran denken, dass es buchstäblich unsere Erfahrung ist –

sie trifft nur für uns zu. Sie wird sich von den Erfahrungen anderer unterscheiden und in jeder Session anders sein.

Diese Meditation üben wir im Liegen und sie erfordert keinen besonderen Ort, keine besondere Zeit und keine besonderen Umstände. Für diese Übung brauchen wir einfach nur uns, den Boden und unsere Sinne. Diese Praxis bietet auch die Freiheit, sie unseren Wünschen und Umständen entsprechend anzupassen – wir können sie am Schreibtisch üben, auf der Couch oder im Bett. Es ist überall und jederzeit möglich, präsent zu sein.

Präsent sein

Wir beginnen, indem wir uns auf den Rücken legen. … Wir legen die Arme neben den Oberkörper und dehnen unsere Beine. Wenn wir Probleme mit dem Rücken haben, können wir die Knie beugen und die Fußsohlen auf den Boden stellen. …

Präsenz als Akzeptanz der Fülle des Augenblicks.

Wir achten darauf, ob wir die Tendenz haben, diese Meditation „zu machen", ob wir das Gefühl haben, dass wir uns anstrengen müssten, um präsent zu sein. … Wir erkennen, dass Präsenz kein *Ziel* sein kann, wir können nicht *versuchen,* präsent zu sein. Ziele und Anstrengung führen uns in die Irre … in eine vorgestellte Zukunft, während einfach nur zu *sein* uns mit der Wirklichkeit der Gegenwart verbindet.

Orientierung mit der Schwerkraft.

Wir richten unsere Aufmerksamkeit auf die Empfindungen des Körpers. … Wir sind im Kontakt mit der Oberfläche, auf der wir liegen und wir sind im Kontakt mit anderen Teilen des

Körpers … und im Kontakt mit den Bewegungen des Atems …

Erlaubnis.

Und so weit wie möglich lassen wir uns von diesen Empfindungen und unserem natürlichen Atem in die einfache Präsenz führen. … Moment für Moment verweilen wir in sanftem, nicht-urteilenden Gewahrsein. … Und wir lassen kleine oder große Bewegungen geschehen … spontan … um uns von Tun zum Sein zu bringen.

In manchen Momenten während dieser Meditation werden wir ein Gefühl der Ruhe und Entspannung haben. … Oder in unserer Erfahrung werden Spannung, unangenehme Empfindungen und Frustration spürbar sein … was zum Wunsch nach Veränderung, der Sehnsucht nach Transformation führt …

Wir achten also darauf, wenn wir aus dem gegenwärtigen Moment gezogen werden, und uns eine „bessere" Erfahrung wünschen. … Darin finden sich Wurzeln der Aggression … dieser Versuch, an einem angenehmen Zustand, der sich verändern wird, festzuhalten … dieser Versuch, die Erfahrung zu verändern, die wir jetzt nicht möchten. …

Wir erweitern das Gewahrsein, um Akzeptanz zuzulassen.

Wir achten darauf, ob wir in diesem Aufsteigen von Aggression einfach präsent sein können. … Wir sehen, ob unsere Präsenz, unser Sein, weit genug sind, um sie zu umfassen, sie zu halten, ohne daraus zu handeln … sie einfach sein zu lassen.

Freiwillige Möglichkeit, ein Bild zum tieferen Verstehen zu nutzen.

Wir erweitern unsere Perspektive. … Vielleicht hilft uns ein Bild, um es besser zu verstehen; wenn das nicht der Fall ist, lassen wir dieses Bild einfach vorbeiziehen: Ein wilder Bulle in einem Käfig ist ängstlich und furchterregend, aber wenn wir den Käfig auf eine große Weide stellen und die Zäune weit nach hinten verschieben, dann werden sich sowohl der Bulle als auch unsere Wahrnehmung verändern … (Pause).

Wir spüren unseren Kopf und unseren Nacken, wo so viel „Tun“ stattfindet … und wo die Macht der Gewohnheit so oft die Erfahrung des gegenwärtigen Augenblicks verdeckt. …

Wie möchte der Kopf in diesem Augenblick vom Boden gehalten werden? Wir heben also den Hinterkopf leicht, vielleicht bleiben die Haare dabei immer noch mit dem Boden in Berührung. … Dann lassen wir den Kopf langsam wieder herunter und spüren, was wir jetzt brauchen. … Wie ist es möglich, dass sich der Kopf und der Nacken jetzt so präsent und lebendig anfühlen. …

Anpassen – abgeleitet von der lateinischen Bedeutung „etwas passend machen“.

Es gibt dabei kein Richtig oder Falsch, keinen Erfolg und keine Niederlage, wir erforschen nur das Sein. … Wir achten darauf, ob Urteilen und Wollen auftauchen und wir lassen, so weit wie möglich, unsere Präsenz all unsere Gefühle umfassen … (Pause).

Wir spüren nun die Arme und Schultern … sind sie ruhig oder aktiv – halten sie sich selbst am Boden?

Jetzt heben wir beide Arme nur leicht vom Boden. … Können wir die Arme heben, ohne den Kontakt mit dem Boden zu verlassen?

Umgang mit den Versuchen, die Erfahrung zu verändern.

Und dann legen wir sie wieder langsam ab, so dass sie Ruhe finden. … Spüren sie Anstrengung oder Spannung? Wir erkennen, dass Ruhe nicht mit unserer typischen Vorstellung von Entspannung identisch ist … ein Zusammenfallen der Arme, so als würde man die Schnüre einer Marionette loslassen. … Wir sehen jetzt möglicherweise Ruhe als VOLLE Präsenz. … Die Arme sind lebendig … sie haben einen Muskeltonus. … Blut und Energie durchströmen sie und sie haben eine wunderbare Empfindungsfähigkeit. … Wie können sie sich also ohne Aggression mit dem Boden verbinden? Wir achten darauf, ob wir wollen, dass sich die Arme in einer bestimmten Weise anfühlen … wir bemerken, ob wir versuchen, unsere Erfahrung zu verändern; wenn das der Fall sein sollte … für all das machen wir in diesem Augenblick Raum. … Wir sind mit unserer ganzen Erfahrung präsent … (Pause).

Das Wirkliche und Lebendige anerkennen. Akzeptanz als ständiger Prozess.

Nun richten wir unsere Aufmerksamkeit auf die Beine, egal, in welcher Position wir sie halten. … Wie können sie vollkommen präsent werden? Wir heben das rechte Bein … vielleicht ein paar Zentimeter … vielleicht hebt es sich gar nicht vom Boden. … Wir schwingen uns in das Gefühl des Hebens ein. … Wir achten auf die Lebendigkeit, die Frische und Kraft der Spannung in diesem Moment … und wir legen das Bein wieder auf dem Boden ab, in die Präsenz … die sich vielleicht als Ruhe ausdrückt. … Wir erinnern uns daran, dass Ruhe nichts mit einem laschen Zusammenfallen zu tun hat, sondern mit Präsenz … nicht das Welken einer Pflanze, sondern die Fülle einer Blume, die das Licht sucht … (Pause).

Wir heben das linke Bein … wir spüren die Lebendigkeit und verbinden uns mit dieser Lebendigkeit, die Präsenz und Ruhe auf dem Boden sucht. … Wir sind in der Leichtigkeit präsent. … Wir sind in der Anstrengung präsent. Wir sind im Wechselspiel von Aggression und Nicht-Aggression präsent … (Pause).

Wir sind beim Beugen der Knie präsent – wenn sie noch nicht gebeugt sind – und stellen die Fußsohlen auf den Boden, so als würden wir stehen. Wir spüren in diesem Moment die Empfindungen des unteren Rückens … wir achten auf Gedanken und Gefühle, irgendein Wollen, irgendein Wechselspiel zwischen Aggression und Nicht-Aggression. … Und wir heben leicht das Becken … und sind in diesem Augenblick präsent. … Wir achten darauf, wie weit im Körper diese Bewegung wirkt. … Unsere Präsenz umfasst all diese Empfindungen. … Dann legen wir das Becken wieder auf dem Boden ab … der Rücken hat nun noch mehr Kontakt zum Boden … und ist präsent … möglicherweise in der Frische und Lebendigkeit der Ruhe. … (Lange Pause).

Nun spüren wir den ganzen Körper, wie er hier liegt, wir sind in den Sinneserfahrungen präsent, und auch in den Gedanken und Gefühlen. …

Wir erinnern uns daran, dass es bei der Präsenz nicht um den Versuch geht, Anspannung, Langeweile, Angst oder Müdigkeit zu überwinden, es geht einfach darum, Anspannung, Langeweile, Angst oder Müdigkeit als unsere Erfahrung zuzulassen, ohne sie in diesem Augenblick verändern zu wollen. … (Lange Pause).

Erlauben, anpassen, akzeptieren.

Sind wir in unserer Erfahrung in diesem Augenblick präsent? … Ist dies ein Moment ohne Aggression … oder mit Aggression? Wir erlauben allem, was sich zeigt, in unserem Feld des Seins, unserer Präsenz, enthalten zu sein … (Pause).

Mit dem Ende dieser formellen Meditationsübung tragen wir ein Gefühl der Präsenz, der Kraft des Einfach-nur-Seins in das Tun unseres Lebens … in jedem Moment. …

8. Übung: „Ja" sagen

Ungefährer Zeitrahmen: 10 Minuten

Diese Übung wurde mit einigen Anpassungen von der Psychotherapeutin und buddhistischen Lehrerin Tara Brach übernommen. Obwohl wir hier eine kurze Übung vorschlagen, können die Gesten der Auseinandersetzung mit dem Nein und Ja in vielen Momenten im Unterricht verwendet werden – um zu einer längeren Praxis überzuleiten, wie zum Beispiel der Praxis des erweiterten Gewahrseins, oder um während einer Reflexion mit einem Teilnehmer direkt mit einem bestimmten Thema zu arbeiten.

Wir sitzen in einer bequemen Haltung und richten unsere Aufmerksamkeit auf den Körper. … Wir spüren die Unterstützung unter uns. … Wir achten auf den Atem, wo immer wir ihn im Moment am lebendigsten erfahren.

Wir folgen einfach unserem Atem, Augenblick für Augenblick. … Wenn wir so sitzen, achten wir darauf, was im Dreieck des Gewahrseins auftaucht – Körperempfindungen … Gefühle oder Stimmungen … und Gedanken. …

Das NEIN im Dreieck des Gewahrseins erfahren.

Um direkt zu erfahren, was geschieht, wenn wir unserer Erfahrung Widerstand leisten, anstatt sie zu akzeptieren, sagen wir „NEIN" zu allem, was in unserer Erfahrung auftaucht. … Wenn es eine unangenehme oder angenehme Empfindung im Körper ist, richten wir mental einen Strom des „NEIN" auf diese Empfindung und achten darauf, was mit dieser Empfindung geschieht, wenn wir „NEIN" sagen. Wenn es ein Gefühl der Traurigkeit, der Angst oder der Freude ist, sagen wir „NEIN" zu diesem Gefühl. Dem Wort „NEIN" geben wir dabei die Energie der Verneinung, der Ablehnung, des Wegstoßens unserer Erfahrung.

Wir bemerken, wie sich dieser Widerstand anfühlt. Wie fühlt er sich im Körper an? Was geschieht mit dem Atem … dem Herzschlag … dem Muskeltonus … wenn wir „NEIN" zu unserer Erfahrung sagen? Wie erfahren wir das Leben, wenn wir in jedem Moment mit den Gedanken und Gefühlen des „NEIN" leben – und dem, was ist, Widerstand leisten?

Neuorientierung mit der Schwerkraft und dem Atem.

Jetzt öffnen wir unsere Augen, wenn wir sie geschlossen hatten, und atmen ein paar Mal tief durch, wir entspannen den Körper, indem wir die Muskeln im Gesicht entspannen, vielleicht lassen wir den Unterkiefer etwas fallen und lassen auch die Schultern etwas nach unten fallen. Wenn wir bereit sind, folgen wir wieder unserem Atem. Wir atmen einfach im Gewahrsein ein und aus. …

Weite, Offenheit, Akzeptanz. JA im Dreieck des Gewahrseins.

Wir achten auf alles, was sich zeigt, möglicherweise Körperempfindungen, Gefühle, Stimmungen oder Gedanken. Wir erlauben einfach allem, was auftaucht, in unserem Gewahrsein zu sein. Wenn eine Körperempfindung auftaucht, egal, ob sie angenehm oder unangenehm ist, dann richten wir den Strom des Wortes JA auf diese Erfahrung. Wir geben dem Wort JA die Offenheit gegenüber allem, was auftaucht. Wir lassen die Empfindungen, Gefühle und Gedanken in einem größeren Feld des JA schweben. Wir sagen Ja zum Angenehmen, Ja zum Unangenehmen, Ja zum Schmerz und wir sagen Ja zum Wunsch, dass der Schmerz vergehen möge. Wir sagen auch Ja zum Widerstand, wenn er auftauchen sollte. Wir achten auf unsere Erfahrung, wenn wir JA sagen. Wie fühlt sich dieses Ja im Körper an? Spüren wir mehr Raum, mehr Offenheit in unserem Geist? Was geschieht mit dem Angenehmen und Unangenehmen, wenn wir JA sagen? Was geschieht mit unserem Herzen, wenn wir JA sagen? Wie fühlt es sich an, wenn wir uns dem Leben in jedem Moment öffnen und JA sagen?

Wir sitzen noch ein paar Minuten und sagen sanft JA zu unserer Erfahrung, während sie sich entfaltet. … (Lange Pause). … Und wenn wir bereit sind, öffnen wir die Augen.

Übungen für das Wachsen des Mitgefühls

9. Übung: Liebende Güte

Ungefährer Zeitrahmen: Einführung: 2 Minuten; Übung: 15 Minuten

Ein Skript für eine Audioaufnahme. Diese Praxis wird im MBSR-Musterprogramm angeboten, obwohl sie nicht im Besonderen hervorgehoben oder als häusliche Praxis verwendet wird; in anderen Varianten des MBSR-Curriculums spielt sie eine zentralere Rolle. Die Version, die wir hier präsentieren, vermittelt diese Praxis als eine Achtsamkeitsübung, dabei erkennen und akzeptieren wir das, was auftaucht im Dreieck des Gewahrseins, und halten gleichzeitig die Intention der Liebenden Güte.

Einführung

Die Absicht der Liebenden Güte zieht sich durch unsere gesamte Achtsamkeitspraxis … Diese Meditation richtet unsere Aufmerksamkeit besonders darauf aus. … In der Meditation der Liebenden Güte formulieren wir die Absicht, die Eigenschaft der Liebenden Güte zu nähren, die schon in uns existiert. … Gleichzeitig sind wir ohne Urteil mit allem, was in den Sinnen, Gedanken und Gefühlen anwesend ist.

Durch die Praxis der Meditation der Liebenden Güte lernen wir diese Eigenschaft besser kennen, dadurch wird es einfacher, sie zu erkennen, wenn sie spontan in unserer Praxis auftaucht, damit sie uns im Alltag zugänglicher ist. Die Praxis der Meditation der Liebenden Güte ist – so wie Achtsamkeit – eine lebenslange Aufgabe … und eine Investition von Zeit und Energie mit einem unermesslichen Wert. …

Erlaubnis, die Praxis zu verändern und anzupassen.

Diese Meditation besteht aus der Wiederholung einiger Zeilen, die auf die innewohnende Eigenschaft der Liebenden Güte hindeuten. … Die Verse in dieser Aufnahme sind nur einige Beispiele aus vielen möglichen Versen, die hier verwendet werden können. Wenn irgendeiner dieser Texte oder die vier Kernverse uns nicht zusagen, dann steht es uns frei, sie so zu verändern, dass sie besser zu uns passen und uns zugänglicher sind. … Die Absicht dieser Praxis ist es, Liebende Güte zu kultivieren – für uns selbst und für andere.

Die Praxis der Liebenden Güte

Schwerkraft und Atem zur Orientierung nutzen.

Wir nehmen unsere gewohnte Meditationshaltung ein. … Wir spüren unseren Körper, dort, wo er mit dem Untergrund in Berührung ist, und kommen zur Ruhe. … Möglicherweise zentrieren wir uns, indem wir den Atem zum Fokus unserer Aufmerksamkeit machen. …

Wir spüren die Bewegung des Atems und die Haltung des Körpers. …

Mit dem anderen beginnen, weil Liebende Güte für sich selbst für viele

Und wenn wir bereit sind, lassen wir in unserem Geist jemanden erscheinen, für den wir leicht Liebende Güte empfinden können … je-

Teilnehmer/Innen eine Herausforderung ist.

manden aus der Vergangenheit oder Gegenwart, vielleicht ein Kind, ein Haustier … eine einfache, unkomplizierte Beziehung ist vielleicht am geeignetsten.

Wir halten die Person in unserer Aufmerksamkeit … vielleicht sehen wir sie mit dem geistigen Auge oder spüren ein Gefühl für sie in unserem Herzen. … Spüren wir ein Gefühl der Liebenden Güte für sie?

Während wir die Person in unserem Gewahrsein halten, senden wir ihr Wünsche der Liebenden Güte … und wiederholen leise diese Sätze:

Mögest du friedlich und glücklich sein
Mögest du vor Leid geschützt sein
Mögest du so gesund und stark sein, wie du nur sein kannst
Mögest du mit Leichtigkeit und Wohlsein leben

Jetzt wenden wir uns dem Selbst zu, mit der Erlaubnis, uns so zu fühlen, wie wir uns fühlen.

Wenn wir bereit sind, dann lassen wir das Bild oder das Gefühl der Person los … und wir achten nun darauf, wie es für uns ist, wenn wir selbst diese Liebende Güte erhalten. … Wir verweilen hier in unserer eigenen gütigen Aufmerksamkeit und senden uns selbst diese guten Wünsche. Wir erlauben uns, diese Sätze in uns aufzunehmen … und sagen sie leise für uns selbst:

Möge ich friedlich und glücklich sein
Möge ich vor innerem und äußerem Leid geschützt sein
Möge ich so gesund und stark sein, wie ich nur sein kann
Möge ich mit Leichtigkeit und Wohlsein leben

Möglicherweise erscheint es uns künstlich und gestellt, wenn wir uns selbst so etwas sagen …

vielleicht spüren wir im Moment keine Liebende Güte – und das ist in Ordnung – egal, was wir fühlen, wir können die Intention der Liebenden Güte trotzdem halten. … Wir geben sie, wo immer wir gerade innerlich sind … egal, wie es uns gerade geht. …

Wir wiederholen die Übung … und achten darauf, ob uns die Praxis anzieht oder abstößt:

Möge ich friedlich und glücklich sein
Möge ich vor Leid geschützt sein
Möge ich so gesund und stark sein, wie ich nur sein kann
Möge ich mit Leichtigkeit und Wohlsein leben

Und nun erforschen wir wieder die Erfahrung des Sendens von Liebender Güte nach außen und wir bringen jemanden in unser Herz und unseren Geist, dem wir gern Liebende Güte schicken möchten … und mit der gleichen Absicht, die wir eben auf uns selbst gerichtet haben, senden wir diese Wünsche:

Mögest du friedlich und glücklich sein
Mögest du vor Leid geschützt sein
Mögest du so gesund und stark sein, wie du nur sein kannst
Mögest du mit Leichtigkeit und Wohlsein leben. … (Lange Pause).

Wir halten die Person in unserem Gewahrsein und schicken mit diesen Sätzen – oder unseren eignen Sätzen – Liebende Güte:

Mögest du friedlich und glücklich sein
Mögest du vor Leid geschützt sein

Mögest du so gesund und stark sein, wie du nur sein kannst
Mögest du mit Leichtigkeit und Wohlsein leben. … (Lange Pause).

Toleranz betonen.

Wir sind achtsam für die Qualität oder die Qualitäten, die sich in diesem Moment zeigen, und lassen jedes Urteilen los. … Ob wir Liebende Güte fühlen oder nicht … das ist einfach unser gegenwärtiger Zustand – wir erinnern uns, dass das Herz seine eigenen Jahreszeiten hat und dass wir Gefühle nicht erzwingen können. … Wir geben uns selbst die Erlaubnis, so zu sein, wie wir sind.

So, wie wir sind, können wir die Absicht der Liebenden Güte weiterhin halten … und wir erweitern nun unser Gewahrsein auf andere … und wir wünschen uns Frieden und Wohlergehen für diejenigen, die wir gut kennen …

und diejenigen, die wir nicht so gut kennen …
diejenigen, die wir lieben …
und diejenigen, die wir weniger lieben. …

Und vielleicht gehen wir einen Schritt weiter und wünschen allen Frieden und Wohlergehen:

Mögen alle friedlich und glücklich sein
Mögen alle vor Leid geschützt sein
Mögen alle so gesund und stark sein, wie sie nur sein können
Mögen alle mit Leichtigkeit und Wohlsein leben. … (Lange Pause).

Und wenn wir soweit sind, bringen wir unsere Aufmerksamkeit zurück zur Bewegung des Atmens im Körper. … Wir spüren unseren Körper in sitzender

Haltung, wie er in diesem Moment atmet … wir bemerken Gedanken und Gefühle und erlauben uns, genau so zu sein, wie wir sind – was in sich schon ein Akt der Liebenden Güte ist.

10. Übung: Für andere da sein

Ungefährer Zeitrahmen: Einführung: 2 Minuten; Übung: 15 Minuten

Ein Skript für eine Audioaufnahme aus dem Kurs Umgang mit Aggression, *der im 6. Kapitel beschrieben wurde. Diese Übung wurde mit Veränderungen aus der Praxis des buddhistischen Lehrers Charles Genoud übernommen. Der Ansatz besteht darin, mit Präsenz, Offenheit und Akzeptanz als Bewegungen des Mitgefühls zu arbeiten. Diese Übung stimmt mit der Praxis und Pädagogik der Achtsamkeit überein und legt einen ebensolchen Fokus auf das Beobachten und das Annehmen von allem, was während der Praxis auftaucht.*

Einführung

Sicherheit und Freiwilligkeit hervorheben, weil mit potenziell schwierigen Inhalten gearbeitet wird.

Diese Meditation des Daseins für andere bringt die Haltung der Präsenz und Offenheit in den interpersönlichen und ethischen Bereich. Es ist eine Praxis, um die Fähigkeit zu entwickeln, mit dem Leiden präsent zu sein – um unsere Offenheit und dadurch auch unser Mitgefühl auszudrücken, unser Mit-Fühlen oder Für-den-anderen-Fühlen. Es ist wichtig, dies als eine *Übung* zu verstehen – wir arbeiten langsam und vorsichtig daran, unsere Fähigkeiten zu entwickeln. Wir achten auf jede Tendenz, die wir vielleicht haben, mit tief greifendem Leiden oder einem Leiden, das sehr herausfordernd für uns ist, zu arbeiten. Wir treten zurück und erinnern uns daran, dass dies eine Übung ist und dass wir klein und leicht beginnen und darauf aufbauen.

Wir erinnern uns auch daran, dass wir möglicherweise Gewohnheiten im Denken und Fühlen haben, die Mitgefühl als etwas sehen, was auf Aufopferung basiert. Diese Vorstellung ist in dieser Praxis nicht hilfreich – Aufopferung begrenzt unser Mitgefühl, auf das, was wir bereit sind, zu opfern. Diese Praxis versteht Mitgefühl vielmehr als die Bereitschaft, dem anderen zu begegnen – dem Leiden des anderen gegenüber offen zu bleiben. Die einzige Grenze des Mitgefühls ist dann die Grenze unserer Offenheit.

Vielleicht möchten wir diese Übung für eine Weile als unsere hauptsächliche Praxis üben oder wir möchten vielleicht einen Teil davon nehmen und zu unserer Kernpraxis der Sitzmeditation hinzufügen.

Praxis

Schwerkraft und Atem zur Orientierung nutzen.

Wir nehmen unsere Sitzhaltung ein. …

Wir werden uns des Körpers in diesem Moment bewusst … seiner Beziehung zur Schwerkraft. … Können wir es der Schwerkraft erlauben, uns aufrecht zu halten? Können wir diesen Ort des Gleichgewichts und der Ausgeglichenheit finden? Können wir die kleinen Veränderungen erlauben, die der Körper braucht, damit wir keine Position festhalten, sondern auf unser Sitzen reagieren? …

Wir sind uns unseres Atems bewusst … wir lassen unseren Geist leicht auf dem Ein- und Ausatmen ruhen. … Wenn der Geist wegwandert, brauchen wir uns nicht aufregen, sondern es einfach bemerken und die Aufmerksamkeit zurückbringen. … (Lange Pause).

Und wir öffnen uns der Präsenz … dem, was in diesem Augenblick da ist. … Wir sind in der ganzen Erfahrung … wir sind unsere ganze Erfahrung …wir fügen nichts hinzu und nehmen nichts weg. … (Lange Pause).

Eine Orientierung wird angeboten – in drei Teilen. Ein kleines Kind.

In dieser Meditation gibt es drei Objekte des Fokus:

Als Erstes stellen wir uns ein Kind vor, das unglücklich ist – vielleicht haben wir ein Bild im Kopf, vielleicht fühlen wir es.

Wir nehmen kein Leiden, dass zu tief oder schrecklich ist, weil das viel Angst und unangenehme Empfindungen wachrufen kann und die Übung erschwert. … (Lange Pause).

Auf Verschlossenheit und Offenheit achten.

Wir versuchen, dem Kind ins Gesicht zu sehen und für seine Traurigkeit offen zu sein. … Wenn es sich richtig anfühlt, können wir uns vorstellen, dass wir unsere Hand auf die Schulter des Kindes legen. … Wir achten darauf, ob wir offen bleiben oder uns verschließen. … Wir sind nachsichtig mit uns selbst, während wir diese Meditation üben. … Wir verschließen uns, wenn wir uns verschließen, wir öffnen uns, wenn es für uns möglich ist. … Wir lernen, was möglich ist, wir lernen, wie es ist, für den anderen da zu sein – präsent und offen. … (Lange Pause).

Wir lassen dieses Bild oder dieses Gefühl los … und kommen zum Atem und zum Körper im gegenwärtigen Augenblick zurück. … (Lange Pause).

Teilnehmer/in selbst als Kind.

Nun stellen wir uns vor, wir wären *selbst* das Kind, oder wir spüren uns als Kind, in einem Moment der Traurigkeit oder Verletztheit – auch hier wählen wir nichts Extremes, dies ist eine ÜBUNG und keine Herausforderung. … Wir sehen oder fühlen das Gesicht …wir öffnen uns der Traurigkeit oder Verletztheit … vielleicht legen wir unsere Hand auf die Schulter des Kindes, mitfühlend, zärtlich. … (Lange Pause).

Wir achten darauf, wann wir offen und wann wir verschlossen sind. … Wir sind ein Vorbild für das Kind. … Wir wissen, dass das Leiden nachlässt, wenn wir uns öffnen, und wenn sich auch das Kind öffnen kann, wird es auch weniger Leiden erfahren. … (Lange Pause).

Wir arbeiten mit diesem Gefühl der Offenheit und dessen Fähigkeit, das Leiden zu verringern, um dem anderen etwas Heilung zu bringen … (Lange Pause). Wir lassen das Bild los und kommen zum Atem und zum Körper in diesem Augenblick zurück. … (Lange Pause).

Teilnehmer/in selbst, jetzt.

Wenn wir bereit sind, dann fühlen wir uns selbst, JETZT. … Wir versuchen, uns für unsere eigenen Schwierigkeiten in diesem Moment zu öffnen. … Und wir erinnern uns wieder daran, dies mit Sanftheit zu tun – dies ist eine Übung zum Helfen und Heilen, nicht für Ausdauer oder Leiden – nicht für die Aufopferung, sondern für die Leichtigkeit des Wohlbefindens. … (Lange Pause).

Wir sehen, wann und wie es uns möglich ist, uns selbst gegenüber offen zu sein. … Wir stellen uns vor, dass wir eine Hand auf unsere eigene Schulter legen … und wir erfahren die heilende Kraft der Offenheit. … (Lange Pause).

Wir lassen auch dieses Bild los und kommen zum Atem und zum Körper zurück. … (Lange Pause).

Und mit dem Ende dieser Meditation wissen wir, dass wir diese Übung nutzen können, um unsere Fähigkeit, uns für andere zu öffnen, zu entwickeln, und dass wir andere in unsere Praxis mit einbeziehen können – wir können sie uns vorstellen, für sie in ihrem Menschsein und ihrem Leiden offen sein. …

Anhang

Quellen für persönliche Entwicklung und Erweiterung des Curriculums

Die folgenden Listen bieten mögliche Quellen, um mehr für Ihre eigene Entwicklung als Übender zu lernen, um Ihren Unterricht zu verbessern und neue Ansätze und Übungen zu formulieren und damit das Curriculum zu verfeinern, zu verändern und neue Curricula zu gestalten. Zusammen mit der Bibliografie dieses Buches bietet sich ein breites Spektrum von Material, das Sie für Ihren eigenen Unterricht verwenden können. Wir hoffen, Sie stoßen auf Informationen, die Sie interessieren, testen Ansätze, die Ihnen zunächst fremd erscheinen, und finden das, was für Sie und die Teilnehmer/innen, mit denen Sie Achtsamkeit ko-kreieren, funktioniert.

Bücher über klinische Anwendungen von Achtsamkeit

Baer, R. A. (Hrsg.). (2006). *Mindfulness-based treatment approaches: Clinician's guide to evidence base and applications.* San Diego, CA: Elsevier Academic Press.

Brach, T. (2003). *Radical acceptance: Embracing your life with the heart of the Buddha.* New York: Bantam Dell. [dt. *Mit dem Herzen eines Buddha: Heilende Wege zu Selbstakzeptanz und Lebensfreude.* (2005). München: Knaur.]

Brantley, J. (2003). *Calming your anxious mind: How mindfulness and compassion can free you from anxiety, fear and panic.* Oakland, CA: New Harbinger. [dt. *Der Angst den Schrecken nehmen.* (2009). Freiburg: Arbor.]

Cole, J. D. & Lades-Gaskin, C. (2007). *Mindfulness-centered therapies: An integrative approach.* Seattle: Silver Birch Press.

Didonna, F. (2009). *Clinical handbook of mindfulness.* New York: Springer.

Fishman, B. M. (2002). *Emotional healing through mindfulness meditation.* Rochester: Inner Traditions.

Germer, C. K., Siegel, R. D. & Fulton, P. R. (Hrsg.). (2005). *Mindfulness and psychotherapy.* New York: Guilford Press. [dt. *Achtsamkeit in der Psychotherapie.* (2009). Freiburg: Arbor.]

Goleman, D. (2003). *Destructive Emotions: A scientific dialogue with the Dalai Lama.* New York: Bantam Dell. [dt. *Dialog mit dem Dalai Lama: Wie wir destruktive Emotionen überwinden können.* (2005). München: dtv]

Hayes, S. C., Follette, V. M. & Linehan, M. M. (Hrsg.). (2004). *Mindfulness and acceptance: Expanding the cognitive-behavioral tradition.* New York: Guilford Press.

Kabat-Zinn, J. (2005). *Full catastrophe living: Using the wisdom of your body and mind to face stress, pain and illness: Fifteenth anniversary edition.* New York: Bantnam Dell. [dt. *Gesund durch Meditation: Das große Buch der Selbstheilung.* (2011). München: O. W. Barth.]

McBee, L. (2008). *Mindfulness-based elder care: A CAM model for frail elders and their caregivers.* New York: Springer.

Miller, A. L., Rathus, J. H. & Linehan, M. M. (2007). *Dialectical behaviour therapy with suicidal adolescents.* New York: Guilford Press.

Orsillo, S. M. & Roemer, L. (Hrsg.). (2005). *Acceptance and mindfulness-based approaches to anxiety.* New York: Springer.

Rosenbaum, E. (2005). *Here for you: Living well with cancer through mindfulness.* Hardwick: Satya House.

Santorelli, S. (1999). *Heal thy self: Lessons on mindfulness in medicine.* New York: Random House. [dt. *Zerbrochen und doch ganz.* (2009). Freiburg: Arbor.]

Segal, Z. V., Williams, J. M. G. & Teasdale, J. D. (2002). *Mindfulness-based cognitive therapy for depression: A new approach to preventing relapse.* New York: Guilford Press. [dt. *Die Achtsamkeitsbasierte Kognitive Therapie der Depression: Ein neuer Ansatz zur Rückfallprävention.* (2008). Tübingen: Dgvt-Verlag.]

Siegel, D. J. (2007). *The mindful brain: Reflection and attunement in the cultivation of well-being.* New York: Norton. [dt. *Das achtsame Gehirn.* (2007). Freiburg: Arbor.]

Williams, M., Teasdale, J., Segal, Z. & Kabat-Zinn, J. (2007). *The mindful way through depression: Freeing yourself from chronic unhappiness.* New York: Guilford Press. [dt. *Der achtsame Weg durch die Depression.* (2009). Freiburg: Arbor.]

Artikel aus der Forschung

Eine ausführliche Bibliografie von Forschungsartikeln, die ständig auf den neuesten Stand gebracht wird, finden Sie auf der Website des Mindfulness Awareness Research Center an der UCLA http://marc.ucla.edu/workfiles/pdfs/MARC_biblio_0808.pdf

Die eigene Praxis vertiefen – und andere anleiten

Boorstein, S. (1995). *It's easier than you think.* San Francisco: Harper.

Boorstein, S. (1996). *Don't just do something, sit there.* New York: Harper.

Boorstein, S. (2002). *Pay attention, for goodness sake.* New York: Ballantine.

Carroll, M. (2004). *Awake at work.* Boston: Shambhala Publications.

Chödron, P. (1991). *The wisdom of no escape and the path of loving kindness.* Boston: Shambhala Publications.

Chödron, P. (2002). *The places that scare you.* Boston: Shambhala Publications. [dt. *Geh an die Orte, die du fürchtest.* (2007) Freiburg: Arbor.]

Coleman, M. (2006). *Awake in the wild: Mindfulness in nature as a path to self-discovery.* Novato: New World Library.

Epstein, M. (1995). *Thoughts without a thinker: Psychotherapy from a Buddhist perspective.* New York: Basic Books. [dt. *Gedanken ohne den Denker. Das Wechselspiel von Buddhismus und Psychoanalyse.* (1998). Frankfurt a. M.: Fischer.]

Epstein, M. (2007). *Psychotherapy without the self: A Buddhist perspective.* New Haven: Yale University.

Goldstein, J. (1976). *The experience of insight.* Boston: Shambhala Publications.

Goldstein, J. & Kornfield, J. (2001). *Seeking the heart of wisdom: The path of insight meditation.* Boston: Shambhala Publications. [dt. *Einsicht durch Meditation: Die Achtsamkeit des Herzens.* (2005). Freiburg: Arbor.]

Gunaratana, B. H. (2002). *Mindfulness in plain English.* Somerville: Wisdom Publications. [dt. *Die Praxis der Achtsamkeit.* (1996). Heidelberg: Kristkeitz.]

Hanh, T. N. (1976). *The miracle of mindfulness: A manual for meditation.* Boston: Beacon. [dt. *Das Wunder der Achtsamkeit: Einführung in die Meditation.* (2009). Berlin: Theseus.]

Hanh, T. N. (1992). *Peace is every step.* New York: Bantam.

Hanh, T. N. (1994). *The blooming of a lotus: Guides meditation exercises for healing and transformation.* Boston: Beacon.

Kabat-Zinn, J. (1994). *Wherever you go there you are.* New York: Hyperion.

Kabat-Zinn, J. (2005). *Coming to our senses: Healing ourselves and the world through mindfulness.* New York: Hyperion. [dt. *Zur Besinnung kommen. Die Weisheit der Sinne und der Sinn der Achtsamkeit in einer aus den Fugen geratenen Welt.* (2006). Freiburg: Arbor.]

Kabat-Zinn, J. & Kabat-Zinn, M. (1997). *Everyday blessings: The inner work of mindful parenting. New York: Hyperion.* [dt. *Mit Kindern wachsen: Die Praxis der Achtsamkeit in der Familie.* (2011). Freiburg: Arbor.]

Kornfield, J. (1993): *A path with heart.* New York: Bantam Books. [dt. *Geh den Weg des Herzens. Meditationen für den Alltag.* (1997). München: Kösel.]

Kornfield, J. (2008): *A wise heart: A guide to the universal teachings of Buddhist psychology.* New York: Bantam Books. [dt. *Das weise Herz: Die universellen Prinzipien buddhistischer Psychologie.* (2008). München: Goldmann.]

Langer, E. (1989). *Mindfulness.* Cambridge: Perseus Books.

Levine, S. (1979). *A gradual awakening.* New York: Anchor/Doubleday. [dt. *Schritte zum Erwachen. Meditation der Achtsamkeit.* (1997). Hamburg: Rowohlt.]

Levine, S. (1991). *Guides Meditations, explorations and healings.* New York: Anchor/Doubleday.

McLeod, K. (2001). *Wake up to your life.* New York: HarperCollins.

Nairn, R. (1999). *Diamond mind: A psychology of meditation.* Boston: Shambhala Publications.

Nepo, M. (2000). *The book of awakening.* Berkeley: Conari Press.

Rosenberg, L. (2004). *Breath by breath.* Boston: Shambhala Publications. [dt. *Mit jedem Atemzug. Buddhas Weg zu Achtsamkeit und Einsicht.* (2002). Freiburg: Arbor.]

Salzberg, S. (1995). *Lovingkindness: The revolutionary art of happiness.* Boston: Shambhala Publications. [dt. *Mettā Meditation - Buddhas revolutionärer Weg zum Glück.* (2003). Freiburg: Arbor.]

Weiss, A. (2005). *Beginning mindfulness. Learning the way of awareness.* Novata: New World Library.

Welwood, J. (2000). *Toward a psychology of awakening: Buddhism, psychotherapy, and the path of personal and spiritual transformation.* Boston: Shambhala Publications. [dt. *Psychotherapie und Buddhismus.* (2010). Freiburg: Arbor.]

Whitmayer, C. (1994). *Mindfulness and meaningful work.* Berkeley: Parallax Press.

Achtsamkeit in den spirituellen Traditionen

Judentum

Boorstein, S. (1997). *That's funny you don't look Buddhist: On being a faithful Jew and a passionate Buddhist.* New York: Harper Collins.

Cooper, D. (1999). *The heart of stillness: A complete guide to learning the art of meditation.* Woodstock: Skylight Paths.

Cooper, D. (1999). *Silence, simplicity and solitude: A complete guide to spiritual retreat.* Woodstock: Skylight Paths.

Cooper, D. (2000). *Three gates to meditation practice: A personal journey into Sūfism, Buddhism and Judaism.* Woodstock: Skylight Paths.

Fischer, N. (2003). *The Buddhist path to truly growing up.* New York: Harper Collins.

Fischer, N. (2003). *Opening to you: Zen-inspired translations of the psalms.* New York: Penguin Putnam.

Fischer, N. (2008). *Sailing home: Using the wisdom of Homer's odyssey to navigate life's perils and pitfalls.* New York: Simon and Shuster.

Lew, A. (2005). *Be still and get going: A Jewish meditation practice for real life.* New York: Time Warner.

Lew, A. & Jaffe, S. (2001). *One god clapping: The spiritual path of a Zen Rabbi.* Woodstock: Jewish Lights Press.

Slater, J. P. (2004). *Mindful Jewish Living: Compassionate practice.* New York: Aviv Press.

Sūfismus

Barks, C. & Moyne, J. (1997). *The essential Rūmī.* Edison: Castle Books.

Helminski, K. (1992). *Living presence: Sūfī way to mindfulness and the unfolding of the essential self.* New York: Tarcher/Putnam.

Christentum

Bourgeault, C. (2001). *Mystical Hope: Trusting in the mercy of god.* Cambridge: Cowley.

Bourgeault, C. (2004). *Centering Prayer and inner awakening.* Cambridge: Cowley.

Dougherty, R. M. (1995). *Group spiritual direction: Community for discernment.* Mahwah: Paulist Press.

Jones, A. (1982). *Exploring spiritual direction.* New York: Seabury.

Keating, T. (1999). *The human condition: Contemplation and transformation.* New York: Paulist Press.

Keating, T. (1999). *Invitation to love: The way of Christian contemplation.* New York: Continuum.

May, G. (2004). *The dark night of the soul.* New York: HarperSanFrancisco.

May, G. (2004). *The wisdom of wilderness.* New York: HarperSanFrancisco.

Merton, T. (1955). *No man is an island.* New York: Harcourt Brace Jovanovich. [dt. *Keiner ist eine Insel: Betrachtungen über der Liebe.* (2005). Ostfildern: Patmos.]

Merton, T. (1960). *Spiritual direction and meditation.* Collegeville: Liturgical Press.

Merton, T. (1962). *New seeds of contemplation.* Norfolk: New Directions.

Merton, T. (1967). *Mystics and Zen masters.* New York: Farrar, Strauss and Giroux.

Merton, T. (1968). *Zen and the birds of appetite.* New York: New Directions.

Merton, T. (1969). *Contemplative Prayer.* New York: Herder and Herder.

Pennington, M. B. (1980). *Centering Prayer: Renewing an ancient Christian prayer tradition.* New York: Image Books.

Rohr, R. *Everything belongs: The gift of contemplative prayer.* New York: Crossroad. [dt. *Wer loslässt, wird gehalten: Das Geschenk des kontemplativen Gebets.* (2010). München: Claudius.]

Buddhismus

Anālayo. (2003). Satipatthāna: *The direct path to realization.* Cambridge, UK: Windhorse.

Der direkte Weg – Satipatthāna. (2010). Stammbach: Beyerlein und Steinschulte.

Batchelor, S. (1983). *Alone with others: An existential approach to Buddhism.* New York: Grove Press. *[dt.* Mit anderen allein. Eine existentialistische Annäherung an den Buddhismus. (1983). Berlin: Theseus.]

Batchelor, S. (1994). *The awakening of the West.* Berkeley: Parallax.

Batchelor, S. (1997). *Buddhism without Beliefs: A contemporary guide to awakening.* New York: Riverhead Books. [dt. Buddhismus für Ungläubige. (2005)., Frankfurt: Fischer.]

Gethin, R. (1998). *The foundations of Buddhism.* Oxford: New York.

Narada, M. (1980). *The Buddha and his teachings.* Singapore: Singapore Buddhist Meditation Centre.

Nyānaponika, T. (1965). *The heart of Buddhist meditation.* Boston: Weiser Books. [dt. *Geistestraining durch Achtsamkeit: Die buddhistische Satipatthāna-Methode.* (1993). Stammbach: Beyerlein und Steinschulte.]

Suzuki, S. (1970). *Zen mind, beginner's mind.* New York: Weatherhill. [dt. *Zen-Geist, Anfänger-Geist.* (1982). Berlin: Theseus.]

Trungpa, C. (1973). *Cutting through spiritual materialism.* Berkeley: Shambhala. [dt. *Spirituellen Materialismus durchschneiden.* (1993). Berlin: Theseus.]

Audiomaterial

Jon Kabat-Zinn: Stressbewältigung durch die Praxis der Achtsamkeit

Enthält einen 45 minütigen Bodyscan und eine halbstündige geführte Sitzmeditation. Das Begleitmaterial zum Buch „Gesund durch Meditation".

Buch mit Audio-CD, erschienen im Arbor Verlag.

Jon Kabat-Zinn: Die heilende Kraft der Achtsamkeit

Bestehend aus zwei Sitzmeditationen von 10 und 30 Minuten Länge, einer halbstündigen Liegemeditation mit Bodyscan, sowie einer Bergmeditation und einer Seemeditation. Das Begleitmaterial zum Buch „Im Alltag Ruhe finden".

Buch mit zwei Audio-CDs, erschienen im Arbor Verlag.

Jon Kabat-Zinn: Achtsamkeit und Meditation im täglichen Leben

Enthält geführte Meditationen zum Raumgewahrsein: Gewahrsein des Atemraums, des Körperraums, des Hörraums sowie der Gedanken und Gefühle.
Der erste Teil des Begleitmaterials zum Buch „Zur Besinnung kommen".

Buch mit zwei Audio-CDs, erschienen im Arbor Verlag.

Jon Kabat-Zinn: Bei sich selbst zuhause sein

Enthält geführte Meditationen zum offenen Gewahrsein, sowie eine einstündige Meditation, die in die Praxis der Liebenden Güte einführt (Mettā-Meditation).
Der zweite Teil des Begleitmaterials zum Buch „Zur Besinnung kommen".

Buch mit zwei Audio-CDs, erschienen im Arbor Verlag.

Professionelle Ausbildungen in MBSR

Oasis: Ein internationales Ausbildungszentrum – Center For Mindfulness Worchester, Massachusetts, USA

Im Center for Mindfulness in Medicine, Health Care and Society an der University of Massachusetts werden umfassende Ausbildungen als Lehrer/in für MBSR angeboten. Das Programm beinhaltet zwei Grundlagenkurse, zwei Kurse für Fortgeschrittene und einen Abschluss mit einem Zertifikat.

Grundlagenkurse:

- Achtsamkeitsbasierte Stressreduktion in der psychosomatischen Medizin: ein siebentägiges Ausbildungs-Retreat.
- Ein Praktikum in Achtsamkeitsbasierter Stressreduktion: ein zehnwöchiges Programm zur Erfahrung der Perspektiven der Teilnehmer/innen und Praktizierenden

Kurse für Fortgeschrittene:

- Intensivkurs für Lehrer: Ein neuntägiges Ausbildungs-Retreat für Lehrer der Achtsamkeitsbasierten Stressreduktion
- Supervision in Achtsamkeitsbasierter Stressreduktion
- Prüfung für ein Zertifikat als MBSR-Lehrer

Weitere Informationen unter: http://www.umassmed.edu/cfm/oasis

Die Ausbildungsangebote des Center for Mindfulness im deutschsprachigen Raum werden in Kooperation mit der Arbor-Seminare gGmbH angeboten. Detaillierte Informationen zum Ausbildungsangebot finden Sie unter:

http://www.mbsr-deutschland.de

Literaturverzeichnis

1. Kapitel

Allen, N. B., Blashki, G. & Gullone, E. (2006). Mindfulness-based psychotherapies: A review of conceptual foundations, empirical evidence and practical considerations. *Australian and New Zealand Journal of Psychiatry, 40*(4), 285–294.

Beztler, L. E., Malik, M. L., Alimohamed, S., Harwood, T. M., Talebbi, H., Noble, S., et al. (2004). Therapist variables. In M. J. Lambert (Hrsg.), *Bergin and Garfield's handbook of psychotherapy and behaviour change* (S. 227–306). New York: Wiley.

Blow, A., Sprenkle, D. & Devis, S. (2007). Is who delivers the treatment more important than the treatment itself? The role of the therapist in common factors, *Journal of Martial and Family Therapy*, 33(3), 298–317.

Carmody, J, & Baer, R. A. (2008). Relationships between mindfulness practice and levels of mindfulness, medical and psychological symptoms and well-being in a mindfulness-based reduction program. *Journal of Behavioral Medicine, 31*, 23–33.

Carson, J. W., Carson, K. M., Gil, K. M. & Baucom, D. h. (2004). Mindfulness-based relationship enhancement. *Behavioral Therapy, 35*, 471–494.

Cozolino, L. (2006). The neuroscience of human relationships. New York: Norton [dt. *Die Neurobiologie menschlicher Beziehungen.* (2007). Kirchzarten: VAK.]

Davidson, R. J., Kabat-Zinn, J. Schumaker, J., Rosenkranz, M., Muller, D., Santorelli, S., et al. (2003). Alterations in brain and immune function produced by mindfulness meditation. *Psychosomatic Medicine, 65*, 564–570.

Dinidjian, S. & Linehan, M. M. (2003). Defining an agenda for future research on the clinical application of mindfulness practice. *Clinical Psychology: Science and Practice, 10*(2), 166–171.

Dryden, W. & Still, A. (2006). Historical aspects of mindfulness and self-acceptance in psychotherapy. *Journal of Rational-Emotive & Cognitive Behavior Therapy, 24*(1), 3–28.

Freud, S. (1912). Recommendations to physicians practicing psycho-analysis. In J. Strachey (Hrsg.). (1958). *The standard edition of the complete psychological works of Sigmund Freud, Volume XII* (1911–1913). London: Hogarth Press.

Freud, S. (1930). *Das Unbehagen in der Kultur und andere kulturtheoretische Schriften.* (1994). Frankfurt: Fischer.

Gallese, V., Fadiga, L., Fogassi, L. & Rizolatti, G. (1996). Action recognition in the premotor cortex. *Brain, 119*, 593–609.

Goleman, D. (2003, 4. Februar). Cajole your brain to lean to the left. *New York Times.*

Grepmair, L., Mitterlehener, F., Loew, T., Bachler, E.; Rother, W. & Nickel, M. (2007). Promoting mindfulness in psychotherapists in training influences the treatment results of theit patients: A randomized, double-blind, controlled study. *Psychotherapy and Psychosomatics*, 76, 332–338.

Sayes, S. C. & Strosahl, K. D. (Hrsg.). (2004). *A practical guide to acceptance and commitment therapy.* New York: Springer. [dt. *Akzeptanz und Commitment Therapie.* (2004). München: Cip-Medien-Verlag.]

Iacoboni, M. (2008). Mirroring people: The new science of how we connect with others. New York: Farrar, Straus and Giroux. [dt. *Woher wir wissen, was andere denken und fühlen: Die neue Wissenschaft der Spiegelneuronen.* (2009). München: Deutsche Verlags-Anstalt.]

Jain, S., Shapiro, S., Swanick, S., Roesch, S., Mills, P., Bell, I., et al. (2007). A randomized controlled trial of mindfulness meditation versus relaxation training: Effects on distress, positive states of mind, Rūmīnation, and distraction. *Annals of Behavioral Medicine, 3*, 11–21.

Kabat-Zinn, J. (1996). Mindfulness meditation: What is is and what it insn't, and its role in health care and medicine. In Y. Haruki, Y. Ishii & M. Suzuki (Hrsg.). *Comparative and psychological study on meditation.* Netherlands: Eburon.

Kalb, C. (2003, 10. November). Faith and healing. *Newsweek.*

Kristeller, J. L. & Hallett, C. B. (1999). An exploratory study of a meditation-based intervention for binge eating disorder. *Journal for Health Psychology, 4*, 357–363.

Lebow, J. (2006). *Research for the psychotherapist: From science to practice.* New York: Routledge.

Linehan, M. M. (1993a). Cognitive-behavioral treatment of borderline personality disorder. New York: Guilford. [dt. *Dialektisch-Behaviorale Therapie der Borderline-Persönlichkeitsstörung.* (1996). München: Cip-Medien-Verlag.]

Linehan, M. M. (1993b). Skills training manual for treating borderline personality disorder. New York: Guilford. [dt. *Trainingsmanual zur Dialektisch-Behavioralen Therapie der Borderline-Persönlichkeitsstörung.* (1996). München: Cip-Medien-Verlag.]

Linehan, M. M. (2008). Keynote address. 6th *Annual Conference: Integrating Mindfulness-Based Interventions into Medicine, Health Care and Society,* Worcester, USA, 10.-12. April.

Lyons-Ruth, K. & BCPSG. (1998). Implicit relational knowing: Its role in development and psychoanalytical treatment. *Infant Mental Health Journal, 19*(3), 282–289.

Martin, J. (1997). Mindfulness: A proposed common factor. *Journal for Psychotherapy Integration, 7*(4), 291–312.

McCown, D. & Wiley, S. (2008). Emergent issues in MBSR research and pedagogy: Integrity, fidelity and how do we decide? 6th *Annual Conference: Integrating Mindfulness-Based Interventions into Medicine, Health Care and Society,* Worcester, USA, 10.-12. April.

Meckel, D. J. & Moore, R. L. (1992). *Self and liberation: The Jung/Buddhist dialogue.* New York Paulist Press.

Monti, D. A., Peterson, C., Kunkel, E. J., Hauck, W. W., Pequignot, E., Rhodes, L., et al. (2006). A randomized, controlled trial of mindfulness-based art therapy (MBAT) für woman with cancer. *Psychooncology, 15*(5), 363–373.

Rawlinson, A. (1997). *The Book of Enlightened Masters,* Chicago: Open Court.

Rizzolatti, G. (2008). *Mirrors in the brain: How our minds share actions and emotions.* New York: Oxford University Press.

Robins, C., Schmidt, H. & Linehan, M. (2004). Dialectical behavior therapy: Synthesizing radical acceptance with skilful means. In S. C. Hayes, V. M. Follette & M. M. Linehan (Hrsg.), *Mindfulness and acceptance: Expanding the cognitive behavioural tradition* (S. 30–40). New York: Guilford.

Salmon, P. G., Santorelli, S. F. & Kabat-Zinn, J. (1998). Intervention elements promoting adherence to mindfulness-based stress reduction programs in the clinical behavioral medicine setting. In S. A. Shumaker, E. B. Schron, J. K. Okene & W. L. Bee (Hrsg.), *Handbook of health behaviour change* (2. Auflage, S. 239–268). New York: Springer.

Santorelli, S. (2001a). *Mindfulness-based stress reduction: Qualifications and recommended guideleines for providers.* Worcester: Center for Mindfulness in Medicine, Health Care & Society.

Santorelli, S. (2001a). Interview mit Saki Santorelli, Stress Reduction Clinic, Massachusetts Memorial Medical Center, In L. Freedman (Hrsg.), *Best practices in alternative and complementary medicine.* Frederick: Aspen.

Segal, Z. V., Williams, J. M. G. & Teasdale, J. D. (2002). *Mindfulness-based cognitive therapy for depression: A new approach to preventing relapse.* New York: Guilford Press. [dt. *Die Achtsamkeitsbasierte Kognitive Therapie der Depression: Ein neuer Ansatz zur Rückfallprävention.* (2008). Tübingen: Dgvt-Verlag.]

Siegel, D. J. (1999). *The developing mind: Toward a neurobiology of interpersonal experience.* New York: Guilford.

Stein, J. (2003, 4. August). Just say OM. *Time*

Stern, D. (2004). *The present moment in psychotherapy and everyday life.* New York: Norton. [dt. *Der Gegenwartsmoment: Veränderungsprozesse in Psychoanalyse, Psychotherapie und Alltag.* (2007.) Frankfurt a. M.: Brandes & Apsel]

Strosahl, K. D., Hayes, S. C., Wilson, K. G. & Gifford, E. V. (2004). An ACT promer: Core therapy processes, intervention strategies, and therapist competencies. In S. C. Hayes & K. D. Strosahl (Hrsg.), *A practical guide to acceptance and commitment therapy.* (2004). New York: Springer. [dt. *Akzeptanz und Commitment Therapie.* (2004). München: Cip-Medien-Verlag.]

Wallon, S. (2007). *Attachment in psychotherapy.* New York: Guilford.

Wampold, B. E. (2001). *The great psychotherapy debate: Models, methods, and findings.* Mahwah: Erlbaum.

Welch, S., Rizzi, S. & Dimidjian, S. (2006). Mindfulness in dialectical behavior therapy (DBT) for borderline personality disorder. In R. A. Baer (Hrsg.), *Mindfulness-based treatment approaches: Clinician's guide to evidence base and applications.* (2006).San Diego, CA: Elsevier Academic Press.

2. Kapitel

Baer, R. A. (Hrsg.). (2006). *Mindfulness-based treatment approaches: Clinician's guide to evidance base and applications.* San Diego, CA: Elsevier Academic Press.

Barks, C. (1995). *The essential Rūmī.* San Francisco: Harper.

Batchelor, S. (1994). *The awakening of the West.* Berkeley: Parallax.

Bell, S. (2002). Scandals in emerging Western Buddhism. In C. S. Prebish & M. Baumann (Hrsg.), *Westward dharma: Buddhism beyond Asia.* Berkeley: University of California Press.

Benson, H. (1975). *The relaxation response.* New York: Morrow. [dt. *Gesund im Streß. Eine Anleitung zur Entspannungsreaktion.* (1982). Berlin: Ullstein.]

Bevis, W. W. (1988). *Mind of winter: Wallace Stevens, meditation, and literature.* Pittsburgh: University of Pittsburgh Press.

Brooks, V. W. (1936). *The flowering of New England, 1815–1865.* New York: E. P. Dutton & Co.

Brooks, V. W. (1936). *Fenollosa and his circle, with other essays in biography.* New York: E. P. Dutton & Co.

Cage, J. (1966). *Silence: Lectures and writings.* Cambridge: The MIT Press. [dt. *Silence.* (1995). Frankfurt a. Main: Suhrkamp.]

Carrington, P. (1998/1975). *The book of meditation: The complete guide to modern meditation.* Boston: Element. (Überarbeitete Auflage von: *Freedom in meditation.* East Millstone: Pace Educational Systems, 1975).

Clark, T. (1980). *The great Naropa poetry wars.* Santa Barbara: Cadmus Editions.

Coleman, W. (2001). *The new Buddhism: The western transformation of an ancient tradition.* Oxford: New York.

Cupitt, D. (1999). *The new religion in everyday speech.* London: SCM Press.

Didonna, F. (2009). *Clinical handbook of mindfulness.* New York: Springer.

Downing, M. (2001). *Shoes outside the door: Desire, devotion, and excess at San Francisco Zen Center.* Washington, DC: Counterpoint.

Dryden, W. & Still, A. (2006). Historical aspects of mindfulness and self-acceptance in psychotherapy. *Journal of Rational-Emotive & Cognitive Behavior Therapy, 24*(1), 3–28.

Duckworth, W. (1999). *Talking music: Conversations with John Cage, Philip Glass, Laurie Anderson, and five generations of American experimental composers.* Cambridge: Da Capo Press.

Fields, R. (1991). The changing of the guard: Western Buddhism in the eighties. *Tricycle: The Buddhist Review, 1*(2), 43–49.

Fromm, E., Suzuki, D. T. & DeMartino, R. (1960/1970). Zen Buddhism & psychoanalysis. New York: Harper & Row. [dt. *Zen-Buddhismus und Psychoanalyse.* (1972). Frankfurt a. M.: Suhrkamp.]

Fronsdal, G. (2002). Virtues without rules: Ethics in the insight meditation movement. In C. S. Prebish & M. Baumann (Hrsg.), *Westward dharma: Buddhism beyond Asia.* Berkeley: University of California Press.

Furlong, M. (1986). *Genuine fake: A biography of Alan Watts.* London: Heinemann.

Hayes, S. C., Follette, V. M. & Linehan M. M. (2004). *Mindfulness and acceptance: Expanding the cognitive behavioural tradition.* New York: Guilford.

Hayward, J. (2008). *Warrior-king of Shambhala: Remembering Chogyam Trungpa.* Boston: Wisdom.

Hodder, A. D. (1993). „Ex Oriente Lux“: Thoreau's ecstasies and the Hindu texts. *The Harvard Theological Review, 86*(4), 403–438.

Johnston, H. (1088). The marketing social movement: A case study of the rapid growth of TM. In J. T. Richardson (Hrsg.), *Money and power in the new religions.* Lewiston: The Edwin Mellen Press.

Kantner, P. (1967). Won't you try/Saturday afternoon. (Aufgenommen von Jefferson Airplane) Von der LP *After bathing at Baxter's.* New York: RCA Victor.

Mahesh Yogi, M. (1968/1963). *Transcendental meditation.* New York: New American Library.

McMahan, D. L. (2002). Repacking Zen for the West. In C. S. Prebish & M. Baumann (Hrsg.), *Westward dharma: Buddhism beyond Asia.* Berkeley: University of California Press.

Merton, T. (1968). *Zen and the birds of appetite.* New York: New Directions.

Metcalf, F. A. (2004). The encounter of Buddhism and psychology. In C. S. Prebish & M. Baumann (Hrsg.), *Westward dharma: Buddhism beyond Asia.* Berkeley: University of California Press.

Morita, S. (1998; Japanese publication 1928). *Morita therapy an the true nature of anxiety based disorders (Shinkeishitsu)*; translated Akihisa Kondo; edited by Peg Levine. Albany: State University of New York Press.

Mott, M. (1984). *The seven mountains of Thomas Merton.* Boston: Houghton Mifflin.

Mukpo, D. J. (2006). *Dragon thunder: My life with Chogyam Trungpa.* Boston: Shambhala.

Nattier, J. (1998). Who is a Buddhist? Charting the landscape of Buddhist America. In C. S. Prebish & K. K. Tanaka (Hrsg.), *The faces of Buddhism in America.* Berkeley: University of California Press.

Pennington, M. B. (1980). *Centering Prayer: Renewing an ancient Christian prayer tradition.* New York: Image Books.

Polanyi, M. (1966). *The tacit dimension.* Garden City: Doubleday.

Obadia, L. (2002). Buddha in the promised land: Outlines of the Buddhist settlement in Israel. In C. S. Prebish & M. Baumann (Hrsg.), *Westward dharma: Buddhism beyond Asia.* Berkeley: University of California Press.

Prebish, C. S. (1999). *Luminous passage: The practice and study of Buddhism in America.* Berkeley: University of California Press.

Prebish, C. S. & Baumann, M. (Hrsg.), *Westward dharma: Buddhism beyond Asia.* Berkeley: University of California Press.

Queen, C. S. (2002). Engaged Buddhism: Agnosticism, interdependence, globalization. In C. S. Prebish & M. Baumann (Hrsg.), *Westward dharma: Buddhism beyond Asia.* Berkeley: University of California Press.

Reynolds, D. K. (1980). *The quiet therapies: Japanese pathways to personal growth.* Honolulu: University of Hawaii Press. [dt. *Die stillen Therapien: Japans Wege zum persönlichen Wachstum.* (1993). Essen: Synthesis.]

Reynolds, D. K. (1993). *Plunging through the clouds: Constructive living currents.* Albany: State University of New York Press.

Rohr, R. *Everything belongs: The gift of contemplative prayer.* New York: Crossroad. [dt. *Wer loslässt, wird gehalten: Das Geschenk des kontemplativen Gebets.* (2010). München: Claudius.]

Sanders, E. (1977). *The party: A chronological perspective on a confrontation at a Buddhist seminary.*

Schwartz, T. (1995). *What really matters: Searching for wisdom in America.* New York: Bantam.

Seager, R. H. (2002). American Buddhism in the making. In C. S. Prebish & M. Baumann (Hrsg.), *Westward dharma: Buddhism beyond Asia.* Berkeley: University of California Press.

Seeman, W., Nidich, S. & Banta, T. (1972). Influence of transcendental meditation on a measure of self-actualization. *Journal of Counseling Psychology, 19*, 184–187.

Stevens, W. (1971). *The palm at the end of the mind; selected poems and a play.* New York: Knopf.

Suzuki D. T., *Mysticism: Christian and Buddhist.* New York: Harper & Brothers. [dt. *Der westliche und der östliche Weg.* (1995). Frankfurt a. M.: Ullstein Verlag.]

Suzuki, S. (1970). *Zen mind, beginner's mind.* New York: Weatherhill. [dt. *Zen-Geist, Anfänger-Geist.* (1982). Bielefeld: Theseus.]

Trungpa, C. (1973). *Cutting through spiritual materialism.* Berkeley: Shambhala. [dt. *Spirituellen Materialismus durchschneiden.* (1993). Bielefeld: Theseus.]

Tweed, T. (1992). *The American encounter with Buddhism, 1844–1912: Victorian culture and the limits of the dissent.* Bloomington: Indiana University Press.

Vanier, J. (2005). *Befriending the stranger.* Grand Rapids: William B. Eerdmans.

Verluis, A. (1993). *American transcendentalism and Asian religions.* New York: Oxford University Press.

Wallace, R. K. (1970). Physiological effects of transcendental meditation. *Science, 167*, 1751–1754.

Watts, A. (1951). *The wisdom of insecurity.* New York: Pantheon. [dt. *Weisheit des ungesicherten Lebens* (1955). München: O. W. Barth.]

Watts, A. (1960). *This is it: And other essays on Zen and spiritual experience.* New York: Pantheon. [dt. *„Dies ist es" und andere Essays über Zen und spirituelle Erfahrung* (1981). München: Sphinx.]

Watts, A. (1961). Psychotherapy east and west. New York: Pantheon. [dt. *Psychotherapie und östliche Befreiungswege* (1986). München: Goldmann.]

Watts, A. (1962). *Joyous cosmology: Adventures in the chemistry of consciousness.* New York: Pantheon. [*Kosmologie der Freude - Abenteuer in den Welten des Bewusstseins.* (2000). Aarau: AT-Verlag.]

Watts, A. (1972). *In my own way, an autobiography.* New York: Pantheon.

Wuthnow, R. (1998). *After heaven: Spirituality in America since the 1950s.* Berkeley: University of California Press.

3. Kapitel

Adler, H. (1998). Vicissitudes of Fechnerian psychophysics in America. In R. Rieber & K. Salinger (Hrsg.), Psychology: Theoretical-historical perspectives. Washington, DC:American Psychological Association.

Agazarian, Y. M. (1997).Systems centered therapy for groups. New York:Guilford.

Allen, N. B., Blashki, G. & Gullone, E. (2006). Mindfulness-based psychotherapies: A review of conceptual foundations, empirical evidence and practical considerations. *Australian and New Zealand Journal of Psychiatry, 40*(4), 285–294.

Analayo. (2003). Satipatthana: *The direct path to realization.* Cambridge, UK: Windhorse. [dt. *Der direkte Weg – Satipatthana.* (2010). Stammbach: Beyerlein und Steinschulte.]

Auden, W. H. (1970). *A certain world: A commonplace book.* New York: Viking Press.

Baer, R. (2003). Mindfulness training as a clinical intervention: A conceptual and empirical review. *Clinical Psychology: Science and Practice, 10*(2), 125–148.

Baer; R., Smith, G. T., Hopkins, J., Krietemeyer, J. & Toney, L. (2006). Using self-report assessment methods to explore facets of mindfulness. *Assessment, 13*, 27–45.

Bakhtin, M. (1984). *Problems of Dostoevsky's poetics.* Minneapolis: University of Minnesota Press.

Batchelor, S. (1997). *Buddhism without Beliefs: A contemporary guide to awakening.* New York: Riverhead Books. [dt. Buddhismus für Ungläubige. (2005), Frankfurt: Fischer.]

Batchelor, S. (2004). Ausgegebene Texte und persönliche Notizen während eines Retreats, *The path of the deathless*, gehalten im Barre Center for Buddhist Studies, 12.-17. September, Barre, USA.

Beels, C. (2007). *A different story: The rise of narrative in psychotherapy.* Phoenix: Zeig, Tucker & Theisen.

Birrell, P. (2006). An ethic of possibility: Relationship, risk and presence. *Ethics & Behavior, 16*(2), 95–115.

Bishop, S. (2002). What do we really know about mindfulness-based stress reduction? *Psychosomatic Medicine, 64*, 71–84.

Bishop, S., Lau, M., Shapiro, S., Carlson, L., Anderson, N., Carmody, J., et al. (2004). Mindfulness: A proposed operational definition. *Clinical Psychology: Science and Practice, 11*(3), 230–241.

Block, S. & Crouch, E. (1985). Therapeutic factors in group psychotherapy. New York: Oxford University Press.

Brown, K. & Ryan, R. (2004). Narratives, mindfulness, and the implicit audience. *Clinical Psychology: Science and Practice, 11*(2), 147–154.

Buber, M. (1973). *Das dialogische Prinzip.* (2001). Gütersloh: Gütersloher Verlagshaus.

Burlingame, G., Fuhriman, A. & Johnson, J. (2002). Cohesion in group psychotherapy. In J. Norcross (Hrsg.), *Psychotherapy relationships that work: Therapist contributions and responsiveness to patients.* New York: Oxford University Press.

Carr, L., Iacoboni, M., Dubeau, M.-C., Mazziotta, J. & Lenzi, G. (2003). Neural mechanisms of empathy in humans: A relay from neural systems for imitation to limbic areas. *Proceedings of the National Academy of Sciences, 100,* 5497–5502.

Claxton, G. (2006). Mindfulness, learnig, and the brain. *Journal of Rational-Emotive & Cognitive-Behavior Therapy, 23*(4), 301–314.

Cozolino, L. (2006). The neuroscience of human relationships. New York: Norton. [dt. *Die Neurobiologie menschlicher Beziehungen.* (2007). Kirchzarten: VAK.]

Creswell, J. D., Way, B. M., Eisenberger, N. I. & Lieberman, M. D. (2007). Neural correlates of dispositional mindfulness during affect labeling. *Psychosomatic Medicine, 69,* 560–565.

Cullen, M. (2008) On Mindfulness. In Dalai Lama & P. Ekman (2008). *Emotional awareness: Overcoming the obstacles to psychological balance and compassion.* New York: Henry Holt. [dt. *Gefühl und Mitgefühl: Emotionale Achtsamkeit und der Weg zum seelischen Gleichgewicht.* (2009). Heidelberg: Spektrum Akademischer Verlag.]

Cupitt, D. (1999). *The new religion in everyday speech.* London: SCM Press.

Danto, D. (1999). The shape of artistic pasts: East and west. In P. Cook (Hrsg.), *Philosophical imagination and cultural memory.* Durham: Duke University.

Davidson, R. (2000). Affective style, psychopathology, and resilience: Brain mechanisms and plasticity. *American psychologist, 55,* 1196–1214.

Davidson, R., Kabat-Zinn, J. Schumaker, J., Rosenkranz, M., Muller, D., Santorelli, S., et al. (2003). Alterations in brain and immune function produced by mindfulness meditation. *Psychosomatic Medicine, 65,* 564–570.

Davidson, R., Schwartz, G. & Rothman, L. (1976). Attentional style and the regulation of mode-specific attention: An electroencephalographic study. *Journal of Abnormal Psychology, 8*(6), 611–621.

De Bary, W. (1969). *The Buddhist tradition in India, China and Japan.* New York: Modern Library.

Deikman, A. (1966). De-automatization and the mystic experience. Psychiatry, 29, 324–338.

Deikman, A. (1982). *The observing self: Mysticism and psychotherapy.* Boston: Beacon Press. [dt. *Therapie und Erleuchtung: Die Erweiterung des menschlichen Bewußtseins.* (1986). Hamburg: Rowohlt.]

Dryden, W. & Still, A. (2006). Historical aspects of mindfulness and self-acceptance in psychotherapy. *Journal of Rational-Emotive & Cognitive Behavior Therapy, 24*(1), 3–28.

Foucault, M. (1972). *Archeology of knowledge.* New York. Pantheon. [dt. *Archäologie des Wissens.* (1981). Frankfurt a. M.: Suhrkamp.]

Foucault, M. (1981). The order of discourse. In R. Young & R. Young (Hrsg.), *Untying the text.* Boston: Routledge & Kegan Paul.

Gallese, V. (2003). The manifold nature of interpersonal relations: The quest for a common mechanism. *Philosophical Transactions of the Royal Society of London, 358,* 517–528.

Gallese, V. (2006). Intentional attunement: A neurophysiological perspective on social recognition and its disruption in autism. *Brain Research, 1079,* 15–24

Gallese, V., Fadiga, L., Fogassi, L. & Rizolatti, G. (1996). Action recognition in the premotor cortex. *Brain, 119,* 593–609.

Gallese, V. & Goldman, A. (1998). Mirror neurons and the stimulation theory of mindreading. *Trends in Cognitive Sciences, 2*(12), 493–609.

Gantt, S. & Agazarian, Y. (2005). *SCT in action.* New York: iUniverse.

Gergen, K. (1999). *An invitation to social construction.* Thousand Oaks: Sage. [dt. *Einführung in den sozialen Konstruktionismus.* (2009). Heidelberg: Carl-Auer Verlag.]

Gergen, K. & Hosking, D. (2006). If you meet social construction along the road: A dialogue with Buddhism. In M. Kwee, K. Gergen & F. Koshikawa (Hrsg.), *Horizons in Buddhist psychology.* Chagrin Falls: Taos Institute Publications.

Gethin, R. (1998). *The foundations of Buddhism.* Oxford: New York.

Goddard, D. (1938). *A Buddhist bible.* Thetford: Dwight Goffard.

Goleman, D. (1995). *Emotional Intelligence.* New York: Bantam. [dt. *Emotionale Intelligenz.* (1997). München: Deutscher Taschenbuch Verlag.]

Grossman, P. (2008). On measuring mindfulness in psychosomatic and psychological research. Journal of Psychosomatic Research, 64, 405–408.

Hayes, A. & Feldman, G. (2004). Clarifying the construct of mindfulness in the context of emotion regulation and the process of change in therapy. *Clinical Psychology: Science and Practice, 11*(3), 255–262.

Hayes, S. & Shenk, C. (2004). Operationalizing mindfulness without unnecessary attachments. *Clinical Psychology: Science and Practice, 11*(3), 249–254.

Hayes, S. C. &Wilson, K. G. (2003). Mindfulness: Method and process. *Clinical Psychology: Science and Practice, 10*, 161–165.

Hölzel, B. K., Carmody, J, Evans, K. C., Hoge, E. A., Dusek, J. A., Morgan, L., et al. (2009). Stress reduction correlates with structural changes in the amygdalla. *Social Cognitive and Affective Neuroscience*, 23. Sept. (Vorveröffentlichung im Internet).

Horvath, A. & Bedi, R. (2002). The alliance. In J. Norcross (Hrsg.), *Psychotherapy relationships that work: Therapist contributions and responsiveness to patients.* New York: Oxford University Press.

Imel, Z., Baldwin, S., Bonus, K. & MacCoon, D. (2008). Beyond the individual: Group effects in mindfulness-based stress reduction. *Psychotherapy Research, 18*(6), 735–742.

Isanon, A. (2001). *Spirituality and the autism spectrum.* London: Jessica Kingsley.

Ivanovski, B. & Malhi, G. S. (2007). The psychological and neurophysiological concomitants of mindfulness forms of meditation. *Acta Neuropsychiatrica, 19*, 76–91.

Kabat-Zinn, J. (1996). Mindfulness meditation: What is is and what it insn't, and its role in health care and medicine. In Y. Haruki, Y. Ishii & M. Suzuki (Hrsg.). *Comparative and psychological study on meditation.* Netherlands: Eburon.

Kabat-Zinn, J. (1994). *Wherever you go there you are.* New York: Hyperion.

Kasamatsu, A. & Hirai, T. (1973). An alectroencephalographic study of the Zen meditation (Zazen). In D. h. Shapiro & R. N. Walsh (Hrsg.), *Meditation, classic and contemporary perspectives.* New York: Aldine.

Ladden, L. (2007). Mindfulness meditation and systems-centered practice. *Systems-Centered News, 15*(1), 8–11.

Langer, E. J. (1989). *Mindfulness.* Cambridge: Perseus Books.

Langer, E. J. (1997). *Mindful learning.* Cambridge: Perseus Books.

Lazar, S. W., Kerr, C. E., Wasserman, R. H., Gray, J. R., Greve, D. N., Treadway, M. T., et al. (2005). Meditation experience is associated with increased cortical thickness. *Neuroreport, 16*(17), 1893–1897.

Lieberman, M. D., Eisenberger, N. I., Crockett, M. J., Tom, S. M., Pfeifer, J. H. & Way, B. M. (2007). Rutting feelings into words: Affect labeling disrupts amygdala activity in response to affective stimuli. *Psychological Science, 18*(5), 421–427.

Linden, W. (1973). Practicing of meditation by school children and theit levels of field dependence, text anxiety, and reading achievement. Journal of Consulting and Clinical Psychology, 41(1), 139–143.

Martin, J. (1997). Mindfulness: A proposed common factor. *Journal for Psychotherapy Integration, 7*(4), 291–312.

McCown, D. (2004). The problems of passionate chess: Helping business strategists change the rules of the game through applied meditation. In Gopalkrishnan (Hrsg.) Organizational wisdom: Proceedings of the Eastern Academy of Management 41st annual meeting.

Mills, S. (1997). *Dicourse.* New York: Routlege. [dt. *Der Diskurs: Begriff, Theorie, Praxis.* (2007), Stuttgart: UTB.]

Narada, M. (1980). *The Buddha and his teachings.* Singapore: Singapore Buddhist Meditation Centre.

Nynāponika, T. (1965). *The heart of Buddhist meditation.* Boston: Weiser Books. [dt. *Geistestraining durch Achtsamkeit: Die buddhistische Satipatthāna-Methode.* (1993). Stammbach: Beyerlein und Steinschulte.]

Pelletier, K. (1974). Influence of transcendental meditation upon autokinetic perception. In D.h. Shapiro & R. N. Walsh (Hrsg.), *Meditation, classic and contemporary perspectives.* New York: Aldine.

Porges, S.W. (1995). Orienting in a defensive world: Mammalian modifications of our evolutionary heritage. A polyvagal theory. *Psychophysiology, 32,* 301–318.

Porges, S.W. (2001). The polyvagal theory: Phylogenetic substrates of a social nervous system. *International Journal of Psychophysiology, 42,* 123–146.

Porges, S.W. (2003). Social engagement and attachment: A phylogenetic perspective. *Annals of the New York Academy of Science, 1008,* 31–47.

Porges, S.W. (2004). Neuroception: A subconscious system for detecting threads and safety. *Zero to Three: Bulletin of the National Center for Infant Clinical Programs, 24*(5), 19–24.

Porges, S.W. (1995). The phylogenetic perspective. *Biological Psychology, 74,* 116–143.

Porges, S.W. (1995). The polyvagal theory. New insights into adaptive reactions of the autonomic nervous system. *Cleveland Clinic Journal of Medicine, 76*(Supplement 2), S86 S90.

Rogers, C. (1961). *On becoming a person; a therapist's view of psychotherapy.* Boston: Houghton Mifflin. [dt. *Entwicklung der Persönlichkeit; Psychotherapie aus der Sicht eines Therapeuten.* (2000). Stuttgart: Klett-Cotta.]

Rothwell, N. (2006). The different facets of mindfulness. *Journal of Rational-Emotive & Cognitive-Behavior Therapy, 24,* 79–86.

Safran, J. D. & Segal, Z. (1990). *Interpersonal process in cognitive therapy.* New York: Basic Books.

Schwartz, G. (1975). Biofeedback, self-regulation, and the patterning of physiological processes. *American Scientist,* 63, 314–324.

Schwartz, S. (1986). *Classic studies in psychology.* Palo Alto: Mayfield.

Shapiro, S., Carlson, L, Astin, J. & Freedman, B. (2006). Mechanisms of mindfulness. *Journal of Clinical Psychology, 62*(3), 373–386.

Shapiro, D. h. & Walsh, R. N. (Hrsg.), *Meditation, classic and contemporary perspectives.* New York: Aldine.

Siegel, D. J. (2007). *The mindful brain: Reflection and attunement in the cultivation of well-being.* New York: Norton. [dt. *Das achtsame Gehirn.* (2007). Freiburg: Arbor.]

Siegel, D. J. (2009). Persönliche Korrespondenz mit D. McCown, 25. November.

Stern, D. (2004). *The present moment in psychotherapy and everyday life.* New York: Norton. [dt. *Der Gegenwartsmoment: Veränderungsprozesse in Psychoanalyse, Psychotherapie und Alltag.* (2007). Frankfurt a. M.: Brandes & Apsel]

Thonpson, L., Thonpson, M. & Reid, A. (2009). Functional neuroanatomy and the rationale for using EEG biofeedback for clients with Asperger's syndrome. Applied Psychophysiology & Biofeedback. Doi:10.1007/s10484–009–9095–0.

Tronick, E. (2003). „Of course all relationships are unique": How co-creative processes generate unique mother-infant and patient-therapist relationships and change other relationships. *Psychological Inquiry, 23*(3), 473–491.

Tronick, E. (2007). *The neurobehavioral and social-emotional development of infants and children.* New York: W.W. Norton.

Tronick, E. & Members of the Boston Change Process Study Group. (1998). Dyadically expanded states of consciousness and the process to therapeutic change. *Infant Mental Health Journal. 29*(3), 290–299.

Turner, V. L. (1969). *The ritual process.* Chicago: Aldine.

Watson, G. (1998). *The resonance of emptiness: A Buddhist inspiration for a contemporary psychotherapy.* Delhi: Motilal Banarsidas.

Yalom, I. (1985). *The theory and practice of group psychotherapy.* New York: Basic Books.

4. Kapitel

Batchelor, S. (1997). *Buddhism without Beliefs: A contemporary guide to awakening.* New York: Riverhead Books. [dt. Buddhismus für Ungläubige. (2005), Frankfurt: Fischer.]

Boorstein, S. (1996). *Don't just do something, sit there: A mindfulbess retreat with Sylvia Boorstein.* San Francisco: HarperSanFrancisco.

Bly, R. (1971). *Kabir: The fish in the sea is not thirsty, versions by Robert Bly.* San Francisco: Rainbow Bridge.

Brach, T. (2003). *Radical acceptance: Embracing your life with the heart of the Buddha.* New York: Bantam Dell. [dt. *Mit dem Herzen eines Buddha: Heilende Wege zu Selbstakzeptanz und Lebensfreude.* München: Knaur, (2005).]

Center for Mindfulness in Medicine, Health Care & Society. (2007). Oasis: An international learning center. Professional trainings in mindfulness-based stress reduction and other mindfulness-based approaches and interventions. Worcester: Center for Mindfulness in Medicine, Health Care & Society.

Fowler, J. (1981). *Stages of faith: The psychology of human development and the quest for meaning.* New York: HarperCollins.

Kabat-Zinn, J. (1999). Indra's net at work: The mainstream of dharma practice in society. In G. Watson, S. Batchelor & G. Claxton (Hrsg.), *The psychology of awakening: Buddhism, Science, and our day-to-day lives.* London: Rider.

Kabat-Zinn, J. (2003). Mindfulness-based interventions in context: Past, present, and future. *Clinical Psychology: Science and Practice, 10*(2), 144–154.

Kornfield, J. (1993). *A path with heart: A guide through the perils and promises of spiritual life.* New York: Bantam Books.

Landy, D. (1977). *Culture, disease, and healing: Studies in medical anthropology.* New York: Macmillian.

Neufelder, J. & Coelho, M. (1982). *Writings on spiritual direction by great Christian masters.* New York: The Seabury Press.

Santorelli, S. (2001a). *Mindfulness-based stress reduction: Qualifications and recommended guideleines for providers.* Worcester: Center for Mindfulness in Medicine, Health Care & Society.

5. Kapitel

Baer, R. & Krietemeyer, J. (2003). Overview of mindfulness- and acceptance-based treatment approaches. In R. A. Baer (Hrsg.), *Mindfulness-based treatment approaches: Clinician's guide to evidence base and applications.* (2006).San Diego, CA: Elsevier Academic Press.

Batchelor, S. (1997). *Buddhism without Beliefs: A contemporary guide to awakening.* New York: Riverhead Books. [dt. Buddhismus für Ungläubige. (2005), Frankfurt: Fischer.]

Berry, W. (1998). *A timbered choir: The Sabbath poems 1979–1997.* New York: Counterpoint.

Carse, J. (1986). *Finite and infinite games.* New York: Ballantine Books. [dt. *Endliche und unendliche Spiele: Die Chancen des Lebens.* 1986. Stuttgart: Klett-Cotta.]

Homiletic. (2009). Im Meriam-Webster Online Wörterbuch. Gefunden am 18. Januar 2009. unter httpp://www.meriam-webster.com/dictionary/homiletic.

Homily. (2009). Im Meriam-Webster Online Wörterbuch. Gefunden am 18. Januar 2009. unter httpp://www.meriam-webster.com/dictionary/homily.

Kabat-Zinn, J. (2004). The uses of language and images in guiding meditation practices in MBSR. Audioaufnahme von der 2nd Annual Conference sponsored by the Center for Mindfulness in Medicine, Health Care and Society an der University of Massachusetts Medical School, 26. März 2004.

Linklater, K. (1976). *Freeing the natural voice.* New York: Drama Book Specialists.

Littlewood, W. C. & Roche, M. A. (2004). *Waking up: The work of Charlotte Selver.* Bloomington: Author House.

McCown, D., Reibel, D. & Malcoun, E. (2007). Pychological type and participation in mindfulness-based stress reduction programs. Präsentation auf der 5th Annual Conference: Integrating Mindfulness-Based Interventions into Medicine, Health Care and Society, Worcester, USD, 29. März – 1. April.

Mezirow, J. (2000). Learning to think like an adult: Core concepts of transformation theory. In J. Mezirow et al. (Hrsg.), *Learning as transformation.* San Francisco: Jossey-Bass.

Neihardt, J. G. (1961). *Black Elk speaks: Being the life story of a holy man of the Oglala Sioux.* Lincoln: University of Nebraska Press.

Rodenburg, P. (2000). *The actor speaks: Voice and the performer.* New York: St. Martin's.

Santorelli, S. (2001) *Mindfulness-based stress reduction (MBSR): Standards of practice.* Worcester: Center for Mindfulness in Medicine, Health Care and Society, (ohne Seitenzahlen).

Santorelli, S. (2004). Three points to consider when teaching mindfulness-based stress reduction. Persönliche Notizen, ausgegeben von Santorelli während dem Post-Conference Instructional Institute. 2nd Annual Conference sponsored by the Center for Mindfulness in Medicine, Health Care and Society an der University of Massachusetts Medical School, 27. März 2004.

Segal, Z. V., Williams, J. M. G. & Teasdale, J. D. (2002). *Mindfulness-based cognitive therapy for depression: A new approach to preventing relapse.* New York: Guilford Press. [dt. *Die Achtsamkeitsbasierte Kognitive Therapie der Depression: Ein neuer Ansatz zur Rückfallprävention.* (2008). Tübingen: Dgvt-Verlag.]

Singh, N. N., Wahler, R. G., Adkins, A. D. & Myers, R. E. (2003). Soles of the feet: A mindfulness-based self-control intervention for aggression by an individual with mild mental retardation and mental illness. *Research in Developmental Disabilities, 24,* 158–169.

Speads, C. (1992). *Ways to better breathing.* Rochester: Healing Arts Press.

Steward. (2009). Im Meriam-Webster Online Wörterbuch. Gefunden am 10. Januar 2009. unter httpp://www.meriam-webster.com/dictionary/steward.

Stewardship. (2009). Im Meriam-Webster Online Wörterbuch. Gefunden am 10. Januar 2009. unter httpp://www.meriam-webster.com/dictionary/stewardship.

Tronick, E. (2003). „Of course all relationships are unique“: How co-creative processes generate unique mother-infant and patient-therapist relationships and change other relationships. *Psychological Inquiry, 23*(3), 473–491.

Tronick, E. (2007). *The neurobehavioral and social-emotional development of infants and children.* New York: W.W. Norton.

Zimmerman, J. & Coyle, V. (1996). *The way of council.* Las Vegas: Bramble Books.

6. Kapitel

Arrien, A. (1993). *The four-fold way.* San Francisco: HarperSanFrabcisco.

Astin, J. (1997). Stress reduction through mindfulness meditation: Effects on psychological symptomatology, sense of control, and spiritual experience. *Psychotherapy and Psychosomatics, 66,* 97–106.

Baer, R. (2003). Mindfulness training as a clinical intervention: A conceptual and empirical review. *Clinical Psychology: Science and Practice, 10*(2), 125–148.

Batchelor, S. (1983). *Alone with others: An existential approach to Buddhism.* New York: Grove Press. [*dt.* Mit anderen allein. Eine existentialistische Annäherung an den Buddhismus. (1983). Berlin: Theseus.]

Batchelor, S. (1983). Hearing the call of the other. *Parabola, 29*(4), 52–58.

Carmody, J, & Baer, R. A. (2008). Relationships between mindfulness practice and levels of mindfulness, medical and psychological symptoms and well-being in a mindfulness-based reduction program. *Journal of Behavioral Medicine, 31,* 23–33.

Carmody, J., Reed, G., KLristeller, J. & Merriam, P. (2008). Mindfulness, therapy, and health-related symptoms. *Journal of Psychosomatic Research, 64,* 393–403.

Chang, V. Y., Palesh, O., Caldwell, R., Glasgow, N., Abramson, M., Luskin, F., et al. (2004). The effects of a mindfulness-based stress reduction program on stress. Mindfulness self-efficacy, and positive states of mind. *Stress and Health: Journal of the International Society for the Investigation of Stress, 20,* 141–147.

Coelho, H. F., Canter, P. H. & Edzard, E. (2007). Mindfulness-based cognitive therapy: Evaluating current evidence and informing future research. *Journal of Consulting and Clinical Psychology, 75,* 1000–1005.

Davidson, R. J., Kabat-Zinn, J. Schumaker, J., Rosenkranz, M., Muller, D., Santorelli, S., et al. (2003). Alterations in brain and immune function produced by mindfulness meditation. *Psychosomatic Medicine, 65,* 564–570.

Demma Translation Group. (2002). *Sun Tzu, the art of war.* Boston: Shambhala.

Derogatis, L. R. (2000). *BSI-18: Administration, scoring, and procedures manual.* Minneapolis: National Computer Systems.

Esparza, M., Katz, R. (Produzenten) & Naxwell, R. (Regisseur). (1993). *Gettyspurg.* (Film). New Line Cinema.

Foley, D. (2006). *Find calm in the chaos.* Prevention, 58(11), 158–161.

Fromm, E. (1976). *Haben oder Sein. Die seelischen Grundlagen einer neuen Gesellschaft.* München: dtv.

Jain, S., Shapiro, S., Swanick, S., Roesch, S., Mills, P., Bell, I., et al. (2007). A randomized controlled trial of mindfulness meditation versus relaxation training: Effects on distress, positive states of mind, Rumination, and distraction. *Annals of Behavioral Medicine, 3,* 11–21.

Kabat-Zinn, J. (2005). *Full catastrophe living: Using the wisdom of your body and mind to face stress, pain and illness: Fifteenth anniversary edition.* New York: Bantnam Dell. [dt. *Gesund durch Meditation: Das große Buch der Selbstheilung.* München: O. W. Barth. (2011).]

Kabat-Zinn, J. (1996). Mindfulness meditation: What is is and what it isn't, and its role in health care and medicine. In Y. Haruki, Y. Ishii & M. Suzuki (Hrsg.). *Comparative and psychological study on meditation.* Netherlands: Eburon.

Marcel, G. (1949). *Being and Having: An existential diary.* Westminster: Dacre Press.

McCown, D., Reibel, D. (2008). Bringing MBSR to the workplace: One institution's experience in marketing, sales, and delivery. Präsentation auf der 6th Annual Conference: Integrating Mindfulness-Based Interventions into Medicine, Health Care and Society, Worcester, USA, 10.-12. April.

McCown, D., Reibel, D. & Malcoun, E. (2007). Pychological type and participation in mindfulness-based stress reduction programs. Präsentation auf der 5th Annual Conference: Integrating Mindfulness-Based Interventions into Medicine, Health Care and Society, Worcester, USA, 29. März – 1. April.

Merton, T. (1955). *No man is an island.* New York: Harcourt Brace Jovanovich. [dt. *Keiner ist eine Insel: Betrachtungen über der Liebe.* (2005). Ostfildern: Patmos.]

Rilke, R. M. (1986). *Die Gedichte in einem Band.* Frankfurt a. M.: Insel.

Pakula, A, (Produzent) & Muligan, R. (Regisseur). (1962). *To kill a mockingbird.* [dt. *Wer die Nachtigall stört.*] (Film) United Artists.

Reibel, D. K., Greeson, J. M., Brainhard, G. C. & Rosenzweig, S. (2001). Mindfulness-based stress reduction and health related quality of life in a heterogeneous patient population. *General Hospital Psychiatry, 23,* 183–192.

McCown, D. & Reibel, D.(2007). Continuity and change: Apapting the MBSR curriculum and delivery methods. Präsentation auf der 5th Annual Conference: Integrating Mindfulness-Based Interventions into Medicine, Health Care and Society, Worcester, USA, 29. März – 1. April.

Rosenzweig, S., Reibel, D. K., Greeson, J. M., Brainhard, G. & Hojat, M. (2003). Mindfulness-based stress reduction lowers psychological distress in medical students. *Teaching and Learning in Medicine, 15*(2), 88–92.

Roth, B. & Calle-Mesa, L. (2006). Mindfulness-based stress reduction with Spanish- and English speaking inner-city medical patients. In R. A. Baer (Hrsg.), *Mindfulness-based treatment approaches: Clinician's guide to evidence base and applications.* (2006). Boston: Elsevier Academic Press.

Shapiro, S., Carlson, L, Astin, J. & Freedman, B. (2006). Mechanisms of mindfulness. *Journal of Clinical Psychology, 62*(3), 373–386.

Speca, M., Carlson, L. E., Goodey, E. & Angen, M. (2000). A randomized, wait-list controlled clinical trial: The effect of a mindfulness-based stress reduction program on mood and symptoms of stress in cancer outpatients. *Psychosomatic Medicine, 62*, 613–622.

Turner, V. L. (1969). *The ritual process.* Chicago: Aldine.

Whitehead, C. (2008). You do an empirical experiment and you get am empirical result. What can any anthropologist tell me that could change that? *Journal of Consciousness Studies. 15*(10–11), 7–41.

Zimmerman, J. & Coyle, V. (1996). *The way of council.* Las Vegas: Bramble Books.

7. Kapitel

Abbott, A. (2007). *Against narrative: A preface to lyrical sociology.* Sociological Theory, 25(1). 67–99.

Barks, C. & Moyne, J. (1997). *The essential Rumi.* Edison: Castle Books.

Compassion. (n.d.). Websters Revised Unabridged Dictionary. Gefunden am 2. Januar 2009 auf http://dictionary.reference.com/browse/compassion.

Debord, G. (1994). *The society of the spectacle.* New York: Zone Books. [dt. *Die Gesellschaft des Spektakels.* 1996. Berlin: Bittermann.]

Drummond, M. S. (2006). Conceptualizing the efficacy of mindfulness of body sensations in the mindfulness-based interventions. *Constructivism in the Human Sciences, 11*(1), 2–29.

Gendlin, E. T. (1962). *Experiencing and the creation of meaning: a philosophical and psychological approach to the subjective.* New York: Free Press of Glencoe.

Goleman, D. (1977/1988). *The meditative mind: The varieties of meditative experience.* Los Angeles: J. P. Tarcher; New York: Vertrieben von St. Martin's Press. Überarbeitete Auflage von: The varieties of meditative experience.

Kabat-Zinn, J. (2005). *Full catastrophe living: Using the wisdom of your body and mind to face stress, pain and illness: Fifteenth anniversary edition.* New York: Bantnam Dell. [dt. *Gesund durch Meditation: Das große Buch der Selbstheilung.* München: O. W. Barth. (2011).]

Kabat-Zinn, J. (2005). *Coming to our senses: Healing ourselves and the world through mindfulness.* New York: Hyperion. [dt. *Zur Besinnung kommen – Die Weisheit der Sinne und der Sinn der Achtsamkeit in einer aus den Fugen geratenen Welt.* (2006). Freiburg: Arbor.]

May, G. (2004). *The wisdom of wilderness.* New York: HarperSanFrancisco.

Mezirow, J. (2000). Learning to think like an adult: Core concepts of transformation theory. In J. Mezirow et al. (Hrsg.), *Learning as transformation.* San Francisco: Jossey-Bass.

Neff, K. (2003). The development and validation of a scale to measure self-compassion. *Self and Identity, 2,* 223–250.

Santorelli, S. (2004). Three points to consider when teaching mindfulness-based stress reduction. Persönliche Notizen, ausgegeben von Santorelli während dem Post-Conference Instructional Institute. 2nd Annual Conference sponsored by the Center for Mindfulness in Medicine, Health Care and Society an der University of Massachusetts Medical School, 27. März 2004.

Santorelli, S. & Kabat-Zinn, J. (2003). *MBSR curriculum guide and supporting materials: Guidelines for presenting this work.* Worcester: Center for Mindfulness in Medicine, Health Care & Society (ohne Seitenangaben).

Selver, C. & Brooks, C. V. W. (2007). *Reclaiming vitality and presence: Sensory awareness as a practice for life.* Berkeley: North Atlantic Books.

Stern, D. (2004). *The present moment in psychotherapy and everyday life.* New York: Norton. [dt. *Der Gegenwartsmoment: Veränderungsprozesse in Psychoanalyse, Psychotherapie und Alltag.* (2007.) Frankfurt a. M.: Brandes & Apsel]

Strawson, G. (2004). Against narrativity. *Ratio* (new series), *117*(4), 428–452.

Tillich, P. (1957). *Liebe – Macht – Gerechtigkeit.* Berlin: de Gruyter, 1991.

Tillich, P. (1966). *Systematische Theologie.* 3. Band. Stuttgart: Evangelisches Verlagswerk.

Wagoner, D. (1976). *Collected poems (1956–1976).* Bloomington: Indiana University Press.

Wátzlawick, P., Weakland, J. H. & Fisch, R. (1974). *Change; principles of problem formation and problem resolution.* New York: Norton.

Danksagungen

Wir sind Jon Kabat-Zinn zu großem Dank verpflichtet. Seine Vision und sein Engagement in der Vermittlung von Achtsamkeit für die heutige Zeit haben unsere Arbeit und unser Leben zutiefst transformiert und bereichert. Unsere Erfahrungen in der Achtsamkeitspädagogik verdanken wir der gelebten Weisheit der Lehrer/innen des Center for Mindfulness an der University of Massachusetts Medical School – das gilt für alle Lehrer/innen, die heute dort tätig sind oder in der Vergangenheit dort gewirkt haben. Wir danken Saki Santorelli für seine Klarheit, sein Mitgefühl und seine Begeisterung, Melissa Blacker für ihre grenzenlose Liebe und Geduld (besonders, als sie uns als Supervisorin begleitete!), Florence Meleo-Meyer für ihre Freundlichkeit und Sanftheit, Elana Rosenbaum für das helle Licht, das durch sie strahlt, und Ferris Urbanowski für die Freude ihrer liebenden Präsenz. Wir werden in unserem Wachstum ständig von unseren Freunden des Delaware Valley MBSR-Lehrer/innen-Sangha unterstützt und herausgefordert. Ein besonderer Dank gilt unseren Korrekturlesern: Eileen Abrams, Julie Agresta, Carleton Dallery und Aleeza Moss. Wir sind des Weiteren dankbar für die kontinuierliche Unterstützung durch die Mitarbeiter des Jefferson-Myrna Brind Center of Integrative Medicine. Und nach vielen Jahren der Lehrtätigkeit erfüllt uns immer noch Ehrfurcht und Demut angesichts des außergewöhnlichen Mutes und der einzigartigen Weisheit der Teilnehmer/innen an unseren Kursen – sie sind in Wahrheit unsere kraftvollsten Lehrer/innen.

Donald McCown: Ich bin den Menschen dankbar, die meine Praxis, mein Lehren und Sein in der Welt geformt haben: Warren Soule und Chip

Prehn für ihre Impulse aus der christlichen Arbeit und für ihre Freundschaft, Larry Kaiden für seinen psychologischen Mut und Trost (und die witzigsten Wortspiele), Steve Antinoff für die schwierigen Fragen in Bezug auf Mitgefühl und Ethik, Chip Dallery für die Feinheiten der akademischen Arbeit und des sozialen Konstruktivismus. Dankbarkeit und Verbeugungen für Stephen Batchelor und Charles Genoud für die Vermittlung östlichen Denkens und östlicher Lehre für die Menschen im Westen in einer Weise, die mein Herz und meinen Geist berührt. Louise Boedecker danke ich dafür, dass sie mich mit der transformierenden Kraft der Praxis und Tradition der Sensory Awareness verbunden hat. Ich möchte meine tiefe Wertschätzung für die Menschen zum Ausdruck bringen, die verschiedene Entwürfe des Manuskripts und einige wichtige Teile davon gelesen und kommentiert haben: Jon Kabat-Zinn, John Dunne, Kenneth Gergen, Jeffrey Brantley, Carleton Dallery und vor allem Daniel Siegel für seine Hilfe und Bestärkung aus seiner Arbeit in den Neurowissenschaften. Mit all dieser wunderbaren Unterstützung gehen alle Unzulänglichkeiten und Stolpersteine, die ihren Weg in dieses Buch gefunden haben mögen, auf Kosten des Autors. Mein Dank gilt auch der Bryn Mawr College Graduate School of Social Work and Social Research für die Bereitstellung des Raumes und von Ressourcen für die Recherche und das Schreiben, und den Mitarbeitern der Bibliothek des Bryn Mawr College für die Geduld mit all meinen Missgeschicken, den falsch eingeordneten Büchern und übervollen Buchkörben. Und schließlich möchte ich mich bei Guy Tourangeau dafür bedanken, dass er meine Skizzen und Kritzeleien zu künstlerischen Diagrammen gemacht hat.

Diane Reibel: Vielen Dank an meine lieben Freunde und Kollegen Dr. Steven Rosenzweig und Dr. Bud Brainard, die im Jahre 1996 das Stress Reduction Programm an der Thomas Jefferson University mitbegründeten, zu einer Zeit, in der Achtsamkeit noch nicht „in“ war. Sie vertrauten in meine Fähigkeit, MBSR zu lehren, und unterstützten mich dabei, das Programm von Grund auf aufzubauen (wortwörtlich, von seinen Anfängen in einem heruntergekommenen Keller – ein scheinbar immer wiederkehrendes Muster bei MBSR-Programmen!). Ein besonderer Dank gilt Steve, der mir zu einem Zeitpunkt, an dem ich mir unsicher war, ob ich MBSR lehren könne, in seiner grenzenlosen Weisheit sagte, dass ich mir keine Sorgen machen solle: „Deine Schüler werden deine größte Unterstützung sein." Bis heute teile ich diese Geschichte mit meinen Schülern und erkläre ihnen, dass sie in der Tat meine größte Unterstützung sind. Eine tiefe Verneigung vor all meinen Freunden aus dem CFM Teacher Development Intensive im Jahre 2000. Was für ein Segen, von Euch unterstützt zu werden und Euch zu unterstützen, während wir ständig in unserer einzigartigen Weise wachsen und Achtsamkeit in die Welt bringen! Im Laufe der Jahre habe ich von vielen Lehrern verschiedener Weisheitstraditionen gelernt, jeder von ihnen hat meinen spirituellen Weg unermesslich bereichert. Tiefen Dank schulde ich Jack Kornfield, Tara Brach, Sylvia Boorstein, Thich Nhat Hanh, Tenzin Wangyal Rinpoche, Tsoknyi Rinpoche, Lama Orgyen Zangpo, Rabbi Zalmen Schachter-Shalomi und Jason Shulmann. Tiefsten Dank an meinen geliebten Lehrer David Cooper für seine Offenheit, Großzügigkeit, Weisheit und Liebe. Seine Führung war für mich von unschätzbarem Wert, während ich den Ozean des Unbekannten entdeckte.

Marc S. Micozzi: Ich bin dankbar dafür, dass ich während meiner Arbeit als Direktor des Thomas Jefferson University Center for Integrative Medicine (2002–2005) Don McCown treffen und meinen Kontakt mit Diane Reibel vertiefen konnte. Wir sind unserer Absicht, dieses Buch zu schreiben, treu geblieben und es wird ein bleibendes Erbe meiner dortigen Arbeit sein. Sie mögen sich wundern, warum eine Universität und eine Klinik in Philadelphia nach Thomas Jefferson aus Virginia (wo ich geboren wurde) benannt wurden, wo es doch viele bekannte „Philadelphianer" gibt, die auch zu den „Gründungsvätern" zählten. Die Antwort darauf ist eine lange Geschichte, die ich ein anderes Mal erzählen werde – und sie ist auch etwas, über das man meditieren kann.

Literatur aus dem Arbor Verlag

Jon Kabat-Zinn

Zur Besinnung kommen

Die Weisheit der Sinne und der Sinn der Achtsamkeit in einer aus den Fugen geratenen Welt

Wir haben weitgehend den Kontakt verloren zur wahren Wirklichkeit dessen, was wir in unserer Tiefe und in allen unseren Möglichkeiten sind; ebenso zu unserem Körper und zu den „Körperschaften" unserer gesellschaftlichen und politischen Institutionen. Diese Entfremdung von dem, was wirklich ist, macht uns und unsere Gesellschaft auf die Dauer krank. Das Tor, durch das wir erneuten Zugang zu unserem inneren Potential, zu unserem Körper, unseren Gefühlen, unseren Mitmenschen und unseren Organisationen gewinnen können, ist das unserer Sinne – und zu denen zählt der Autor aus buddhistischer Sicht auch den denkenden Geist.
Der Königsweg zu dieser Belebung der Weisheit der Sinne ist die Achtsamkeit. Ihre heilsame Kraft ist in der buddhistischen Meditationspraxis seit zweieinhalb Jahrtausenden erforscht, erprobt und angewendet worden. Dieses Buch zeigt, wie wir mit Hilfe dieser Praxis wieder zur Besinnung kommen und mit allen Sinnen zu einem gesunden und erfüllten Leben in der Gemeinschaft finden können.

ISBN 978-3-936855-82-1

Mark Williams, Jon Kabat-Zinn et al.

Achtsamkeit

Ihre Wurzeln, ihre Früchte

Achtsamkeitsbasierte Ansätze finden in den Bereichen der Medizin, Psychologie, Neurowissenschaft, Bildung, bei Führungskräften in der Wirtschaft und in anderen wichtigen gesellschaftlichen Institutionen immer mehr Verbreitung. Neue Paradigmen entstehen aus der Begegnung zweier wirkungsvoller und sich gegenseitig fördernder Erkenntnisweisen: der Weisheitstraditionen Asiens und der modernen empirischen Wissenschaft.

Damit die tiefgründige Substanz der meditativen Praxis in diesem Prozess erhalten bleibt, ist ein sehr subtiler Prozess notwendig, der einerseits die Tiefe des Dharma bewahrt und andererseits offen und anpassungsfähig bleibt für die Erfordernisse und Erkenntnisse unserer heutigen Welt.

Vor diesem Hintergrund sind die Beiträge in diesem Buch nicht hoch genug einzuschätzen. *Achtsamkeit. Ihre Wurzeln, ihre Früchte* ist ein unverzichtbares Werk für Praktizierende und Therapeuten, die die Essenz dieser transformativen Praxis bewahren und sie auf authentische Weise in unsere Gesellschaft tragen wollen.

ISBN 978-3-86781-088-3

Christiane Wolf & Greg Serpa

Die Kunst, Achtsamkeit zu lehren

Achtsamkeit, eine jahrtausendealte, in buddhistischen Klöstern entstandene Praxis, hat sich inzwischen zu einer evidenzbasierten Intervention entwickelt, die weltweit im Gesundheitswesen und in der psychiatrischen Praxis eingesetzt wird.

Vielleicht hat Achtsamkeit auch Ihr Leben tief berührt, und Sie möchten sie jetzt mit anderen teilen; oder Sie wurden von Ihrer Institution oder Klinik gebeten, einen Achtsamkeitskurs ins Leben zu rufen.
Ganz gleich aus welchem Grund – dieses Buch wird Ihr Leitfaden für den Einstieg sein.

Die Kunst, Achtsamkeit zu lehren bietet alles, was Sie brauchen, um Ihr eigenes Achtsamkeitsprogramm aufzustellen. Das hier vorgestellte sechswöchige Programm zur Einführung in Achtsamkeit ist leicht anzuwenden und lässt sich in unterschiedlichen Settings – unabhängig vom theoretischen Hintergrund – umsetzen. Sie finden Übungsmaterial, Überblickstabellen für die einzelnen Sitzungen und Skripte für die wöchentlichen Meditationen. Das Buch enthält zudem wertvolle Tipps für den Unterricht, Fallbeispiele und Hinweise auf zusätzliche Online-Ressourcen, die zum weiterführenden Studium und zur Weiterentwicklung Ihrer persönlichen Praxis anregen.

> *Was für ein praktisches, gründliches, außergewöhnliches Buch. Wolf und Serpa liefern eine kristallklare Wegbeschreibung für jeden Profi, der in einem klinischen Rahmen Achtsamkeit lehren möchte. Ihre detaillierten Lehrpläne und aus Erfahrung schöpfenden Anleitungen sind durchdrungen von ihrer eigenen tiefen Praxis der Achtsamkeit, von ermutigender Hilfestellung und von klinischem Scharfsinn. Höchst empfehlenswert.*
>
> Rick Hanson, Autor von *Das Gehirn eines Buddha: Die angewandte Neurowissenschaft von Glück, Liebe und Weisheit*

ISBN 978-3-86781-157-6

Jon Kabat-Zinn

Das Abenteuer Achtsamkeit

Wie Sie Weisheit für Körper, Geist und Seele entwickeln

Entdecken Sie die Kraft der Achtsamkeit im Alltag – Achtsamkeit ist weit mehr als eine Übung: Sie ist ein Abenteuer, eine Einladung, jede Minute unseres Daseins bewusst zu leben. Mit viel Humor und Entdeckerfreude stellt Jon Kabat-Zinn verschiedene Aspekte der Achtsamkeit vor und zeigt uns Wege, sie umstandslos in unserem Alltag zu kultivieren.
Dabei lernen wir,

- uns mit allen Sinnen in unserem Leben zu verwurzeln – in jedem Augenblick,
- beruflichen oder privaten Stresssituationen auf neue Weise zu begegnen und auch angesichts schwieriger Erfahrungen im inneren Gleichgewicht zu bleiben,
- die Denkmuster aufzuspüren, die zu Leiden führen, und emotionale Ausgeglichenheit zu kultivieren,
- dass jeder Moment unseres Daseins ein Wendepunkt sein kann – ein verheißungsvolles Tor in eine neue Lebensweise.

Dieses Buch beinhaltet eine schrittweise Anleitung grundlegender Achtsamkeitsübungen. Es basiert auf Jon Kabat-Zinns umfassendstem Audio-Programm zum Thema Achtsamkeit und enthält zwei Audio-CDs (bearbeitet und gesprochen von Lienhard Valentin) mit geführten Meditationen und Yoga-Übungen.

ISBN 978-3-86781-114-9

Online

Umfangreiche Informationen zu unseren Themen, ausführliche Leseproben aller unserer Bücher, einen versandkostenfreien Bestellservice und unseren kostenlosen Newsletter. All das und mehr finden Sie auf unserer Website:

www.arbor-verlag.de

Seminare

Die gemeinnützige Arbor-Seminare gGmbH organisiert regelmäßig Seminare und Weiterbildungen mit führenden Vertretern achtsamkeitsbasierter Verfahren. Nähere Informationen finden Sie unter:

www.arbor-seminare.de